顾准（右）与潘序伦先生

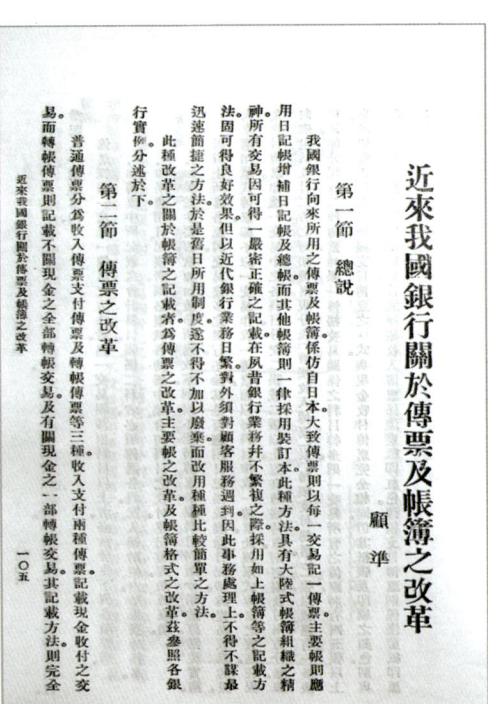

《会计杂志》上刊登的顾准文章

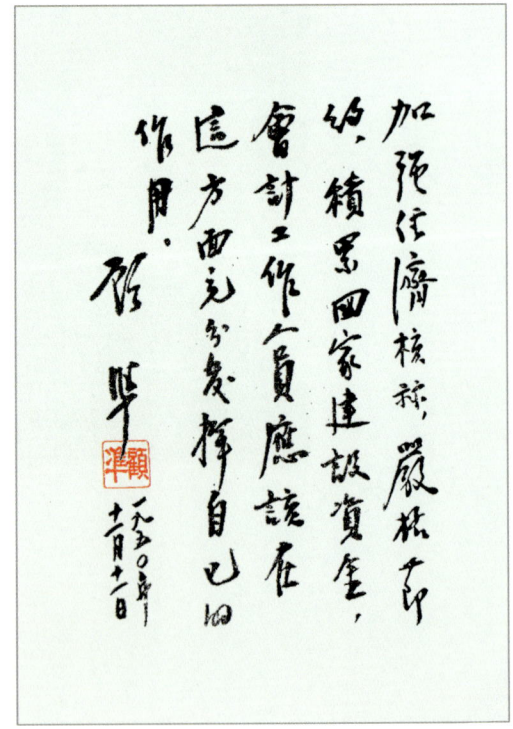

顾准的题词

顾准会计文集

ACCOUNTING WORKS OF GUZHUN

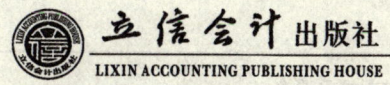
立信会计出版社
LIXIN ACCOUNTING PUBLISHING HOUSE

图书在版编目（CIP）数据

顾准会计文集 / 顾准著. —— 上海：立信会计出版社，2010.12
ISBN 978-7-5429-2664-7

Ⅰ. ①顾… Ⅱ. ①顾… Ⅲ. ①会计学 - 文集 Ⅳ. ①F230-53

中国版本图书馆 CIP 数据核字(2010)第 258028 号

责任编辑　黄成艮
封面设计　周崇文

顾准会计文集

出版发行	立信会计出版社
地　　址	上海市中山西路 2230 号　邮政编码　200235
电　　话	(021)64411389　传　真 (021) 64411325
网　　址	www.lixinaph.com　E-mail　lxaph@sh163.net
网上书店	www.shlx.net　Tel：(021) 64411071
经　　销	各地新华书店
印　　刷	上海申松立信印刷有限责任公司
开　　本	787 毫米 × 960 毫米　1/16
印　　张	33.5　插　页　6
字　　数	516 千字
版　　次	2010 年 12 月　第 1 版
印　　次	2010 年 12 月　第 1 次
书　　号	ISBN 978 - 7 - 5429 - 2664 - 7/F
定　　价	68.00 元

如有印订差错，请与本社联系调换

序

《顾准会计文集》的出版是我国会计学界的一件有历史意义的大事。这让我们想起活跃在 20 世纪三十至七十年代的一位天才的会计学家——我的老朋友顾准先生,他对会计的思考和探索有着与众不同的独创性;他对真理的追求、学术上的创新和独立思考精神,至今仍是中国会计研究工作者的光辉榜样。而摆在我面前这本文集的清样以及他的照片立即把我带到与他学术交往的回忆中,其音容笑貌,宛然如在昨日!

最早知道顾准这个名字是在我在厦门大学求学的时候,曾修过"银行会计"课程,用的教材就是他著的《银行会计》,该教材取材新颖、编制适当、内容完备、文字畅达,在当时也属罕见之作。在我想象中,这本教材的著者该是位有多年执教经验的年长会计专家,直到 1962 年年底,在我撰写的《会计基础知识》书稿讨论会上,第一次见到了这位仰慕已久的会计学家之后我才知道,他其实不过大我 5 岁而已! 我不禁感叹:我们会计界也有个"王勃"! 著书之时不过弱冠之年,但写出的文章却是字字珠玑,为世人所传诵。记得那次书稿讨论会是在中央党校招待所召开的,参加会议的还有于光远、樊纲、杨纪琬、娄尔行、赵玉珉、阎金锷等人,会议着重讨论了会计的对象和会计的属性,最后得出的一致意见是:会计没有阶级性,会计学是一门应用经济科学,技术性是其主要属性。对这一观点,当时立场最明确、最坚决的乃是顾准。他以借贷记账法为例,他说,借贷完全是符号,如果以资产增加、负债减少为"借"作横坐标,资产减少、负债增加为"贷"作纵坐标,用"借"、"贷"表示的各项交易完全可以用一个矩阵表示,借贷记账法可以还原为一个数学模型。他举例精辟,分析细致入微,赢得了大家的尊重和最多的掌声。印象最深的是,讨论会前夕,我们曾在房间里长谈,他多次抨击当时学术界的"极左"思潮,许多人口呼反对形而上学,而在自己的著作中则充满形而上学。他说,"政治挂帅"是要求我们用马克思列宁主义、毛泽东思想的立场和观点指导学术内容,而不是取代学术内容;"挂帅"是要求用正确的观点作为红线,而绝不是某些人的某些文章用"政治"作为内容,把"红线"变成"红布"!这些精辟之言,令我赞赏不已,至今记忆犹新。此后,我与顾准一直保持联系,经常就一些会计学上的问题进行交流和探讨。

在中国现代会计界中,顾准是一位敢想、敢说、敢写的人才,他天资聪颖,勤思善学,而且绝不苟同。除了《银行会计》外,他还编著了《初级商业簿记教科书》、《簿记初阶》、《所得税原理与实务》等教材。在20世纪三四十年代,他就在会计学术研究的舞台上崭露头角,发表了一系列文章,研究和探讨中国当时的会计问题,有的还是当时的重大问题,比如在会计改良与改革的选择上,他就坚定地选择了改革的道路,这种选择并不像当时某些学者在不了解也不愿花力气去研究旧式账簿的情况下的一种盲目跟风,而是建立在对旧式账簿体系和改良账簿体系充分研究的基础上,这一点通过文集中的有关文章可以清楚地看到。

20世纪60年代,顾准经历了"三反"和"反右"两次政治厄运后,不再担任行政职务,返回中国科学院经济研究所,在孙冶方所长的领导下,对会计问题进行系统研究,他立志编著一部中国特色的社会主义会计学巨著,计划写七篇,后来只完成了《会计原理》和《社会主义会计的几个理论问题》,终因第三次政治横逆和"文革"冲击而中缀。这两篇是主要针对当时弥漫的从前苏联"拿来"的教条主义和会计教学脱离实际的学风而撰写的,旨在澄清对会计的一些基本问题的认识,以促进会计教材和会计教学的改革。两本遗著依然可以反映顾准对一些重大会计理论问题的系统思考,诸如当时讨论得比较激烈的关于会计的科学属性,关于会计与国民经济计算的关系,关于会计记账方法和记账原理等。他在《会计原理》中强调会计也是企业的"成本—利润计算系统",这在当时的历史条件下,是要冒宣扬"利润挂帅"的政治风险的,需要极大的理论勇气。从这一观点中,我们也可以看出这与他主张的要充分发挥价值规律在社会主义经济建设中作用的思想是一脉相承的。令人叹为观止的是,这些认识或论断,随着岁月的流逝,愈发凸显其远见卓识,在某些领域都是精深和独创的,如对复式记账原理的数学解释至今无人能出其右。文集收录的上述会计论文和两篇遗著,是他在会计学术研究中比较有代表性的部分。

  毋庸置疑,顾准先生在思想界的影响远远超出他对会计界的影响,正因为如此,学术界长期以来忽略了对他会计学术贡献的研究,我们所能见到的顾准的文集也从未对他会计学术成果作过整理和出版,这对于全面系统地研究这位经济学家、会计学家和会计思想家显然是一个遗憾。一方面,会计的教学与研究是顾准职业生涯和研究生涯的起点,透过他的会计思想,我们才能了解他的经济思想和独立思考精神形成的脉络和过程,这对于系统、全面地研究顾准的思想是非常重要的;另一方面,他在会计方面的理论联系实际的研究方法、独立思考和大胆探索的精神也需要我们今天的会计研究者加以继承和发扬光大。

  95年前,诞生了一位中国知识分子的杰出代表,他始自会计实务、会计教育和会计研究进而在经济学、哲学、历史学等领域取得卓越成就,而且是在遭受如此人生厄运中取得的,这是中国一代知识分子的骄傲,是会计界的骄傲。他的学术思想是留给我们的珍贵文化遗产,而他的"拆下肋骨当火把"、对真理不懈追求的精神和对国家民族命运的责任感是留给我们永远的精神财富。

  必须指出,任何一位历史上的学术人物都会带有那个时代的历史局限性。即使两千年前的国学大师孔子也是如此。对于他们的思想观点和所涉及的学术研究内容,我们不应求全责备,不可能要求他们的研究与21世纪的现代观点相吻合。重要的是要学习他们坚持真理、勇于开拓的创新精神。在历史发展的长河中,他们总是一个令人向往的里程碑!可贵的是,顾准先生的遗作及其所代表的会计与经济思想,作为20世纪30年代以来,中国会计界"坚持真理"、"坚持诚信"、"坚持进取"的一面光辉旗帜是当之无愧的!

葛家澍
2010年12月于厦门大学

目 录

会 计 论 文

民国十三年银行公会联合会议审定银行会计科目之商榷 …………… 3
近来我国银行关于传票及账簿之改革 …………………………………… 10
评徐永祚氏改良中式簿记 ………………………………………………… 22
银行资产负债表分类排列的研究 ………………………………………… 32
国外汇兑中货币处理问题 ………………………………………………… 52
总分行往来记账制度之研究 ……………………………………………… 77
币值变动与会计 …………………………………………………………… 81
我国公司会计中之合并问题 ……………………………………………… 97
我国银行主要账簿制度之研究 …………………………………………… 106
新货币政策与银行会计 …………………………………………………… 117
我国公司会计中之若干问题 ……………………………………………… 123
中央政府总会计 …………………………………………………………… 134

会 计 专 著

会计原理 …………………………………………………………………… 144
序言 ………………………………………………………………………… 145
《会计原理》一书编写前后 ……………………………………………… 147

第一章	绪论	152
第二章	经营资金及其循环	158
第三章	账户和复式记账法	177
第四章	成本、利润计算	185
第五章	成本、利润计算(续)	195
第六章	费用、成本及收益账户	207
第七章	盘存制会计	223
第八章	账户体系的设置	233
第九章	分类账、明细分类账和总分类账中的控制账户	248
第十章	账簿和记账程序	259
第十一章	举例	269
第十二章	日记账的专栏	309
第十三章	日记账的分割	319
第十四章	经济业务的管理和凭证、账簿的设置	330
第十五章	记账凭证制度	342
第十六章	棋盘式总账	353
第十七章	凭证和账簿制度的讨论	364
第十八章	复式记账法的数学解释	370
第十九章	收付记账法	377
第二十章	会计和企业的经济管理	389

社会主义会计的几个理论问题 ································· 405

整理前记 ································· 407

第三稿说明 ································· 409

第一章 会计和国民经济计算的关系 ················ 410

第二章 会计主体和会计单位 ······················ 424

第三章	会计的任务和对象	431
第四章	作为经济计算体系的会计和作为经济管理工具的会计	439
第五章	企业会计的具体任务及其报表科目体系	448
第六章	总会计师制度和计划统计、财务会计部门的职责分工	472
第七章	再论社会主义会计的主体、对象和任务——评马卡洛夫和阿发那西也夫的会计理论	482
第八章	论借贷与收付	506
第九章	论会计的阶级性和会计学科的性质	516

会 计 论 文

文創月会

民国十三年银行公会联合会议审定银行会计科目之商榷

民国九年，上海银行公会徐寄顾、杨介眉诸氏，组织名词研究会。讨论集议二者年，集有银行会计科目名词研究一书，由上海银行周报社出版于银行公会第二届联合会议，时即由上海银行公会提出，共同研究，议由天津银行公会通知各公会组织研究会，先用通信方法讨论表决。及第三届联合会议，上海银行公会提出统一会计科目名词案，议决由各公会于六个月内悉心研究，书面提出意见，送交上海银行公会名词研究会汇合审查再报告于下届会议。此后济南、天津、汉口三公会，均提出具体意见，并另拟专册。此外亦有提出局部意见者。上海银行公会即以上海所编名词研究为根据，察其异同之点，提要叙述，作成审查报告书。遂于第四届联合会议提出请付讨论。结果，议将上海、汉口二分会所编之会计科目名词及上海公会所交之审查报告书为根据，由平、津、沪、汉四公会推举精于会计之人员在北平组织审定会。十二年九月，各公会推举人员，在平举行银行会计科目名词审定会，与会者有谢霖甫、秦禊卿、马久甫、马寅初、卓定谋诸氏，并推定卓定谋氏主持审定会事。当根据各公会所编一般银行所用之会计科目名词，根据学理、习惯与事实，逐一审定。十三年四月，银行公会第五届联合会议开会于北平，经大会详细审定通过，即本文能欲论列之名词也。（审定经过系参照徐寄顾氏最近《上海金融史》再版本第三章第十节。）

会计科目名词审定之后，各地银行因业务繁简不同，当然不能全部应用。惟各行虽有事务上可以应用审定科目者，亦未能尽量采用，故事实上尚不能认为我国银行会计上标准之科目名称。但因有此规定之科目存在之故，对于我国银行会计上自有相当之影响也。

此项审定之会计科目,集我国银行会计专家之心血结晶而成,在银行会计上之地位自然极大,而内容自亦极可赞佩。惟其中有若干科目似尚有可以商榷之处,容是不揣荒陋,草成本文,以就正于当世之银行会计专家。

作者所欲提出讨论之各点,可分成下列各项:

(1) 原有科目名词及内容之商榷。

(2) 原有科目归类之商榷。

(3) 因我国银行业务之变迁而应增加之科目。

爰分别述之如下。

一 原有科目名词及内容之商榷

审定科目中关于银行业之各科目,其名称及内容之确当,以与议者诸家之宏富之经验,自无疑义。特关于各种准备账户等,则以尚有商榷之余地。其他之整理科目为应收应付利息等项,因所规定记入之事项之种类不同,似亦有可以分立者。爰依照原科目之次序,逐项论列之如下:

(1) 呆账准备金(reserve for bad and doubtful accounts)。银行资产,属于对人债权者占一大部分,因此欲就全部对人债权而估计呆账额,本为不可能之事。作者于银行经营实务并无经验,惟据测度,则以为根据到期未能收到各款,即所谓催收款项者,分别就其抵押品之有无及抵押品之价值,保人之信用程度,以及其他事实,估计一相当之数,而作为呆账准备,以提存之,自非不可能。但呆账数额之估定,普通在归还成数未能确定以前,亦仅属于估定之性质,而不能得一绝对确实之数额。记载此种事实之账户,所谓呆账准备者,即会计上之评价账户也。

考审定科目中,负债类有呆账准备金一科目,损益类有呆账一科目。呆账准备金科目之说明谓:"于纯益中提存之款以备抵消呆账之用者,名之曰呆账准备金。"又损益类呆账科目之说明则谓"催收款项确无收回希望,当决算时削去其一部或全部者名之曰呆账"等语。由该二项说明观之,审定科目对于呆账之处理,取证实后记账之方法,而不用预估的方法。而对于可疑之催收款项,则在纯益内提出准备以抵消之。此种方法,在事实上有无窒碍,姑不具论,在理论上言之,预估的呆账,不作为本期之损失,使与准备户对转,以评估放出款项之价值,而自纯益内提出一部分作为准备。结果,虽呆账发生仍可抵补,亦必使每年纯益数额为虚计的,而并不确实。且自纯益内提出之准备,本当为特别公积。此处呆账准备金一户,事实上则为评价账户,因催收款项中未经证实之账款并未提存准备也。因此欲判定呆账准备金科目属于何类,实一难事。而现在各银行之呆账准备亦有不自纯益中提存,使与开支户对转,如交通银行会计科目中备抵呆账一户即是。

又按照审定科目之规定,呆账准备应自纯益中提存。万一银行年度决算之结果,并无纯益,催收款项中,则确有若干未能证实,而可以发生之呆账存在,是否即可不予提存准备?如果如此,非但纯益之计算不确,银行资产负债表之表示,亦必不确实矣。

(2) 房地产提存金(land and building sinking fund)及器具提存金(furiuture and fixtures sinking fund)。此二科目为营业用房地产及营业用器具二项固定资产之折旧准备(depreciation resve)账户,系在每结算期间,估计固定资产因使用而丧失之价值,使以折旧户与折旧准备二账户对转。一方面将本期应负担之开支入账,另一方面则记入折旧准备户,使代表固定资产之贷记,而抵消原来固定资产之高估,此为折旧准备之普通处理方法。

如自企业经营上观察,折旧准备之提存,一方面分摊资产消耗之价值,另一方面则为储积因使用固定资产而获得偿还固定资产价值消耗之流动资金,以便在资产全无使用价值时,重行购置固定资产之用。由是言之,折旧准备一账户,一方面当作固定资产价值高估之抵消账户,而另一方面则代表流动资金中自固定资产融入之一部分之存在。但折旧准备一户,仅代表流动资金而决不表示流动资金本身。流动资金平时混入于其他流动资产中,若不特予提出,作为折旧准备金(depreciation reserve fund),则在账簿上,无作为独立一项目而表现之可能,只能由折旧准备户代表在流动资产中之一部分系自固定资产融入者而已。因此折旧准备一项,在名词上不得作为提存金(sinking fund)。审定科目,则在中文名词上及英文译名上均作为提存金,似有以代表项目作为流动资金本身项目之嫌。即就该二科目之说明:"凡存储或摊提之款,为补充……"等语视之,虽用法中规定自摊提营业用房地产等科目转出,终觉有令人作为提存之资金之虞也。

我国译名向不统一,由是,资金之代表科目,及资金之本身科目,在名词上往往不易区分,最近会计学者间似有一致承认准备作为资金代表科目之名称,而准备金作为资金本身科目之用之一致倾向,则该二科目名词似有加以改正之必要。其实审定科目中二科目之错误,观乎其说明及英译名等之,或不仅限于名词上之错误,实未曾分清资金代表科目与资金本身科目之意义也。

"准备"问题,在固定资产设备极多之工业等言之,确极重要。但在经营信用授受之金融机关,关系自小,盖因其固定资产在资产中比例极小也。因此,类固定资产之使用而引起之资金流转,在银行经营者视之,实无足轻重。因此,该二科目在银行业中是否必要,亦一问题。作者所欲言者,则该科目之订定,是否合于会计理论而已。

(3) 应收未收利息及应付未付利息。此二科目为结算时整理未收未付、预收预付各项利息之会计科目。据审定科目之说明,则应收未收利息项下,包括未收各项存出款及放款等之利息,与转贴现等之预付贴现息;应付未付利息科目则包括存款透支同业等及银行所发债券等之未付利息与贴现押汇等之预收利息。考会计上未收未付各项之性质,与预收预付之性质,迥有区别,似未能合记一户也。但如何改正,则或虑科目设立太多等等,系事实问题,非作者所敢言者矣。

二 原有科目归类之商榷

银行因事实上之必需,在结算时设立各种前期损益账户,所以表示前期结算后未曾分配之损益数也。审定科目中此类科目凡六:

(1) 前期损益。

(2) 本年上期总损益。

(3) 去年上期总损益。

(4) 去年下期总损益。

(5) 去年全年总损益。

(6) 管辖内前期总损益。

科目分类之过多与否,则亦系实施之问题,作者不欲深论。而会计上结算后损益之结果,表示对内负债之增加或减少(即资本之增加或减少)。如果所得结果为纯益,自为资本之增加无疑,而所得之结果如为损失,则为资本之减少,保存其差额于各该损益账中,使此类账户成为资本之抵消账户,以待与公积转消,或俟将来获益后加以弥补,理论上此类账户决非资产。原来资产包括① 对人之债权；② 保持之资产；③ 预付费用之效用可以延及下期者,未经摊提完毕前之余额；④ 特别损失,预料以后不致再有发生,因而分年摊提,在未经摊提完毕前之余额。即审定科目资产类之说明,亦谓"凡银行所有债权财产及应摊提各科目集成一类者,名之曰资产类。"因而前期损益等六科目,如果其余额表示借差即一年经营之结果为损失,当然不合资产之定义,绝对仍当归入负债类内,作为负债类之抵消账户看待。审定科目则以上述六账户作为资产负债类之共通科目看待,在表示收方余额时,即列入资产类内,自亦不妥。

三 因我国银行业务之发展而应加设之科目

审定科目中关于汇兑之科目凡兑:

(1) 汇出汇款。

(2) 应解汇款。

(3) 期付汇款。

(4) 活支汇款。

(5) 押汇。

(6) 买入汇款。

(7) 买入国外汇款。

民国十三年银行公会联合会议审定银行会计科目之商榷

(8) 期收汇款。

其他各贴现科目中,亦包括一部分买入汇兑之事项,即贴现买入之外埠期票是也。分解各科目之用途,属于卖出汇兑者,为汇出汇款、活支汇款及因而发生之期收汇款等科目。其属于买入汇兑者,为押汇、买入汇款、买入国外汇款、及因而发生之期付汇款等科目。其余应解汇款一科目,系属于代办汇兑之科目,非受理银行本身汇兑交易之科目也。

当银行公会联合会审定该项科目之时,我国银行汇兑业务亦仅以上开各科目所包括者为限。各国所最通行之信用状(letter of credit)业务(为两地商人购货时证明商人信用之证书)银行并不发行,因而银行亦无代客承付汇票及连带于此种信用状而发生之交易。此项交易之会计科目,银行遂亦并不必需。现在我国各银行兼营国外汇兑者较多,此类信用状之发行及票据之承付因而发生,同时即国内汇兑亦有应用信用状之方法以行使押汇业务者,因此会计上记载此等交易之会计科目,遂不能再缺。

今各银行经营此类营业,则下列各科目恐不可缺:

(1) 发出信用证书(浙江兴业银行称保付进口押汇,或称发出购货证,贷差科目,lettet of credir issued)。

(2) 顾客未付信用证书款项(浙江兴业银行称进口押汇保证或称顾客未付购货证款项借差科目 customers' liability under letter of credit)。

(3) 承付票据(贷差科目 bills payable-acceptance)。

(4) 顾客未付承付票据款项(借差科目 customers' liability on acceptance under Letter of Credit)。

上列第一、第二两科目为或然资产及或然负债(contigent assets and contigent liabilities)在银行发出信用证书时用之,俟承付票据后再予转销。第三、第四两科目则表示银行承付票据之负债及顾客因银行承付票据后对于银行之负债。如果第一、第二两科目不用,而仅用第三、第四二科目,则亦并无妨碍。

此外银行因汇兑业务之发展,必需添设之科目或尚不止上举四个,审定科目必须普遍适用于国内任何银行,因事实上业务发展而发生对于此类科目之需要,自应加入于作为标准之会计科目中也。

凡上所述各点，作者认为有亟予修正增加之必要。惟所述究否合理，以作者银行实务经验之缺乏，学识之浅陋，自不敢必。兹篇仅述管见所能及，以就正于海内明达耳。

民国二二年四月廿三日于上海立信会计师事务所
（原载《银行周报》，1933年第17卷第27期。）

近来我国银行关于传票及账簿之改革

一　总　说

我国银行向来所用之传票及账簿系仿自日本。大致传票则以每一交易记一传票,主要账则应用日记账、增补日记账及总账,而其他账簿则一律采用装订本。此种方法具有大陆式账簿组织之精神,所有交易因可得一严密正确之记载。在夙昔银行业务并不繁复之际,采用如上账簿等之记载方法固可得良好效果,但以近代银行业务日繁,对外须对顾客服务周到,因此事务处理上,不得不谋最迅速简捷之方法。于是,旧日所用制度遂不得不加以废弃,而改用种种比较简单之方法。

此种改革之关于账簿之记载者,为传票之改革、主要账簿之改革及账簿格式之改革。兹参照各银行实例分述于下。

二　传票之改革

普通传票分为收入传票、支付传票及转账传票等三种。收入支付两种传票,记载现金收付之交易。而转账传票则记载不关现金之全部转账交易,及有关现金之一部转账交易。其记载方法则完全应用现金分录法(cash journal method)。在每一交易发生之时,不论该项交易包括若干科目,悉记入一个传票内。

传票采用一交易一传票之方法者,遇一交易关涉两科目以上者,必致发生下列各项弊病:

（1）如传票中所记载之会计科目关系二科者，必须传递各科记入补助账内，结果费时甚多。

（2）如果应用日记账者，则必须就各传票中集合同科目之收付，登记整理，颇感麻烦。

（3）如果于主要账欲加如后节所述改革，则因不能将传票根据科目别而分类汇订，无从实施。

因以上所述各原因，交易繁多之银行，不论其是否应用日记账或废除日记账，为提高效率起见，大率应用单式传票。即不以一交易作成一传票，而以每科目作成一传票。此种单式传票之实施，在现金收付传票，即据一交易中之各科目分记二张或二张以上。而在转账传票，则必须收付二方分离，即向来包括收付二方之转账传票，现分成"转账收入传票"及"转账支付传票"二张，以后遇有一转账交易即分记该二种传票。如果一转账交易关系之科目特多，则一交易所有之传票，将有四五张以上也。转账收入传票及转账支付传票之格式与现金收付传票完全相同，但其纸张及印刷之颜色则与现金收付传票不同，以便区别。普通转账收入传票系浅蓝纸印红色，转账支付传票则系浅蓝纸印黑色。①

兹假定有下列之一笔交易记入转账收付传票内，则如下例。

往来存款客户王方城以其支票一张计 $200 汇往天津王小城，汇水免。

第 号	转账收入传票			第 号	转账支付传票		
	民国 年 月 日				民国 年 月 日		
会计科目	摘　要	金　额		会计科目	摘　要	金　额	
汇出汇款	王方城托汇王小城津行	200	00	往来存款	No. 1045　王方城	200	00
	合　计	200	00		合　计	200	00
制单员　复核员　会计员　出纳员　经理				制单员　复核员　会计员　出纳员　经理			

---

① 转账收付传票之格式，按现在各银行所用者，大概与现金收付传票同。但亦可于传票内另添设转账摘要一栏次记载本传票之对方科目，如上例转账收入传票之转账摘要栏内记"往来存款"，而转账支付传票之转账摘要栏内则记"汇出汇款"焉。

依以上方法记账后,则一交易关于二部分之传票,即可分别交各关系部分办理;同时,记入日记账时,可以先将同科目之传票集合一处记入,不致如应用转账传票之时集合困难,且或虞遗漏或重复焉。

转账传票分成收付两张以后,在全部转账交易并无任何困难,惟在部分转账交易,则因包括一部分现金收付之关系,处理比较困难。此种交易有下列各种方法:

(1)将部分转账交易作成现金收付传票。则收付二传票抵消后之数额即为现金收付数,于日记账内汇总核计之。

(2)将部分转账交易作成转账收付传票,惟在收付二方之较多一方加盖一橡皮章,注明现金数若干,转账数若干。

例如,来人某甲以往来存款客户某支票二千元,来行请将一千五百元作为定期存款,余款取去现金,则其记载如下。

第 号	转账收入传票			第 号	转账支付传票		
	民国 年 月 日				民国 年 月 日		
会计科目	摘 要	金 额		会计科目	摘 要	金 额	
定期存款	井一 某乙	1 500	00	往来存款	井一 某甲 现金 1 500.00 转账 500.00 合计 2 000.00	2 000	00
	合 计	1 500	00		合 计		
制单员 复核员 会计员 出纳员 经理				制单员 复核员 会计员 出纳员 经理			

如以上方法,则仅仅根据转账支付传票,亦即可知往来存款借记二千元时,其对方为现金付出五百元,此外则均为以其他科目之转账对销者,于登记日记账或核计当日收付总数时,即可据此办理矣。如果转账收入传票之数超过转账支付传票时,此橡皮戳即盖于收入传票内,并以同一方法处理之。

(3)将部分转账交易化成为全部转账交易,即以其中一部分现金收付作为临存或临欠,加入转账交易内,使该交易收付两方平衡,另作现金收付传票以抵销临存临欠之数,并记载现金收付确实数额。

例如下列二项交易。

(1) (借)往来存款 $ 2,000.00
  (贷)定期存款 $ 1,500.00
    现金   500.00

(2) (借)往来存款 $ 1,500.00
  (贷)特别往来存款 $ 2,000.00
    现金   500.00

按下列之分录记载而化成传票之收付。

(1) (借)往来存款 $ 2,000.00
  (贷)定期存款 $ 1,500.00
    临存   500.00
  (借)临存 $ 500.00
    (贷)现金   500.00

因而化成下列之传票：

A. 转账收付传票

(收)定期存款 $ 1,500.00
 (付)往来存款 $ 2,000.00
   临存   500.00

B. 现金支付传票

 (付)临存 $ 500.00

(2) (借)往来存款 $ 1,500.00
  (贷)特别往来存款 $ 2,000.00
    临欠   500.00
  (借)现金 $ 500.00
    (贷)临欠 $ 500.00

因而化成下列之传票：

A. 转账收付传票

（收）特别往来存款 $ 2,000.00

（付）往来存款 $ 1,500.00

临欠 500.00

B. 现金收入传票

（付）临欠 $ 500.00

以上临存临欠两科目并非总账中之会计科目，故亦并不记入总账，不过暂时用以平衡转账传票之收付而已。又为节省手续起见，故以转账收入传票及现金支付传票各一张，均印成临存科目，叠置一处。或转账支付传票及现金收入传票各一张，均印成临欠科目，用时以复写纸复写，写成后，现金传票即可交由出纳员作为记载现金收付账之根据。

银行依上述各项，应用单式传票，而后一交易往往记入若干张传票。因是亦必发生下列二点之困难：

(1) 关于一交易之全部分录易于失却联络，难于观察交易之全部情形。

(2) 因此如金额上发生错误，查考较难。

但各银行对于一交易之传票规定不论包括若干张，必须编同一号次。则对于上列二点困难，不无相当之补救也。

三 主要账之改革（上）
（改革之理由）

上节所言传票之改革，已能予日记账、增补日记账之记载以相当之便利，但日记账、增补日记账、总账等主要账之记载非常繁复，若能设法予以废除，则在手续上自可便利不少也。

银行各种主要账是否应予废除，此点可以自① 在银行经营上，旧式各种主要账之记载是否能充分发挥其效能，② 旧式各种主要账记载是否绝对必要，不能缺少，抑可以加以相当改良二点观察之。

主要账中日记账之记载,向来必须俟至每天营业终了后,根据各传票而记入。每日所发生之传票,在交易繁复之银行或必须至千张以上。如果规定日记账必须于当天记载完毕过入总账,结出日计表,则此项繁复异常之工作,或必须至午夜方能完毕。交易过分繁复之银行,每日结出日计表遂势所不能,只能于次日或甚至第三日。此在我国现在沿用日记账旧制之某大银行即然。考日计表之制作,本为明了当日营业之结果,设在二三日后结出,其效用显已减退。至于应用增补日记账,并规定其记载系由各科在每张传票作成后记入,则虽能节省一部分之时间,但未设置增补日记账之各项交易,仍必须记入日记账。此种记载,其数或亦不在少,日记账之记载,仍未能尽量减少也。因此,旧式主要账之记载,决不能充分发挥其效能且延迟交易结果之表现时间。

日记账系将所有交易全部整理记入,此种记载严格论之或非必需,盖各项交易发生之初,已经作成传票,并记入各有关系之补助簿。对外所必须参考之各事项,亦即各科目变动之基础事项,本已有详细之记录,所以必须再记载各主要账者,仅在核计各科目借贷总数,以计算各科目之余额,而编成日计表而已。欲核计各科目之借贷总数,尽可应用非常简便之方法,不必再经过非常繁复之一重记载也。

因上所述,可知旧式主要账之记载,一方面不能充分发挥其效能;而另一方面在全部账簿中,此种记载并非必要。故现在各银行大都废弃旧式主要账,而按照种种新法处理焉。

四 主要账簿之改革(下)
(改革之实况)

废除普通日记账及增补日记账,均以改用单式传票为始,因在应用单式传票后,易于自全部传票中集合同科目之各张,而此种手续在改革后制度中为不可缺少者也。

自全部传票中分别各科目而集合之后,即可将其收付两方加成总数;同时,以其总数记入该科目"各科目日结表"或"总传票"内。其形式如下:

各科目日结表

民国　年月日

存款科

往　来　存　款

收方传票张数	收方金额	付方传票张数	付方金额
收2张　转3张	4 089	04	收1张　转2张	1 095	42

主管员　　　　　核对员　　　　　会计主任　　　　　经理

　　所有每日发生之各项传票，均分别其两方收付之总数，记入于该项各科目日结表以内，同时，并应将各该科目之传票连同其"各科目日结表"汇订一处。

　　至每日所有各科目全部编成以上之各科目日结表后，再以各该科目之收付总数，转记于下列合计表内。此种合计表或为活页式，或为装订本。

合　计　表

民国　年月日

收方金额		会计科目	付方金额	
×××			×××	
	××			××
×××	××	合　计	×××	××
×××	××		×××	××
×××	××	昨日　　今日	×××	××
×××	××	库存　　库存	×××	××
×××	××		×××	××

　　上列合计表其性质即与以前所用之日记账性质相同。故各科目之合计数即应过入总账中各该账户中，而收付二方之合计数，则过入现金账户中，再按普通方法，根据总账各户余额，编制日计表。至总账日计表之形式则与前相同。

各银行现今所用办法,除按照上述者外,尚有下列各种不同之办法:

(1) 在交易比较简单之银行,不用各科目日结表,直接根据各传票之计算总数,转记于合计表内,仍由合计表过账。

(2) 除计算各科目收付之总数而外,仍分别计算现金收付及转账收付之总数,记入各科目日结表及合计表内。此时各科目日结表收付二方,各别注明现金、转账及合计数。而合计表收付两方分设转账收付、现金收付、合计等栏。

(3) 作成各科目日结表后,不再转记于合计表,直接根据各科目日结表总数过入总账各账户内,并根据各科目日结表,核计收付总数过入总账现金账户内。

以上各种方法均可应用,惟亦当根据事实上之情形斟酌设定也。

以上所述为改革日记账之方法。至旧式总账则仍沿用,考总账仅用以核计各科目之余额,而并无其他重要之作用,已如前述。故为节省记账手续起见,有将合计表及旧式装订本之总账全部废除,而代以账单式之总账者①。其格式如下。

总　账

会计科目	各科目收付数				各科目余额			
	借方		贷方		借方		贷方	
往来存款	×××	××	×××	××			×××	××
定期存款	×××	××	×××	××			×××	××
付出利息	×××	××			×××	××		
各项开支	×××	××			×××	××		
现　　金	×××	××	×××	××	×××	××		
合　　计	×××	××	×××	××	×××	××	×××	××

上列新式总账,其记载方法如下:

(1) 根据各科目日结表之数额,一一转记于总账内各科目收付数之借方、

---

① 此项新式总账,系现在中国银行所用。参照《立信会计季刊》第二卷第二期刘驷业氏《最近我国银行会计之改革》。

贷方两栏内。

（2）各科目借方总数即为现金账之贷方合计数；各科目贷方总数即为现金账之借方合计数。分别记入现金户借、贷两方总数栏内，并将该二栏结出总数。

（3）根据昨日新式总账各科目之余额，分别加减本日借、贷两方总数，即为本日之借方或贷方余额，转记各科目余额栏内。

（4）本日各科目之余额，即为本日之日计表，另行抄表列示。

应用如上之新式总账后，则所有旧式日记账总账等完全废除。节省之手续极多，事务极为简单。此种方法，实最可引为典范也。

主要账簿经过以上各种改革后，记账工作变为极其简单。但在交易繁复之银行，必遭遇一极为困难之问题，即所有传票已经改用单式，因此在科目繁多之交易关系传票颇多，但编制各科目日结表时，则一交易之传票均已分散，此后欲查核某一交易之全部状况，必极困难。此种情形在交易较简之银行，可以不生问题，因复查较易也；而交易繁多之银行，则不得不在传票未曾分散之前，先行记入于特设专行记载每一交易内容之补助账簿中①。

此项补助账可分二种：一种用以记载现金收付之交易，名为现金日记账；一种用以记载转账之交易，名为转账日记账。现金日记账则专备记载现金交易之收付；转账日记账则记载每一转账交易之全部借贷。在每笔交易作成传票后，均立即记入该项补助账内，每天交易终了，此项补助账之记载亦已终了。设立此等补助账后，则仅就记账之手续言之，其程序如下：

（1）作成传票。

（2）记入补助账。

（3）营业终了后作成各科目日结表。

（4）根据各科目日结表之总数记入合计表或新式总账之借贷总数栏内。

以上所述各项，虽在方法上各有不同，而其原则则为一贯的。国内银行除应用以上方法外，一二银行有采用特种制度者，即将日记账分成现金收付账、转账收付账、汇划收付账等分类日记账，其格式如后举。每逢交易发生，立即根据

---

① 此种制度目前国内银行中仅中国银行用之。参照《立信会计季刊》第二卷第二期前记文。

传票记入各簿，至营业终了后，即根据各簿各特殊栏之总数，凭后列日结总表核计当日全部收付之总数。

现 金 收 入 账

民国　　年　月　日

摘要	收入金额	现 金 科 目 分 类							杂 项		
		往来存款	定期存款	汇出汇款	往来存款透支	分行处			科目	细数	总数

收方　　　　　　　　　　　　　　　日 结 总 表　　　　　　　　　　　　　　　付方

科　目	现金	汇划	转账	合计	科　目	现金	汇划	转账	合计
往来存款 定期存款					往来存款 定期存款				
今日共收 昨日库存					今日共付 今日库存				
合　　计					合　　计				

　　应用如上之制度者，往往另用如前举之各科目日结表或总传票以资互相核对；同时，日结总表内各科目之合计数，亦可据以过入总账焉。以上制度在用柜员制度之银行，各部现金收付归各部自行管理，因此各部即可各自设立现金收付账，记载本部之现金收付交易，且可据以核计该部当日现金结存数。至转账收付、汇划收付等，仍归会计科记载之。惟各部分记簿册过多后，如凭各簿之结数直接编成日结总表恐易错误。因此先分别根据各簿各栏总数编成各簿日结表，再根据各簿日结表而编成日结总表。

　　以上制度在应用柜员制度或单位制度而交易又非常繁复之银行颇可发挥

近来我国银行关于传票及账簿之改革

效能。上海商业储蓄银行上海总行即应用此种制度者,但设交易并不繁多,而办事应用普通制度之银行、欲图记账时间之节省者,则以采用前举普通废止日记账之制度为较佳。此种分类日记账制度不能有如何之益处也。

五　账簿格式之改革

　　银行所用之账簿,其始均用装订本,各页均无可移动;同时于账簿上标注页数,故可免除撕毁灭迹以冀舞弊之事。然近世银行业务日繁,装订本账册事实上诸多缺点。故现在各银行均尽量避免采用而改用活页式(loose leaf)或卡片式(card)。

　　第三节中所述之"合计表"、"新式总账"、"日结总表"之类均应用散页,以替代旧式装订本主要账之日记账总账。每当一定期间末加以制订,此即为活页式账簿之一例也。但活页式账簿之应用最多者,当为补助账簿中之分户账,其办法即于账簿之装订处,制作自由拆订之机件,另行印就单页之账页,应用时可以自由增入。而无用之账页,则可以自由取出。分户账于应用此种活页式账簿后,有下列各种利益:

　　(1)装订本账簿对于各户所留置之地位,因不能预知每户进出之多少,故各户之交易繁多者预留地位不敷,而必须移过另页。而各户之交易甚少者,预留地位不能完全用完,如应用活页账簿则每一户名设立一号账页,记载不敷,则另行加入。添设新户亦可顺号增设,并无颠倒难查之弊矣。

　　(2)装订本账簿内记满账页及已经结束之分户,无法取出,夹杂簿内颇为不便。若应用活页式即均可自由提出①。

　　除应用活页式账簿外,并有将账页印刷于卡纸以代替账页,并另行制成卡片箱以便装置。其应用后之益处,与应用活页账簿者相同。同时制成有片耳之空白卡片,作为索引片(index card)于片耳上记明一类之名称以便翻检。

　　在应用簿记机器(book keeping machine)之银行,因机器可以将交易情形

---

① 参照谢霖著《实用银行簿记》第192页,1925年,上海。

及金额打印于放入机器中之卡片之故,其分户账均用一定之大小及分栏印就之卡片焉①。

总账及分户账更有应用波士顿式(Boston Letgar)者,(系因创于波士顿某银行故名)其格式如下。

下式每一页设置六栏或七栏,以备一星期记载之用。每栏再分借、贷、余数三栏。每日之借、贷结数连同上日结数,计算本日余数,记入余数栏内,如前式中所举例。此种账簿我国银行有应用于总账者,美国银行则颇多应用于往来存款中出入甚繁之客户。

户名	昨日结数	星期一			星期二			星期三		
		借	贷	结数	借	贷	结数	借	贷	结数
往来存款	1 500 00	4 200 00	5 200 00	16 000 00						

户名	星期四			星期五			星期六		
	借	贷	结数	借	贷	结数	借	贷	结数
往来存款									

(原载《会计杂志》,1933年第2卷第5期。)

---

① 《上海银行会计规程》,1933年,上海。

评徐永祚氏改良中式簿记

一 序 言

最近徐永祚氏提倡改良中式簿记运动,在各处演讲,出版专书,会计杂志也发行专号,宣传并研究这改良的方案,这可以说是我国新旧企业向来应用纯粹中式簿记的、现在要求合理的会计之一种现象。而徐氏努力提倡,研究之功,也决不可没的。

徐氏改良中式簿记之各要点,如收付簿记法,及独特的账簿组织方法等,就作者个人的见解,认为很能适应于现在中式簿记走向完善的、合理的会计制度这一个过程之用的。这是作者的一个基本认识。其次,就其账簿组织等而言,也可以说不仅仅可以作为改良中式簿记之用,同样也可以推行到一般簿记,作为一般簿记方法之一种进步。但是作者也以为在现在的状况下,一般簿记决能渐渐适用到中国的整个企业界去,要严格地保持"东洋流"的中式簿记事实上是不可能、也不必做的一件事。因此,在本文中,作者的目的,在于说明改良中式簿记之一般理论及方法,如何的能适用到我国这个过渡时期中,又根据一般会计理论去批评,改良中式簿记中有如何谬误点。因此,以为在一般簿记推行完备以后,改良中式簿记会失却其重要的性质的。

下面各节,先具体的介绍徐氏改良中式簿记之全面。以后再分成收付理论及账簿组织二方面来研究。

二 改良中式簿记之全面

徐氏改良中式簿记最重要的一点,是以一般簿记的理论与方法来改正我国向来的中式簿记中不甚合理的地方,例如账户分类、账簿组织等。而在改良方案中,有把原来中式簿记所有的东西特别发展起来的,有根据一般簿记方法改变后,适用到中式簿记中去的。这些可以称为改良中式簿记特点的,据徐氏自称有四点:① 收付簿记法;② 账簿分割法;③ 统辖记账法;④ 四柱结算法。(见徐永祚氏《改良中式簿记问题》。《会计杂志》第三卷第一期,第一二——七页)但作者为说明便利起见,分成二点去观察,即① 收付簿记理论,② 账簿组织问题。至于其他账簿格式,应用数码字等问题,那不是会计的根本问题,本文中不予论及。但是此地我们不能不注意在现代我国商人还不能完全应用世界通用的普通簿记的时候,改良的中式账簿是很合用的。到我国商人都能应用普通账簿的时候,当然不必绝对有"国粹论"的主张了。

前面所说改良中式簿记中的收付簿记理论与账簿组织问题,有相联结的关系。即在整个账簿组织中,作为总日记簿等的四柱结算表有完备收付记理论的作用的。因此,在以下说明这二个问题时,我们仍旧不能绝对分开,只能就其相互的关系上去说明。

一、收付簿记理论

徐氏及其他诸氏,在其论述改良中式簿记的论文中,对于记账的根本规律,主张维持中式簿记固有的现金收付记账法,而不主张借贷的理论。他们对于借贷理论之反对的论调,我们留到后节去说明并检讨它,此刻我们先来解释一下收付簿记的理论。

徐氏以为中式簿记固有的以商店本身现金收付的事实作为记账的根据,是合于现实的,是一种现实的账法,因之一切现金交易或非现金交易都以现金收付的方向记入各原始簿册。单就这一点而论,与现在银行会计等所用的现金分录法(cash journal method)相同。但是现金分录法仍是根据于借贷原理的,不过在方法上通过现金收付而记账而已。徐氏所主张的收付簿记理论,则主张在总账上也按照现金收付方向记账,并不如现金分录法之反其收付记账。他以为交易的记载,固然根据现金收付或假定作为现金收付之事实,而每一个科目之所以要过账,则是为了表明现金收付之原因及去路。这种主张是与借贷理论中以为每一交易的记载,是为了要表明资产负债资本的增减及现状不合的。

以为总账各账户的记载是表明现金收付的原因及去路,这样的理论因了徐氏所提倡的四柱结算法而完成。四柱结算表表示各账户以现金收付方向表示的收付总数及余额,并且填入现金余额而使其收付相平衡。这样,每一个四柱结算表在形式上完成了现金收付账之形式。于是收付簿记理论自交易记入原始簿册起,至编成四柱结算表上都讲得通了。但此处读者要注意,收付理论是不能用来解释资产负债表及损益计算书的。这点我们以后再要论到。

二、账簿组织问题

改良中式簿记中的账簿组织问题,实在包括了互相联系的三方面,即原始账簿之无限分割,普通总账之废止,及利用四柱结算表去代替普通总账统驭各补助总账。原始账簿之分割,是因为中式账簿不能多设特殊栏,所以依各种分类方法使每一类交易设立一册原始簿。这样可以不必设立特殊栏而免除了这一点的困难。普通总账之废除是迎合中式簿记向来不用统驭账户及普通总账的习惯。但是利用了四柱结算表做月结表及日计表、总日记簿以后,便可以四柱结算表代用为普通总账了。又因为这缘故,所以四柱结算表采用了合计差额试算表的形式。(读者当认明作为普通总账的四柱结算表,是分期的合计差额试算表,并没有其他的意义。不过各账户的借贷总数及差额以收付的形式表示着而已。)这是账簿组织上的重要的几点。

如上所述,改良中式簿记可以互作一个整个的会计理论去看。在大体上也可以说是完美无缺的。而且实施时或者也无任何困难可言。但是我们站在一般会计的立场上,对于这个改良中式簿记中的收付簿记理论,首先发现有根本上不能容忍的地方,因此在次节即加以详细的检讨,其次对于账簿组织上也提出几点来商榷一下。

三 收付簿记理论之研究

中式簿记向来记账的方法,一律采用现金收付的方法。改良中式簿记为便于推行起见,维持这一个记载的方法,而在这方法下面去完成簿记记载的目的,这当然是适应事实的需要而产生的。在这过渡的期间,采用这个方法,我们可以不必因为它不合于借贷理论而极端地排斥它。但是,我们此刻又不能不注意二件事情:第一,借贷理论在现社会制度之下,不能不说是最完备的簿记理论。第二,在过渡时期固然可以采用旧时收付理论,但决不能以为这可以永久适用。我们必须期待借贷理论之普及,使收付簿记完全废除而代之以借贷簿记。否则会计理论不能昌明,会计学术之进步难期了。

但是徐氏及其一派,在其改良中式簿记的著作中,排斥借贷理论而企图树立收付理论。这样,他们不承认借贷理论是合理的,反而以为收付理论是合理的了。也因为这一点,他们忽略了收付理论只在这时期有其历史的存在之价值。因此我们必须说明借贷理论究竟是什么东西,然后将收付理论与借贷理论相比对而批判其如何不合理。

借贷的意义,经过了不同的时代,得到了许多不同的解释。主要的说,可以分成人的学说与物的学说二种。人的学说因为不合于现时企业组营之实况,所以已是过去了的东西,只有物的学说在现时是正确的。但徐氏及其一派,在论述收付理论各文中所说明的借贷理论,都是人的学说。因之他们排斥借贷不合理,即是排斥借贷之人的学说之不合理。为了说得明白一点,所以把二种学说都介绍一下。

人的学说以借主贷主与企业资本主之关系为其根据。这种学说以为借主欠资本主的钱,所以他对资本主是立在借主的地位,企业记载交易时,因他对资本主的地位是借主,所以记入借方。贷主,则因为他对资本主的关系是贷主,所以记贷方;这即所谓"以他人为主"。再根据这种说明,渐次推定债权之减少作为债务之增加,(即若遇有他人还欠时作为向他人借款。)债务之减少作为债权之增加。(即遇有还人欠款时,作为借出款项。)再以财产账户假定其为保管的人而使其人格化,与借主账户同样处理。对于损益账户,则作为资本主对其自身的借贷关系而记账。这种理论,不论是英国的 Carter 等,(我国可以杨端六氏为其代表,见杨氏著商业簿记。)或日本早期的八大要素论者(我国早期簿记著作都应用此种理论),都是相同的。更有其他相当的各派,采取着与此略为不同的见解。

但是这种借贷理论,仅仅见到了借主贷主的关系,并且特别夸大了这种关系,使它发展起来,造成在表面上可以适用于企业各种交易的借贷规律。它产生发展的时代,是在十八世纪左右,近世工商业的经营刚才起端而并非发达之时。在这种时代,尚不能具有近世工商界大规模经营的事实基础,因此不能发现企业所有各种交易之正确的关系。在现代,这种不能充分说明企业交易之正确关系的借贷理论,早已被抛弃了。

因为近世工商业之发达,经营规模之宏大,因此工商业组织可以说以公司组织为其主要的形态,代替了以前个人经营的独资商店。公司这个企业实体(business entity)本身是一个法人,它自己有置备资产,欠负债权,以及其他行为的能力。公司本身是独立于出资的股东以外的。因此,在借贷理论上,首先,以这种企业实体的概念,代替人的学说中之资本主的概念(这样的概念,虽说以公司组织为根据,但也能适用于合伙独资企业)。其次,因为企业拥有财产及债权(资产)、欠负出资者及出资者以外人的债务(负债),而企业的一切交易,又都变更它的资产及负债,所以适应于现代企业的借贷理论,必须是以企业的这些物的关系为根据的物的学说,去代替以前依据于不能代表现代企业交易全面之不完备的人的学说。

物的学说也有种种派别。现在我们把美国学者所主张的"方程式理论"(equation theory)说明一下。因为这理论在国内是比较通行的。这种理论,据于企业之资产负债表,假定有下列的方程式:

$$资产 = 负债 + 资本$$

企业之一切交易,影响资产、负债、资本三项的变化。即或是三项的增或是三项的减。而每一交易又必关联于以上三项增减之二面或三面。例如购入机器,是一项资产的增加(机器),与一项资产的减少(现金)。又如现售商品,是一项资产的增加(现金),一项资产之减少(商品),及资本之增加(利益)。根据企业之资产负债之静的情形,及交易所关联于资产负债之动的情形,从而决定每一交易之借贷规律如下:

借　　方	贷　　方
资产之增加	资产之减少
负债之减少	负债之增加
资本之减少（包括损失之发生）	资本之增加（包括利益之发生）

根据以上的表，在每一交易发生的时候，就当观察该交易为何几种资产负债的增减，而后记入适当账户之借方或贷方。

上面这种理论，有应该注意的二点。第一，它以企业实体为记载交易的主体，根据企业之物的关系，正确地予借贷理论以解答，决不如其他借贷理论之忽略了重要的一面，夸大了不重要的一面。第二，这种理论的出发点是企业的资产负债表，它分析企业交易之记载也完全以企业之资产负债表为根据。因此，交易之记载，与表示因种种交易之发生而造成的资产负债表，仍旧是处处相符的。它不像借贷之人的学说，及现在徐永祚氏所提倡的收付簿记一样，把记载交易的原理，完全与资产负债表分离。事实上每一交易，恰巧全部是资产负债的变动，因此决定如何记载交易，决不能与资产负债表分离。

根据以上的说明，我们可以知道借贷之人的理论，早已不适合于现代了。代替它起来的是适合于现代经济组织的物的理论。但是企图建立收付簿记理论的人，对于借贷的认识，仍旧停滞于人的学说。因此他们排斥借贷理论，也就是排斥人的学说而没有予借贷之物的学说以丝毫的摇动。例如潘士浩氏在"借贷簿记与收付簿记法"中说："例如一切非人名账目之假定人格说，损益账目之债权债务说，无论其解释方法为如何，终属附会晦涩。"（《会计杂志》第三卷第一期，第四三页）

我们既然知道了正确的借贷理论是什么，再根据这借贷理论来批评收付理论。收付理论的中心点有二：第一，把一切交易都看作以现金为中心，所有资产负债资本之增减，都以为是现金价值的增减。第二，一切交易的记载，是记载现金收付之来源及去路。我们就根据这二点来考察一下吧。

在讨论前述第一点时，我们必须把现金分录法与收付理论区别一下。现金分录法并不承认一切交易以现金为中心，但在簿记方法上为便利起见，所以将一切交易通过了现金收付方向而记账。因此如徐永祚氏所说："至于复古云者，……则西式簿记中之现金分录法，实为新法而非旧法，……"云云是不合理的。(《会计杂志》第三卷第二期，"银行簿记与中式簿记")因为收付理论在其本质上并不是现金分录法，但认定一切交易，是以现金为中心的。

交易是否以现金为中心，这是一个事实问题，我们可以事实来简单答复"不"。这是因为现在信用制度发达，现金之使用减少的缘故。因此主张收付理论的人，在确定收付记载的时候，必须通过了种种的假定，认为资产负债资本的增减，都是现金价值的增减。但究其实际，可以说是"现金价值"的增减么？企业进行的时候，一切资产负债资本的账面价值，是进行价值（going concern calue），而非现金价值。现金价值是指即刻变为现金的价值，但这种价值却是清算价值（liquidation value）了。故一切交易所影响于资本负债资本的价值，都不是现金价值，这是一件自明之事。在这一点上，发现了收付理论之第一个缺点，从而也决不能说收付簿记理论是自然的合理的账法。

记载企业交易，是为了记载企业之资产负债资本的变化，因此每一记载都与企业的资产负债表相关联，这已在前面说过了。解释借贷，必须从这一点着手。但是徐氏及其一派，以为记载交易，是记载现金之原来及去路，这不能不说是抹杀了客观的事实。实际上，仅有消费机关（官厅慈善团体等）的交易是这样的，而工商机关则绝不是这样的。因此收付理论，可以说是消费机关的簿记理论，而非工商机关的簿记理论。我们不能把适合于消费机关的簿记理论，搬到工商机关来。

徐氏及其一派，对于簿记记载的出发点应该是企业的资产负债资本这一点，并没有注意。因此说："将各种收付事由，依性质分类，即成为记账之项目。此种分类，不过为整理财产及计算损益时方便起见，与现金收付法之原理法则并无关系"，"……而能将现金收入来源及付出用途，全部整理情类，表现无遗，并验其收付余剩之现金结存数，确与库存现金未相符，则簿记之本能已尽。……至于如何编成资产负债表及损益计算书，则为整理财产及计算损益之手续，实已不适用收付之原理法则。"（陆善炽："现金分录法与现金收付法之异同"，《会计杂志》第三卷第一期，第五六—五七页）这样，即已充分表示出他们夸大现金收付，分离每笔交易之记载及整个交易记载之结果了。纵然有四柱结算表的应用,可以使记载交易的原理能够解释到这地步,但它是决不能解释资产负债表损益计算书的。

其实分离每笔交易之记载方法及整个交易记载之结果这种事情,是一切借贷之人的学说中的手段。我们实在非常容易找到这种例子的。(参照拙著"借与贷",《立信会计季刊》第一卷第四期),我们已很容易指明如果把这二者分离了,即是错误的理论。

前面的说明,已经扼要地从原理上予收付簿记理论以一个批评。我们现在再从方法上看,收付簿记在原始簿上的记载,可以说与现金分录法完全相同,现金分录法在银行等货币借贷业者是适用的,但是并不完全适用于一切企业。照作者个人的意见,以为工厂大商店等机关,在特定的制度下,使用借贷分录法比较便利一些。但是在此刻我国旧式商人仍习惯于应用收付方法的时候,我们当然不必绝对否认现金分录法的作用。又总账上也采用现金收付的方向,虽在理论上不合,而事实上便利于如此做的时候,我们也不必绝对排斥。但我们仍旧希望改良中式簿记有推移旧式簿记到一般簿记,而造成会计制度统一的作用,并且事实上也必然会如此做的。因为正确的理论,是必然会排除一切不正确的理论的。

四 账簿组织问题

改良中式簿记的账簿组织,我们在前面大致已经说明过了。这种账簿组织,一方利用多设原始簿册,对旧式簿记之不能多设特殊栏有所补救;一方适合不用普通总账之旧习惯,利用了四柱结算表作为日计表、月计表以代替普通总账,就作者个人的意见说,可以说是成功的方法。

《改良中式簿记概说》所列五个账簿组织,若分别加以考察,我们可以看到前三种组织,都是保存一册不完全的普通总账,不在普通总账内设立统驭账户,利用四柱结算表式的月计表去作统驭账户的记载。第四、第五二组织,则适用于营业繁复的企业,各种总账愈多,于是没有了普通总账,但利用四柱式的总日记簿，作为普通总账，在簿记方法上都是进步之处。其实这种方法，在徐氏提倡改良中式簿记以前，我们在各银行（最显著的是中国银行）的会计制度上已经见到。而且改革者所持废止总账的理由，又恰是徐氏此刻所持的。（读者可参照刘驷业氏"最近我国银行会计之改革"，《立信会计季刊》第二卷第二期）。因此，我们猜度这方法这一部分，及理论之大部分，或许正是徐氏受了这种影响而发明的吧。也因为这点，我们也不必以为这种方法是中式簿记的方法，在普通簿记尽可以应用，而且已经很多应用了。

此外在《改良中式簿记概说》一书中，我们发现了徐氏之一矛盾点。即徐氏自述考虑"统辖记账法"的时候，因发现凭单制（即传票制拙编《银行会计》第八章对这点有详细的说明）之麻烦，所以主张总日记簿根据各原始簿册编制。这二种制度，传票制与日记簿制，哪种便利些，我们此刻姑且不加讨论。但我们在该书中可以发现徐氏同样主张设立收付及转账传票的。我们知道统一的现金分录法的传票在应用时，必须以传票作为分录单，同时有统一的日记账，或根据传票去编创"总日记簿"或"新式总账"。改良中式簿记的日记簿既按特殊分录单的原则而设立，总日记簿又根据各种日记簿而编制，那么究竟以如何的方法，使用这充当为分录单的传票呢？至于交易的核定单，正可以应用原始单据，而不必编制传票的。

其次，徐氏认为四柱结算表是他的最大的发明。因为改良中式簿记所提倡的那种账簿组织中，需要这种表，所以我们对于它的重要性并不否认，这点已在前面说过了。同时因为像中国银行那样的机关采用后的效用很好（但这是徐氏提倡以前的事情），所以它的优点我们也不否认。但在此地，我们还不得不再就二点去说明。第一，四柱结算表的本质如何？第二，这表是不是需要改良？像徐永祚氏所说明的，四柱结算表是根据了我国旧日官厅四柱清册而来的，这点我们是否认的（徐氏所说旧商界所用完备的四柱清册，与官厅的四种清册也不是相同的东西）。因为旧式的四柱清册是消费机关的现金收支报告，而徐氏的四柱结算表，也就是中国银行所用的新式总账，是日记簿总账并合的东西，形式上采取了分期的合计差额试算表的形式，表现企业各账户的变化及现状，与四柱清册完全无关。而四柱结算表所列的旧存、新收、开除、实存四项，也就是上期差额,本期借方总数、本期贷方总数、本期差额而已。但徐氏以为是从四柱清册来的,也并非没有原因,他因为同时采取了收付理论,于是也着眼于现金收支报告,于是将二种完全不同的东西共通起来了。我们否认收付理论;同样,这点也是必须否认的。

又四柱结算表完备了上期差额等四栏,但是上期差额这一栏是不必要的。因为上期差额可以根据上期的月计表、日计表查出,事实上不必经过一次重复抄写的手续。如中国银行所应用的新式总账,即不列上期差额一栏。但是作者不知道这样的建议,能否为徐氏所容纳。因为徐氏所提倡的四柱结算表,正因为具有四个数目而得名的呢!

(原载《立信会计季刊》,1934年第2卷第4期。)

银行资产负债表分类排列的研究

一 银行资产负债表的意义和分类排列的重要性

银行的资产负债表本来同普通营利企业的资产负债表一样，都是表示自己的资产负债在某一特定时期的状况。可是因为银行营业和普通的生产贩卖企业不同，所以它的资产负债表无论就对外对内说来，都有特殊的重要性。银行是一个金融机关，经营吸收资金和运用资金的业务。因此，从对外说来，一方面存款人要知道他资金运用的途径，是不是安全可靠，有没有不稳的情形，或将损害存款人的利益；同时，又因为银行运用资金的方法和社会经济的衰落和繁荣、国民经济的发展和滞顿都有非常密切的关系，所以社会公众对于银行的经营，都应该加以十分的关心和注意，银行的资产负债表就变成含有社会性的东西了。从对内说来，银行的决算表本来有资产负债表和损益计算书两种，一般生产贩卖企业，资产负债表是表示某一特定期间，其营业（生产、销售）与财务处理（资金的调拨、募集、偿还等等）二种事情对于资产负债上的影响，在期末以其变动的结果表示出来，它的营业状况应该拿损益计算书来表示的。可是银行的营业就是它的财务处理。因此银行的资产负债表，不仅表示在特定期间资产负债的现状，同时又表示它的营业状况，银行的损益计算书可以说是单单"计算损益"而已，它是不能独立表示银行的营业状况的。从这样二点来看，不论是对内（对股东、经理）对外（社会），银行的资产负债表都可以说是非常重要的一种东西。

认识了银行资产负债表的重要性，我们就应该知道不论是银行负责人，或社会大众，都应该注意到怎样才能使银行资产负债表的确能够表示银行真实的资产负债状况,又用什么方法才能使银行资产负债表用合理的、明了的形式表示出来。说到银行资产负债表的真实性,那是银行资产负债的估价问题。估价准确,没有浮夸,极力求稳健,这是一般的标准。若要详细的讨论,那是非常重大的一个问题,本文不预备讲到。本文准备讲到的是第二个问题,就是银行资产负债表分类排列的问题。

我们知道尽管银行资产负债估价准确,可是没有良好的分类排列方法,拿一团乱麻似的资产负债表给人家看,结果是不能使人一眼就知道资产负债的大概情形,必须要自己来给它整理一下,研究一下才能知道。若使阅读的人会计智识低一点的,就根本没有法子来处理这"一团乱麻"了。又或虽然有分类排列方法,可是这方法并不好,那么人家所得到的概念,仍不会十分清楚。至于分类的时候,故意把不相干的科目并到某一类中去,则更有浮夸好况,或隐藏不良事实的可能。假使这一个资产负债表,是集约资产负债表,那么更有混朦的弊病了。因此,我深信银行资产负债表分类排列的问题,是应该十分注意的。

这篇东西,便是研究这一个问题。实际上这个问题的研究,在我写《银行会计》这本书的时候已经着手,并且以自己的意见为根据,变成了书内第五、第二十一两章,现在不过是把旧日的意见整理一下或表白一下而已。

又本文研究的对象,是中国一般具有存款银行性质的普通银行。中国的银行没有商业银行与投资银行的区别,只有储蓄银行具有投资银行的性质。但专设的储蓄银行数量很少,大概是普通银行附设的储蓄部居多,储蓄部资产负债表的分类排列问题,本文不预备讲到。

二 银行的资产负债科目

研究银行资产负债表的分类排列,有一个必要的前提,就是银行的资产负债类会计科目,必须有统一的名辞,假若不把这个前提弄清楚,资产负债表的分类排列也将无从提起了。

为了讨论便利起见,特把作者在《银行会计》这本书内所拟定的资产负债类会计科目,抄录在下面:

资 产 类	负 债 类
未收股款	股本
现金	法定公积
生金银	特别公积
存放本埠同业	备抵坏账
有价证券	盈余滚存
贴现	本期损益
出口押汇	前期损益
进口押汇	往来存款
本埠同业透支	特别往来存款
往来存款抵押透支	通知存款
往来存款透支	定期存款
打包放款	票据存款
活期抵押放款	暂时存款
活期放款	本埠同业存款
定期抵押放款	借入金
定期放款	转贴现
催收款项	透支本埠同业
没收押品	外埠同业存款
存放外埠同业	透支外埠存款
外埠同业透支	未付汇款
存放国外同业	活支汇款
期收款项	期付款项
买入期证券	卖出期证券
顾客未付保证	保证
领券准备金	领用兑换券
营业用房地产	存入保证金
营业用器具	未付股利
存入保证金	未付行员酬劳金
暂记欠款	未付利息
未收利息	预收利息
开办费	未付开支

　　以上所列的资产负债类会计科目,是作者根据现在各银行所用会计科目斟酌决定的。这一个会计科目是否能为各银行所适用,作者当然不敢断定。因为要完全采用这个会计科目,与银行日常的记账办法有关。作者拟定这些科目名辞的时候,曾经费去相当的考虑,采用的理由,在《银行会计》一书的有关各章

内都有说明，本文因为题材所限，不一一详述了。

上面所列各科目，是以普通银行为对象的，但营业比较特殊一些的，就要多少有些不同。这所谓不同，大体上有这样几点：第一，发行兑换券的银行，在他的资产负债科目中间没有"领用兑换券"、"领券准备金"等科目，而只有"发行兑换券"、"发行兑换券准备金"科目，同时记账的方法也各有不同（参照拙著《银行会计》第二十五章）。第二，设立储蓄部的银行，因为受法令的限制，必须把储蓄部的资产负债表与本部的资产负债表分离开来，不能合并在一起，因此本部的资产负债表上要多出"储蓄部资本"和"储蓄部往来"二个科目。第三，大规模购买房地产，并不留给银行自用而出租的，它的资产科目中，应该拿"房地产"科目，代替营业用房地产科目。（但照普通的银行经营方式来讲，这一种投资方式是不适宜的。）第四，编制全行合并决算表时，若因为笔数太多不用正确的查正方法，而把一个"未达账"科目拿来把各行间往来的差数完全转入的话，前面所说的未付汇款科目没有了，多出了一个"未达账"科目。这几点，我们都把它当做例外的情形，不过应该当做研究的参考资料看待。

三　资产负债科目的分类问题

上面我们已把银行资产负债会计科目这样确定了，这里我们再来研究资产负债科目应当怎样分类。

一般工商企业，资产负债的分类，大概是按照流动、递延、固定的性质分别的。这一种分类的方法，重要的是把握了企业资金的周转（turnover），负债偿还的先后，以及为了偿债能力观察的便利而设定的。[①] 银行的资产负债是否也要按照这种方法来分类呢？就银行营业的性质来说，这是不必要的。

为什么不必要呢？我们现在从几方面来观察。第一，我们知道银行是一个信用受授的机关，它的资本是一种金融资本。这资本的来源是各种存款，这资本的运用是供给各种各样的工商企业。这样，银行所拥有的金融资本就转变成

---

① 详见潘序伦著《会计学》上册第十二章第二节。

为各种各样的产业资本和商业资本而活动了。例如工厂向银行借款,于是拿来买原料,付工资或买机器,造成了商品来卖出,结果这一资本仍旧回复到原来的货币形态,还给银行,并且把自己赚到的钱,一部分当做利息付给银行。又如商店借到了资本来买入货物,再卖出去变成货币,加上利息还给银行之类。但从银行这一方面看,它的资本的变动形态非常简单,仅仅是收入存款,放出放款或其他,收入利息,付出利息就完了。我们知道普通企业的资产之所以要分成流动、固定,是因为流动资产可以立即,并且是全部转化为现金,而固定资产则是一年一年地把它的消耗(wasting)加到商品的卖价中去,而逐步逐步地转化为现金[1],而银行则不同。因为金融资本周转形态的简单,银行的一般资产,都是可以全部转化为现金的。例如放款,纵然也有长期短期之分,可是从资金周转这一点上去观察,长期短期放款,实在是没有区别的。因为长期短期放款收回的时候,同样是收到现金,与工厂中商品和机器一个全部转化为现金,一个把消耗加到商品的卖价中去,一点一点地转化为现金的方法是不同的[2]。因此若拿期限的长短,勉强分为流动或固定,实在是没有意义的事。至于真正的固定和递延的资产负债,例如营业用房地产,预收利息,数目往往不大,性质不重要,当然没有独立的必要了。

第二,一般企业之所以把资产负债分成流动和固定,另外一个目的,是分别偿债期限的先后,和观察偿债能力的便利而设。因为把资产负债分类以后,可以使流动资产和流动负债、固定资产和固定负债对照起来,显示它们之间的比例作用,来看担保是不是确实。从这一点看,那么银行的资产负债纵然不能分为固定流动,而分成长期短期似乎还是需要的。但是再进一步看,银行资产负

---

[1] 普通企业资产负债表内固定与流动资产的分类,固然也有些不拿资金周转来做标准的。例如长期投资也列作为固定资产之类,但这不是主要的内容,而是因为资产的分类没有十分精密,勉强这样办的。在投资比较多的企业,不是就有投资这一类,是独立于固定、流动两类以外的吗?

[2] 或者以为长期放款分期收回的时候,它的周转与企业的固定资产是同样的,但这不过是浮面的观察罢了,实际上还是二个根本不同的形态。因为周转的过程是不同的,转化为现金的过程也是不同的。我们只要想一想固定资产转化现金是没有显著的形式,同时只要是继续在生产或营业,那么这一个生产过程或营业过程也就是资金周转的过程。而长期放款的收回则是一个突然的变化,如果是分期收回,那就是几次突然的变化而已。

债的构成状态是有它特殊性的,支付准备金也有它特殊的计算方法,这一种分类方法是不能正确显示它的特性的,于是也就不能适用了。因为:

（1）银行资产负债期限的长短,是不能拿形式上的表示来估计的。形式上看,定期存款是长期负债,往来存款是短期负债。但定期存款有存三个月的,也有存三五年的。三五个月的期限不能不算是短期,三五年的当然是长期,可是在事实上,短期的和长期的却不得不并在一个科目内。往来存款是短期的负债,但拿全部存款来说,总有一个平均的存款额存在,这样往来存款又决不与普通企业的短期负债必须全部立即偿还的相同。资产中也同样,最有趣的是有价证券,有价证券一般是当做投资看待的,自然是长期资产了,但它的出售最易被当做第二重的支付准备看待,这样,有价证券应该当做长期资产呢？还是短期资产？所以我们可以说银行资产负债简直不能以长期短期来分别。

（2）银行资产负债的构成,是活动的,并不是呆板的。往来存款的一部,可以投资于长期的放款；有价证券又是长期的资产,又是短期的资产。总之,只要是根据于科学的估计,使存款的支付不致发生危险就可以,长期的资产与长期的负债,短期的资产与短期的负债,不必保存着绝对的比例作用。因此,要观察银行的偿债能力,也绝不是观察它资产负债之间的比例所能知道。而应该观察它支付准备是不是足够。而支付准备,因为银行有非常繁杂的到期期限不同的债权债务,也必须要用精密的方法来分别计算,不能在资产负债表上表示出来。

以上二点,都是根源于我国银行的存款银行的特质来的。从以上二点来观察,银行资产负债科目照流动固定,或照长期短期的标准是不必要的。

也因为我国银行具有存款银行的特质,所以我国银行资产负债的分类,可以按照各种资产负债在银行业务中的性质来分类。例如,往来、定期等各种存款,表示银行资金的主要来源,并且它的收入方法是同样的,就并在一类,叫做"存款"。或贴现押汇抵押放款等各种放款,表示银行资金运用的主要去向,而且运用的方法不相同,就合并在一起,叫做放款等等。应用这种方法把银行资产负债分类起来,就能把银行资产负债表,从营业的见地,也是从财政状况的见地,得到合理的、清楚的表示了。

关于这一点,在次节还有重要的理由说明,读者可以参考。

银行资产负债表分类排列的研究

现在我们来研究怎样拿上面的标准，把银行的各种资产负债科目来分类：

（1）关于资本方面的，前面有七个科目：股本、未收股款、法定公积、特别公积、备抵坏账、盈余滚存、本期损益、前期损益。股本科目，表示一银行的资本总额，减除未收股款数后，又为实收资本额。因此，股本和未收股款应该作为"股本"这一类，而把未收股款从股本科目中减去。法定公积、特别公积、备抵坏账、盈余滚存这四个科目，都表示一银行股本以外的资本额，归成一类，它的名称可以叫做"公积"。本期损益、前期损益都是未分配的盈余，各单独表示。

（2）关于存款方面的，本来有往来存款、特别往来存款、通知存款、定期存款等几种。票据存款、暂时存款也都应作为存款。其他有本埠同业存款一项，性质虽较特殊，但也可作为与往来存款等相同的东西。这几项，可以并称为"存款"。

（3）借入金、转贴现、透支本埠同业三项，虽其方式不同，但都可以说是因为资金不够而向同业借用的钱，因此并成"借用金"类。

（4）外埠同业往来，有四个科目。即存放外埠同业、外埠同业透支、（资产）外埠同业存款、透支外埠同业（负债）。这几个科目，本来也可以像本埠同业往来一样地并入存款、借用金、放款、现金及存放同业四类中去。但是我们知道外埠同业往来是互相往来的，并不是单面存放的。因此，银行与另一个银行往来，它们往往互相存款，或互相透支。因此，外埠同业往来全部含有对待、抵消或暂欠、暂存的性质，和本埠同业往来不同，从而它自己应该独立，不该合并。这样四个科目依资产负债性质分为二类，"外埠同业欠款"类包含存放外埠同业、外埠同业透支二个科目。"外埠同业存款"类包含透支外埠同业、外埠同业存款二个科目。

存放国外同业这一科目，依上例，可以作为"国外同业欠款"类，或并入外埠同业欠款类也可。

（5）现金是当做支付准备看待的东西。和它性质相类似的有"生金银"这一项。又存放本埠同业一项，因为支取现金很便利，通常也当做支付准备看待。因此这三个科目，可以并做一类，叫做"现金及存放同业"。但在资产负债表内，一类总数以外仍旧可以分成二项细数列入,是因为这二项比较重要的缘故。

(6) 贴现、出口押汇、进口押汇、本埠同业透支、往来存款抵押透支、往来存款透支、打包放款、活期抵押放款、活期放款、定期抵押放款、定期放款,广义地讲,都属于放款,所以并成"放款"类。催收款项和没收押品二项,虽然同一般放款性质有若干不相同的地方,可是它的来源都是放款,而催收款项根本还是放款。所以,若使坏账都已经打掉,备抵坏账非常充足,没收押品估价稳健而且立刻准备出售,归入放款类也是没有问题的。

(7) 有价证券、期收款项、期付款项等科目,都是有独立性质的,所以不再合并,各成一类。未付汇款是在合并资产负债表(general balance sheet)上,把总分行科目合并起来,查出一方已经收款,一方尚未付款的汇款,然后转账整理的。而在各分行自己编成自己资产负债表的时候,有总分行这个科目存在,但我们讨论的对象是合并资产负债表,所以不去管它了。活支汇款一项,本来可以独立表示,但为节省地位起见,也可以并入未付汇款一类。

(8) 顾客未付保证与保证是二个对待的科目,性质也是完全独立的,所以各自成类。领券准备金与领用兑换券也是二个对待科目,它的处理方法与保证相同。

(9) 营业用房地产和营业用器具是银行的固定资产,这二个东西的性质是相同的,所以并成"营业用房产器具"一类。

(10) 除了上面所讲的科目以外,还在资产方面的存出保证金、暂记欠款、未收利息、开办费四个科目和负债方面的存入保证金、未付股利、未付行员酬劳金、未付利息、预收利息、未付开支等科目,他的性质都是比较间杂的。同时,除了利息方面几个科目以外,其余的几个也都是与银行总务事务有关的东西。这几个科目独立起来,没有什么特殊的意义,因此并成"其他资产"、"其他负债"二类。

以上把资产负债科目分类的问题简单地说了一下,大体上照这样的方法来分类是可能的。但在本文第二节所讲到的发行兑换券,或设立储蓄部,购置房地产的银行,便应该添置几个科目,或改换几个科目。添置的"储蓄部资本",科目还是独立的,而改换的"发行兑换券"和"发行兑换券准备金"二个科目,处置的方法与"领用兑换券"、"领券准备金"二个科目是相同的。"房地产"这个科目应该独立为一类,营业用器具则可并入其他资产类内。

依照以上的分类方法,几个重要的项目如存款放款之类,或许有表示得庞大笼统的感觉,不能满足阅读资产负债表者的要求。那么,存款类,可以再分成定期、活期二项,放款类可以再分成票据、抵押、信用三项,列入资产负债表内。这几项的归并,可以:① 定期存款、通知存款二项并成定期存款一项;② 往来存款、特别往来存款、票据存款、暂时存款、本埠同业存款并成活期存款一项;③ 贴现、出口押汇、进口押汇并成票据放款;④ 本埠同业透支、往来存款透支、活期放款、定期放款、催收款项并成信用放款一项;⑤ 往来存款抵押透支、打包放款、活期抵押放款、定期抵押放款、没收押品并成抵押放款一项。

以上把资产负债分类的方法讲完了。这里我们还要注意一点,就是银行资产负债表,如果根据资金来源的社会基础和资金的运用影响于整个社会经济的作用,例如放款,根据押品的种类,或借款企业的不同,来一一分类,这不是会计上的目的。这种分类方法,银行是应用的,可是他是供给具有经济目光的人,或是供给银行家参考,不是给留意于银行是不是靠得住的存款者看的。存款者或社会公众,通常只要看会计上的银行资产负债构成状况。我们看,中国银行、上海银行等等的报告,不是有着经济目光的资产负债分析,而资产负债表还是普通的东西吗?实在,资产负债表是不能容纳立足不同的各种各样的分类方法的。

四 资产负债科目的排列问题

其次我们要研究资产负债科目应当怎样排列。

这里所谓排列,当然包含了二个问题,第一个问题是在每类资产负债中的各科目应当怎样排列,第二个问题是各类资产负债应当怎样排列。关于第一个问题,重要的几类,如"现金及存放同业"、"放款"、"存款"之类,可以按照资产负债的流动性和重要性来决定的,例如,"现金及存放同业"类中,一、现金,二、生金银,三、存放本埠同业,这是以流动性做标准的。又如存款类中,主要的四种存款以流动性为标准,照往来存款、特别往来存款、通知存款、定期存款的次序排列。而票据存款、暂时存款、本埠同业存款等三项放在其次。放款也同此，照贴现、出口押汇、进口押汇、本埠同业透支、往来存款抵押透支、往来存款透支、打包放款、活期抵押放款、活期放款、定期抵押放款、定期放款、催收款项、没收押品等样的次序。至于其余几项，大概都很简单，没有什么问题。第二个问题，即各类资产负债应当怎样排列，是问题的中心点。

作者的意见是这样的：各类资产负债中，有若干项是构成银行财政状况的基础，若干项是次要的东西，还有是对待科目（percontra accounts），还有是杂项资产负债。每一个阅读银行资产负债表的人，希望一观就能立刻得到一个扼要的概念，因此资产负债科目的排列标准，第一是应当照各类资产负债在整个银行财政状况中的重要性来确定的。其次，为了满足存户对于存款的安全保障计，应当一方从支付准备的立场来排列资产项目，另一方应该把银行的资本与公积放在非常显著的地位，使人家容易见到。资产负债这种排列的标准，与前面分类的方法是有密切关系的，也可以说，之所以要把资产负债按前列的原则分类，就因为要使资产负债表能够照这里所讲的排列方法排列起来，得到清楚的表示的缘故。

照上面的原则说，资产中的"现金及存放同业"、"有价证券"、"放款"和负债中的"股本"、"公积"、"存款"应该列在最先。因为这是银行最主要的。同时，资产项下，应该以"现金及存放同业"列第一，"有价证券"列第二，"放款"列第三，因为"现金及存放同业"是支付准备金的第一线，容易给存户一个安全保障的观念。有价证券易于售却，放款则再次。负债方面则以"股本"第一，"公积"第二，"存款"第三。"股本"、"公积"二项之所以列在最先，也为了使存户知道银行资本多寡，保障巩固与否。

所谓次要的资产负债，有资产方面的外埠同业欠款、国外同业欠款、期收款项等类，同负债方面的借用金、外埠同业存款、未付汇款、期付款项等类。这许多项目，大致就按照资产负债二方对照方法，即按照这里写出的次序排列起来。至于二个对待科目，即顾客未付保证及保证，领券准备金及领用兑换券，都排列在上面几项之下。这两个对待科目，分列在资产负债二方，恰在差不多的地位，容易起对照的作用。

银行资产负债表分类排列的研究

再次，营业用房产器具与银行的经营没有直接的关系，所以与其他资产一同放在资产项下的末项，其他负债则放在负债项下的末项。前期损益和本期损益是未分的利益或未弥补的损失，损时放在资产项下的最后，益时放在负债项下的最后。因为损益的表示，在资产负债表上也可以当做计算结果看待，所以放在末项比较有意义一些。

上面所述的排列方法，比起一般企业来，最特殊的一点是资本放在第一项，而且公积与前期损益、本期损益隔离起来，好像是不十分合理的样子。但是，我们知道资产负债表，最重要的是依照阅读者需要知道些什么，来告诉他什么。银行资产负债表大部分的阅读者是存款人，存款人很需要知道银行资本多少，公积多少，我们看银行登广告不是首先说明资本多少的么？所以把资本公积列在首项是很好的办法。同一般企业比起来，一般企业资产负债表的阅读者，首先是股东，其次是重要的债权者。这种债权人的债权是整数的，不是零数的。因此，普通企业可以照股东的要求，把资本列在末项，表示股东所有的剩余资产。这种方法对于整数的大债权人也是适宜的。而银行比一般的企业更带有社会性，银行家运用的资金，自己的占小部分，别人的占大部分。所以银行的资本，虽然同样是银行股东的剩余资产，然而剩余资产的意义小，而作为存款者保障的意义大了。至于损益的表示，存在着计算的目的，列在末项，与资本公积分离，是根据上面原则来的必然结果，实在是一个枝节的问题，不值得重视的。

根据上面所说分类排列的办法，银行资产负债表和集约资产负债表（condensed balance sheet）大体的形式如下：

××银行资产负债表

民国　　年　月　日

资　产	金　　额		负　债	金　　额	
现金及存放同业	×××××	××	股本	×××××	××
现金	××××	××	公积	×××××	××
生金银	××××	××	法定公积	×××××	××
存放本埠同业	××××	××	特别公积	×××××	××
有价证券	××××	××	备抵坏账	×××××	××

(续表)

资 产	金 额		负 债	金 额	
放款	×××××	××	盈余滚存	××××	××
贴现	××××	××	存款	×××××	××
出口押汇	××××	××	往来存款	××××	××
进口押汇	××××	××	特别往来存款	××××	××
本埠同业透支	××××	××	通知存款	××××	××
往来存款抵押透支	××××	××	定期存款	××××	××
往来存款透支	××××	××	票据存款	××××	××
打包放款	××××	××	暂时存款	××××	××
活期抵押放款	××××	××	本埠同业存款	××××	××
活期放款	××××	××	借用金	×××××	××
定期抵押放款	××××	××	借入金	××××	××
定期放款	××××	××	转贴现	××××	××
催收款项	××××	××	透支本埠同业	××××	××
没收押品	××××	××	外埠同业存款	××××	××
外埠同业欠款	×××××	××	外埠同业存款	××××	××
存放外埠同业	××××	××	透支外埠同业	××××	××
外埠同业透支	××××	××	未付汇款	××××	××
国外同业欠款	×××××	××	未付汇款	××××	××
存放国外同业	××××	××	活支汇款	××××	××
期收款项	×××××	××	期付款项	×××××	××
顾客未付保证	××××	××	保证	××××	××
领券准备金	××××	××	领用兑换券	××××	××
营业用房产器具	××××	××	其他负债	××××	××
营业用房地产	××××	××	存入保证金	××××	××
营业用器具	××××	××	未付股利	××××	××
其他资产	××××	××	未付行员酬劳金	××××	××
存出保证金	××××	××	未付利息	××××	××
暂记欠款	××××	××	预收利息	××××	××
未收利息	××××	××	未付开支	××××	××
开办费	××××	××	本期损益(纯益)	××××	××
	×××××	××		×××××	××

××银行第　期资产负债表(集约形式)
民国　年　月　日

资产	金额		负债	金额	
现金及存放同业	×××××	××	股本	×××××	××
现金	××××	××	公积	×××××	××
存放同业	××××	××	存款	×××××	××
有价证券	×××××	××	定期存款	×××××	××
放款	×××××	××	活期存款	×××××	××
票据放款	××××	××	借用金	×××××	××
抵押放款	××××	××	外埠同业存款	×××××	××
信用放款	××××	××	未付汇款	×××××	××
外埠同业欠款	×××××	××	期付款项	×××××	××
国外同业欠款	×××××	××	保证	×××××	××
期收款项	×××××	××	领用兑换券	×××××	××
顾客未付保证	×××××	××	其他负债	×××××	××
领券准备金	×××××	××	本期损益	×××××	××
营业用房产器具	×××××	××			
其他资产	×××××	××			
	×××××	××		×××××	××

　　设立储蓄部的银行，或发行银行，或购置房地产的银行，它们特殊资产负债项目的处置办法，作者的意见是这样的：第一，设立储蓄部的银行，把储蓄部资本及储蓄部往来二个科目，放置在资产方面的国外同业欠款及负债方面的外埠同业存款下面。（即各分行没有合并的资产负债表，总分行这一个科目也可以这样办。）因为这种银行的内部往来，就它的性质而论，列成对待科目是比较来得适当。发行银行的发行兑换券及发行交换券准备金二个科目，可以放到"放款"和"存款"二项下面。因为发行兑换券比较领用兑换券重要得多，发行额的重要性是仅次于存款。不过有的把这二个科目，放在"现金及存放"里的方法的。作者在这里，把有很好分类排列方法的资产负债表，提出几个来，并且依据作者自己的意见来商榷一下。同时把没有很好分类排列方法的资产负债表举一二个例出来加以相当的批评。因为篇幅所限，这里只举出中国银行、上海商业储蓄银行、国华银行、东莱银行四家。

中国银行资产负债表
民国二十二年十二月三十一日

资　　产		负　　债	
现金		已收股本	
库存	$54 187 477.08	股本总额	$25 000 000.00
存放同业	138 472 504.08	未收股本	287 800.00
	$192 659 981.16		$24 712 200.00
兑换券准备金		公积金	1 800 190.62
现金准备	$115 863 202.90	特别公积金及盈余滚存	1 255 816.66
保证准备	67 863 794.47	发行兑换券	183 726 997.37
	183 726 997.37	应解汇款	7 989 926.69
贴现及买进期票	36 405 342.03	同业存款	138 314 587.25
活期放款及透支	125 844 576.54	活期及往来存款	189 769 090.68
有价证券	32 018 846.21	定期存款	211 200 849.23
定期放款	189 138 690.58	代收款项	8 748 782.16
营业用房产器具	899 199.75	期付契约	100 674 534.73
未收款项	8 748 782.16	保付	40 212 441.56
期收契约	100 674 534.73	本年纯益	1 923 975.14
保证	40 212 441.56		
	$910 329 392.09		$910 329 392.09

上海商业储蓄银行资产负债表
民国二十二年十二月三十一日

资　　产		负　　债	
现金		股本金	$5 000 000.00
库存	$17 352 977.58	公积金	2 760 000.00
运送现金	274 600.00	领用兑换券	22 280 000.00
存放行庄款	14 526 210.28	存款	
	$32 153 787.86	活期	$80 337 194.95
领券准备	16 328 000.00	定期	47 833 596.80
证券购置	4 820 109.83		128 170 791.75
房地产	8 288 082.27	应付票据	8 121 467.74
押款放款	100 702 922.67	承付未付票据	2 696 418.40
应收票据	3 927 950.96	应付未付利息	2 737 888.42

银行资产负债表分类排列的研究

(续表)

资 产		负 债	
顾客承付票据	2 696 418.40	损益账	
应收未收利息	1 852 487.90	上期支配余款	75 260.56
生财	1 777.14	本期纯益	290 957.66
储蓄处资本	500 000.00		366 218.22
储蓄处公积金	560 000.00		
未达账	301 247.50		
	$172 132 784.53		$172 132 784.53

国华银行资产负债表
民国二十二年十二月三十一日

资 产		负 债	
现金		股本	$2 575 300.00
库存	$1 598 635.47	各项公积	284 487.47
存放行庄	6 207 934.55	领用兑换券	2 820 000.00
	$7 806 570.02	存款	
交存领券准备金	1 802 000.00	定期存款	$4 028 223.83
押放款项	15 525 957.88	活期存款	16 653 952.31
证券购置	2 657 468.55	储蓄存款	4 372 086.28
未收票据	912 118.02		25 054 262.42
暂记欠款	134 886.40	汇款	613 631.63
房地产	2 292 896.17	应付未付诸项	412 732.55
生财	95 277.72	盈余滚存	1 858.02
开办费	71 117.05	全年总纯益	442 696.64
应收未收诸项	652 375.38		
未达账	254 301.54		
合 计	$32 204 968.73	合 计	$32 204 968.73

  以上所列举的三个银行资产负债表内，会计科目的名辞，也都略有不同。为了便利研究起见，我们首先将这点来说明一下。中国银行资产负债表内，"兑换券准备金"这个科目，就是本文前面所说的"发行兑换券准备金"；"未收款项"普通也叫做"托收款项"；"应解汇款"是记载被委托代付汇款的一个科目，平时

接到通知就转账的,并不是查对未达账时所用的科目;"期收契约"与"期付契约"就是通常所用的"期收款项"与"期付款项"。"保证"在本文前面称作"顾客未付保证","保付"在前面称作"保证"。又上海银行资产负债表内"证券购置"即"有价证券"。"顾客承付票据"和"承付未付票据"即"顾客未付保证"及"保证"。国华银行资产负债表内"交存领券准备金"即"领券准备金"。

　　以下我们来分别研究三个银行的资产负债表。但是作者根据的是各行公布的材料,究竟他们从详细的资产负债表,用怎样的方法并成集约资产负债表,这些材料没有找到。因为这种困难,论述的地方或会与实情不符,这点要请读者原谅。

　　中国银行资产负债表分类排列的根本精神,是以流动性为标准。表内除了负债方面首先列置了股本公积金等几个项目而外,资产方面是现金及存放同业放在第一,发行兑换券准备金第二,下面自贴现及买进期票一项起,至营业及房产器具止,都是以变现性之强弱决定其先后的。负债方面因兑换券随时兑现,列在第一,应解汇款即日要付讫,列在第二,其余至定期存款止,也是一律以偿还之先后来排列的。不仅如此,在资产负债的分类上,最显著的特点是把存款放款一律分成定期、活期。例如将放款区分成三类:贴现及买进期票、活期放款及透支、定期放款;存款也分成三类:同业存款、活期及往来存款、定期存款。在通常的资产负债完了以后,便是三个对待科目了。可是其他外埠同业欠款、外埠同业存款,其他资产、其他负债几项是没有的。大概外埠同业往来已经像本埠同业往来一样,并到存放同业、放款、存款几类中去。而属于其他资产及其他负债之内的东西,中国银行是一定有的。这些科目,都不能在资产负债表上找到,大概都分别归到别类资产负债中去了。至于借用金这一类,假使实际上未借钱,本来可以没有的。

　　资产负债究竟应否以流动性做分类排列的标准,这点在前面已经说到了。我们知道银行应该根据每项资产负债,详细的计算他的支付准备金,从这些支付准备金来决定它的偿债能力是否充分,而支付准备金的是否充分,在资产负债表上是不能充分表示出来的;同时,阅读银行资产负债表的人,首先要知道的是构成银行全部资产负债的最重要的几项。譬如存款有多少,放款有多少,现金存多少。那么我们可以说按照流动性把资产负债科目分类排列，不会得到很良好的效果，这效果是决不如爽爽快快的存款在一起，放款在一起，按照前面我们所列示的形式分类排列来得妥当。即使公布的集约资产负债表上要多表示一些，那么放款中再归约成三个细数，即① 票据放款；② 抵押放款；③ 信用放款，把存款归约成二个细数，即活期及定期是更好的形式。

也因为表中一贯的以流动性为分类标准的缘故，发行兑换券的科目放在存款、放款之前。这二个科目，作者认为不如放在存款、放款之下来得好。因为他的数额是相同的，是对待的，而且包括他行领用数在内，并不是构成银行全部资产负债的最重要的项目。

外埠及国外同业往来放在现金、存款、放款几类中也是不妥的。因为存放在外埠国外同业那里的钱，不能紧急的收回来，同时这许多科目又含有对待的意义，不如分成外埠同业存款、外埠同业欠款二类为好。而且照现在这样排列，结果是浮夸了现金存款二类的数字，根据这浮夸的数字来计算现金对存款的比例，一定比没有加进去时来得大，这当然是不妥当的事。属于其他资产与其他负债内的各科目，都并到别类去了。并到哪一类去的呢？大概不外存款放款与营业用房产器具三类。原来"其他"二字，一般人都对它有不良影象，银行是一定要想法避免的。怎样避免呢？一定是并到非其他的几类中。然而这种办法是非常不好的，因为含有隐藏真相的弊病。譬如说，其他负债中的应付利息，并到存款中还可以说，可是未付股利并到存款中去，是无论如何不妥的。纵然数目不大，但总有浮夸存款额的弊病。

至于"未收款项"、"代收款项"二项，理论上不足以构成银行的资产负债，所以仍旧分列到资产负债二方，作者认为是不必要的。

上海商业储蓄银行的资产负债表，分类排列的方法，根本的原则与作者所持的见解相同。对于外埠同业往来的处理方法，是与中国银行一致的，这一点可以不再说明了。表内领用兑换券及领券准备金二项，也放在首先几项，是很不妥当的。因为领用兑换券的责任，比发行兑换券更低，根本这二个科目是对待科目，把这二个科目列在最先，究竟有什么作用呢？难道大家要知道上海商业储蓄银行的情形，最重要的是在于"领券数"多少么？

上海商业储蓄银行的资产负债表中，同样没有其他资产和其他负债二项，但有应收未收利息、应付未付利息二项。这二项以外的东西，大概也是放到存款放款各类中去了。同时，生财（营业用器具）一项，则单独列做一类，这种办法，是要浮夸存款类数字的。而将应收应付利息作单独表示，作者认为也是没有显著的用处。此外，表内应收票据、应付票据二个科目则非常奇怪，不知由于什么科目合并而来的。作者猜测，或许是票据存款，应解汇款之类并成应付票据，而购入票据等并成应收票据。但这二个名辞太奇怪，银行是并不如商店公司一样有应收票据、应付票据的。把不相干的东西并成这样二类，给人家的印象是太模糊了。

另外，上海商业储蓄银行的储蓄部另外有独立的资产负债表。在储蓄部的资产负债表上，有存放商业部 $17\,923\,256.00。这个数目，在银行自身的资产负债表并到存款中去了。这样办法，当然有浮夸银行自身存款的弊病。同时，储蓄部公积在银行自身的资产负债表上，一方加在公积中，一方在资产类中设立一个储蓄部公积金这个科目，似乎也是不必要的。

资产负债表上的上期盈余滚存，加入本期纯益内而不列在公积内，按照一般原则来说，也是不妥当的。

国华银行的资产负债表大体与上海商业储蓄银行差不多。特别值得说一下的是把房地产这个科目放在未收票据和暂记欠款之下，列在生财一起。把房地产当做投资看待了，就无需与生财并列，因为这样是使这一项投资同其他投资项目隔离起来。同时把暂记欠款、开办费之类，分别列示，而其数字则没有超过十五万元。不重要的项目分别列示出来，混淆了对重要项目的观察，自然可以说是不经济的办法。

国华银行把储蓄部与本部的资产负债表合并起来。这一种办法是与储蓄部会计独立的法令不符的。但这是枝节问题，与资产负债表分类排列的本题无关。

以上几个银行的资产负债表，都有精密的分类排列方法。不过分类排列的标准，在若干点上值得商榷而已。许多银行，资产负债表是不分类的，仅依照了一次的次序排列下来就完了。排列的次序，则多有依民国十三年银行公会联合会的审定科目的。现在引东莱银行资产负债表为例。

东莱银行资产负债表
民国二十二年十二月三十一日

资　　产		负　　债	
定期放款	$2 934 819.73	资本总额	$3 000 000.00
定期抵押放款	1 950 237.21	法定公积金	206 744.62
活期抵押放款	348 260.85	特别公积金	55 165.72
通知放款	70 000.00	盈余滚存	6 220.56
往来透支	2 028 307.90	定期存款	5 015 454.06
往来抵押透支	1 634 792.57	往来存款	4 149 441.26
押汇	6 432.00	特别往来存款	718 439.36
存放同业	2 418 649.33	暂时存款	489 137.03
同业透支	2 743 597.73	本票	20 307.17
买入汇款	141 700.00	同业存款	3 168 701.25
暂记欠款	340 316.00	汇出汇款	203 105.89
托收款项	18 640.00	期付款项	86 447.50
催收款项	232 680.49	卖出期证券	176 401.50
期收款项	485 639.17	代收款项	309 937.67
买入期货币	64 390.00	缴存联合单证准备	514 000.00
买入期证券	22 057.90	联合单证借入金	20 000.00
有价证券	2 270 459.01	应付未付利息	178 248.65
营业用器具	46 697.67	行员储蓄金	15 352.09
没收押品	410 973.35	行员恤养金	96.00
银行公会基金	7 000.00	领用兑换券	3 490 000.00
开办费	15 926.72	领用券保证准备金	1 260 000.00
存出保证金	21 087.06	本年纯益	102 101.34
应收未收利息	110 859.32		
领用兑换券准备金	3 490 000.00		
联合单证	514 000.00		
储蓄处资本金	150 000.00		
现金	707 777.94		
	$23 185 301.66		$23 185 301.66

若我们拿这个资产负债表同上面所举的资产负债表相比拟,立刻会发现二者之间是完全不相同的。这个资产负债表没有分类,次序很凌乱,存放同业一项,与负债方面同业存款放在相同的地位而不列在一起;有价证券排列在营业用器具与买入期证券之间。于是,重要的项目夹在不重要的项目一起,读者也

就得不到一个清楚的观念了。

　　这种办法,如前面所说,是依照了民国十三年审定会计科目而来的。审定会计科目在编拟的时候,当然有一定的排列标准,可是这标准没有顾到银行资产负债表究竟要表示些什么东西,也没有完全顾到资产负债科目的分类问题。从而在这银行业务日趋复杂的时候,这种办法是已经决定的不适用了。

　　这篇文章大胆的写完了以后,很希望海内专家指正。同时,资产负债科目的名辞,资产负债表分类排列问题,都希望以这篇文章为始,有一个热烈的讨论,求到一个适当的解决。因为现在是旧的标准失去效用,而新的标准还未建立的时候。新的统一的标准是应当赶快建立起来的。

民国二十三年十月九日完稿。
(原载《立信会计季刊》,1935 年第 7 期。)

国外汇兑中货币处理问题

一　绪　言

因为中国和全世界的经济交通繁密，中国和全世界的国际贸易和资本进出等也就繁密起来，从而国外汇兑业务也非常兴盛了。但是因为中国与世界的经济交通，是被各国以侵略的手段打开的，以后中国自身的经济又没有兴盛的机会，所以我国国际贸易和国际汇兑的机构，也差不多完全操纵在外国人手里。即如国外汇兑的业务，就几乎都被在华外国银行所操纵。近年来，国内银行经营国外汇兑的虽也逐渐增多，不过这一业务的重心，仍旧在外国银行手里，国内银行所占的不过是一部分罢了。

本文要讨论的问题，就是经营国外汇兑的本国银行，在记载他国外汇汇兑业务的时候，处理各种外国货币，该用怎么方法，方才能够容易收到便利和正确的效果。

原来，国外汇兑业务是要和全世界各国各种的货币相接触的，例如经营英国汇兑，便和金镑接触，经营美国汇兑，便和美元接触等。这许多的实际货币单位，应该怎样使它们换算成为单一的货币单位，用单一的货币单位来表示多种货币单位的资产负债的价值，再来计算它的损益呢？这往往是国外汇兑业务中最麻烦的问题。我在这里，拿我国各银行所用的制度一一介绍，再贡献个人对于这个问题的一些意见。当否自然要请专家指教了。

按我国银行所经营的国外汇兑业务，大体上有下列几种：① 即期汇兑的买卖；② 送金汇兑；③ 远期外汇买卖；④ 出口押汇和代收款项；⑤ 进口押汇和委托购买证；⑥ 外币存放款和支汇款；⑦ 外国证券。我们要研究这许多国外汇兑业务的货币处理方法,本来应该先研究这许多业务的具体情形,同这些业务自身的处理方法,但本文为篇幅所限,对于这问题只好略而不谈。读者如对于国外汇兑会计的基本知识,已经很充足了,那么读这篇文章是没有困难的,否则可以参考拙作《银行会计》第十八章。

二 时 价 法

国外汇兑的交易,通常是用本国货币,买卖外国货币的债权。例如买进即期汇兑,就是买进多少外国货币,不过这些外国货币不是实质的货币,而是存放在国外银行的存款,由卖出人的往来行,转到买入人的往来行,增加买入人在国外的存款。其他各种交易也大都是这样的。因此每笔国外汇兑交易,事实上所发生的货币单位有二个:一个是外国货币,一个是本国货币。记入账簿的时候,外币单位如何处理,就有时价法、定价法、多单位法等不同的方法了。

以下我们就按照三种货币处理方法的次序,一一来说明讨论。

所谓货币处理的时价法,即是各种外币单位资产负债的变动,一律用时价折合本位币入账,到年终用一定的估价标准,评定这些资产负债的价值,并且计算期内损益转账的一种方法。这种方法,好像普通企业处理商品的方法一般,尤其和应用单个商品账户时的记载方法相同。例如单个商品账户内,商品的买入卖出额记入借方贷方,这些买入卖出额都用买卖时价计算,结账的时候,把存货照时价估计记入商品账,同时计算商品损益转账,这种方法实在和国外汇兑中时价法的记载完全符合的。国外汇兑的买卖,本来是可以当做商品买卖看待的。

国外汇兑交易,即是外币债权买卖的交易。外币债权的出进,是把国外汇兑部在国外的代理银行往来户做中心的。例如买进外币债权,即托国外代理银行代收;卖出外币债权,即是卖出存在国外银行的存款,由国外银行代付等类。因此,存放国外同业(due from foreign banks)的各分户账,实在就是银行的商品账户。时价法的记载、评价、计算损益,最主要的也就拿这许多分户账为根据。我们现在也就先把这点来说明一下。

我们假定某银行的国外汇兑部有下列几笔伦敦汇兑交易:

（1）买入伦敦即期汇兑£4 000⁒存入伦敦密德兰银行,时价1 s 4.25 d,款付现金。

（2）卖出伦敦汇票£200⁒,由密德兰银行代付,时价1 s 3.875 d,款收现金。

（3）卖出伦敦即期汇兑£1 000⁒,由密德兰银行付出,时价1 s 4.125 d,款收现金。

（4）上海出口贸易公司托收跟单汇票£500⁒,已由密德兰银行代为收到,按本日时价1 s 4.25 d折合,付给现金。

上面几笔交易,用借贷分录只列事实单位来表示如下:

（1）存放国外同业　　　　　　　　　　　　　£4 000⁒
　　　现金　　　　　　　　　　　　　　　　　　　　　　$59 076.93

（2）现金　　　　　　　　　　　　　　　　　$3 023.62
　　　存放国外同业　　　　　　　　　　　　　　£200⁒

（3）现金　　　　　　　　　　　　　　　　　$14 883.72
　　　存放国外同业　　　　　　　　　　　　　　£1 000⁒

（4）存放国外同业　　　　　　　　　　　　　£500⁒
　　　现金　　　　　　　　　　　　　　　　　　　　　　$7 384.62

上面几笔分录,表示在每次国外汇兑买卖中,现金收付,同外币债权增减的事实单位。外币债权增减的事实单位,在时价法下面,应该按照交易时价折成本位币入账。例如第一笔,存放国外同业的借项,就应该按时价1 s 4.25 d折成$59 076.93入账的。所以若把事实单位和记账单位并列,就得下面的分录:

（1）存放国外同业　　　　　　　　　　　　　£4 000⁒　　$59 076.93
　　　现金　　　　　　　　　　　　　　　　　　　　　　$59 076.93

（2）现金　　　　　　　　　　　　　　　　　$3 023.62
　　　存放国外同业　　　　　　　　　　　　　　£200⁒　　$3 023.62

（3）现金　　　　　　　　　　　　　　　　　$14 883.72
　　　存放国外同业　　　　　　　　　　　　　　£1 000⁒　$14 883.72

（4）存放国外同业　　　　　　　　　　　　　£500⁒　　$7 384.62
　　　现金　　　　　　　　　　　　　　　　　　　　　　$7 384.62

因为外币债权和现金同样用交易时价折合,所以二方的银元金额是一致的,也可以说存放国外同业分户账内所记载的每次本位币额,是每次收付的确实成本或收入。

根据上面的分录,应该作成传票,记入存放国外同业分户账。分户账内必须把外币单位和国币单位都记进去。因为外币单位是事实单位,时常需要参考的。国币单位是计算单位,表示资产的价值,而且还要根据它计算损益的。分户账的记载见下页表1-1。

分户账内原币部分记载事实单位的金镑额,本位币部分则记载国币额,二个部分各自计算余额。但是这二个余额意义是不同的。原币余额(本例内是 £3 300⁒)好像存货的数量,如几件几担之类,本位币余额(本例内是 $48 554.21),是资产和损益的混合数额。因为外汇买卖,每次的价格不同,必然会发生损益,可是这个损益,在最后原币余额没有估价以前,是不能计算出来的。这件事,也和商店在存货没有估价以前不能算出损益一样。本位币余额,即包括这没有算出的损益和外币正确估价以后的国币价值二者在内,所以说是资产和损益的混合账项。

在结账的时候,所有外币余额,应该确定它估价的标准,犹如商店确定存货的估价标准一样。这个标准用结账时的时价也好,用比时价更稳健一些的价格也好。大概在外汇市价涨落不定的场合,宁可用稳健一些的标准。确定了这个标准以后,就把原币余额来折合一下,所定数额就是存款余额的实在价值了。把这个数字与原来的本位币额比对一下,差数就是国外汇兑损益,转入国外汇兑损益科目内。假定上面的记载,结账时的折率,确定为 1 s 4.25 d,那么 £3 300⁒ 应该折合成 $48 738.46 与原来的差额 $48 554.21 相较,多出 $184.25,即是汇兑利益。这个利益应该照下列分录转账:

存放国外同业 $184.25
    国外汇兑损益 $184.25

在存放国外同业的分户账内,即应该把这个数字记入本位币部分的借方,增加本位币的余额,使它和原币余额 £3 300⁒ 用 1/4.25 折率折合的结果相同。

国外汇兑中货币处理问题

表 1-1
伦敦密德兰银行英金户

存放国外同业分户账

月日	摘要	起息日	原币				本位币			
			借方	贷方	借或贷	余额	折率	借方	贷方	借或贷	余额
××	买入即期汇兑	××	£4 000	—	借	£4 000	1/4.25	$59 076 93		借	$59 076 93
××	卖出汇票	×	—	£200	借	3 800	1/3.875		3 023 62	借	56 053 31
××	卖出即期汇兑	×	—	1 000	借	2 800	1/4.125		14 883 72	借	41 169 59
××	代收汇票	×	500	—	借	3 300	1/4.25	7 384 62		借	48 554 21

上面所举的几个交易,是关于即期汇兑、送金汇兑、代收款项等业务的。这几种业务,记账的时候,一下子就记入了存放国外同业分户账,所以问题好像非常简单。但有几种交易,例如出口押汇、期汇买卖、活支汇款等,虽然同样是债权的买卖,可是不能一下记入存放国外同业分户账的。因为这几种交易,都有订期买卖的性质,不到约定的期限,国外的代理银行不能代收代付的。所以记账的时候,就不得不先记入"出口押汇"、"期收款项"、"期付款项"、"活支汇款"等科目中,等到国外同业收付以后,再转入国外同业账内。但这些交易的成立,就是债权买卖的成立。所以,并不俟到转入国外同业账的时候,而是在确定买卖的时候。因此记入"出口押汇"等科目内的,同样有原币额和按照时价折成的本位币额。转入国外同业账内的时候,也就应该按照买进"出口押汇"汇票等时的时价和本位币额转账,而不必加以任何更动。例如一月五日买进出口押汇汇票£300⁒,时价1s4.5d,二月十五日由国外同业收到。一月五日和二月十五日的分录如下：

1/5	出口押汇	£3 000⁒	$43 636.36
	现金		$43 636.36
2/15	存放国外同业	£3 000⁒	$43 636.36
	出口押汇	£3 000⁒	$43 636.36

　　期汇买卖和活支汇款的交易也是同样的。活支汇款或有分批支款的情形,那就将支款的原币额,按照买出活支汇款时的时价折成本位币,转入国外同业账内。关于这点,下面我们举几个例子来做参考。

　　A. 买入期汇

　　一月五日　买入二月期电汇£5 000⁒,时价1s3.75d
　　二月二十七日　买入电汇交割,嘱伦敦密德兰银行收款

　　B. 卖出期汇

　　一月五日　卖出二月期电汇£3 000⁒,时价1s3.5d
　　二月二十七日　卖出电汇交割,嘱伦敦密德兰银行付款

C. 活支汇款

二月十日　某君需活支汇款£300％，按时价 1 s 3.375 交来现金

四月十日　伦敦密德兰银行通知某君提去活支汇款£60％

上面各交易分录如下：

A. 买入期汇

1/5	期收款项		£5 000％	$76 190.47
	期付款项			$76 190.47
2/27	存放国外同业		£5 000％	$76 190.47
	期收款项		£5 000％	$76 190.47
	期付款项			$76 190.47
	现金			$76 190.47

B. 卖出期汇

1/5	期收款项			$46 451.61
	期付款项		£3 000％	$46 451.61
2/27	期付款项		£3 000％	$46 451.61
	存放国外同业		£3 000％	$46 451.61
	现金			$46 451.61
	期收款项			$46 451.61

C. 活支汇款

2/10	现金			$4 682.93
	活支汇款		£300％	$4 682.93
4/10	活支汇款		£60％	$936.57
	存放国外同业		£60％	$936.57

上面所说的几种交易，实在已经包括了国外汇兑业务的大部分了。但还有若干种交易处理比较麻烦的，例如委托购买证、进口押汇、外币存款、外币放款、外国证券等。这几种交易情形都比较特殊，因为它们并不和国外同业账有着"向心"的关系，却是有着"离心"关系，或者是独自存在的。因此这几个项目还

得特别说明一下。

委托购买证的开出,和进口押汇汇票的购买,记载的时候,通常分做几个步骤。第一,记载开出托购证的事实,用顾客未付保证和保证二个科目;第二,记载进口押汇汇票的购买,减少存放国外同业的数目,并转销顾客未付保证及保证的记载;第三,记载预赎进口押汇;第四,记载押汇汇票的结束。顾客未付保证和保证二个科目,因为只有对待的作用,随便用哪一个假定的折率都行。在转销的时候,也按照原来假定的折率换算本位币。进口押汇汇票的买入,一方即是存放国外同业的减少,为了使存放国外同业账内记载确实起见,应该按照当日卖出汇兑的市价折成本位币。在结汇票的时候,因为结汇票和转账时的时价不同,所以也发生损益,应该转账,这里举几个例子,在下面说明。

二月二十五日　　华纶行请求本行开始委托购买证£1 000%,(顾客未付保证折率1 s 4 d)。

三月三十日　　伦敦劳意特银行寄来华纶行汇票£400%,连同全部货物。本日市价1 s 3.75 d。

四月二十五日　　华纶行交来$3 350,赎去一部分货物。

五月三十一日　　华纶行来行清结汇票,按本日行市1 s 3.625 d计算。除汇票本金外,另加利息£4%,并算给预赎进口押汇利息$6.61。

上面例子,分录如下:

2/25	顾客未付保证	£1 000%	$15 000.00
	保证	£1 000%	$15 000.00
	(折率1 s 4 d)		
3/30	保证	£400%	$6 000.00
	顾客未付保证	£400%	$6 000.00
	(折率1 s 4 d)		
	进口押汇	£400%	$6 095.17
	存放国外同业	£400%	$6 095.17
	(折率1 s 3.75 d)		
4/25	现金		$3 350.00
	预赎进口押汇		$3 350.00

国外汇兑中货币处理问题

5/31 预赎进口押汇			$3 350.00
付出利息			6.61
现金			2 848.83
进口押汇	£400⁄		$6 095.17
收入利息	£4⁄		61.44
国外汇兑损益			48.83

（收入利息按市价 1 s 3.625 d 折合，进口押汇按 1 s 3.75 d 折合转销，和时价 1 s 3.625 d 相差的数目，转入国外汇兑损益内）

按照上述的办法，每一笔进口押汇的汇票，在结束的时候，就有损益要转账。但是计算比较便利，所以不致引起手续上的麻烦。

进口押汇和前面所讲的出口押汇，期收款项，期付款项，活支汇款等项，在结算的时候，决不会全部转完，常有余额的。这些余额，平时所用的折率，是交易发生时的时价，没有统一的标准，结算时自然也应该像存放国外同业账一样，用结算时的结价标准计算，并且把差数转入国外汇兑损益科目内。至于顾客未付保证和保证两科目，因为是对待科目，所以不必更动，尽管照原来的折率计算好了。

外币存款一项，存入时或是国外汇票，或是存入国币而按当天汇价折成外币。存入的国外汇票，当然就要托国外银行代收了。支款时，或者支取国外汇票，或者按时价把外币合成国币取去。通常情形，总以存入国币，支取国外汇票的较多。因为情形复杂，所以处理也比较繁复。大概存放国外汇票的，在存入汇票时，按照当天时价折成本位币，分别记入"存放国外同业"和"外币存款"账内。支款时，若支取汇票，仍按照存入时的折率，分记存放国外同业和外币存款账。若支取国币，则照当天时价折成国币，记入外币存款账内。当外币存款支完时，若自始至终没有支取国币的事情，那就没有损益，如曾支取过国币，那就有损益要转账了。至于存入国币的，那就按当天汇价折成外币记账。支款时，如支取汇票，就按照存入时的市价折合；如取现金，就按当时时价折合。一切和前面所说的相同。

上面所说的办法，若在存入不止一次的时候，就不能适用。不过外币存款，因为存款的目的不同,事实上决不如国币存款那样的收付频繁。但假定有的时候,对于收付不论是国币或外币汇票,一律按照时价折合,使外币存款户与存放国外同业中的处理办法完全相同,也就没有问题了。

外国证券是独立的投资,和存放国外同业户的关系很浅。用买入时的时价折合,更能表示他的成本。处置的办法,和国内证券相同,不过计算时价时,应该把证券的外币市价,和外汇市价合并起来计算的。外币放款则完全可以应用外币存款的办法。

货币处理方法中,时价法具体的应用方法,就大致如上面所说。如再总括一下,那么可以说:时价法,是应用交易实际发生时候的时价,把原币折成本位币记账的。但是若并不是实际的买卖,而是账簿的转记,那么应该按照买卖成立时的时价记账。应用这一种方法,可以使外汇买卖的成本与售价在账簿上完全显示出来,并且随时可以约略计算每一户的外汇损益是多少了。

三 定 价 法

其次,我们来讲定价法。定价法是把各种外币的进出,一律用一定的比价折合入账,到结算时,再来评估外币资产负债价值的一种方法。

外币数额一律用了定价记账,结果交易的借贷二方,便不会相等。因为在一个交易内的二个事实单位是按时价折合的,若要把外币再按定价折成国币,必定和交易另一方面的国币数额不符合了。在这个时候,就应该用"兑换"户记账。所谓"兑换"户,是一个总账科目。在这个总账科目下面,分设着许多补助账户,这许多补助账户,是以货币立户的,例如银元户、金镑户之类。大概银行有一种货币的外汇交易,就要在兑换分户账内设立一个这种货币的补助账户。例如银行经营美汇、英汇、日汇的,兑换分户账内就设立英金户、美金户、日金户、银元户四个补助账户,每笔交易发生记账的时候,借贷二方货币种类不同,数目也不等,就把兑换户插入,使他们平衡起来。

我们在本文第二节所举第一个交易的例子,是买进伦敦即期汇兑。这个交易中,所表现的借贷二方的事实单位,是 £4 000 ⁄ 和 \$59 076.93,现在,£4 000 ⁄

若用定价15折合,共计$60 000,那么这一笔交易的分录将如下面所示:

  存放国外同业   £4 000⁄ @15 $60 000.00
   现金 $59 076.93

借贷二方因为折率不同的关系不相等了。相差的$923.07,当然不能把它当做损益看待,因为这完全不是实在的损益,而是假定的盈亏。现在,若用前述兑换户的方法,那么有如下面的分录:

  存放国外同业   £4 000⁄ @15 $60 000.00
   兑换英金户   £4 000⁄ @15 $60 000.00
  兑换银元户 $59 076.93
   现金 $59 076.93

但是兑换户的应用,仅限于交易两方的事实单位不同的场合。若交易二方的事实单位是相同的,那末相同的事实单位用同一的折率折合成本位币入账,本来借贷二方也仍旧是相等的,用不到什么平衡的手续。例如我们在前面所举出口押汇的例子,£3 000⁄的出口押汇转入存放国外同业账的时候,分录的借贷二方都是镑,可以一律用定价15折合成银元记账:

  存放国外同业   £3 000⁄ @15 $45 000.00
   出口押汇   £3 000⁄ @15 $45 000.00

此外,如果发生原币损益的时候,仍旧应该按时价折合成本位币入账,并且纯粹把这种损益项目,当做本位币的项目,而并不承认是原币的项目,例如存放国外同业的利息£4⁄转账,时价1s4.5d。这个交易,按照定价法的一般方法,可以作成下列分录:

  存放国外同业   £4⁄ @15 $60.00
   收入利息   £4⁄ @15 $60.00

但因为利息不是资产或负债而是损益,是用做计算资料的,并不是有实质存在的,所以利息按时价折成本位币$58.18并且只拿这本位币数入账,从而上面的分录也就应该改做:

存放国外同业	£4⁄	@15	$60.00
兑换英金户	£4⁄	@15	$60.00
兑换银元户			$58.18
收入利息			$58.18

一切损益项目，都与上例相同，即使有原币计算的项目，可是记账的时候，只承认它是本位币而非原币。所以这种交易的记载，首先应将损益项目按时价折合成本位币。然后再根据这一交易内的事实单位来决定记账的方法。又营业用房地产等财产项目，也和损益项目相同。即有原币出入，也一律以时价折合成本位币入账。这是因为对外无债权债务关系的项目，事实上用不着用原币来计算的。

国外汇兑的一切交易，按照上面几个规律，便可以很充分的使用定价法来处理记账了。但是定价法分录记账的规律虽然很简单，兑换户的关系却很复杂，我们还得充分的说明一下。

在国币与外币间发生买卖的时候，各种货币兑换账户居间平衡交易的借贷，上面已经说过了。所以外币账户的借记，必定伴随着外币兑换户的贷记，外币账户的贷记，必定伴随着外币兑换户的借记，国币自然是同样的。外币账户的借记，表示外币资产的增加，或负债的减少；外币账户的贷记，表示外币资产的减少，或外币负债的增加。同一种外币资产负债相抵的余额，即表示汇兑的余额剩余若干，或是不足而发生了"空头"，也可以说，把同一种外币的资产负债余额，完全抵销后，若有借差，便是"多"，若有贷差，便是"缺"。可是，根据各种资产负债来计算，手续是比较麻烦的，而在每一笔资产负债变动的时候，总是以相反的方向记入了外币兑换户。因此外币兑换户的余额，就表示了所有外币资产负债抵销后的多缺，不过方向是相反的，即借差表示缺，贷差表示多。

上面所说多缺的表示，是各个兑换分户账内原币余额所演的作用，总账的兑换户则不然。这户所记载的，自然只有国币的数额，而没有原币的数额。而且每笔交易兑换户的记载，在分户账上是一借一贷，表示了很大的借差或贷差，可是总账兑换户上，同时把借贷数额记入，结果互相抵销只余下了一些差额。这些差额，便是定价与时价的差额，也是采用定价法后所发生的假定兑换盈亏。这些盈亏，结账的时候，是应该纠正的。这一点我们留到后面再说。

为了要得到具体的例示,我们再把本文第二节所举的若干笔交易,按定价法记载来表示兑换账的关系。这些例子,是第二节所举的即期汇兑的买卖,出口押汇的买入,(假定还没有收到转账)和活支汇款的几笔交易:

(1) 存放国外同业 　　　　　　　　　£4 000 ⁄ 　@15 　$60 000.00
　　　兑换英金户 　　　　　　　　　£4 000 ⁄ 　@15 　$60 000.00
　　　兑换银元户 　　　　　　　　　　　　　　　　　　59 076.93
　　　现金 　　　　　　　　　　　　　　　　　　　　　$59 076.93

(2) 现金 　　　　　　　　　　　　　　　　　　　　　$3 023.62
　　　兑换银元户 　　　　　　　　　　　　　　　　　　$3 023.62
　　　兑换英金户 　　　　　　　　　£200 ⁄ 　@15 　$3 000.00
　　　存放国外同业 　　　　　　　　　£200 ⁄ 　@15 　$3 000.00

(3) 现金 　　　　　　　　　　　　　　　　　　　　　$14 883.72
　　　兑换银元户 　　　　　　　　　　　　　　　　　　$14 883.72
　　　兑换英金户 　　　　　　　　　£1 000 ⁄ 　@15 　$15 000.00
　　　存放国外同业 　　　　　　　　　£1 000 ⁄ 　@15 　$15 000.00

(4) 存放国外同业 　　　　　　　　　£500 ⁄ 　@15 　$7 500.00
　　　兑换英金户 　　　　　　　　　$500 ⁄ 　@15 　$7 500.00
　　　兑换银元户 　　　　　　　　　　　　　　　　　　$7 384.62
　　　现金 　　　　　　　　　　　　　　　　　　　　　$7 384.62

(5) 出口押汇 　　　　　　　　　　　£3 000 ⁄ 　@15 　$45 000.00
　　　兑换英金户 　　　　　　　　　£3 000 ⁄ 　@15 　$45 000.00
　　　兑换银元户 　　　　　　　　　　　　　　　　　　$43 636.36
　　　现金 　　　　　　　　　　　　　　　　　　　　　$43 636.36

(6) 现金 　　　　　　　　　　　　　　　　　　　　　$4 682.93
　　　兑换银元户 　　　　　　　　　　　　　　　　　　$4 682.93
　　　兑换英金户 　　　　　　　　　£300 ⁄ 　@15 　$4 500.00
　　　活支汇款 　　　　　　　　　　£300 ⁄ 　@15 　$4 500.00

(7) 活支汇款 　　　　　　　　　　　£60 ⁄ 　@15 　$900.00
　　　存放国外同业 　　　　　　　　　£60 ⁄ 　@15 　$900.00

现在根据上面的分录,过入总账内的兑换户和兑换分户账如下。

总　　账

科目___兑换___

月	日	摘　要	日记账页数	借　方		贷　方		借或贷	余　额	
	1			$59 076	93	$60 000	00	贷	$923	07
	2			3 000	00	3 023	62	贷	946	69
	3			15 000	00	14 883	72	贷	830	41
	4			7 384	62	7 500	00	贷	945	79
	5			43 636	36	45 000	00	贷	2 309	43
	6			4 500	0	4 682	93	贷	2 492	36

兑换分户账

户名___银元户___

月	日	摘　要	借　方		贷　方		借或贷	余　额		定价	本位币	
	1		$59 076	93			借	$59 076	93		$59 076	93
	2				$3 023	62	借	56 053	31		56 053	31
	3				14 883	72	借	41 169	59		41 169	59
	4		7 384	62			借	48 554	21		48 554	21
	5		43 636	36			借	92 190	57		92 190	57
	6				4 682	93	借	87 507	64		87 507	64

户名___英金户___

月	日	摘　要	借　方		贷　方		借或贷	余　额		定价	本位币	
	1				£4 000	—	贷	£4 000	—	15	$60 000	00
	2		£200				贷	3 800	—	15	57 000	00
	3		1 000				贷	2 800	—	15	42 000	00
	4				500	—	贷	3 300	—	15	49 500	00
	5				3 000	—	贷	6 300	—	15	94 500	00
	6		300	—			贷	6 000	—	15	90 000	00

国外汇兑中货币处理问题

其他各科目的补助账簿,因为格式太繁,所以不一一举出了。

根据上面的总账兑换户和兑换分户账,并且根据上面分录结果的各科目余额,我们可以作成几个日计表,在下面表示兑换账的关系。这里我们假定,这一个银行的国外汇兑部,在开始营业前的资产,只有现金 $300 000 和负债基金 $300 000。

为了表示兑换分户账怎样表示多缺起见,我们先举出一个原币的日计表在下面:

日 计 表

资　产	英　金		银元	负　债	英　金		银元
	金　镑	折合成银元			金　镑	折合成银元	
现金			212 492 36	活支汇款	240 ——	3 600 00	
存放国外同业	3 240 ——	48 600 ——		基本金			300 000 00
出口押汇	3 000 ——	45 000 ——		兑换英金户	6 000 ——	90 000 00	
兑换银元户			87 507 64				
	6 240 ——	93 600 00	300 000 00		6 240 ——	93 600 00	300 000 00

上面的日计表,表示这一个银行有英金资产£6 240丁,同时有英金的负债£240丁,英金资产除了应该留出£240丁还债以外,其余是"多"的,可以卖出的,这一个资产负债相抵后的借差£6 000丁,就被兑换英金户的贷差所代表着了。另一方面,基本金是用银元计算的,还的时候也应该还银元,可是现金的一部换了英金的债权,剩余的已经不够三十万元了,少了 $87 507.64,这个资产负债相抵销后的贷差,就被兑换银元户的借差所代表着了。但是兑换户主要的作用,是在表示原币的多缺,因为可以根据他来核算汇兑余额,本位币的多缺,实在并没有多大用处的。同时,从这兑换分户账表示多缺的了解,我们知道债权债务以外的固定资产和损益,所以不用原币记账,就因为它们和债权债务的多缺无关的缘故。

可是上面的日计表，实际上是没有银行会应用他的。应用定价法的银行，它是应用一个单位记账的，编制日计表的时候，自然只用一个单位，只有银元而没有原币，兑换户也只有一个总账内的兑换户余额而已。这时候，日计表的形式如下：

日　计　表

现金	$212 492	36	活支汇款	$3 600	00
存放国外同业	48 600	00	基本金	300 000	00
出口押汇	45 000	00	兑换	2 492	36
	$306 092	36		$306 092	36

在这个日计表内，兑换户的数目是表示兑换的假定盈余，结账时还要评定价值的。

其次，我们再来谈定价法的决算。定价法的决算，也像时价法一样，应该把每一项外币的资产负债，用决算时决定的时价标准，个别评定结账时资产负债的价值，和原来的本位币余额（原来的本位币余额，本来是假定的不确实的）相比较，而把差额作为国外汇兑损益转账的。例如在前面所举的例子里，就可以把存放国外同业、出口押汇、活支汇款几项，分别按照确定的折率评价。但是原币的资产负债非常多，同时，兑换分户账内的原币余额，又足以代表原币资产负债抵销后的差额，那么根据这一个余额来评价，当然同直接评定个别的原币资产负债，可以得到同样的效果。例如，个别评定存放国外同业余额£3 240 7、出口押汇余额£3 000 7 和活支汇款余额£240 7，必定同只根据了兑换英金户的余额£6 000 7 是同样的，所以评价的手续简单了，并且是用间接的方法而不用直接的方法。

我们假定结账时的时价是 1 s 4.25 d，£6 000 7 折成 $88 615.38，所以原来各英金资产负债假定的定率应该一一改正，同时兑换英金户内的记载也应该改正。这时候本来就应该分别借兑换英金户和活支汇款户，贷存放国外同业户和出口押汇户，把各户中定价折成的本位币修正一下。但是分别记入各原币资产负债户内，仍旧个别的评定各原币资产负债的余额，手续很麻烦，而且在定价法下，各种外币既然一律用定价折合，就一直不去变更定价折率，也是比较妥当的事。所以就可以把应该增加或减少各原币资产负债价值的数目，让它们互相抵销，如果是借差，就记入暂记欠款内，表示资产应该增加同负债应该减少的数目，这差额是资产的净增加。如果是贷差，就转入暂时存款科目，表示相反的情形，作为负债的净增加。同时兑换英金户应该借记减少本位币贷差的数字，也不转入兑换英金户，不去变动英金户的定率，而记入兑换银元户去代替。这样一来，原币实际价值与记账价值，应该改变的数目，用很简单的评价和记账手续，就可以解决了。例如上面的例子，英金£6 000 ¼，应该作为 $88 615.38，而兑换英金户里则作为 $90 000.00，相差 $1 384.62，即记入兑换银元户借方，和暂时存款贷方，代替兑换英金户的借记，和资产价值减抵后应有的贷记了。分录如下：

兑换银元户	$1 384.62
暂时存款	$1 384.62

这样记载终了以后，我们可以承认资产负债价值评定已经办完，就应该来计算损益转账。原来总账兑换户的差额，是表示假定的盈亏，可是经过评价转账后，它的差额应该是确实的损益了。所以记入后的贷差 $1 107.74（$2 492.36—1 384.62）应该转入国外汇兑损益科目内，分录如下：

兑换银元户	$1 107.74
国外汇兑损益	$1 107.73

上面这样做分录以后，总账兑换户就可结清，而兑换分户账内英金户表示 £6 000 ¼ 和 $90 000 的贷差，银元户表示 $90 000 的借差，这二个账户都没有结清。为什么呢？因为总账兑换户是计算损益的，而兑换分户账却是表示外币债权债务的多缺的，债权债务的多缺存在着，兑换分户账自然不会结清的。

评定价值以后，暂时存款或暂记欠款的转账，到次期的开始，应该再转回来。转回来的意义是，把原币资产负债仍旧恢复定价计算标准，不照上年结算的时价计算。定价法平时本来照这样一个标准办的，到次期决算的

时候,仍旧有一次评价。转回自然没有阻碍,照上面的例子,应该作成下列的分录:

  暂时存款 $1 384.62
   兑换银元户 $1 384.62

  按照定价法和按照时价法记账,平时记载的方法和表示是不一致的,资产负债表上各项资产负债的本位币值也不一致。时价法下,每项资产负债,都依照确实的折率折成本位币;定价法下,是一贯的以假定的定价为标准。不过假使结账时所采取的评价标准是相同的,那么国外汇兑损益的数字,在二个方法下面,也会绝对相同。因为一切资产负债,在结账时采取同一的评价标准,自然两法下资产负债的价值是相等的。

四　多　单　位　法

  多单位法,同前面所讲的定价法与时价法不同。定价法和时价法的记账,单位是只有银元一个单位,多单位法的记账,单位就有许多,有一种外币的资产负债,就把这一种外币作为记账单位,因此,假若国外汇兑部通汇的国家很多,关涉到外国货币很多,那么它的记账单位也就很多了。

  应用多单位法的,因为记账单位很多的缘故,于是它的账簿也一定有许多套,(包括主要账簿及补助账簿)一套账簿记载一个单位的交易,例如国外汇兑部经营英、美、法、德、日五国汇兑的时候。它就要有五个记账单位,即英金、美金、法郎、马克、日元,它的账簿也就有五套。每一种货币的交易,记到自己的一套账簿里面去,每天就有五张日计表。

  交易假使关涉到二种货币的时候,二方的记载单位是不同的,二套账簿上借贷二方就不能平衡了。这时候,也同定价法一样,应用兑换户去平衡它。不过多单位法下的兑换户,每一套货币中间有一个,是一个独立的总账科目,不像定价法下是兑换分户账中的补助账户。

  为了参考起见,我们把本文第三节里具体举的几个例子,用多单位法表示出来:

		英　金	国　币
（1）	存放国外同业	£4 000／	
	英金兑换		£4 000／
	银元兑换		$59 076.93
	现金		$59 076.93
（2）	现金		$3 023.62
	银元兑换		$3 023.62
	英金兑换	£200／	
	存放国外同业	£200／	
（3）	现金		$14 883.72
	银元兑换		$14 883.72
	英金兑换	£1 000／	
	存放国外同业	£1 000／	
（4）	存放国外同业	£500／	
	英金兑换	£500／	
	银元兑换		$7 384.62
	现金		$7 384.62
（5）	出口押汇	£3 000／	
	英金兑换	£3 000／	
	银元兑换		$43 636.36
	现金		$43 636.36
（6）	现金		$4 682.93
	银元兑换		$4 682.93
	英金兑换	£300／	
	活支汇款	£300／	
（7）	活支汇款	£60／	
	存放国外同业	£60／	

以上的分录，表示一笔交易的借贷二方，要分记在二套账簿内，应用了兑换户，每套账簿都可以独立平衡了。现在我们就根据上面的分录，表示英金和银元的二个日计表如下（仍旧假定开始时有三十万元的基金）。

英金日计表

科　　目	借　差			贷　差		
存放国外同业	£3 240	—				
出口押汇	3 000	—				
活支汇款				£240	—	
英金兑换				6 000	—	
	£6 240	—	—	£6 240	—	—

银元日计表

科　　目	借　差		贷　差	
现金	$212 492	36		
基本金			$300 000	00
银元兑换	87 507	64		
	$300 000	00	$300 000	00

应用多单位法,也只是平时的记账办法。到结账的时候,应该使资产负债用一个单位来表示,并且应该计算国外汇兑的损益。因此应用多单位法的银行,结账时也和应用定价法的一样,确定一个适当的折合率,把各种货币都折成本位币,各套账簿中的兑换户也是同样的。折合成本位币以后,再把各套账簿同一科目的数额合并起来,就成了统一的日计表。兑换户合并后的差额,就是国外汇兑损益,应该转入国外汇兑损益科目里去。

上面英金日计表内的数额,若给它用结账时价 1 s 4.25 d 折合成本位币,和银元日计表合并起来,就如下列的表:

日　计　表

科　目	英金折合成银元		银　元		合　计	
现金			$212 492	36	$212 492	36
存放国外同业	$47 852	31			47 852	31
出口押汇	44 307	69			44 307	69
银元兑换			87 507	64	—	
	$92 160	00	$300 000	00	$304 652	36

国外汇兑中货币处理问题

(续表)

科　　目	英金折合成银元		银　　元		合　　计	
活支汇款	$3 544	62			$3 544	62
基本金			$300 000	00	300 000	00
英金兑换	88 615	38			—	
国外汇兑损益					1 107	74
	92 160	00	300 000	00	304 652	36

多单位法在原则上，和定价法时价法截然不同，可是在方法上有很多相同的地方。兑换账户的应用，汇兑损益的计算，和兑换账户表示货币余额的多缺，都是和定价法相同的。

五　三种方法的比较

我们在上面已经把三种方法都讲过了，现在我们要把三种方法来比较一下，看哪一种方法是最好的。

我们先把同样是一个单位记账法的定价法和时价法来比较，要决定这二种方法的优劣，最主要的一点，是在平时和结账的时候，哪一种方法最能够表示真实的会计状况。在这一点上，我同意杨端六氏的意见，（见杨氏著"记账单位论"）认为时价法比较能够表示真实的会计状况。因为，第一，时价法能够把每一笔资产负债的变动，用当时正确的时价表示出来，换一句话说，把每一笔债权债务的变动，用成本和售价表示出来。这样，打开补助账簿来，我们就可以很清楚的知道债权买进时的平均成本是多少，卖出的时价是否有利，并且把余额用任何标准折合一下，也很容易个别地评定资产负债的价值，并个别地计算损益了。可是在定价法就不然，定价法下个别的资产负债的补助记录里，没有正确的成本或售价的记录，不能从这些直接的记录中调查损益的来源。即使说在兑换分户账中可以查出这些东西来，可是兑换分户账一方是混合了所有的交易，并没有根据交易的性质分类；另一方面却又把交易的二方隔开，要调查每笔外币的成本和时价若干，事实上就非常困难；同时，时价法下平时个别资产负债的本位币余额，虽是资产负债和损益的混合数目，比起定价法下完全用脱离实际的假定折率折成的数目，似乎要有些意义。

其次，在结账的时候，定价法和时价法下外币资产负债的总价值虽然相等，但个别的资产负债的数额，是不相同的。时价法，站在确定的折率上，表示了个别资产负债确实的数额；而定价法下，个别的资产负债仍是用假定的折率折合成，不能表示真实的价值，虽然用暂记欠款和暂时存款科目来平衡，在全体资产负债表示的真实上讲，终是有些妨碍的。

可是用定价法也有一种可能的好处。那就是因为定价法采用不变的折率，而时价法的折率是变更的。所以假定资产负债的原币数不变，在应用定价法的时候，资产负债表上的本位币数也是不变的。在时价法下，二期就不同了。这样一来，实际没有变动的资产负债，时价法的表示不及定价法的表示好。但是我们注意二点：第一，资产负债表是会计的表示，是资产负债价值的表示，而不是数量的表示。外币数恰如商品数量一般，可以不必在资产负债表上维持一定的价值比率的；反之，资产负债表只要表示各种资产负债的价值就够了，其他应该使用详细的营业统计的。

所以，从平时和决算时表示的确实性这一点说，我认为时价法比定价法好些。

第二，我们应该从记账的手续方面来看，定价法与时价法那一种比较便利些。定价法每笔外币交易和国币有关的，都要折合二次，第一次是营业上对外所必要的，即按时价计算交易二方的事实单位数额，第二次是把按时价算出来的外币额，再用定价折合记账；其次，这类交易在定价法下要记二笔兑换户，而在时价法下都是没有的。时价法只根据对外计算时的时价入账，不必再用定价折合，兑换户的记载也没有，手续上要简单得多，不过结账时，时价法直接评定各资产负债项目，手续比较多，不像定价法只要根据兑换户的余额折算一下就成的。但比起平时记账的麻烦来，这就不能算做很要注意的一件事情了。

在记账的技术方面，定价法用一些简单的规律，把一切交易记载的方法都规定在里头，而时价法的规律比较麻烦。从银行行员的学习上讲，时价法自然不如定价法简单，但是记账技术的学习，不是一件过分困难的事实，手续上的烦琐，倒是一个要讨论的问题啊！

一般人对于时价法有一个误解，以为时价法是不论什么交易，借贷二方事实单位相同的也好，相异的也好，一律用记账时的时价折合，这样就使时价法陷入混乱的境地。但是事实并不如此，时价法所顾虑的，首先是真的债权买卖的成本、售价和损益的问题，通常从一个外币账户转到另外一个外币账户的记录，根本按照原来的时价记账而不去更动它。手续上并没有增繁。

所以从记账手续的繁简上讲，时价法也比较简单，值得采用。

第三，定价法的兑换账户，表示外币的多缺，在时价法是没有的。时价法要计算外汇的多缺，就不得不多费一点别的手续，比起定价法能够以兑换户表示多缺来看，似乎是不及些了。但是我们知道在定价法里头，兑换户所表示的多缺，是一个不确实的数目，不能当做正确的表示看的。我们可以举出几件事来：第一，顾客未付保证和保证二科目是对待科目，不影响于汇兑的多缺，但是顾客未付保证不能当做外币债权看待，因为这一项大概是转到进口押汇的，进口押汇通常收国币而不收外币，而保证这一科目，是要直接减少存放国外同业数额的，因此要当做外币的债务看待。第二，进口押汇和外币放款虽然用外币计算，但收回的时候，也是国币而非外币，所以也不能当做外币债权看待。第三，外币证券是投资，不必要的时候不必售出，所以也不能当做外汇余额。第四，出口代收票据平时不入账，但这倒是真正的外汇余额，应该加入计算。这样看来，兑换账的余额不能表示确实营业上的多缺，自然它的效用也就减低了。所以一般应用定价法的银行，仍旧不能不和应用时价法的银行一样，另外设立头寸单（position sheet）或其他类似的账簿单据来计算多缺。如章乃器氏在"国际汇兑会计概要"一文（立信丛书《各业会计制度》第一集）内，主张应用定价法，但他也同时主张应用原币总账、原币日计表和外币买卖备查表。可见兑换户余额之表示多缺，它的效能如何是很值得考虑的。

定价法下兑换户余额不能发生很大的效用，还不止上述的一点。我们知道外汇营业员所要参考的外汇余额，不仅是总的余额，同时也要参考分期的余额和分类的余额。所谓分期的余额，就是各种不同期限的外币买卖，在每一个到期日的余额多少。例如银行买卖7月份的汇兑（包括期汇买卖、出口押汇等），应该预先算出7月底应收应付外币抵销后的余额若干。所谓分类的余额,最重要的是期汇买卖,它需要知道期汇买卖交易内,没有交割的数目中买入卖出抵销后的余额多少。分期和分类余额的计算,在营业上是很重要的。因为如果没有分期的计算,只有总的计算,那么假定总余额是有多的,但在某一天,可以应用的外汇余额很少,不够应付当天要付的款子。其他则多是没有到期的汇兑。因为没有分期的计算,所以当天就发生困难了,这在营业上是绝对不能允许的;同时,外汇交易中,如期汇买卖比较带有独立的性质,这交易中的买与卖,应该得到一个平衡、不平衡的差数,通常应该设法抵补或卖出,所以在营业上说,也应该独立计算余额。所有这些,都不得不用特殊的账册表单,应用精密的方法来计算的。这时,定价法与时价法完全相同,定价法的兑换户也就不能显出他的效用了。

所以,从计算汇兑余额上来说,定价法并没有什么优点。

从上面所讲的三点看来,时价法是比较优良的方法,值得采用。但是国内银行应用定价法的多,而应用时价法的简直一个也没有。我希望这里所贡献的一些意见,能够做一点采用的参考。

定价法和时价法,同是一个单位记账法,我们现在把一个单位记账法中的二个方法,来和多单位法比较一下。

原则的说,多单位法当然没有一单位法好。会计上的表示,应该是一整个营业的表示,把整个的表示支离破碎的割裂起来,使观察不便,不能不说是一个很大的缺陷。或者以为应用多单位法,可以使一套一套的账簿,自己起来代替头寸单等,计算多缺的记载,但是因为营业上的表示而妨碍了会计上的表示,是很不经济的办法,而且详细的表示,终不能不应用其他方法的。

可是应用多单位法的银行,大体它们是有分支行在各地的,各地的货币不同,从全部总分支行记账的便利上着想,于是采用了多单位法。从这点看,多单位法比起定价法是要算比较优胜,因为多单位法手续比定价法简便多了。不过各地分支行假使不采用多单位法,而用各处当地的主要货币为记账单位,各分支行仍旧采用一单位的时价法记账,结算时再把各种单位折成总行所在地的货币,编制合并决算表。这时在全行讲是应用"分位法",而各分支行自身则采用一单位法,比较多单位法似乎好些了。

多单位法和分位法的比较,我们不必在这里多说。因为本文是说明没有分支行等复杂情形的银行国外汇兑部的货币处理问题。在这些银行内一般不会采用多单位法的。

(原载于《立信会计季刊》,1935 年第 7 期。)

总分行往来记账制度之研究

一

大规模之银行,遍设分支行于各地,一切汇兑交易,几全集中于总分行间,因此往来之交易极多。繁复之交易,以何种制度记载之,实为不得不注意之问题。

总分行往来记账制度之设定,通常应注意下列二原则:

(1) 手续简单,系统分明。

(2) 结账时便于清查未达。

就第一点言之,在我国通行三级制下,特别应注意于总行与分行,总行与支行,分行与分行,分行与本管辖之支行,分行与他管辖之支行,同管辖之支行间,与异管辖之支行间之往来,得一合理明晰之记载方法。就第二点言之,结算时得迅速查清未达转账,与平时就总分行往来间加以严密之管理,不使分支行人员以延迟记账为手段而舞弊为最迫要之问题。就我国各银行现状言之,总分行往来记账制度,因行而异,大别之可分为三种:① 分散记账制;② 集中记账制;③ 集中销账制。兹参酌各种情形,略予叙述,并加比较焉。

二

在分散记账制下,总分支行对各行直接立户记账;为计息之必要计,更为每行分设往来两户。此种制度,应用于分支行不甚众多之时,尚无特殊之困难。惟在分支行众多之银行,则总分行往来分户账内行户众多,手续较繁。在应用三级制之银行，两分行间之往来数，固随时显现于账簿上，而两分行及其所属支行间之往来总余额，究为若干，即不易核算，在系统上显有缺点矣。

分散记账制度更大之缺点，在于总行无法管理分支行间之往来，与乎结账时不能彻底清查未达。盖分支行间既直接记载，其往来账，并不报告总行，总行除直接派员检查，抄具清单寄送对方行核对外，即无法对此项往来账加以监督，因之分支行会计人员，若延迟往来账转账时间，宕用现金，亦遂不能迅速发现；结账清查未达，亦不免于迟缓。盖无论延迟结账时间，令各分支行自身于决算后转清未达，使分支行编造决算表时之总分行账余额，已为确实余额，总行编制总决算表时，完全将总分行账余额抵销，或令分支行各根据来账行之清单，查出自身往账之未达数，抄具清单，寄交总行，由总行于编制总决算表时汇总转账，均须耗费甚多之时日，因之，应用此制之银行，为迅速编成总决算表起见，遂常不得不于无办法之中，将不能转清之各行总分行账之余额，用"未达账"科目列入表中，此种方法，常使决算表不能确实，自不能谓为良法也。

三

因鉴于分散记账制之弊病，若干银行，有应用集中记账制以处理总分行往来交易者。前制之由各分支行分别其对方行直接立户记账者，今则各分支行间之往来，一律作为对总行之往来，记入总行科目，分支行每一往来交易，均发致报告，寄交总行，总行根据二方报告，转入自身之"分行"账内。总行分行，为核计对各行之余额起见，亦于总行或分行往来分户账内，各就对方行分列行户往来户记账。

总分行间之交易，集中于总行记账，则平时可以严密管理，结账时亦得由总行集中检查未达，惟就记账手续言之，在分支行，与分散记账制之繁简相同，而总行则平添一特别繁重之记账工作。就作者所知，江苏省农民银行应用此制之结果，总行会计科管理分行账之工作，即已占其会计科整个工作之大部，若在汇兑业务特别繁复，分支行众多之银行，又不知其工作将如何艰巨也。

且在三级制之银行，欲使各分行能计算其自身及所属，与对方行及其所属

之总余额,非应用下列两繁复之办法不可:

（1）仍由总行集中记账,但各分支行之往来,不能只立一户,更应分别其对方行为甲属、（甲分行及其所属之支行,记入同一账户）乙属等,立户记账,例如乙分行对甲属,丙支行对甲属等户,然后就同属分支行对另一行及其所属之往来余额并计后通知各分行：如此办理,总行账内之分行往来账户,将达数百之巨数！

（2）或总行只就其分行往来记分行账,支行往来由分行集中记账,若是,则分行将集中本属支行间之往来,本属支行对总行,对他分行,对他属支行之往来而记账,更以本属支行对总行,对他分行,对他属支行之往来,报告总行,记入其自身往来户,至于分行与总行,分行与分行间,分行与他属支行间之往来,自亦应报告总行记账。总行分行,同将费去绝大时间,以记载总分支行往来账,其损失当极可观！

银行当局者,或亦知集中制优于分散制,惟应用集中制而得不偿所失,自不免于徘徊却顾；今日各银行之仍以应用分散制者为多,或亦因此耳！

四

有集中记账制之长,而去其不便利之点者,为集中销账制。此法应用于规模巨大之银行,至为适宜；国内某大银行使用后颇著成效,可资证明也。

兹请就作者所知集中销账制之内容略加说明。在总行及分支行,记载其总分支行往来账时,一律假定为对一虚本位之"总行"往来,一律记入总行科目,为易于核算对各行及其所属之总余额,各分支行及总分行记载总行往来分户账,均以一个分行及其所属为一单位而开立账户,例如甲分行及甲分行所属之支行,均记入甲行账户,恰如第三节所举之例,各行往来分户账,均抄录（或套写）副本,寄交总行。总行集中各行往来账后,即分别为核计各属余额及核销之工作：

（1）核计余额。分行及所属支行,对他分行及其所属支行之往来,均各立户记载,则将此分行及其所属支行对他属支行之往来余额加以并计,即可得甲属对乙属之总余额。此项计算,仅以来户为根据即可,因往户交易之记载日期与实际收付日期不符,各行往户之实际余额,即可以对方行之来户为准也。

(2) 核销及清查未达。甲行之往户,即为乙行之来户,因此可以相对两行(以分行及所属合并为之)之往户与来户逐笔核对。其有不能核销者,则为甲行往户已记账之汇款而乙行尚未付讫者,或乙行已代甲行收付之款,甲行尚未接到报告因而未转账者;即所谓未达账也。其间延搁较久者,若非误记,或久悬未领之汇款,则即有清查之必要;特别以来户已记账之代付款而往户尚未记账者,更宜注意焉。

(3) 集中计息。联行往来,本均应计息,使各分行得独立计算损益、计息工作。若由各分支行自行计算,在来户本无问题,在往户若仅根据来账行之报告,则有不确实之嫌,因此往账行,时须将起息日期参差之交易,依照实际收付日期,加以排列,然后计算。现各分支行之往来账,既抄送总行,总行自可根据同属各分支行来户,合并每日余额计息,通知关系两方。在此种情形之下,计息较为确实,因总行之于实际收付日期,已得直接核对,固不必一一重行排列也。

依照以上方法,各支行对总行,对他分行,对他属支行之往来,固可各自记账,由总行合并计算余额;而同属分支行间之往来,各分支行亦得以"本属往户""本属来户"记载,由总行直接核销,但此项账户,在未达转清以后,应无余额耳。

结账之际,总行根据业已核销之各分支行往来账,检出其未曾销清之交易,即为未达账,即此可以计算未付汇款,及一切未及转账之代收代付款项,分别计算种类,于编制总决算表时加以整理矣。

五

今日我国银行会计渐趋于革新之途,旧日遗留制度之不合于情势变迁之现在者,已逐渐加以改革,独关系颇大之总分行往来记账制度,尚未闻有普遍之改进者。作者颇望各银行当局能计虑及此也。

五月廿一日灯下

(原载《会计杂志》,1935年第6卷第1期。)

币值变动与会计

一 绪 论

　　自民国二十四年十一月四日政府公布新货币政策以来,我国法币,事实上已停止兑现。按政府公定外汇价格计算,法币每元价值较之银币低至百分之三十左右,若以国内重要商品之物价指数而言,势必亦因此而平均涨起百分之三十,盖一种新货币政策之实行,其货币价值,总不免发生多少波动也。然货币价值之波动,必使企业会计上发生若干困难问题。此种问题究应如何解决,此本文所欲论列者也。

　　就过去史实言,世界各国货币价值发生变动之最甚者,为战后德、法、俄三国。最近数年,英、日、美等国,亦竞放弃金本位,而致通货价值,亦有变动。战后俄国,因发生革命,故私人企业在通货价值变动期内如何改善其会计方法,并无材料可资参考。至德、法两国,在一九二三年以前,其通货价值跌落之程度,极堪惊人,如德国纸币至每一兆马克,仅值一金克。在货币制度混乱之时,德国会计学者,曾拟议种种会计上之补救办法。其后货币价值恢复安定时,德政府更曾颁布法令,以改造各企业之贷借对照表。此种私人拟案及政府法令,均足资今日我人之参考。此外,法国亦有类似情形,但货币价值之跌落,不如马克为烈,且其国内学者所主张之办法,亦类多祖述德学者之所见。至对于今日英、日、美各国之货币减值,各该国会计学者,虽曾有所论列,然较之战后德学者之所见,亦无任何创见存其间。故本文所述,仅介绍德国学者所拟办法之大要,并就我国目前情形,建议企业会计上应注意之若干点,以供国内专家之参考而已。

二　币值变动与记账单位

　　货币价值发生变动使企业会计所受之影响，一言以蔽之，记账单位之不安定而已。

　　企业会计之两大目的，即确定财产价值及计算损益，二者均须以货币为计算之单位。在货币价值安定之时，以价值并不变动之货币为标准，计算价值变动之财产，本为非常合理之事，然而货币价值永不变动，事实上殆不可能。盖物价之高低，虽以商品生产之易否及市场变动之情形以为断，而货币价值之变动，亦为重要原因之一。在昧于经济常识之辈，常将物价高低之原因，悉归之于商品本身，而不能觉察货币价值之变动。（即如战后德国通货急遽膨胀之际，物价上腾不已，当为滥发纸币之结果，然而一部分人民，且尚以为此系物价上腾，而非币价下落。）此种看法，当然绝不合理，特别在币值低落期间，若仍奉货币为绝对之记账单位，必须于一期间前后之单位，异其价值。假定在十一月四日币值未变动以前，企业之存货为一万元，迨十二月底结账，同一存货，变为一万四千元，表面上物价高涨，已在账簿上为之更正，实际上十一月四日以前之记账单位，为每百元值纯银七钱二分之现洋，十二月底所用之记账单位，则为每元值一先令二便士半之法币，其价值较之现洋，已低落若干，前后所用记账单位，实已不一致。不仅此也，货币价值变动期间，固定资产之估价，设仍以一般会计原则，按购入成本计算，其结果则为资产负债表上各种资产负债所用之评价单位，已不一致，盖现金、债权、债务等，用法币表示其价值，固定资产则用银币表示其价值。以两种价值并不一致之单位，相互加成之总数，实与英镑、美金相加之总数，同为非驴非马之数字也。

　　记账单位问题，因畴昔我国货币不统一，向为会计上困难问题之一，特昔日两种记账单位，以其名目之不同，易于区别，今则二种不同之记账单位，名目仍旧，不易区分。且会计上之处理方法，亦不能应用昔日旧法。盖昔日货币种类，无论如何繁多，且不论应用何种处理方法，仍有某种货币为标准记账单位。今则此种标准的记账单位，根本动摇，于是损益计算及财产估价，均失所依据。其严重程度，远过于昔日货币种类之繁杂也。

货币价值之绝对稳定,为实际上不存在之事,经济学者早已明示我人。从而以货币为绝对之记账单位,严格言之,亦不合理。会计学者之所以未能及早注意及此者,殆与所谓货币之错觉有关。盖会计学本从个人或企业之立场,研究如何记载交易,如何计算损益,而非从整个经济现象观察一切。就私人立场而言,因法律及习惯等种种原因,货币之错觉,实所难免,会计学者又何能免此;特在货币价值发生突变之时,向之迷信于货币,奉为绝对之记账单位者,今亦不得不思有以补救之矣。故如德国自战后通货膨胀期以来,会计学之新趋向为舍金钱会计,而向价值会计。近顷美国会计学者,亦有主张舍弃法定美元,而改取假定的价值不变之美元为记账单位者。此种现象,实可谓为会计学受货币价值剧烈变动之刺激而产生之革命也。

三 币值变动对于财产估价及损益计算之影响

然而记账单位之变动,究予企业会计以如何之影响,我人应为一比较详尽之观察,按币价下落,因而使物价上涨,则企业之损益计算,必蒙极不准确之结果。盖无论工厂或商店,均以商品之买卖为获利之手段,但货币价值惨跌,则物价急遽高涨,任何企业,表面上必能获取极大之利益。因在币价未跌以前购入之商品,后以表面之高价卖出,则纵令市况如何衰落,营业如何不振,买价与卖价之间差额必大。例如,商店在币价未跌以前,购入单价一元之商品一万单位,总成本为一万元。币价下落以后,设以单价一元四角售出,表面上虽获取四千元之利益,但如以此四千元之增价,合成未跌以前之币值,仍为一万元,则实际上并未获得利益。此四千元虚伪之利益,必为原来资本价值之减少无疑。商店之资本主,若将此项利益悉数提去或派作股利,则资本额已无形减少。于是,流动资金表面上纵尚能维持向来之必要额,然欲以此数购入币值未跌前同量之商品,必不可能,从而其营业额亦不得不大为缩小。如上例商店,四千元之虚伪利益,派作股利以后,其流动资金尚余一万元。前之一万元,可以购入一万单位之商品以待出售者,现只能购入约七千单位之商品,营业额约缩小百分之三十。

币价若继续跌落,资本之侵吞愈多,营业额之缩小愈烈矣。战后德国在通货异常膨胀而后,改革币制,恢复金本位时,各公司以新定币值,重行编制资产负债表,结果资本价值,有丧失原额之百分之九十以上者,实可惊也。

工厂之拥有巨额固定资产者,固定资产之折旧额,亦必陷于极不准确。盖固定资产之购入成本,必低于币价跌落后之买入价,而固定资产之折旧率,通常以购入成本、使用年限及残余价值等决定之。以后,固定资产设不重行估价,每期之折旧额,亦不变动,于是折旧数过少,纯益额亦遂过分夸大,与商品买卖产生同一之结果。不仅此也,固定资产至满使用年限,必须重行购入时,其累积之折旧准备金,必低于再置价值(replecement value)而发生资金不敷之苦。例如以银币一万元买入之固定资产,废弃再置,假定须法币一万四千元,而累积之折旧准备金,仅及一万元,再置遂不可能,生产亦不能继续矣。而资金之所以不敷者,亦夸大利益,侵吞资本之结果也。

前二例,均为实际上并不发生利益,而利益为虚伪之夸大者。但另一方面,货币跌价,使企业遭受猛烈之损益而不自觉。盖现金、债权、债务等等,均随币值之下落而减低其价值。现金之购买力减低,贷出债权所能收回现金之购买力亦减低,反之债务一项,则因借入时之币值,较之偿还时之币值为高而产生利益,例如有一商店,原有现金一万元,债权一万元,又欠人一万元,以后币值变动,现金一万元,仅合前之七千元,债权亦如之,其间损失约达八千元。债务一项,则反获得四千元之利益。此项损益,实际上纵然存在,因表面上之记账单位不变,通常殆难入账也。

货币跌价之影响于损益计算者,亦即为对于财产估价之影响。惟在通常会计方法之下,现金、债权、债务等等,纵实际上价值如何变动,与记账单位之价值仍旧一致,并无表示不正确之虞。而商品固定资产等项,则莫不蒙受巨大之变化,尤以一般估价原则,固定资产常按购入成本,商品按成本与时价孰低估计者,易陷于不正确之结果,此在上文已经述及。总之,货币价值变动时期企业资产负债中各项之价值,随币值之变动而变动者,应维持其旧值而不变(如现金债权债务等),而若干项目之价值,不随币值之变动而变动者,反映为必要之改正也。

今设例以明之。假定某商店民国二十四年十一月四日之资产负债表如下:

资 产 负 债 表

现金	10 000	债务	25 000
债权	20 000	净值	70 000
存货	35 000		
固定资产	30 000		
	95 000		95 000

至同年十一月五日，货币价值低落百分之三十左右。若将上列各项资产负债全部提高，则当日之资产负债表应如下：

资 产 负 债 表

现金	14 000	债务	35 000
债权	28 000	净值	98 000
存货	49 000		
固定资产	42 000		
	133 000		133 000

然而实际上现金、债权、债务等项，十一月四日以后之数值，仍与法币相一致，而存货固定资产等之价值，按法币计算，则确应提高。故该企业十一月五日之资产负债表，应如下：

资 产 负 债 表

现金	10 000	债务		25 000
债权	20 000	净值	98 000	
存货	49 000	损失	2 000	96 000
固定资产	42 000			
	121 000			121 000

设币价跌落而后，企业并不重行评定资产负债各项之价值，则十一月五日之资产负债表，与十一月四日者当无所区别。此时企业所遭受之损失二千元，即不入账，而存货、固定资产等项不确实之估价，又必使期末纯益为夸大之表示，从而净值数计法币九万六千元，亦必逐渐为纯益所侵吞，以达法币七万元之数。此时资本已无形减少百分之三十，设币价续有跌落，资本额亦遂必继续减少矣。

币值变动与会计

四 币值变动与比较决算表

币值变动,既使记账单位价值波动,则前后二期之决算表,并不以同一之单位编成,亦遂无从为有效之比较。即或勉强行之,所得种种比率,实丝毫不能代表真实之状况也。

试先就比较损益计算书论之。币值跌落前后二期之销货额,若后期大于前期,通常为企业营业状况良好之表示,但实际上殊不尽然。盖物价随币价之低落而上涨,后期销货数量,即较前期略低,后期之销货额,亦可较前期为高,事实上明为营业衰落,数字上则居然有虚假之繁荣,又如销货成本一项,币值跌落后,因若干项目,与前期维持同一之数字,如前期之原料制成品等存货,以及固定资产之折旧等项,均以虚伪之低数入账,故销货成本不能有应有之提高,毛利及纯益无论在与同期销货额之比率上,或在二期间同项目之指数上,必均有非常之提高,表面上此项比率为经营良佳之表现,然而实际比率或且较上期为劣也。又如资产负债表上后期流动资产与全部资产间之比率,及与上期同项目间之指数,均必示相当之增加。此在常态下,为理财适宜及偿债能力提高之表示,然而实际上则为固定资产过低评价及因市场上货币数量增加,物价高涨,致使同量之现金,数字上后期较前期为高,且同量商品买卖发生更多之债权债务,而商品价值自身,亦为急遽之增高所致。两期情形,实质上即或相同,而因此种种原因,表面上后期较前期表示虚伪之佳况。总之,币值变动之结果,使记账单位价值变动,因而使决算表之继续性完全破坏,仅以通常之手续,实不能为何种比较也。

五 德国学者所拟币值低落期内之会计处理方法

(一) 总说

德国战后币值大跌,其情况之烈,为全世界前所未有,从而企业会计所受之影响亦极大。当时德国学者,曾拟议种种补救办法。其最有贡献者,当推马尔倍尔克(Mahlberg)及锡马伦罢哈(Schmalen bach)两氏,其所拟议之办法,有前进法及溯及法二者,两法共通之点,为将前后二期不统一之记账单位,换算成为统一之单位,以计算确实之损益,并修正资本额,惟两者方法上则有不同。盖前者将记账单位置于价值时常变动之纸币之上,在每一定期末,将决算表上各项目之价值一律决算为本期末日之货币价值;而溯及法,则将记账单位置于价值不变之金币平价之上,每在一定期末,将本期决算表上各项目之金额一律换算为金币平价,此其异点也。

惟无论采用前进法或溯及法,换算货币之标准如何,实为一先决问题。一般言之,二期间通货价值下落之确切比例(如期末货币价值,低落至期初货币价值之百分之三十等等数字)即为换算标准,此在一般金本位国家,有下列三法:

(1)以汇兑市价为标准。本法系以本国货币对外汇价之变动为通货价格下落之标准。惟每一国家对外关系必不止一国,故选定标准之际,当以关系最密切,同时该国之通货价值相当安定者为佳,若该国通货价值亦不安定,其与本国货币间汇价之涨落,必不仅因本国货币之币值高低,该国货币价值之高低,亦为一因,从而此项汇价,亦遂失其标准之作用矣。

以对外汇价为标准,亦有其缺点。盖对外汇价之变动最为敏感,其变动也不必依通常之币值变动或国际收支之情形为断,国际政治情形之变动及投机家之操纵,常使汇价脱离其基础关系而变动①。同时外汇价格之变动,影响于货币之对内价值者常不完全。如我国外汇价值低落至百分之四十左右时,国内物价之涨高,则未超过百分之三十是也。

(2)以生金价格为标准。用金国家之另一换算标准,为以货币所表示之生金价格。此使通货与实际上之硬币材料价值为比较而求得比例,当较可靠。但生金价格,依采金技术之进步等原因,自身亦常起变动,且市场金价,亦当为独占价格,故用为标准,亦有相当缺点也。

---

① 在实施管理汇兑制或使货币之对外汇价固定之国家,对外汇价不因此等原因而变动。今日我国即其一例。

（3）以物价指数为标准。以市场重要商品价格之平均指数为标准，一般言之，为比较良好之办法。盖物价之变动，纵常因商品生产之易否而起变化，然因各种商品之价格涨跌，互相抵销之故，其平均指数必比较可靠，可用为币价下落之标准。但物价指数，常为过去物价之平均结果，其适应每日之急遽变化，不如对外汇价为速。且物价指数，又因编制时选择商品种类、价格之不同而结果各异。若政府强制干涉物价涨落，则更不正确矣。

换算标准确定以后，尚须决定换算之期间。盖通货若为继续的急遽膨胀，则币值必随时日之经过而日趋跌落也。严格言之，在此情形之下，当将每次交易，各别依规定之换算标准换算之。然逐项交易一一换算，手续上必不可能。为便利起见，只能于一定期末，换算一次，如以一周为单位，以一个月为单位，以三个月为单位，或以半年、一年为单位等等。大抵换算期限愈短者，结果愈精密，而手续愈繁琐，期限愈长者，结果愈粗疏，而手续愈简便。实施之际，要视当时情形为断也。

换算标准暨换算期间，均行确定而后，即可应用上述前进法或溯及法，予会计记载以适当之改正矣。以下两项，当分别予以详细之说明。

（二）前进法

前进法以记账单位置于纸币之上，故又名纸币会计。应用此法者，在每期末日，应将期末资产负债表各项余额，悉数换算为期末之货币价值，而修正资本数额，此在前节已经言及。而改正方法，又有马尔倍尔克氏及锡马伦罢哈二氏所拟之二案，前者较为粗疏，后者则较精密。兹分述于下，并加比较。

1. 马尔倍尔克氏之方法

马氏以为期末修正各项目价值之时，各资产负债项目余额之表示现在货币价值者，不必加以修正，仅期末余额之并非表示现在货币价值者，则当换算为期末货币价值。前者如现金及各种债权债务（如应收账款、应收票据、银行往来、应付账款、应付票据、借出款、有价证券、发行公司债等），后者如固定资产及资本等项。至于营业资产（即存货），若其估价，完全依时价计算，亦不必改正，惟设依其他估价原则估计者，则应一律改为按时价估计，其差额则与固定资产等之差额，同记入"货币价值"账户内。

假定某商店期初及期末资产负债表如下：

期初资产负债表

设备	50 000	资本	100 000
商品	90 000	借款	50 000
现金	10 000		
	150 000		150 000

期末资产负债表

设备	56 000	资本	100 000
商品	210 000	借款	72 000
现金	36 000	设备折旧准备	5 600
		纯益	124 400
	302 000		302 000

又假定期初物价指数为一〇〇，期末物价指数为三〇〇，设备之折旧率为百分之十，商品之期末市价为二一三〇〇〇元，期末资产负债表中应行修正者为商品、设备及资本三项。商品一项，时价较之账簿价格高三千元（因账簿价格按异价购入成本平均计算者），此数应予增高，使其余额确实以期末纸币价值表示。分录如下：

借：商品　　　　　　　　　　　　　　　　　　　　　　　　3 000
　　贷：货币价值　　　　　　　　　　　　　　　　　　　　　　　3 000

货币价值账户，系一损益汇总账户，汇计账簿损益及货币价值之修正数，以计算确实之损益者。

设备一项，期末余额五六〇〇〇元中，五万元为期初余额，其现在货币价值为十五万元（因货币价值跌落至期初之三分之一，故期初货币五万元，合期末十五万元），欲使该项目以期末货币价值表示于期末资产负债表上，应增加十万元之余额。至于六千元为本期购入之数，设认为购入时币值与期末币值并无差异，即不必予以修正。分录如下：

借：设备　　　　　　　　　　　　　　　　　　　　　　　　100 000
　　贷：货币价值　　　　　　　　　　　　　　　　　　　　　　　100 000

币值变动与会计

设备价值既已提高,设备折旧准备数亦应提高一万元。分录如下:

借:货币价值　　　　　　　　　　　　　　　　　　10 000
　贷:设备折旧准备　　　　　　　　　　　　　　　　　　10 000

资本账户之期初余额计十万元。若以期末货币计算亦应提高二十万元。

借:货币价值　　　　　　　　　　　　　　　　　　200 000
　贷:资本　　　　　　　　　　　　　　　　　　　　　　200 000

经以上各分录后,各项应重行评价之资产负债项目,均已照期末货币价值改正。此时货币价值一户之记载如下:

货 币 价 值

| 设备折旧准备 | 10 000 | 商品 | 3 000 |
| 资本 | 200 000 | 设备 | 100 000 |

货币价值账户,实际为最中心之损益汇总账户,特其计算材料,取自资产负债项目而已。故原来损益账户之余额,再应并入该账户,以计算确实之损益,该户转入后之余额计为一七四〇〇元,此即本期确实之纯益数也。

期末资产负债表经上述修正后,当如下示:

资 产 负 债 表

设备	156 000	资本	300 000
商品	213 000	借款	72 000
现金	36 000	设备折旧准备	15 600
		纯益	17 400
	405 000		405 000

若将此表与未修正前之资产负债表相比较,即可了然于修正结果,使虚伪之利益减低,使固定资产及资本之估价较为正确。此项结果,影响于企业经营者实至巨也。

2. 锡马伦罢哈氏之方法

锡氏方法,较之马氏更为精细。其与马氏不同者约有二点:第一,锡氏主张一切账户,不论其为固定资产营业资产或债权债务,除资金以外,均须修正,以计算货币价值变动之损益。第二，锡氏主张所有账户，均应将期初余额，按期初货币与期末货币价值变动之差，加以修正，故营业资产与债权债务，应与固定资产，为同样之处理。总之，锡氏法计算之结果，较马氏法为精密，而计算时则无须分别项目，所有账户，一律均应更正是也。

如前所举例，按锡氏主张之办法加以修正，当如下述：

设备账户之期初余额计五万元，应修正额为十万元，其分录如下：

借：设备　　　　　　　　　　　　　　　　　　　　　　　10 000
　贷：货币价值平均　　　　　　　　　　　　　　　　　　100 000

此处货币价值平均账户，与马氏法内之货币价值账户性质不同。马氏法内之货币价值账户，为一损益汇总账户，而锡氏之货币价值平均账户，则为一资本账户，用以记载货币价值减低后，资本按现在币值计算，较旧币应增加之数者也。

设备账户增加十万元后，折旧准备，亦应补提一万元，其分录如下。

借：设备折旧　　　　　　　　　　　　　　　　　　　　　10 000
　贷：设备折旧准备　　　　　　　　　　　　　　　　　　 10 000

读者应注意此处补提之折旧一万元，亦不如马氏法之借入货币价值账户而借入设备折旧账户内。此项数字，以后仍应转入损益账户内。

商品账户之期初余额为九万元，较之期末币价应提高一八〇〇〇〇元，分录如下：

借：商品　　　　　　　　　　　　　　　　　　　　　　　180 000
　贷：货币价值平均　　　　　　　　　　　　　　　　　　180 000

商品之期初余额改正后，其期末存货之评价，应完全按时价计算，计二一三〇〇〇元，相差之三千元，亦应转正之。关于本账户之记载，读者若与马氏法一加比较，即知马氏仅主张修正时价与账簿价格之差三千元，锡氏则不仅主张三千元之数，应予改正，并应将期初余额全数修正。两者比较，自以锡氏法所得商品之买卖利益为确实。盖期初余额增加一八〇〇〇〇元后，销货成本之虚伪的低价，当能去除，利益之虚伪的夸大，亦随之而消灭也。

现金账户之期初余额为一万元。此数若以期末货币价值计算，当为三万元，故应增加二万元。惟我人当知现金价值，随币值之跌落而跌落。故期末之现金余额中上期结存之一万元，仍值纸币一万元。此本应增加之二万元，为企业之损失。分录如下：

  借：现金   20 000
   贷：货币价值平均   20 000
  借：损益   20 000
   贷：现金   20 000

经上项分录后，现金账户之期末余额仍为三六〇〇〇元，并无变动，惟损益账户借方增加二万元，货币价值平均账户贷方增加二万元。

借款账户之修正，与现金相同。该账户之期初余额计五万元，应修正额计十万元，其分录如下：

  借：货币价值平均   100 000
   贷：借款   100 000
  借：借款   100 000
   贷：损益   100 000

修正后借款户余额仍为七二〇〇〇元，而损益及货币价值平均两账户，则均有修正之记录存在。

上列各分录过账后，损益及货币价值平均两账户之记载如下：

货币价值平均

借款	100 000	设备	100 000
差额	200 000	商品	180 000
		现金	20 000
	300 000		300 000

损 益

现金	20 000	原来差额	124 400
		借款	100 000

货币价值平均账户余额二十万元,为资本账户应增加之数额。资本账户之期初余额十万元,按期末货币价值计算,本应增加二十万元,在期初资产负债表内资本以外之各项资产负债悉数修正之后,资本额自亦为同比例之增加也。此账户应列入资产负债表之资本项下,作为资本之增加账户。至损益账户贷方之借款十万元,表示借款户之期初余额,换算为期末货币价值时之利益,而借方之现金二万元,则表示现金一项,因货币跌价所受之损失。若再将商品账户所示利益之修正数计一七七〇〇〇元,(原来之买卖利益,应减去期初存货应增加之十八万元,加上期末存货增估之三千元)及补提设备折旧一万元减去,则损益账户所示之纯益,亦为一七四〇〇元,与前述马氏法所得之结果相同。

上例修正后之资产负债表如下:

资产负债表

设备	156 000	资本	100 000
商品	213 000	借款	72 000
现金	36 000	设备折旧准备	15 600
		货币价值平均	200 000
		纯益	7 400
	405 000		405 000

如上所述,锡氏法较之马氏法除计算较为精密,能使损益计算书之商品买卖利益较为正确之表示而外,且包含债权债务现金等项因通货膨胀所生之损益。而货币价值平均账户之应用,尤便于股份有限公司等资本额固定者之应用也。

(三) 溯及法

前进法使每期期末资产负债表之各项目,常适合于此时之货币价值,溯及法则与此相反,而将期末资产负债表一律以金币平价或另一比较适宜之货币价值为记账单位,所有以期末货币价值表示之各项目均须换算为金币平价或确定之货币价值,故溯及法又名为金货会计。且两法以方法之不同,其意义亦各异。前进法特别适用于通货膨胀继续进行之时,含有适应币值变动之意,溯及法则适用于短时期之币值变动，而含有等待恢复旧平价之意。

溯及法亦为马尔培尔克及锡马伦罢哈二氏所创拟。惟二氏所拟办法大致相同，不如前进法之显有出入。兹为约略介绍于下。

假定前例之某企业，以期初之货币价值为标准，按溯及法编制其期末之资产负债表。此时期末各项目之数，均须换算为期初货币价值。其中债权、债务、现金及营业资产（存货）等之以期末货币价值表示者，均须一律折成期初货币价值，此等项目，名为新定价值项目（nouwert）而固定资产资本等等大部分为前期剩留，经买入出售折旧等而略有变更，故其余额之大部，变为期初货币价值者，只需将本期变更之一部分加以修正，其上期剩留者，不必加以变动。此等项目，名为经过价值项目（ubertragswert）①，但设本期期初，已在通货开始膨胀之后，故记账单位不置于期初货币价值之上，则应再将固定资产及资本等项之内容，细为分别，将本期以前通货膨胀后之变动数，亦并予纠正焉。

上列设备一项之期初余额计五万元，本期购入计六千元。期初余额之五万元为期初币值，故不必更正，本期购入之六千元，则应减少四千元，盖期末币值，既已减落三分之二，则六千元购入之设备，自只合期初币值之二千元也。减少之四千元，应借记损益，贷记设备。至折旧准备，亦应改为五千二百元。如果期内并无新置之设备，则设备账户根本无需变动矣。

商品为新定价值项目，换算之前，先应彻底按时价估价，计合二一三〇〇〇元，换算为期初货币，计七万一千元。其与原来账簿价格二十一万元相较之差额一三九〇〇〇元，应借记损益户，贷记商品户。

现金一项期末余额三六〇〇〇元，合成期初货币计一二〇〇〇元，相差之二四〇〇〇元，亦借记损益，贷记现金账户以减少之。借款七二〇〇〇元，则应转去四八〇〇〇元，记入借款户之借方及损益户之贷方。此二项转账，表示现金因货币购买力低下所受之损失，及以购买力低下之货币返还借款所得之利益。

经上转账后，损益账户之余额为五八〇〇元，此为以期初货币表示之纯益

---

① 新定价值项目及经过价值项目，均为锡氏在此特殊问题中新创之术语。

额,若折合成期末之货币价值,计得一七四〇〇元,与前进法所得之结果相同。而在溯及法下,系根据计算所得之纯益,以确定分配股利,故应以期初货币价值换算为期末货币价值而公布之。盖所谓期初货币价值,为一虚假之记账单位,事实上实不存在也。

溯及法计算所得之资产负债表如下:

资产负债表

设备	52 000	资本	100 000
商品	71 000	借款	24 000
现金	12 000	设备折旧准备	5 200
		纯益	5 800
	135 000		135 000

以上所示前进法及溯及法两者,均以一整个营业期间为换算单位。但如欲为较精密之表示,则可将单位期间缩短为每月、每三个月等等。

战后德国,经急遽之通货膨胀期后,当局复为整理币制之举,安定其通货价值于美金之四十二分之十。在长期币值混乱期内之各企业贷借对照表,于是重以新定币值为基础而加以改造。《金贷借对照表令》即当时德国政府规定企业应如何改造其贷借对照表之法令也。法令所规定之若干具体办法,实基于上述溯及法之内容,法令草案亦出之锡马伦罢哈氏之手。于此益可见通货恢复其安定之际,溯及法实有其特长也。

六　目前我国企业会计上所应注意之若干点

以上所述,为战后德国学者适应当时特殊情形而拟定之会计方法,近日我国币价,虽亦发生变动,但其情形,与德国当时不同,故目前我国企业所应采取之办法,必须加以选择及变通,方能适用。

我国今日币值变动之特殊点,大概有二:第一,我国币值自采用新货币政策后,纵有跌落倾向,但其程度,决不致如战后德、法二国之甚。且因外汇价格由政府公定,币值之继续减低,有明显之界限,不如战后德、法二国之无形中逐渐下降。第二,过去数年,世界银价为猛烈之跌落,最近二年,又为急遽之增高,新货币政策所规定之外汇价格,且未及最高外汇价格,此种情形,与战后金本位国之德、法二国,在通货膨胀前币值有较长期之安定者不同。故我国企业会计目前应采取之办法,必须顾及此二点,方能适合,否则仍无补于实际也。

就上述第一点论之,企业会计应采取之修正办法,当应用前进法之原则。盖溯及法含有等待恢复货币原值之意义,然我国币制,将来纵能恢复银本位,在世界银价猛烈波动之下,其币值亦未必即能安定也。但纵采用前进法,欲将过去购入之固定资产,按某一换算标准一律增价,亦为事理所不通。盖企业之固定资产等成本,在过去数年,均不相同。在一九三三年购入之固定资产,其购入成本,或并不低于今日,即在一九三五年购入之固定资产,上半年与下半年之成本,亦各不相同也。根据此点推论,应用前进法而改正固定资产之价值,必须逐年为之,其情形恰如资产之重行估价(revaluation),此外存货一项,一九三五年十一月初之盘存,必须按其后涨价之数予以增价,庶不致有虚伪之夸大利益。而现金、债权、债务等项,除有价证券按时价修正以外,均不须如前述锡马伦罢哈氏之主张,逐笔计算损益。

或以为今日国币价值下落,其情形与一九二九年之银价猛跌相类似,故企业会计不必为任何修正。若利益过大,则设置相当之秘密公积即可。然作者私意,则设置秘密公积,实非最好之办法。盖若秘密公积而为实质之资本数,固无问题,但因币值下落而空设之秘密公积,实非良好之办法。

(原载《会计杂志》,1936年第7卷第2期。)

我国公司会计中之合并问题

我国工商企业不发达,公司为谋业务上发展而实行合并者为数不多。是以在一般会计学中颇为重要之合并会计,会计学实务家对之颇为漠视,会计学者亦殊少为详尽之研究。一般关于此项问题之文献,亦鲜为适合我国国情之研究。本文之作,即拟根据我国公司合并之实例,及我国法律之规定,就合并中若干重要问题加以讨论者也。

一 我国公司合并之方式及其实际情形

本文有拟讨论者,即我国公司合并,常采用何种方式,及合并之实际情形如何是也。按公司合并之发生法律上效力者,计有创立合并及吸收合并两种方式。法律上虽不使二个以上公司合并为一个公司,而事实上发生合并之结果者,计有租借及股权公司二种形式。其他亦非正式合并而为营业上采取同一步调以避免竞争者,则有卡推尔、辛狄开脱等方式,在我国即为联合营业处、银行团等等。惟卡推尔及辛狄开脱常不影响参加单位本身之会计,故合并问题所研究者通常为吸收合并、创立合并、租借、股权公司等四种。

我国公司之合并,以吸收合并之方式应用最多,而尤以吸收合并中之财产合并为然。申新纺织公司之九个纺织工场,几有半数以上为申新公司收买他纺织公司之财产而来。他如民生实业公司等亦然。创立合并之方式应用较少,依此方式合并之公司以美亚织绸股份有限公司为最著,然被合并之九个公司,未合并前其股权本操于同一股东之手。由此而观,我国公司合并中,两个以上规模之大小相近,营业均相当发达,而股权又操于不同股东手中之同业公司，在平等地位上谋组织之合并者较少，此我国公司合并中一特殊之点也。

此一特点，又表示于其他事实上。按一般情形而论，卡推尔、辛狄开脱之组织，常为公司组织上合并之先声。而我国实情，则同业即有组织卡推尔、辛狄开脱等之尝试，常因种种原因而结果终不免于解散。搪瓷产品联营，钢精（铝）产品联营，甚至轮船公司运费协定，莫不如是。推原其故，盖由于外资侵入，外货倾销，常使同业联营不能得到独占价格之利益故也。

股权公司之方式，在我国亦有应用。按我国《公司法》虽规定公司股东一人而持有股份十股以上者，应以章程限制其议决权数，同时每股东出席股东会时，其所有表决权及其代理他股东行使之表决权，合计不得超过全体股东表决权五分之一（《公司法》第一二九条），但我国公司股权，仍不免操于大股东之手，盖少数大股东，固可以其所有股份，分别由其家人亲信出名为股东并出席于股东会而避免限制也。应用此法时，少数大股东，往往可以同时拥有多数公司之股权，因此，一集团之股东，即可操想多数公司之管理权。例如刘鸿生氏等之于大中华火柴公司、华商水泥公司、章华毛绒纺织公司、华丰搪瓷公司、企业银行等；郭乐、郭顺氏之于永安百货公司、永安纺织公司、永安保险公司及其他若干针织公司等；方液仙氏等之中国化学工业社公司，及其他从事于制造此工业社所用原料之公司；荣宗敬氏之于申新纺织公司、茂新福新面粉公司；他如美亚等九个丝织公司；又大中华橡胶公司及大中华碳酸钙公司等；在未合并前，股权亦在同一集团股东手中。此等少数股东，或专设管理各公司之事务所，或以管理事务，附属于最大之一个公司，总之，股权公司实际上确已存在于我国，此无可置辩者也。

然而，我国《公司法》有对于一公司持有他公司股份最高额之限制规定（《公司法》第十一条，一公司不得持有他公司股份四分之一以上）。因之，同一集团之股东，操纵一系列公司之股权者，殊难以此项股权交予其所营之最大的一个公司，而使此公司成为营业股权公司，亦不能单独由此等股东组织一金融公司，使其成为纯粹股权公司。就法律所许可之范围而言，此等股东只能组织一合伙，行使金融公司之职权。此金融公司性质之合伙，又只能成为纯粹股权公司，而不能成为一营业股权公司。盖设某一实际营业之机关为合伙而负担无限责任,股东必感觉危险及责任太巨而力图避免之也。

或以为同一集团之股东,拥有多数公司之股权者,只能相约于股东会中,一致行动以影响此等公司,而不能组织一合伙以操纵此等公司。实则合伙系依"二人以上互约出资以经营共同事业之契约"(《民法》第六六七条)组织而成,各伙契约系伙员内部之约定,合伙员有各自代表合伙对外之权。由是而言,合伙所有各公司之股份系各股东共有之财产,而各伙员则固能以其自己各义为公司之股东而行使议决权。我人固不能以各伙员之以自己名义对外行动,而断定其行动非代表整个合伙。是则合伙之操纵若干公司,亦为法律上所许可者也。

以上为我国股权公司组织形式之讨论。实际上若干"财阀",确系以此种方式,实施其对各公司之管理。惟于此,尚有一问题可以研究者,即股权公司以何种方式取得附属公司之股份是也。按欧美各国,股权公司常于附属公司已经成立若干年之后在市场上大量收买附属公司之股份而获得附属公司之控制权。因之,股权公司多为有关系各企业之合纵连横组织。然而我国公司股份,名义上虽可自由买卖转让,实际上流通之范围极为狭隘,与公司无关之外人,而欲收买足以控制公司之多数股份,极为困难。因之,股权公司所得控制之附属公司,大致由股权公司发起设立,而非由股权公司收买已经成立之公司股份而成。因之,除非同一股东,创设若干营业上有纵的或横的关系之企业,欲以收买股份之方法,合并各公司而成为合纵连横之独占营业,事实上极为困难,因此我国已有若干"财阀",其所管理之各附属公司多为各不相关之企业,而少有一种营业之独占组织,此我国公司合并问题中之又一特点也。

以租借他公司之工场、矿山等方式完成公司之合并者,在我国较为少见,盖我国公司租借他公司之工场矿山,多由于他公司营业衰落,不能维持所致,如前远记公司租借贾汪煤矿公司之矿山设备即是,此等租借,期限既短,且承租人本身亦常非本来经营同类营业之企业家,如斯实例,比欧美公司之长期租借他公司设备而实际上为之变相的吸收合并者,本质上实绝不相同也。

二　创立合并及吸收合并中旧公司之估价问题

按创立合并及吸收合并中旧公司之估价，通常有三种标准：① 按旧公司资产购入成本计算；② 按各种资产之再置价值计算；③ 按收益力计算。按之我国实际情形，究以何种方法最为通用，此颇值我人研究者也。

前述第一法，旧公司之估价依据各公司过去情形为标准，计算结果最不公平，但在各旧公司之股权操于同一股东之手者，应用此法当无困难，美亚织绸公司合并成立时，未将各旧公司之资产重行鉴定，此其显著之例也，但在一公司收买他公司，或在二三公司共同合并之际，则少有应用此法者，良以购入成本，为各公司主观上的计价标准，绝不适用于出售或改组之际也。

依据各旧公司资产之再置价值为标准，虽较第一法为合理。然此种算法，无异于视各公司为并不继续营业之主体，使购入"营业"按购入"资产"之标准计算。比较公平之方法，应按各旧公司之收益力计算。理想上旧公司价值之决定，应一律以若干年平均收益之资本价值为准，实际上则当视合并公司与被合并公司间是否迫切需要购买或出售营业而定。故当某一公司对某种营业之独占形势已经存在之时，而欲合并一力量薄弱之同类，纵其过去营业获利极巨，亦可以居高临下之势，低价买入该公司，又设某一公司因营业亏损而欲并入他公司，而准备并入该公司之公司，在同业间又不居于重要之领导地位者，合并公司仍须以较高之价值付予被合并公司，我国民生实业公司收买若干川江小航业公司时，均支出较高之代价，即其例也。

当一公司以财产合并之方式收买他公司时，无论其支付之代价为若干，法律上均无干涉之理。惟在吸收合并之股东合并，及创立合并等方式下，新公司所支付之代价而高于旧公司资产之再置价值，是否为法律所允许，则为一尚待解决之问题。按此时新公司之各种资产中，必有无形资产之商誉一项。账上列入商誉一项，即不能不使新公司之净值，有不尽不实之嫌。按之我国《公司法》第一〇四条第二项："抵作股银之财产，如估价过高者，创立会得减少其所给股数或责令补足"之规定，(《公司法》第九二条、第一九四条有类似之规定)似乎商誉之列为新公司资产，不为《公司法》所许可，亦不易为新公司之创立会或股东会所通过。潘序伦先生于旧作《公司会计》中，即曾为此项主张焉。

惟作者私见，则以为此种主张尚有商榷之余地。盖商誉之性质，虽不确定，然欲使旧公司价值按收益力计算，即不能不有商誉一项。设不计算商誉，不仅新公司不能以收益力为基础支付代价予旧公司，照旧公司股东，亦必将不能公平地取得新公司利益中之一部分。此可以实例证之。

设甲、乙二公司之资产负债表如下，表内资产悉按再置价值估计。

甲公司资产负债表

各项资产	$600 000	各项负债	$200 000
		股本及公积	400 000
	$600 000		$600 000

乙公司资产负债表

各项资产	$400 000	各项负债	$150 000
		股本及公积	250 000
	$400 000		$400 000

今设甲公司历年平均利润为七万元，乙公司历年平均利润为四万元，甲、乙两公司现谋合并营业，新公司之资本，依两公司之平均利润按周息10%计算，故甲公司价值计七十万元，商誉计三十万元，乙公司价值计四十万元，商誉计十五万元，新公司之资产负债表如下：

各项资产	$1 000 000	各项负债	$350 000
商　　誉	450 000	股　　本	1 100 000
	$1 450 000		$1 450 000

设新公司第一年度纯益计十一万元，甲公司旧股东仍可分得七万元，乙公司股东仍可分得四万元。

但如两公司之商誉均不予计算，则甲公司旧股东所得新公司之股票为四十万元,乙公司为二十五万元。同数纯益(十一万元)分配之际,甲公司股东得 $67 690$\left(\$110\,000\times\dfrac{400\,000}{650\,000}\right)$,乙公司股东得 $42 310$\left(\$110\,000\times\dfrac{250\,000}{650\,000}\right)$,比之甲乙两公司应有之分配$\left(\text{即}\dfrac{7}{11}\text{与}\dfrac{4}{11}\right)$,即有相差也。

由是而言,公司合并时计算商誉数额入账似不可缺,而因此项计算,事前已经旧公司之股东会通过,新公司之创立会或股东会,亦不致有人提出反对。我人所需考虑者,仅为《公司法》是否许可新公司以价值不确定之商誉入账而已。

按我国《公司法》为使公司债权人得有确定之保障起见,限定公司创立时之实际财产,不得少于股本数额。凡《公司法》中关于股本折价、设立费用,及抵作股款之财产估价之限制规定,莫不基于此共通原则。今合并公司而计算商誉入账,固无损于公司对于各旧公司债权之偿还能力(因计算商誉入账,不使旧公司财产减少),然新公司成立后之债权人,仅知新公司虚计之股本额,终不免有违反《公司法》之嫌疑,而须受《公司法》第二三三条第一款所规定之惩罚(科一年以下之徒刑,或二千元以下之罚金)。如此说来,公司合并时计算商誉入账,又似为法律所不许。事实上之要求与法律上之限制,竟致互相抵触,公司当局,究当依从何者,实难解决也。

作者以为解决此项问题之关键,在于商誉性质之确定。理论上言,商誉确实代表可以获得超过利润之无形资产,实际上因计算商誉之种种条件难于为绝对之确定,故计价不免于夸大。是以公司合并时而以稳健之标准,决定商誉价值之最少额,使新公司利益,无论是否作为股利分派,但终能按照旧有比例为各旧公司股东所公平享受,似亦不能谓为违反《公司法》之规定,若必谓商誉不能计价入账,则为各旧公司股东公平享受新公司利益计,不能不低估或高估旧公司之固定资产及存货等项,反使新公司损益计算陷于不确实,当非策之善者也。

我国大中华火柴公司,合并荧昌、鸿生等火柴公司而依创立合并方式,设立新公司之际,所付于旧公司之代价中,即有三十余万元之商誉。其后依吸收合并方式合并他火柴公司时,亦有巨数商誉,此实为上述论断之最好证据也。

三 创立合并及吸收合并中新公司资本之问题

因合并而存续或创立之公司，其所得发行之股票或债券受有何种限制，亦为我国公司合并中一难于解决之问题。按我国公司过去发行公司债券者本极少见，益以大规模之创立合并及吸收合并亦鲜发生，故此项实际问题尚未为人所提出。然其亟待解决，则无疑也。

欧美公司合并时，新创或存续公司之资本，有发行普通股一种者，有发行普通股及优先股二种者，有发行普通股优先股，及公司债等三种者。至其所以须发行几种股票及债券，系为新公司利益及剩余资产分配之公平计（关于此点，Kester：Advanced Accounting；Finney：Principle of Accounting 二书阐述颇详，读者可以参考），而其事实根据，则为巨额商誉之计算及入账。此在欧美以其经济发达，及法律之限制不严，照此实施，迨为事理所必然。但在我国，商誉之计算入账，受有法律上之限制，新公司既无巨数商誉，自不必按上法设立资本也。

但我国公司合并中之困难问题，迨在于旧公司之发行公司债及优先股者，新公司是否可以发行新债新股以代替旧债旧股？按《公司法》第一八八条有："公司增加资本或整理债务时，得发行优先股"之规定似乎优先股之发行，必在公司成立后，议决增资改组时始得发行优先股，公司新创立时，不得援用此条规定而发行优先股。又《公司法》第一七六条，关于公司之发行公司债规定，必须经过股东会决议，该条条文虽未明定公司必须于成立后始得发行公司债，然揆之通常公司创立之时之股东会议为"创立会"而非"股东会"，似乎新创公司亦得于创立时立即发行公司债也。

上述《公司法》之规定，应用于并非合并之平时，并不发生困难，然公司合并之际，旧公司之发行优先股及公司债者，照理新公司当发行新优先股及新公司债以转换旧股与旧债。此时而采用吸收合并之方法，因合并而存续之公司，当可援引《公司法》第一八八条及一七六条之规定以发行优先股与公司债，然设采用创立合并之方法，因合并而新创立公司，在本质上与因合并而存续之公司毫无二致,然《公司法》则固明白规定,新创公司不能发行优先股者也。至于公司债一项,因《公司法》并未明定因合并而创立之公司,第一次股东会议究名为股东会抑创立会,抑发起人会,故设名第一次会议为股东会而通过发行新债,尚不致违反《公司法》之规定。

二个以上发行优先股之公司实行合并,在我国尚无其例,然设将来发生此种实例时,因合并而新创公司,发行优先股以代替旧股,实为事实上所必要。然则此种行为,是否当视为违法?鄙意以为法律规定,既未顾到事实上之需要,当无实际上之拘束力。且《公司法》第六章,亦未规定违反《公司法》第一八八条时公司董事当受何种处罚,则公司董事在取得股东同意后,尽可发行优先股以替换旧股也。

四 我国股权公司之会计问题

我国股权公司仅在事实上业已存在,而非采取公司组织之形式,已如本文前节所述。然事实上业已存在之股权公司,亦少有以法律上的形式组成合伙机关,股权公司之职务,大致由此少数股东亲自或委托一二亲信管理,此不仅因股权公司无切实之法律规定,亦以我国经济落后,一个康朱恩(Konzern)所得管理之企业为数不多,故无需应用科学管理之方法以管理附属公司也。

由是而言,我国股权公司之经济尚未脱离私人经济或家庭经济之形态,股权公司会计亦未脱离个人会计或家庭会计之形态。益以相关企业之合纵连横组织极端缺乏,法律上亦复根本无关于股权公司会计之规定,故欧美公司会计中极为重要之股权公司会计问题,亦即合并决算表(consolidated statements)问题,几不为我国会计实务家及会计学者所注意,此又我国公司会计中一特殊之点也。

然而我人设假定此后我国股权公司组织而能日趋发达,股权公司会计必须为我人研究之对象时,下列各问题,实为研究此问题之前提:

(1)股权公司于附属公司成立后若干年,购入其股份之全部或大部,而成取得对于附属公司之控制权者,为例极少。附属公司常由股权公司直接出资创立。按此种情形，与美国恰相反背，与日本企业界则颇相类似。

（2）因法律之限制，营业股权公司无从发生，股权公司几全为纯粹的金融公司。同时，同一系统之各附属公司，营业种类互不相同。即有营业相同或有密切关系者，为例亦少。

以上二种情形，使我国股权公司会计与欧美大不相同。盖营业种类不相关联之各附属公司，决算表之内容亦各不相同，股权公司当无从编制各公司之合并决算表。股权公司自身，只能精密计算所应负担之各附属公司损益记入账内而已。此与美国股权公司之不必于自己账内记载附属公司损益，而以合并决算表表示之者完全不同。又因股权公司所有之附属公司股份，系于附属公司创立时取得，故取得时股票价额，与附属公司账面净值完全一致，不致发生所谓"正的商誉"或"负的商誉"。而欧美股权公司，因取得股份时之价值与当时附属公司账面净值常不能相同，因此编制合并资产负债表必须计算商誉入账。是以我国股权公司而即欲编制合并决算表，其手续亦远较欧美为简单。

编制合并决算表时之计算商誉，特别以股权公司增购、认募或出售附属公司股份时，手续尤为复杂。在我国，如果股权公司设立附属公司后，并未向拥有少数股权之股东增购股票，则认募附属公司增发股票，或出售附属公司股票时，仅须计算应行增加或减少之公积数入账，而无须乎计算商誉之变动。盖商誉一项，根本未曾发生于附属公司账上也。惟购入非本公司持有之少数股权时购入价额与附属公司账面净值未必相同。其相差之数，亦常非商誉而为本公司之资本公积。此则以我国市场利率高，工商业股票信用不著，股票之市价，常低于公司之净值故也。

（原载《会计学报》，1936年第1卷第1期。）

我国银行主要账簿制度之研究

我国企业新式会计制度之应用,以银行为最早。二十余年来,银行业务日趋发展,银行会计之改良,亦与日俱进,而其间以记账技术之改良为尤著。本会于此问题,曾历二次之讨论,兹特将同人所集材料及讨论结果,汇集发表,以就正于当世专家焉。

一 银行主要账簿制度之演进

我国银行采用新式会计之始,一切制度,均采自日本。主要账簿制度,亦应用英人阿伦霞特(Alexande Allen Shand)在日本教授银行会计时所介绍之英国方法。换言之,当时主要账簿系应用复式传票、单一日记账及总账等等。民国十年以前,除邮政局所兼办之邮政储金及汇兑业务,依邮政局之会计制度办理以外,全国各银行之制度,几于完全一律。民国十年以后,若干银行之业务日趋商业化,逐日收付日繁,应用单一日记账已感觉无从应付,故已有改良之举,其间以上海商业储蓄银行之改革为最著,惟若干保守之银行家,仍维持其旧有制度而不变。民国十六年以后,银行业务益趋繁复,迫使向主保守之领袖银行,亦不得不锐意于改进,其最著者则为中国银行。影响所及,全国大小银行,纷纷追随前进,于是会计制度仍完全保存旧日面目者日趋减少。近二三年来,采用新制银行之制度,已日渐为银行员所熟悉,制度本身适应实际情形而逐渐修正,一二银行且进一步采用更简捷之制度。总之,整个银行会计实务界,正在趋向于应用新制,新制本身之基础,正在巩固中,此无可置疑者也。

然而十余年来之演进,使银行会计制度之统一现象消灭,而造成系统分歧之现象。据同人等所集材料观之,今日各银行之会计制度,实可分成四种系统,而以我国四大银行,即中央、中国、交通及上海四个银行代表之。四大银行,代表四种系统,实为偶然之事,而非其他银行在会计上故意追随四个银行之结果也。

此四大银行所代表之四个系统,大体如下:中央银行为旧制度经过部分之改良者;中国银行为旧制度经彻底改革,而应用联合日记账总账(combined journal and ledger)之制度者;交通银行应用未经改良之旧制度;上海银行则应用完全美国式之制度。此等制度之详细情形,当逐项说明于下节。

银行主要账簿组织,在此等主要系统之外,尚有若干特殊情形。例如自钱庄改组设立之银行,通常应用钱庄式之会计制度。又邮政储金汇业局,则完全应用机器记账等是。前者仅为过渡情形,而后者则又未必适用于我国,故均略而不论焉。

二 以交通及中央二银行为代表之主要账簿制度

银行之应用完全旧式日记账总账制度者,约有交通银行、盐业银行、四行储蓄会、中国农民银行等多家。此等银行,或创立年限较久,或虽系新创,而因会计主要人员个人的关系,沿用旧制未改。旧制内容如何,因各种银行会计著作中叙述綦详,故不欲深论。所可注意者,此等银行,因受他银行改良制度之影响,或已倡议改革,或正在酝酿改革中是也。

以中央银行为代表之制度,其特色为保留旧制精神,而为简省手续,或求能迅速编制日计表起见,稍稍更改其方法。但更改方法,至不一律。据本会同人所能搜集之材料以观,约有下列各种。

(一)中央银行之制度①

中央银行制度之特色,在于废除日记账,而以传票为记账之直接凭证。该行传票,仍用复式,因之若干银行所用之总传票或各科目日结表,均无法应用。仅于每日营业终了时,由会计科根据所有传票,加成各科目之收付总数,记入

---

① 据该行二十二年八月颁行之会计规程。

"各科目收付数报告表"内。按该表即为总日记账之性质,(顾准著《银行会计》一书,据中国实业银行名称,名之曰合计表)逐日现金库存,应根据是表算出,而所列各科目收付总数,且应根据是表,过入总账焉。

(二)国货银行之制度

国货银行制度,与中央银行大致相同。该行传票亦用复式,旧式日记账,亦经废除,各科目日结表或总传票,亦摒不应用,过账亦根据仅列各科目总数之总日记账为之,(国货银行,总日记账名为:"日计总结账,"与中央银行之名为"各科目收付数报告表"者不同。)但国货银行之制度,于其整套记账手续中,较中央银行增添一种手续,即"分日记账"之记载是也。分日记账者,为由各营业部分于发生交易时立即记载之活页账页,每日每科目设立一页,依交易次序记载之,营业终了时,即结出其总数而移入"日计总结账内"。按此种制度,与沈家桢氏银行簿记实践一书中所述者完全相同。

(三)中汇银行之制度

中汇银行仍应用旧式日记账及总账等账簿,传票则已改为单式。惟因结出日计表,必须迟至次日,故于当日营业终了时,先根据当日传票,加计各科目收付总数,再与上日日计表各科目余额相加减,结出当日之日计表。次日再根据传票,依次记入日记账,过入总账,然后以总账各科目余额与上日结出之日计表内各科目余额相核对。核对之际,除非隔日计算错误,总账日计表两者,大致能相符合也。

(四)亚洲银行

亚洲银行亦如中汇银行之保存旧式日记账及总账两者,日计表当日结出,日记账及总账,则隔日补登。惟该行传票改用单式,故编制当天日计表前,先根据传票,编成各科目日结表(该行名之为"各科目收付日结表。")此则与中汇银行不同之点也。

应用中央银行及交通银行所代表二种制度之各银行情形,而为本会同人所能设法了解者,仅及于上述各行。其他如金城、大陆、中南、浙江兴业、浙江实业、中国实业等银行之主要账簿制度,依一般情形推测,大概与上述无显著之差别也。

惟本会同人于研究上述各项情形之后,发现有若干点颇值讨论者,则为① 单式传票,较复式传票为简捷合理,而若干银行何以未敢使用?② 日记账总账为重复之记录,何以若干银行未敢废除,以致纵已应用根据传票加算各科目总数以编制日计表之方法,而仍须重复记载日记账?本会同人以为此二问题,实有相互连带之关系者也。

按大陆学派之传统思想,即每一交易,均须经过正式原始账簿之记载,在此人事日繁之时,已不复为会计实务家及会计学者所宗奉。银行之未能改用单式传票及废除日记账与总账,虽与此种传统思想有关,然除此以外,实际上之困难,亦为一重大之原因。困难维何?应用单式传票后,同一交易之记录分散数处,查考不便是已。

按日记账虽为一重复之记录,然在旧日会计制度下,则为一序时之原始记录(chornicle record),逐项交易之详细情形,自能在此簿中复查得之。在传票未改用单式前,因每一传票,记载一个交易,故传票与日记账具有同样之作用。然而设将传票改为单式,同时又废除日记账,则向来能据以复查每一交易详细情形之二种记录,同时撤废,纵令同一交易之传票,编列同一号次,但必要检阅整个交易之记载时,仅赖翻阅传票之方法,实极麻烦,且易错误。(此在交易之仅关涉一个科目者,无甚关系。此处所述者,为关涉二个以上科目之交易。)上举各银行之制度,所以未能做到改用单式传票,废除旧式日记账之程度者,其所待踌躇考虑之点,实在于此。如中央银行废除旧式日记账而保存复式传票,前此二重之详细记录,去其一而存其一,亚洲银行则改用单式传票而保留日记账,二重之详细记录,亦去其一而存其一。均其例也。

但本会同人,以为上述各行所用方法,未必能适合于业务日繁之时。单式传票之采用,日记账之废除,纵有其实际上之困难,然就节省手续,便利办事等等而言,实有显著之效用。良好之会计实务家,应设法解除新制之困难,不应故步自封,迁延不进。而新制之圆满实行,亦已有中国上海等银行之先例在也。

惟我人以为主要账簿制度之改革,于创立新的序时记录,实不能不加以注意,中国上海等银行改革制度所以有显著之成绩者,于上述问题,有适宜之处置,亦其一因。(参照后节)过去一二倡议改革之人士,如顾准君常以为日记账为重复之账簿,应予取消,复式传票,传递不便,应改革单式,而未注意当如何补救改革后之缺点,实不免疏忽也。

三　中国银行之主要账簿制度

中国银行应用"联合日记账及总账"(combined journal and ledger)而废除旧式之日记账及总账,是为银行内部管理制度不变,依通常步骤改革主要账簿制度之成功者。其间最值得我人注意者,则为其序时记录之制度。

中国银行之"联合日记账及总账",(该行称为新式总账)刘驷业氏在其"我国银行会计最近之改革"(立信会计季刊第二期)一文内叙述綦详,无待深论。至其序时记录,计分为二种①。一为现金日记账,一为转账日记账。现金日记账由各出纳员记载(从前在日记账以外,更须记载现金收入、现金付出等簿,现因现金日记账由出纳员登记,故无须再设关于现金收付之补助簿册),转账日记账则由各营业部份记载。两簿格式,均极简单(见后列第一式及第二式),盖其目的,仅在将分散于各张传票上之记录,汇集于一处,自无须有繁复之格式也。

现金收入日记账

民国　年　月　日　　出纳员　　收款员

号数	科目	摘要	金额	号数	科目	摘要	金额	号数	科目	摘要	金额	号数	科目	摘要	金额
1				26				51				76			
2				27				52				77			
3				28				53				78			
〜	〜	〜	〜	〜	〜	〜	〜	〜	〜	〜	〜	〜	〜	〜	〜
23				48				73				98			
24				49				74				99			
25				50				75				100			
合计				合计				合计				合计			

第一式　现金收入日记账(现金付出日记账格式相同)

---

① 据该行二十四年会计内规。

转 账 日 记 账

民国　　年　　月　　日

号数	传票张数	科目	摘要	借方金额	科目	摘要	贷方金额	号数	传票张数	科目	摘要	借方金额	科目	摘要	贷方金额
		合 计			合 计					合 计			合 计		

第二式　转账日记账

我人若将此二种簿册与旧式日记账相互比较，则其间不同之点为：① 旧式日记账在营业终了后，由会计科集中，按科目分类登记，而现金日记账、转账日记账等，则由各营业部分散登记，且系在营业期间，根据传票，随来随记者。因之，现金转账等日记账内，自无从按科目分类，计算各科目收付总数；② 旧式日记账为总账之原始记录，因之为主要账簿之一，但现金转账等日记账，则仅为序时记录，各科目收付总数，无从根据此等账簿计算。然在传票改成单式，系用各科目日结表或总传票以后，各科目收付总数，可以根据传票加算得之，此类总数，固不须自现金转账等日记账加算得之也。

添用上述序时记录以后，无论一个交易关涉及于几个科目，缮制几张传票，均可以不虞因传票分散而无从查考。盖同一交易之传票，在其分散于各部分以前，已经记入现金及转账日记账，整个交易之详细情形，不难自日记账中查考得之。此种办法，实完全足以补救因传票改用单式及废除旧式记账后之缺点者也。

中国银行之主要账簿制度，因应用上述方法之故，尚可以使各科目日结表（即总传票）所结出之各科目收付数之总数，亦即"联合日记账总账"中"各科目收付数"栏借、贷两方之合计，与全部现金日记账、转账日记账之收付总数核对。按现金日记账及转账日记账内，已将所有交易全部记入，此其记载，自应与传票相符合。现在，各科目收付数，既已根据传票计算而得者，则其全部合计数，自与现金及转账日记账之全部合计相等。但因现金及转账日记账份数颇多，故另备收付总数表，以便统计与核对。（见第三式）若将此中关系以图表解释之，则如下列：

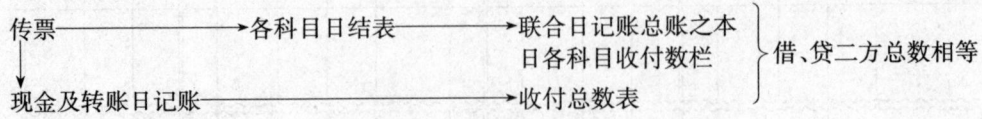

传票账数及收付数表
民国　　年　　月　　日

部　　分	传票张数	借方总额	贷方总额
合　　计			

第三式　传票张数及收付总数表（根据各部现金转账日记账总数编制之）

总之，中国银行之制度，既为便利手续与节省时间计而改用单式传票及废除旧式日记账总账，但同时又设定代替的序时记录，使联合日记账总账在各科目日结表以外，得另一重要之牵制，对于营业制度并不变更之银行，实为最称完备之方法也。

四　以上海银行为代表之主要账簿制度

前述各种主要账簿制度，均为营业制度并不变更之银行所应用。换言之，各该银行营业出纳，仍分为二个系统，同一柜员不得兼理二事。然上海银行总行，因其业务收付极为繁复，营业制度采用美国各行所习用之柜员制度或单位制度（Teller System or Unit System），故每一营业部份（如汇兑、放款、活存、往存等部）自身兼理对外营业、现款出纳以及补助账簿之记录等全部事务，他行所有之集中或兼理几个部分的收款柜员或付款柜员，不复设立。尤其在活存部分，因存户为数颇多，故依存款号数之前后，划分为若干单位，管理每一单位之柜员，亦如其他部分之管理对外营业现款出纳等事务。此种情形，使各部分或各单位带有相当之独立性。上海银行总行，即以此种制度为基础，在主要账簿制度上，使各部分完全独立平衡，而以会计科为汇总结算之机关。结果各部分各单位，犹如各个会计独立之分行，而会计科不过集合各部分各单位记载之结果，编制合并日计表而已。

各个独立之部分及单位，各备一套完全之原始记录：① 收款账（包括现金及汇划即他行票据之收入）；② 现金付款账；③ 汇划付款账；④ 转账收款账；⑤ 转账付款账等五种。（见后列第四式至第六式）按此等账簿，各分列若干特殊栏，是以各部于交易发生时，可在各种账簿内，分别科目，记入适宜之特殊栏中。例如，国内汇兑部之交易，分别记入汇出汇款、外埠同业存款等栏，如放款部之交易，分别记入活期抵押放款、定期放款等栏，至于活存部之各单位，则只一二科目而已。迨至营业终了，不仅此等账簿业已记载完毕，即各簿之特殊栏，亦已可以加成总数各簿同一科目特殊栏总数之合计，实等于旧式日记账之各科目收付总数，然而旧式日记账内各科目总数之结出，极为迟缓，此则极为迅速者也。

部 收 款 账

年　月　日　　　　　　　　　　　　　　　　　　　　　第　页

账号户名或摘要	科 目 分 类						款 项 分 类		
						其他科目	现　金	票　据	

第四式　收　款　账

账页号数	号数								其他	
									科目	金额
≈	≈	≈	≈	≈	≈	≈	≈	≈	≈	≈

部现金付款账
年　月　日　　　　　　　　　　　　　第　页

第五式　现金付款账（划汇付款账格式相同）

各部既自有其每日开始时及终了时之现金余额，又可根据账簿结出各科目之收付总数，每日自可以独立编成借、贷两方相互平衡之日记账。惟若干转账交易之对方科目，非属于本部所管辖者，究应如何处理，尚成问题。例如，活存部收客户存入本行付款之汇票，该交易之收方为活期存款，自应由本行记账。但其付方科目则为应解汇款，或外埠同业存款，应属汇兑科管理。如将传票付方传递至汇兑科而本部不予记账，则当日记载之借、贷两方，即不能相平衡。在此等情形之下，各部应将转账交易之对方科目属于他部管理者，记入他部往来账内。例如，活存部收到汇兑部付款之汇票，交易之付方科目应为应解汇款者，活存部于其主要账簿内，即不记应解汇款账而记汇兑部账；反之，汇兑部则应将其交易之收方，记入活存部账。各部相互往来，总数自应相等。会计科于根据各部主要账簿汇编日计表时，视甲部与乙部之往来相等者，即将两方数额同时轧去。如两方数额不等者，则再加核对。但因各部记载，均为独立平衡之故，错误之范围已大为缩小，核对亦颇便利矣。

会计科于接到各部交来其本身之主要账簿以后，即根据各簿相同科目，加计其收付总数。各科目之收付频繁者，有特殊栏之总数可资根据；其收付不多者，则根据各部所记账簿内其他一栏，分别计算。此类收付总数当记入"日结总表"，并据以与上日日计表各科目余额相加减而编制当天日计表。同时各部传票，应经他项手续，编成各科目日结表。各科目日结表所示之各科目收付总数，自更应与日结总表相符。

部转账收款账

年　月　日　　　　　　　　　　　　　　　　　　　　　　　　第　页

转账号次	账户户名及摘要									其他	
										科目	金额

第六式　转账收款账（转账付款账之格式与此相同）

　　上海银行总行之制度，系采用美国大银行所用之方法，略经变通而成（美国银行之会计制度与上海银行大略相似，惟美国银行多应用机器记账，上海银行则多用人工记账而已）。至与中国银行制度不同之点，则有下列各项：

　　（1）上海银行因采用柜员制度及单位制度之故，可采用各部分之独立平衡制度，而在中国银行则否。因之中国银行之主要账簿，全行只有一套，上海银行则各部均置备一套。

　　（2）上海银行之现款账，汇划付款账等等，采用特殊栏制，中国银行之现金转账日记账等则否。此因上海银行视序时记录为主要账簿，用以核算各科目之总数，而中国银行则视序时记录为补助账簿，仅用防传票之分散，及核计当日收付总数，与联合日记账总账相核对而已。

　　上海银行总行所应用之制度，固如上述，然在各分行因业务比较简单，无应用柜员制度及单位制度之必要，因之主要账簿，亦无从采用独立平衡制度。因之，此等分行，虽亦废除旧式日记账及改用单式传票，代替旧式日记账之序时记录，亦为设有特殊栏之现金账汇划账等簿册，与其总行所用者，大致相同。但总行各部分，均为一独立之会计单位，而分行主要账簿，则集中会计科记载。因之分行各账簿所用特殊栏，较之总行为多，总行所有之各部往来，则为分行所无耳。除此以外，并无其他特点。（国华银行之主要账簿制度，与上海银行分行所用者相同。）

五 结 论

本会同人于研究上述各行主要账簿制度实际材料之余,曾有下列各项意见:

第一,就制度之良否而言,同人等以为内部办事制度并不变更之行,常以中国银行之制度最能收实际上节省手续及迅速表现结果之效用。前节列举之其他各行,因未设定代替日记账之序时记录,故不得不仍旧稍稍采用旧法,以致手续上尚未能得到有利之改革。至就中国银行与上海银行二种制度比较以观,其差别实不在于账簿制度,而在于内部之办事制度。内部办事制度不变,独立平衡之方法,势至无法采用也。

第二,就目前各银行会计制度演变之前途以观,同人等以为"改革"已成为普遍之趋势。其所以致此之由,固以近世银行业务之发展,而新制之普遍采用,及其效果之渐为银行会计实务家所认识,亦为重要原因之一。就我人所得之实际材料而论,领袖银行即今日尚沿用旧制未改者,亦已在准备改革中矣。

第三,就银行会计制度之统一以观,今日各银行之"改革",显使向来统一之各银行会计制度,趋向于分歧之途。同业会计制度之统一,于企业经营有良好之帮助,自为一般人所认识。而自旧制之改为新制,易使同业制度趋向分歧,亦为自然之结果。我人所企望者,则为在若干银行改革已有相当成绩之现在,重行以同业公会之力,促成会计制度之统一。在今日而言统一,固不仅为促成制度之一致计,且亦能使各行相互交换经验,相互协助者也。

(原载《会计杂志》,1936年第8卷第3期。)

新货币政策与银行会计

一

新货币政策颁行以后,一般企业会计所蒙受之影响及其处置办法,作者前已为文论之。经营信用贷借业务之银行,由此货币制度之变更而所受影响,当更巨大,且影响之性质,亦与一般企业不同,此为前文所未及,爰草是篇,以与国内鸿学一商榷之。

自广义之范围言之,新货币政策,当不仅白银国有一项,举凡白银国有、外汇价格固定及公债掉换等等,实为互相连续之一套。此相连续之若干事象,使金融业务有下列之变动:

(1)一般银行之库存,已无现银一项,而仅有钞票。又因发行集中,每日收到钞票,无须经过交换手续。

(2)证券经掉换统一公债以后,已无分期还本之库券,而仅有抽签还本之公债。

(3)外汇投机急剧减少,从而买卖期汇交易,亦逐渐消减,且因汇价固定之故,前此外汇交易之有绝大危险者,现则相当安全。

(4)中中交三行以外之各银行,因发行业务移交之故,发行会计遂趋消灭。中中交三行之发行会计,则有相当之变动。

(5)前此在币制统一各地,因交通不便,运输现金困难,致使汇兑尾之价格有高低,调节有困难者,现因白银国有、钞票不兑现之故,此种现象已经消灭。

上举各点,为显然可见之各种现象。此外,因币值低落所加于记账单位之影响,则银行与一般企业,固无二致也。

二

然而,币值低落所及于记账单位之变动,银行所受影响,远不及一般企业为大。盖银行资产,固以债权占绝大多数。币值低落以后,资产价值固趋低落,负债价值亦趋于低落,两者恰能相互抵销,银行资本不致因此受极大之变动。然所谓银行资本不受变动者,亦指以现在币值计算之资本额,与以过去币值计算之资本额之间无甚差别而已,若以绝对价值言之,则其减少殆属不可避免也。

资本价值之减低,似足减少银行之经营能力。因币值高时,借款人所需借款之数较少,币值低落后,借款必需额已为一般之提高故也。然币值低落之另一现象,为信用膨胀。如果环境良好,银行存款必为急遽之增高,银行经营能力非但不致减低,且能大事扩展。但以我国而言,则信用膨胀现象未能产生,此则以我国经济环境太劣,减低币值,未足以刺激企业繁荣故也。

然我人亦绝不能以为银行资产尽属普通债权,政府债券、外国证券、房地产、外汇余额,亦占银行资产之一大部分。此种资产,悉因新货币政策及其连续之一套政策而受有巨大影响,兹请分别论之:

(1) 政府债券在新货币政策颁布以后,曾一度为急遽之增长。迨及最近,因还本付息之办法变更,一般价格较前低落约及票面百分之十以上。目前证券价格,因种种关系,可谓比较安定,故银行账上,应按现在证券价格,纠正其过去记载;尤以账上均价较现在时价为高者,此种纠正,更所必需。至账上均价之较现在时价为低者,则即不纠正亦无关系。

证券种类之统一及还本付息办法之变更,更使银行记账之手续较便。盖证券种类之统一,使银行能少设若干页分户账,而还本付息办法变更之后,不复有库券一类,更使银行计算均价时,不必按库券之实际余额及价额两者参合核算,公债之实际余额,即为票面额,且系一个整数,是以计算手续,更为简单。

证券价值之纠正及记账办法之更改,可于掉换证券时同时为之。

(2) 外国证券一项,亦因外汇价格变动,而价值上腾。此项增高之价,为稳健起见,可不必记账,仍以较低均价计算为妥,外汇余额亦同。房地产一项,则因新货币政策颁行后人为的提高,价格亦稍有上腾之趋向,其处置办法,与证券同。

作者以为上述若干项资产价值变动,仍可按时价与成本孰低法估价,而不必尽按时价,则以银行业务性质与一般企业不同之故。一般企业,在币值减低时设置虚伪的秘密公积,足使其资本价值逐渐为虚伪的利益所侵吞,而银行并无商品出售,并无巨额固定资产逐渐消耗,事实上即无此危险。且新货币政策颁布后,若干资产价值之变动,固未予银行以如何之利益,即欲设置秘密公积,亦无此可能也。

三

新货币政策使银行会计受有直接之影响者,首先为银行之现金会计。按新货币政策未颁行以前,各银行大都与发行银行订有领券契约,以六成现金、四成保证领用暗记券。各银行每日营业终了后除须交换他行票据而外,并须交换他行钞票。盖本行既领用某行之钞票,而有特殊之利益可得,则收到与本行无利之他行钞票,自须向他行换回现金或作为存款,而不于代其收回后,再代其发出也;反之,本行发出之暗记券,由他行代为收回后,亦必向发行银行掉换现金,发行银行则再将此项暗记券送回本行,换取现金或交换存款。然而新货币政策施行后,各行现银既悉数缴存中中交三行换取三行钞票,每日营业期间所收他行钞票,亦遂无现金可换,而不必再行交换。结果手续固可大为节省,但各行向来专司此种事务之钞票间职员,及专营买卖杂钞之小钱庄,均将受到极不利之影响矣。

发行集中及白银国有而后,一般领券银行与发行银行所订领券契约,亦必逐渐消灭。盖领券时所缴现银,既决不能再行收回,而发行权利,亦已集中于中中交三行,钞票之发出及收回,悉以三行在行使其银行之银行职务时自然调节之也。于是领券制度存在之条件既去,前此已成之领券契约,亦必自然消灭。至于如何消灭此既存之领券契约,则为以前领券额之四成现金,换回保证准备,此项现金,或为钞票,或为领券银行存放于发行银行之存款,或甚至为任何银行之本票。惟所当注意者,因中中交三行以外各行之发行部,已经全部移交于中中交三行,故各领券银行换回保证准备之手续,悉当与中中交三行为之。

撤销领券契约之手续,或至今尚未办妥。惟撤销之举,则为势所必至者,而在撤销以前,交换钞票之手续,亦不必再行办理。因在发行集中之现在,任何银行所发暗记券,已无所区别。而撤销时究应以何种款项换回保证准备,亦决不限于前领之暗记券也。

四

新货币政策颁行后,予银行会计以直接影响之第二项,为汇兑会计。而汇兑会计所受之影响,国内汇兑与国外汇兑会计又有不同。

在发行集中与白银国有以后,前此各银行之发行制度为分区发行者,其分区之界限已经消除。在分区发行时代,因准备金之运送等问题,国内汇兑之汇水极大,现在则准备金根本不必运输,钞票之运送费用较小,故国内汇兑之汇水,几已无论远近,全趋一致,即征收若干,亦仅为办事手续费性质,不足以使国内各地汇兑之价格发生高低矣。

由是而发生之变动,为新货币政策颁行以前,各银行与较远之外地同业或分支行互通汇兑时,因相互间汇兑余额价值之不同,必须分成几个货币账户以记载往来各交易,几个货币账户之余额,且不能互相转账抵销,现在则货币账户只需一个,往户来户之余额,且可随时互相转账抵销矣①。

国内汇兑交易中汇兑尾之调节,现在已无运现一项,即须运送现金时,所运者亦仅为钞票而非现银矣。

至在国外汇兑方面,变动之最显著者,盖在于汇兑投机大为减少,因此向之期汇买卖为银行外汇交易之大宗者,现已减至极少数。结果,国外汇兑部计算多缺之手续,极端节省。因现在外汇买卖,大部为实在交易。实在交易之多缺

---

① 此处所述情形,限于货币制度业已统一各地。至于两广、云南等地,货币制度未曾统一者,其情形固与新货币政策未颁行以前毫无二致也。

计算手续,非常简省。又因外汇价格安定,即有上落,亦不过千分之一二,危险既少,多缺计算之重要性,亦大为减低故也。

五

新货币政策颁行后所予银行会计之影响最大者,为银行之发行会计。若干银行之发行部移交于中中交三行者,则其发行会计随之消灭,问题殊为简单。惟中中交三行之发行会计,则有极大之变化。

变化之第一项,为钞票之停止兑现。按新货币政策颁行之初,搜集白银期内,钞票必为大量之发行,现金准备为大量之增加。此后则现金准备即不复有零碎之出入,钞票之发出与收回,仅为银行之发行部与营业部间之关系,而流通额增减之反面,则大部为保证准备之增减,少与现金准备有关,即有亦作为现金准备之外汇之增减也。

钞票停止兑现以后,钞票发行或为巨额之膨胀。而当其流通额膨胀之时,大抵有二种方式。第一为政府发行债券由发行银行之营业部承受,转交发行部作为保证准备发行钞票。此时发行部之记录,为保证准备与流通券额之同时增加,而营业部之记录,则为现金之收入,与政府存款同时膨胀。其第二种方式则为出售白银,买入外汇之溢额,见次项所述。

变化之第二项,为外汇之作为现金准备金。按外汇之获得,必须有现银出售,而出售现银后所获得之外汇额,若以固定汇率合成国币,又必有若干溢额。溢额之盈余,当拨交营业部作为政府存款,其拨出之实物,则为增发之钞票。故外汇之作为现金准备,就记账技术上言之,实无困难,只需按固定汇率合成法币入账,问题复杂之点,实在于售银溢额之处理也。

变化之第三项,为领券契约之撤销,及每日收回钞票交换手续之停止。此点在本文第三节中已约略述及,盖前所指陈领券银行手续之变更,实亦为发行银行手续之变更也。至于领券契约之撤销,发行银行之发行部记录并无巨大之变更。因领券银行保证准备之提回,既可由发行银行营业部提供保证准备以抵销之。即或不然,发行部亦仅须为流通券额与保证准备额减少之记录也。惟所当注意者，各银行之现银既全数集中三行，领券制度又有相当之变更，则前此活存准备金，寄存领券行准备金等科目，当全数消灭而变成现金准备金矣。

变化之第四项，为分区发行制度之消灭。按钞票停止兑现后，分区发行制度即失其存在之必要。即或形式上仍旧存在，现银仍旧分区保管，但实际上现银已等于集中一处，分区保管之银库，不过为总发行部之外府而已。此其结果，银行发行部账上之存出券、存出准备金、存入券、存入准备金等科目，当全部消灭。即或仍旧保存分区发行之外貌，某地银行代收他区地名之钞票，运回该地时，收回地之发行部不必记账，仅交由该地之营业部与发行地之营业部转账即可也。

一九三六年三月十三日
（原载《会计杂志》，1936年第7卷第4期。）

我国公司会计中之若干问题

我国公司会计中悬而未决之问题颇多，潘序伦先生曾为文于本志六卷四期加以讨论。作者近日读书所得，觉尚有若干问题为潘氏文所未及，爰特不揣简陋，录而出之，以供海内鸿学指正焉。

一 公司股东以财产或营业抵充股款时之若干问题

按《公司法》对于公司股东之以财产抵充股款者，计有下列数项规定：

（1）公司创立时，应由发起人于认股书上载明："以金钱外之财产抵作股款者，其姓名及其财产种类价值与公司核给之股数。"（《公司法》第九四条）

（2）公司之创立会，应选任检查人或委派董事监察人调查以财产抵作股银者是否确当；如财产估价过高者，创立会得减少其所给股数或责令补足。（《公司法》第一〇三条、一〇四条）

（3）公司增加资本时，有以金钱外之财产抵作股款时，其人其财产之种类价格，及公司核给之股数，应于决议增加资本时同时议决之。（《公司法》第一九一条）

于此即发生几个问题。第一，在创立或增资时，是否除发起人及股东会特许之股东，得以财产抵充股款外，应募股份之普遍认股人，不能以财产抵充股款而必须以现金缴纳之。第二，公司并不增加额定股本，仅征收未缴股款时，股东是否可以财产抵充股款，其手续又如何？第三，股东之以财产抵充股款者，究应于何时将财产实际移交予公司收受？

关于前述第一项问题，鄙意以为除发起人及股东会特许者外，普通认股人应一律以现金缴纳股款,而不得以财产抵充。查《公司法》第九十四条,虽未规定以财产抵充股款之股东,限于发起人在认股书中载明之人,然第一九一条之规定,显有除股东会决议者外,其他股东不得以财产抵充股款之意。盖以财产抵作股款者,必须由股东会议决,则反之,即股东会并不承认者,即不得以财产抵作股款也。推之于发起创立之际,其理正相同也。

按发起人虽仅负筹备公司成立之责,而无权决定公司之一切事务。然发起人所订立招股章程,实不啻为发起人与认募股份者间之契约。两者间契约所未规定之事项,认募人无权单独要求也。且按之事实,公司发起创立时,股东有以财产抵作股款者,常为合伙或独资企业之合并与扩充,发起人当为准备改组或合并企业之资本主或伙员。此等发起人之发起组织公司,有其自身之目的。目的为何,即特定原有企业之合并或扩充是也。由是而言,他股东之准备以财产抵作股款者,亦不外乎旧有企业之资本主或伙员,然此等股东,既未参加新公司之发起事务,发起人未必准备邀请其参加,则除招股章程中规定者外,其他股东不得以财产抵作股款,事属当然也。又就公司增资时而言,股东之以财产抵充股款者,通常为公司以吸收合并之方法合并他公司时所发生。合并而不需另招新股,固为问题;合并而须另招新股,亦不过为增加公司资本,且新股东亦必多为零星之小投资者,其不允许财产抵充股款也宜矣。

特公司增资时与发起时之情形究属不同。公司增资时之合并,必须经过股东会之通过,当然无可置疑。而公司发起时,除参加发起之股东,可以其所经营之旧企业合并外,其他独资合伙商店,亦可在新公司发起以后,请求合并。此项合并,设经原有发起人之允许,当可执行。如是则除招股章程所规定得以财产抵作股款者外,其他认股人以财产抵充股款,事属可能。且公司创立会中,对于以财产缴纳股款者应一律经过调查,财产之估价亦可无过高之虞,故此种行动,并不违反全体股东利益者也。然则《公司法》第九四条,认股书上须将以财产抵作股款之股东一律载明之规定,在遇有此类情事时,即生困难。盖发起以后参加之认股人,固未及载入认股书也。此鄙意以为《公司法》规定之有待商榷者也。

关于前述第二问题,即公司并不增加资本,仅征收未缴股款时,股东是否可以财产抵充股款,法无明文规定。按我国公司创立时,得仅收取股款二分之一,是则未收股款之缴纳,其最高额可与已缴股款同数,其数额不可谓不巨。又公司征收未缴股款之时期,可在创立会之十年或二十年后,此时公司股东,较之初创时之人物,已经迥不相同,即其董事监察人,亦可悉由创立后购入巨额股份之新股东充任,此类新股东,在他股东并无异议提出时,得经营与公司相同之营业。是则公司征收未缴股款时,股东以财产抵充股款,或以非公司组织之营业与公司相合并,事实上极为可能,法律对此亦无禁止之规定也。

惟于此有一问题焉:公司创立及增资时,股东有以财产抵作股款者,事后应悉经过创立会或股东会之审查,独公司征收未缴股款时,股东之以财产抵作股款者,法律独无必须经过股东会审查之规定。如此则公司董事,尽可于此上下其手,高估财产之价值而使公司受有损害,而不受法律之拘束矣。此亦鄙意以为《公司法》之未尽完善者也。

关于前述第三问题,即股东之以财产抵充股款者,究应何时将财产移交予公司收受,法律亦无明文规定。揆之《公司法》第九四条及第一九二条之规定,此项财产,似应于发起人订立章程及公司股东会决议时立即缴予公司收受①。殊不知公司之为发起设立者,经发起人协议之后,公司设立手续即为完毕,其自协议决定至公司设立手续完成为止之时间上的距离至短,(公司之创立合并而不另招收外股者,情形与发起设立相同。公司之为吸收合并而不另招收外股者,虽无所谓新公司之设立,但其情形亦与发起设立相似。)手续上尚无困难。而公司之为招募设立者,则自发起人订立章程起至创立会完成为止,其时间上之距离极长。此较长期间内,财产价格,难免无巨数之变动,尤以继续营业之旧商店合伙或公司营业上难免无巨额之损益发生。且公司经发起人发起而后,遇有若干原因,足使公司不能设立。如是,则股东之以财产或营业抵充股款者,究应于何时移交其财产于公司,实为不易解决之问题也。

我人于兹可设例以说明其间之利害关系。设发起人发起设立公司后,发起人中之一二人,预定以财产或营业缴纳股款者,在发起人订立章程后或公司股

---

① 《公司法》第九十七条规定,"股份总数募足时,发起人应向各认股人催缴第一次股款",似乎股份未募足前,不得收取股款,但发起人自己缴出股款,或认募人自愿提早缴纳,法律当不予以禁止,而以财产抵充股款者,又多为发起人自己或与发起人关系较为密切之认股人,于发起人订立章程时即行缴纳,事属可能也。

份一经认足后,立即以其独资或合伙经营之事业,或其个人所有之财产如商品土地等项,交予公司之筹备处接收。公司筹备处接管此项企业,当然以接管时之情形估计其资产负债之价值。而接管以后,必须继续经营其营业。设自接管日起至创立会完成为止之期间内,营业获利颇巨,或财产发生增价,创立会自无不承认之理。但设此期间内营业发生亏损,或财产跌价时,创立会必以公司尚未成立,已经发生亏损为辞,责问发起人,创立会或甚至责令发起人负责赔偿。而当股东之以财产移交于发起人也,财产之估价,设依据当时合理之标准,则此股东亦必以营业或财产之所有权已经移交于全体发起人为理由,拒绝对其营业重行估价而核减其应得之股份。盖财产估价过高云云,在创立会之对发起人,固以创立会当时之标准为言,而已经缴讫股款之股东,则对发起人,必以移交财产时之情形为标准。于是发起人介于两者之间,势非负责赔偿不可矣。

且预定以营业或财产抵充股款之股东,设鉴于市场情形,或其所营商店之内部情形,有日就衰落之趋向者,则必利用此种情形而提早移交其营业于公司筹备处,以减少其自己之损失。斯时全体发起人均苟精于判断,必对此种行为加以拒绝,设非然者,即受其欺矣。

且公司股份即已认足,创立会即能开成、公司未必即能设立。盖依《公司法》之规定,创立会固得为公司不设立之决议也。斯时因公司股款已经收足,故须重行返还于认股人;返还时,对于现金缴纳固极易核算,但对于财产缴纳者,问题亦必滋多也。

因有上述各种原因,鄙意股东之以营业抵充股款者,在创立会未完成前得为假定之移交。换言之,在公司筹备处账上,可作借某某商店,贷认缴股款之记录,而商店之经营,则由旧资本主或旧伙员继续负盈亏上之全部责任。必也至创立会时,始以财产移交于公司,而重行估定其价值。重估价值而与原估价不相符合之数,则由公司返还或由股东补缴,如是则纠纷即不易于发生矣。至股东之单纯以财产缴纳股款者,其价值之增减,常不致变动太速,故可迟至其他股款全部缴足时始行移交。若为谨慎起见,亦可应用移交营业之办法。

或以为《公司法》第九四条规定以财产抵作股款之股东及其财产之种类、价格及核给之股数,应于认股书内载明,则营业及财产之移交予新公司如是其迟,不与此项规定相冲突乎？但我人当知认股书中之记载，仅使认股人知新公司所准备合并之旧企业之情形，及发起人是否予财产或营业以过高之估价。认股书中载明之际，财产及营业，本可并不立即移交（股款之缴纳，普通本须待至股份募足以后，）而且此中之估价标准，创立会有权变更。如是，则认股书中尽可记载某营业截至何日止之资产负债表，或某项财产在某日之情形。其后之变动，由创立会调查之，营业或财产亦尽可由创立会接收之也。

二 关于没收本公司股份之问题

关于公司没收本公司股份之问题，亦可分为三项讨论：第一，公司是否可以收买，收受股东捐赠，或收受作为债权担保品之本公司股份；第二，股东失权时没收之本公司股份，当如何处理？第三，公司是否可以没收股东股份，以抵偿其对于公司之债务？

关于第一问题，《公司法》第一一九条有明白之规定："公司不得自将股份收买或收为抵押品。"（"抵押品"三字，似以改作"担保品"为妥）但股东之善意捐赠，而非抵偿股份之掺水额者，法律当无禁止之理。（此种情形，在我国尚无其例，但将来难免发生。）惟收受捐赠而后，当如何处理，法无明文规定。《公司法》第一二三条第二款规定：股东失权时，公司仅能拍卖股份，而不能没收股份，对于捐赠之股份似不能适用。盖股东失权时，公司处分其股份，仅以抵偿其未缴股款为已足，而股东之善意捐赠，既然增加公司之流动资金，且亦并非为抵偿某种缺额，则公司收受此种捐赠而后，尽可相机出售，其存留于公司内之期间长短，法律固未曾有丝毫之限制也。

是以作者以为旧公司条例第一三二条"……其由股东失权或抵偿债款而暂由公司收存者，应即定期公估出售"之词句，新《公司法》予以删除之结果，不仅未曾对于股东捐赠股份之处理加以限制，且反而撤销此种限制，予公司当局以自由处分之权。至因股东失权或抵偿债款而由公司收存之股份，其处置问题又当别论。

关于股东失权时没收之本公司股份，当如何处理之问题，鄙意以为公司并无取得失权股东所有股份所有权之可能。按之《公司法》第一二三条第二款："……逾期不缴者,公司得拍卖其股份",及同条第三款"拍卖所得之金额,不敷应缴之股款时……"之规定,公司对于失权股东所有之股份,仅有以其拍卖所得价金,抵付未缴股款之权利,此种权利与债权人对于债务人提供之质物或抵押品所得主张之权利相同。而没收其股份,取得其股份之所有权,则为法律所不许。亦犹债权人在未得债务人允许以前,决不能没收质物或担保品相同。由是而言,旧公司条例第一三二条"暂由公司收存"云云,实属前后矛盾。《公司法》之予以删除,实使法律条文更为完美,亦可使公司当局不再感觉"究应没收,抑应拍卖清偿"之徬徨也。

由是而言,股东失权时公司之记录,与银行抵押放款过期时之记录相同。即：① 当公司限定缴款期间届满时,公司账上不必有任何记载；② 当拍卖该项股份,取得价银,抵偿未缴股款时,当作下列记录：

1. 拍卖所得价金超过未付股款时

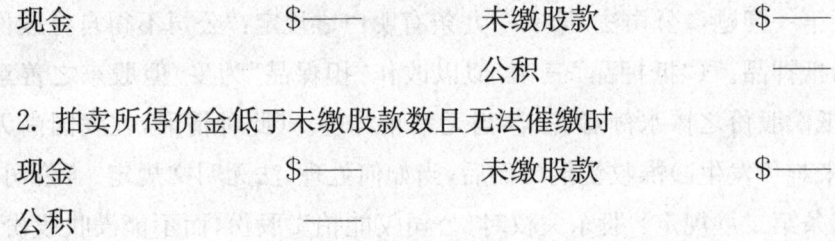

2. 拍卖所得价金低于未缴股款数且无法催缴时

现金　　　　　　　　$——　　　　　未缴股款　　　　　　$——
公积　　　　　　　　　——

在此时期,公司固决无库藏股票之发生也。

关于第三问题,即公司是否可以没收股东股份以抵偿其对于公司之债务,鄙意以为根据法律之规定,公司实根本无没收股东股份以抵偿其债务之机会。按《公司法》第一一九条明文规定,公司不得收受本公司股份为抵押品；换言之,《公司法》不得对其本公司股份设定质权。因此,公司对其股东之债权,除股东提供本公司股票以外之财产或债权为质物或抵押品外,其他债权,当全为无担保之普通债权,是则公司又何从以无担保债权者之资格,强制没收其债务人所有财产中之一部(本公司股份)乎？如此无法律根据之强制行为,不将受其他债务人之异议乎？

且《公司法》第一二〇条规定："公司非依减少资本之规定,不得销除其股份"。而公司强制的以没收股东股份之方法,为抵偿股东对公司之债务,实等于"不依减少资本之规定而销除其股份"之行为。此等方法,在合伙组织可以施行,在股份有限公司,直为违反法律规定之行为也。

惟公司股东受破产之宣告,或依和解之方法清偿其债务,或出于自愿而以其所有本公司股份,抵还其对公司债务之一部或全部时,法律并无公司不得收受之规定,且亦无收受后必须定期拍卖之规定。是则公司当局,又尽可依其自己之见地,处分此类股份,而不受法律上之拘束也。

作者于此以为潘序伦先生在其"我国公司会计中几项法律问题"一文,第十四节中所发表之意见,尚有可以商榷之处。潘氏以为股东破产时,公司得自行宣告没收其在本公司之股份以抵偿其债务,殊不知公司既未曾对其股份设定质权,亦不能设定质权,则自无以普通无担保债权人之资格宣告没收股份之理。又潘氏以为《公司法》禁止公司股东以本公司股份抵偿对本公司之债务,实则《公司法》所禁止者,仅为收受本公司股份为抵押品(质物),股东以股份抵偿债务,实未曾有禁止之规定。至公司因股东捐赠或抵偿债务而收受之本公司股份,有时须俟市场股票价格有利时方可出售;定期拍卖,或反足使公司受损。《公司法》既予公司当局以自由处分之权,又何必从而反对之耶?

三 关于公司公积账户之若干问题

按我国《公司法》中关于公积之规定,倾向于规定其用途。《公司法》第一七〇条"公司分派盈余时应先提出十分之一为公积金,但公积金已达资本总额二分之一者不在此限",又同条"超过票面金额发行股票所得之溢价,应全部作为公积金",及第一七一条:"公司非弥补损失,及依前条规定,提出公积金后,不得分派股息及红利。公司无盈余时不得分派股息及红利,但公积金已超过资本总额二分之一,或由盈余提出之公积金,有超过该盈余之十分之一数额者,公司为维持股票之价格,得以其超过部分充派股息。"因之,我国公司于提存公积之时,往往将法律规定之数,作为法定公积,而以法律规定以外提存之公积,作为任意公积,或更由任意公积中提出一部分,指定其用途,而为指定公积。自法律之观点言之，指定公积，实为任意公积之一部分，除对外契约特有规定者外，此项公积，亦可由股东会之意志，自由分配其用途。

法定公积一项，其用途依前举规定，实有二端：第一，为加强公司对债权人之保障。此项保障，连同公司之股本，应为股本总额之一倍半；第二，为弥补亏损。关于各种公积弥补亏损之程序等问题，潘序伦先生曾在前举文章中加以讨论，其意见殊为作者所赞同。特于此尚有数问题焉。

按公积自其来源而分，实有二端。其一为资本公积，其二为营业公积。资本公积之来也，或为股东之输纳，如股份溢价，股东捐赠等是；或为资产之增价，或为其他非关营业之收益，如股份之没收，及以低价收回优先股等等。营业公积，则悉自逐年盈余中提存而得。资本公积之性质，无异于股本之一部分，按之"公司不得以本作息"之原则，无论其数额如何巨大，不得派充股利。今《公司法》于其公积之规定中，仅指定股份溢价一项，必须作为法定公积，他不予焉。又法定公积之提存，不问其来源为何，只需达股本之二分之一，超过部分，即可派充股息。则设资本公积超过股本之二分之一，岂非可以超过部分派充股利乎？

今设某公司之公积账户及其来源如下。该公司之股本为一百万元。

某某公司公积表
年 月 日

法定公积		$500 000.00
其中股份溢价	$300 000	
由盈余提存者计	200 000	
公　　　积		300 000.00
其中股东捐赠	50 000	
股东失权而没收股份所得	5 000	
收回优先股时之差数	100 000	
各项准备		450 000.00
购置准备	200 000.00	
资产增价准备	250 000.00	
		1 250 000.00

按上表以观，该公司可以分派为股利之公积，实达五十五万元。即普通公积三十万元，及资产增价准备二十五万元是，购置准备一项因已指定用途，未能

流用。但我人设根据其来源加以分析,则一百二十五万元公积之中,其为资本公积者,实达七十万五千元之多:

股份溢价	$300 000
股东捐赠	50 000
股东失权而没收股份所得	5 000
收回优先股时之差数	100 000
资产增价准备	250 000
	$705 000

此七十万五千元,加入购置准备二十万元,计九十万五千元,则所余尚能分派之公积,不过三十四万五千元而已。比之原来计算,实少二十万五千元,数额不可谓不巨,关系不可谓不大也。

且按照《公司法》规定,巧点者流,于创立公司时,可先缴纳百分之五十之溢价,如是则此后一切盈余,或非营业所得之资本公积,可以一律自由处分而不受法律干涉。影响所致,《公司法》关于法定公积之规定,可以完全失却其效力矣。

我国公司,以溢价发行股份,及由股东输纳股份,为例尚少,故上述情形,或尚不致发生。惟开办已久之公司,因物价长期上腾之结果,资产增价,在所难免。尤以货币价值长期下落(现在更有激烈之趋向),影响更巨。此类资产增价公积,设任令公司当局自由派作股利,为弊尤多。故鄙意《公司法》中关于公积之规定,实有更改之必要。必也公积来源之为资本公积者,不得派作股利,此外并规定自营业利益中提存之公积,应以一部分长期存置,准备抵充亏损,不得自由分配,始能免除上述诸项流弊焉。

此外尚有一较小之问题,即公积之一切变动,是否应完全经过股东会之同意是。按公积账户之变动,似乎仅为决算后由股东会决议盈利之分配或亏损之弥补时方能发生,实则不然。例如,固定资产废弃时,因废料售价与原估不符之故,发生损益。或因其他突发之原因,发生或有损失、灾害损失等项,而公司早已提存适当之准备者,按之会计原理,此类损益,应直接记入公积账户。设或不然,此类损益,记入普通损益账户内,则公司决算所得纯损益,必与实际不符,依据此类损益计算之结果而提存之法定公积等项,亦必陷于不确。为避免此类不确之弊起见,可于结出纯损益后,先提出一部分应转入普通公积或指定公积之数转讫后,再按公司处置纯损益之规定,处置其余额。但如此办理,手续至烦,反不若于此类损益发生时立即记入公积账户为妥。

《公司法》对于此种处置方法,固未加以限制。但同法第一六八条,明文规定公司损益及公积金之处置与分派,应经过股东会之决议,是则公积之任何变动,似以完全经过股东会决议而后实行为妥。但如前所述,在若干情形之下,平常期中公积账户不得不有变动。为补救起见,鄙意以为:公积之变动,应尽量先经股东会之决议,其关系较小而又不得不于营业进行期间立即记账者,亦应造具"公积变动表",提请股东会予以追认焉。

四 关于发行公司债之若干问题

《公司法》关于公司发行公司债之规定,限制颇严。在发行之具体手续上,颇与公司增资之限制相似。例如同法第一八〇条第一款第九项,规定公司董事于其发行公司债之公告中,应载明"公司债募足之预定期限,并逾期得由应募人撤销其应募之声明"。又同法第一八一条,规定公司董事须于公司债募足后,始得向应募人请求缴足所认数额,易言之,公司债未募足前,董事不得请求应募人缴足所认数额。据此规定,又似乎公司债未募足前,公司不得发行债券。盖未募足前而发行债券,必使认募人难于撤销其应募也。

然而实际上公司之发行公司债,类多委托银行或银团承销。(银行法规定银行不得购买他公司股票,故公司发行股票不能由银行承销,但银行承销公司债,法所不禁。)如我国闸北水电公司、民生实业公司等所发公司债,及作者所知其他公司正拟进行发行中之公司债,莫不如是。且此类承销,并非代理发行性质,而为包销性质。然而《公司法》中关于发行公司债之规定,似乎专指直接销售而言。由银行或银团承销公司债时之规定,则尚付阙如也。

由银行或银团承销公司债,依理言之,俟承销契约一经订定,公司债即得谓之全部认足。盖即在债券不能出售时,必由承销银行全部购入也。依此推论,则:

(1) 公司债发行价格,为公司与银行间订立契约所规定之数。此数为银行出售其承销债券时之最低价格。盖低于此数时,银行必贮不出售也。

(2) 发行公司募足债券之预定期限，事实上已不复存在。盖承销契约一经订定，债券即已全部募足。承销契约中所欲订定者，仅为承销银行究应于何时缴付应缴之债券售价予公司而已。

(3) 银行究于何时全数出售其债券，或银行以何种方法出售其债券，非发行公司所顾问，发行公司亦不必顾问之。

(4) 承销契约一经订定，公司即得将债券全数印就交予银行。此即为发行公司之发行债券。

然而《公司法》第一八〇条规定，公司发行公司债时，必须为如何如何之公告，此项规定，实甚缺乏弹性。按公司发行债券而由银行或银团包销者，其公告自仍所必需。但公告中尽可注明债券已由银行包销，一般投资者可向银行购买云云。投资者向银行购买债券，既不必有预定之期限，亦无所谓逾期撤销其应募。然即因《公司法》中无弹性之限制，公告中仍不得不勉将此种辞句加入。例如，最近闸北水电公司发行公司债，系由浙江兴业银行等所组银团包销。但该公司发行债券之公告中，仍将《公司法》第一八〇条所规定各项，逐项说明，一似浙江兴业银行仅系代理发行债券，而非包销债券者。又明明此时银行已可直接出售债券，但公告中仍加上一重认募之手续。所不同者，《公司法》中规定"逾期得由应募人撤销其应募之声明"，公告中付之阙如而已。

故作者认为公司债由银团承销者，承销契约一经订定，公司债即为募足，公司亦即得发行其债券，发行公司债之公告中，只需叙明此类事实，用以替代《公司法》第一八〇条第一款第九项所规定之事项。又银行自身出售承销债券之广告，与发行公司不相干涉。发行广告及银行广告，亦可截然分离而不必混合。如此办理，亦未能谓之违反法律规定也。

（原载《会计杂志》，1936年第7卷第6期。）

中央政府总会计

一 中央总会计之范围

中央政府总会计,由国府主计处会计局主管。就是项总会计中普通基金记载之范围而言,当为以下各项:

(1) 国家总预算及总预算之执行。

(2) 记载预算执行时之收支及现金之移转。是项记录又可分成中央收入总存款之收支,及各项经费存款之收支等二项。

(3) 记载执行预算时债权债务之发生及其增减,例如透支挪借款项之借入及归还等项是。

中央总会计制度,迄今未曾制定施行。据最近消息,主计处会计局曾有草案制定,但因公库制度方经修改,总会计制度随有变化,正式制度尚待试行。本文系据各家论文,并参以作者意见编集而成,所论既无实际材料之根据,疏漏在所难免,尚祈方家正之。

二 总会计之会计科目

中央总会计之会计科目,兹参照雍家源氏(中央普通会计之总会计制度论,《会计季刊》第一卷第一期)意见,说明如下:

(1) 借方科目	(2) 贷方科目
岁入预算数	岁出预算数
核准债券数	岁出分配数

　　　　岁入应收数　　　　　　　　岁出保留数准备

　　　　应收垫付款　　　　　　　　岁出应付数准备

　　　　暂记付款　　　　　　　　　应付短期借款

　　　　现金　　　　　　　　　　　本年度预计收支盈绌

　　　　　　　　　　　　　　　　　以前各年度收支盈绌

以上各科目之主要记录方法约如下述：

（1）年度总预算核准之时，当以下列分录入账：

（借）岁入预算数

　（贷）岁出预算数

　　本年度预计收支盈绌

　　上列分录记入账册之际，应注意二点，第一，岁入预算数及岁出预算数二科目，仅以总数列入总分类账二科目之内，但应另依总预算之岁入来源别科目，岁出政事别科目及各目节之数额分别记入明细分类账簿，正与普通公务单位会计之就预算科目记载预算明细分类账簿者相同。第二，政府总会计就总预算之全体为记录，不若单位会计之就总预算之一部分为记录，是以岁入及岁出预算应合并记入账册，而以总预算中之预计收支盈绌记入"本年度预计收支盈绌"科目。第三，岁入预算及岁出预算有追加或追减时，当悉以"本年度预计收支盈绌"科目对转整理之。

（2）年度分配预算核定之际，当作如下之记录：

（借）岁出预算数

　（贷）岁出分配数

　　按就总预算立场言，岁出预算当有分配预算，而岁入预算则并无分配预算之可言。故雍家源氏所举科目中并无岁入分配预算之科目及其记录。关于此点，美国方面之著作如 Morey 之 Introduction to governmental Accounting 亦作如是解说，而事理上亦为可通云。

（3）岁入之收纳及岁出之支付，当分别借入或贷入现金账户，并贷入岁入预算数科目，或借入岁出分配数科目。惟总会计之所谓现金，实包括收入总存款、各项经费存款等二种,故总会计之现金账户,亦宜区分为收入总存款与各项经费存款等二个科目,而各项经费存款科目所统制之补助账户,为数亦必甚多,因中央政府各单位机关之在国库设有经费存款户者,为数当在数百或一千以上也;至于各单位经费机关有自行具领保管支付之经费款项者,总会计为记载是类经费款项计,当另设各机关经费存留款项科目;又为记载各机关自行收纳之岁入计,有时亦有另设各机关未解岁入款项科目之必要。凡此各项,均为适应公库法施行后之情形而言,雍家源氏论总会计制度,在公库法实施之前,自未讨论及此。

至于各岁入机关保管暂收各款,依法应另在代理国库银行设置专户存款者,总会计为记载此类款项之收支计,自亦宜设置专户存款、保管款、暂收款等科目也。

(4)岁入预算中公债发行部分,雍家源氏主设核准债券数科目,是项科目之记载方法,可如下述:

A. 核准发行债券时

(借)核准债券数
　(贷)岁入预算数

B. 发行债券时

(借)现金——收入总存款
　(贷)核准债券数

至发行债券时之折扣,雍氏主张借入本年度预计收支盈绌科目以为整理。

(5)年度终了时,核计岁入之实收数额与岁出之实付数额,将岁入预算数科目之借差(岁收较预算短收数额)或贷差(岁收较预算超过数额)以及岁出分配数科目之借差(岁出超过预算之数,但此种情形,依法不应发生,若实有超过而未备追加预算时,应由负责人赔偿)或贷差(岁出低于预算之数)岁入本年度预计收支盈绌科目。本年度预计收支盈绌科目经整理并核实计算后,延入次年度账内时,即为次年度账内之以前各年度收支盈绌数,与以前年度余剩之现金同列总会计账内。

(6) 年度结束时所有岁入应收款，岁出保留数，岁出应付数之整理办法，均应从预算、公库诸法之规定；其实际办法，则与以前各章论单位会计时，大致相同。分别言之，则：

A. 岁入应收款除在平时或有记录之必要外年度终了时，查明上年度之岁入应收款后，应据以减少上年度之岁入预算数，并将是项数额列为下年度岁入预算之一部。

B. 岁出应付款一项，在公库法规定之三个月内应予保留，过三个月后所有上年度之岁出应付款，应列入次年度之岁出预算，其办法与岁入预算同。

惟以上所述，均为根据现行法令之推论，总会计关于各该项目之整理究应依何种办法办理，目前尚无实际制度可资根据也。

三　总会计之会计簿籍

至于总会计之会计簿籍，亦应具备序时账簿与分类账簿等各种。在分类账簿方面，除总分类账而外，主要之明细分类账簿有二种：一为记载各机关经费存款、专户存款之分类账簿，一为记载岁入预算、岁出预算及其实施之分类账簿，他如记载暂付、预收、保管、短期借款之分类账簿，亦各宜分别设置之。

总会计关于岁入预算、岁出预算，及其实施之分类账簿，其设置之方法有可以研究讨论者，为其内容之详简问题，若就是简单之内容而言，则各该明细分类账簿仅须就岁入来源别及岁出政事别科目设置适当之各账户，记载各该科目之预算及实施即已足够。然就下列二点考虑，则如此简单之分类账簿是否足够，实尚成问题：

（1）岁入预算之来源别科目，本不依主管机关为区分，但同一科目之收入，往往有许多主管征收之机关。例如：规费收入中之行政规费，经济部及其各附属机关，内政部及其他各部均有征收，则总会计之岁入预算明细分类账簿就事行政规费科目为笼统之记录，是否即已足够？抑须在岁入预算明细分类账中就岁入预算之来源别科目及机关别科目为区分综合之记录？以常理衡之，总会计若欲就各岁入机关之税收行政为说明之记录，岁入预算之明细分类账簿或须设置按来源别科目之一套,另再就机关别、来源别综合区分之科目设置一套也。

(2) 岁出预算之政事别科目,除债务、抚恤各支出外,各行政机关经费,在政事别科目中各占一目。是以总会计之岁出预算明细分类账簿,若仅就政事别科目设置记录,则总会计在势仅能就各机关经费支付之总数为统制,而不能就各机关经费支付之内容为统制。若总会计欲于各机关经费支付之内容为统制,则除依政事别科目设置岁出预算明细分类账簿而外,更宜就每一单位机关设置一册分类账簿,分别按各单位机关之岁出用途别科目记录其预算、分配、实支各数。换言之,总会计关于岁出预算之明细分类账簿,大致当分为二套:第一套,为统制的性质,专按总预算之岁出政事别科目,记录经费预算及其实施之总数;第二套,册数极多,而其内容则与各单位经费机关自身所记之岁出预算明细分类账簿,大致相同。不过各单位机关各仅设置是项账簿一册,总会计则每一机关各设一册,因而册数极多。但究竟是否需要如此处理,目前亦无实际制度可资参证云。

四　总会计之记账材料来源

总会计记账材料之来源,为各机关致送主计处之会计报告,及财政部关于岁收之实收、经费款项之拨付、透支挪借款项之借入偿还、公债发行及清偿等之报告。换言之,主计处会计局并非直接处理财务之机关,而仅为一会计机关,由是会计局所主管总会计之记录,并无直接之材料来源,而当悉凭各机关之报告为之。

会计局所主管之总会计,既悉凭各机关之报告为登记,则关于未达账之处理,实为一最难解决之问题。按所谓各机关之报告者,事实上多数应登记之事项,报告机关总有二个以上。举例言之,各岁收机关每十日应致送现金出纳表于主计处,但各该机关每日应致送现金日报表于财政部,而财政部于每日收到各岁收机关之现金日报表而外,更每日收到代理国库银行之现金日报表。如是,财政部每日所收岁收机关之报告,与代理国库银行报告间,两者收到日期难免参差不齐,其间整理调节已感繁复。而财政部每日整理调节完毕之材料,究竟每日报告主计处一次,抑每旬报告主计处一次?又主计处登记岁收各事项时,究竟根据财政部之逐日报告?抑根据岁收机关之逐旬报告?主计处设根据财政部报告为登记,则财政部报告与岁收机关报告日期次序参差不齐部分,究竟如何处理?是均为极难解决之问题,总会计制度设计与实施时之困难,盖不在于科目账簿之设置,而在此类处理未达账时之实际困难也。

雍家源氏"中央普通会计之总会计制度论"成稿试行于公库法未施行前,其中主张总会计于岁收一项之登记,当据代理国库银行或岁收机关二者间先到之报告入账,并以为若岁收机关之报告先到,则当以下列分录入账俟代理国库银行报告收到后,再将"未据报告之国库结存数"科目转入"国库结存数"(相当于收入总存款)科目:

(借)未据报告之国库结存数
　(贷)××收入

又若代理国库银行之报告先到,则以下列分录入账,俟岁收机关之报告递到后再将下列"来源未分之岁入"科目贷入适当之收入科目:

(借)国库结存数
　(贷)来源未分之收入

雍氏是项办法,若付之实施,结果"未据报告之国库结存数"与"来源未分之收入"两科目,必经常留有巨数余额而其间转账手续之烦,亦必不可胜计。广西省总会计曾采用上述类似之制度,即感觉有如上困难云。

五　总会计与国库会计

上节所述之困难,究其原因,与总会计、国库会计间之划分,实不无关系。按依会计法之所定,总会计由主计处会计局主管,国库会计由财政部主管,总会计就总预算及其实施为记录,国库会计就国库收支(包括收入总存款与各项经费存款二者)为记录,二者关系,犹如普通工商事业会计科记录,与出纳科记录间之关系相同。但一考实际,则是项区分实尚有商榷之余地。盖财政部执行财务收支,实具独立性质,其在国家财务行政上之实际地位,无论如何驾乎主计处之上,因而其地位不能与工商事业之出纳科相比。又财政部之执行财务收支,处处不能离预算,是则财政部之国库会计无论其名义上是否有预算数登入会计簿籍,反正财政部不得不有详尽之预算记录,以为实施财务收支之参考。由是而言,则财政部主管之国库会计,纵名义上为辅助会计性质,实质上则为政府财务收支之直接的记录。今不图就此直接的记录设置较为良好之制度,而令另一与实际财务收支毫无关系之会计局,另立一套总会计,结果,总会计之记录与国库会计之记录,无论如何不能避免重复,而上节所述根据各机关报告为登记时,处理未达账之困难,亦必因而加深矣。

　　作者因念总会计设归财政部管理,财政部于总会计之记录,在收入方面,悉据代理国库银行之报告为登记,在经费方面除直接支付款项外,悉据各经费机关之报告为登记,则国库会计与总会计两者间之重复,及总会计记账时处理未达账之困难,未知略可减除否。

六　总会计关于财物会计特种基金会计统制综合之记录

　　会计法于总会计暨国库会计两者,所以有所区划,并规定主计处会计局为总会计之主管机关者,实以会计法于总会计之范围,视为不限于普通会计,且当推及于财物会计与一切特种基金会计之故。程养廉氏("政府总会计制度论",《公信会计月刊》二卷一期及二期)发挥此项观念,并认为政府总会计当分为下列各项单位:

　　(1) 关于普通基金之部分,与上述各节约略相同。

　　(2) 关于财产会计之部分,其科目为器具,服装械弹及现存财产总额等科目,与普通公务财产会计相同。程氏之意,似以为各单位机关既就公务财产为记录,总会计即宜从而为统制综合之记录。至于公务财产以外之公务物品,财物经理,特种财物之会计,究竟应否在总会计设置统制综合之记录,程氏则略而不论。

（3）关于公债基金，非营业循环基金，信托基金等项，程氏认为均应分别在总会计内设置各基金之独立的借贷平衡科目，予以记录。

资力及资产		金 额	负担及负债		金 额
普通基金			普通基金		
	合计			合计	
公债基金			公债基金		
	合计			合计	
非营业循环基金			非营业循环基金		
	合计			合计	
留本基金			留本基金		
	合计			合计	
信托基金			信托基金		
	合计			合计	
××基金			××基金		
	合计			合计	
财产账			财产账		
	合计			合计	

（4）关于营业基金、事业基金，程氏认为不能设置统制综合之记录。

（5）从而总会计之平衡，当如上页表式所示。

程养廉氏以为总会计应就各特种基金及财产会计为统制综合之记录，此种意见，实系根据美国学者如 Morey 等之主张而来。然作者认为我国财政制度，系仿英国综合基金（consolidated fund）之制度，非采美国特种基金之制度。我国预算法所称之特种基金,除公债基金外,均宜编列附属单位预算,并由主管机关依附属单位会计之例,为之记录,是此类会计,各具独立性质,政府主计或财政机关,尽可就其他方法加以监督,必在总会计内设置所谓"统制综合之记录",究竟有否必要,有何效力,均不无可疑也。

(原载《立信会计季刊》,1940年第10期。)

会 计 专 著

会 计 原 理

序　言

　　我看了顾准同志的这篇遗著，一则以喜，一则以悲，又引起了我对他的怀念和无限惋惜之情。顾准同志在我国现代会计界中，可称为一个难得的人才。他天资聪颖，才华出众，早在1927年就参加了我所创办的立信会计师事务所做一名练习生，当时只有十二三岁。他经过刻苦勤奋自学，掌握了会计这门科学，便在我所编辑部工作和在附设的立信会计补习学校担任银行会计教师，曾自编讲义和主编第一卷《立信会计季刊》四期（由立信同学会主办）。由于他讲解透彻，说理清楚，深得同学们的欢迎和爱戴。1935年商务印书馆出版他所编著的《银行会计》被列为《大学丛书》，他也开始登上大学的讲坛。以后，他又陆续写了不少有关会计的著作和论文，如与我合著的《中华政府会计制度》、《会计名辞汇译》（中英文对照）等，均有他独特的见解和大胆的探索，深为社会所称许和赞誉，我亦有所倚赖焉。但他"志不在此"，于1940年毅然抛弃优厚的待遇和都市生活，离开上海奔赴解放区，为祖国革命事业作出卓越的贡献。特别在1949年上海解放初期，他奉命出任华东财政部副部长兼上海市财政局长和税务局长等职，身负重任，对建国初期国民经济和财政情况的好转，建树尤多。后来任中国社会科学院经济研究所研究员，又重新进行会计理论与实务的研究，深入基层调查研究，结合多年来实际工作经验，理论联系实际，意图编著一部具有中国特色的社会主义会计学巨著，计划写七篇，本书只是其中的第一篇。因发生了"文化大革命"而停顿。顾准同志不幸于1974年逝世，"壮志未酬身先死"，使我悲痛之心至今未已！

　　这篇遗著虽属残卷，仍可独立成篇，编写方法也与众不同，以他一贯的严谨学风，运用马列主义观点，层层剖析，逐步深入，独创一格而不拘泥于习俗。例如：主张利息不应列入成本，应从利润中支出；用数理矩阵方式，来说明复式簿记恒等原理;对借贷记账法和收付记账法问题,提出新的见解;又如对成本计算,应区分大中小企业,分别采用永续盘存制或实地盘存制,从实际出发,加以取舍;如此等等。许多有关会计理论和实务的问题,均具有其独到的识见。现在提出来供大家进一步研究探讨,想亦是顾准同志生前之所愿望也。

我毕生致力于会计,今已耄耋之年,欣逢振兴中华盛世,当前经济迅速发展,会计大有可为,而会计人员严重"青黄不接",深感心有余而力不足,在工作遇到困难的时候,使我常常想念到他,如果他能活到现在,一定会在会计理论研究工作方面,发挥更大的作用。际兹他的遗著《会计原理》出版之时,编委会向我索序,谈几句感想,作为纪念罢!

潘序伦时年九十有一
1983 年 10 月

《会计原理》一书编写前后[①]

——简介作者顾准同志生平

陈敏之

《新编立信会计丛书》编委会要我为顾准同志所著的《会计原理》一书写前言,我欣然应诺,觉得这是我义不容辞的责任。

顾准(我的哥哥)这个名字,对于今天年轻的读者,可能感到陌生,因此趁本书正式公开出版的机会,简略地介绍一下他的生平,也许不是多余的。

顾准同志早在本世纪30年代就着手研究会计学,从事会计学著作的写作。1927—1937年,正是我国民族资本有相当发展的10年。我国传统的古老的簿记方法,已经远远不能适应当时民族经济发展的要求。这时,欧美各资本主义国家早已盛行新的更为科学的会计理论和方法——现代会计学,立即被介绍到中国来,并以"新式簿记"的美名得到了迅速传播。

1927年,作者因为家境贫寒,为了挑起家庭生活的重担,在黄炎培先生所创办的中华职业学校商科初中毕业(当时旧制初中只2年),以后不得不中辍学业,由母校留云小学的老师殷亚华先生推荐,经王志莘先生介绍,进入由潘序伦先生创办的立信会计师事务所当练习生。这一年作者不过12岁。后来,他经过勤奋和刻苦的自学,逐渐学会和掌握了会计学这门学科。作者第一次站到立信会计补习夜校讲台上去讲课时,年龄只有16岁。在1934年,作者接受马克思主义思想并开始了革命活动。最初,他在立信会计师事务所和立信会计补习

[①] 新编立信会计丛书编辑委员会编:《立信会计选辑》第3期第24~28页。知识出版社1985年6月版。

夜校的年轻同事、同学中组织了一个革命的小团体——"进社";随后,他参加了中国民族武装自卫委员会(以下简称"武自会"),他先后担任过"武自会"总会宣传部副部长和"武自会"上海市分会主席;不久,他被吸收参加了中国共产党。1934—1940年期间,上海处于国民党白色恐怖和敌伪残酷统治的条件下,作者在这里坚持党的地下斗争。

艰难的环境最能磨炼人。为了能够争取到更多的职业自由,腾出更多的时间去从事革命工作,并且使家庭的生计能有所改善,作者选择了撰述会计著作这一生活道路。1934年,作者完成了第一部著作《银行会计》。这本书一出版,就得到了社会的称许和赞誉,并被采用为大学教材。作者写成斯书时不过19岁。以后,由作者参加撰写并陆续出版的计有《初级商业簿记教科书》、《簿记初阶》、《股份有限公司会计》、《中华银行会计制度》、《所得税原理与实务》、《中华政府会计制度》等书。此外,他还参与了修改《高级商业簿记教科书》等。

值得今天在这里提到的是,当时立信会计师事务所主持人潘序伦先生,对作者从事革命活动是有所觉察的(自1934—1940年间,作者曾数度政治流亡,其中最长的一次为1935年秋,流亡到当时的北平,几达半年之久。他还曾一度到中国银行任事,后来又回到潘氏所办的会计师事务所),然而他并没有因为怕担风险,对作者采取当时社会上流俗的办法,将其摒斥于门外,而是采取了比较开明的态度,继续任用,因而使作者和他的家庭能够获得一个比较安定的生活条件。这在当时的社会环境里,应当说是比较难能可贵的。

1940年,作者因为党的工作的需要,决定离开上海。对于他的这种突然行动,他的同事们都感到迷惘不解,有的还善意地加以劝留。他淡然答之以"志不在此"。在30年代,作者之所以要从事会计学著作的撰述,不过是把它当作掩护革命工作的一种手段,并没有把自己在这方面所达到的成就作为生活的直接目的。至于抛弃优厚的薪水,舒适的城市生活,到艰苦的农村革命根据地去,这在一般人心目中当然是难以理解的,但是对于一个怀有远大革命理想和高尚情操,并且随时准备付出自己生命的共产党员来说,却是视作理所当然的事。

作者把1927—1940年的这13年,称为"职业向上时期"。事实也确是如此,他从一个练习生成长为会计学著述者和几所大学的兼任教授,他的社会地位是上升的,经济收入也随之增加。1934年后,他从事党和群众工作,虽身处险境,但发展还较顺利。然而,顺境从来不可能伴随人生的始终,何况我们是处在一个急剧变化的、复杂的社会环境之中。从1940—1949年全国解放的9年间,作者除在延安中央党校学习外,绝大部分时间是在党领导下的苏南、苏北、山东等地区的财经部门担任一定的负责工作。

从1949年上海解放,到1974年作者病逝,这25年,对作者来说,真是极不平静的25年。这里想用简短的文字叙述作者最后10年的经历。因为这10年,在作者的一生中也许是最有代表性的;同时,也因为这一段时期的经历,与本书的写作有关。

1962年,当他重返经济研究所(现属中国社会科学院)以后,应当时经济研究所所长孙冶方同志的邀请,允诺承担了一项会计研究任务:撰写《会计原理》和《社会主义会计的几个理论问题》专著。《会计原理》原来计划共分7篇,本书是其中的第一篇,由作者于1962—1963年间,在上海等地经过一番调查之后写成的。其他各篇因第二次政治上横逆的袭击,未能终篇。因此,本书终于成了残卷。《社会主义会计的几个理论问题》,作者生前曾广泛征求国内有关专家、学者的意见,两易其稿,准备第三次修改后定稿,由于同样的原因,作者生前未能将此事做到底。1982年5月由上海人民出版社出版的此书,是根据遗稿稍加整理后付印的。两本著作,可以说是姐妹篇。

接着,"文革"席卷全国,作者自然也难以幸免。妻子汪璧同志于1968年含冤而死;子女受当时极"左"思潮之害,与其父划清界限,申明脱离父子、父女关系;作者被逐出家门,有家归不得(作者在1965—1966年间写给我的信中,曾屡次自喻为"丧家之犬"),真正到了子离妻死的地步。

然而,精神上的真正强者,是压不垮的。作者在历经创伤之余,把个人的不幸置于一旁,以探索者自勉,鼓起无所畏惧的勇气,对国家的未来、社会的未来进行着探索。据经济研究所对他比较熟悉的同志后来告诉我:这些年,他每天经常坚持读书十几小时以上。众所周知,在那个年头,能这样珍惜时间,坚持搞研究工作的,真是寥若晨星。

1972年7月,作者自河南息县回到北京。当年冬天,我请了假,与妻子一起去北京探望住在我妹妹处的已经88岁的年迈的老母,同时在情况允许的条件下,也想和兄长取得联系,给予孑然一身的兄长以可能的照顾。到北京后,我没有经过什么周折就与他取得了联系。此次晤见,甫经离乱,人事沧桑,悲喜之情,可以想见。自此以后,一直到他1974年病逝止,两年中我们没有停止过通信。在通信中,我们广泛地讨论了关于哲学、关于中外历史、关于经济等各方面问题。他有一个庞大的计划,准备以10年时间,研究西方历史,研究中国历史,然后透彻地全面地进行比较、分析,从中去探寻历史发展的轨迹和规律。这个计划,他是付诸实践了的。他对古代希腊史的研究,便是这个计划中的一个组成部分。1973年年底起,他为了研究古代希腊史,每天只带上几个冷馒头上北京图书馆,撰写关于古代希腊史的笔记。他在通信中对我说,他又恢复了30年代流亡到北平时期的那种每天跑图书馆的生活。1974年5月初,作者咯血不止,病倒了,这份笔记剩下最后三节没有写完。1982年3月由中国社会科学出版社出版的《希腊城邦制度》,就是这份笔记,也是未完成的残篇。这两年通信中他自称为的"笔记",而实际上是研究论文,现今已经发表的还有以下诸篇:《科学与民主》(《读书》1980年第11期)、《基督教·希腊思想和史官文化》(《晋阳学刊》1981年第4期)、《资本的原始积累和资本主义发展》(《社会科学》1981年第5期)。

　　1974年9月中旬,我再度去北京。我们在一起共同生活了将近半个月。这是自1934年以后40年来仅有的一次。国庆前夕,他送我西行去宁夏看望我们的侄女和一位30年代就在银川工作的老朋友。10月中旬,我刚回到上海,知道他又咯血不止。11月初,接到他告急电报,希望我立即赶去。我当时始料不及他患的竟是肺癌绝症。结果,只有短短一个月时间,病魔就夺走了他的生命。他的研究计划,当然只能和他的生命一起离开了这个人间。

　　历史是客观存在的。人们可以从记忆中使它淡忘,但是,绝不能随意将其抹杀。我不想在这里对作者作任何评价,因为这不应当是我的责任。中共十一届六中全会通过的《关于建国以来党的若干历史问题的决议》,澄清了建国以来党的历史上许多重大是非,已经为我们判别具体是非提供了必要条件。作者所在单位的党组织,对他过去所受到的错误处理,进行了平反改正,事实上已经对他作了肯定的评价。我也不想对本书作任何评论,因为这是专家们的事。我的目的,只是想通过对他一生经历的简短叙述,把他长期来被扭曲了的形象恢复其本来面目。如果我的这种努力没有完全白费,我就很满足了。

　　最后,再赘言几句。本书写作于1964年以前,距今已有20年,本书第一版的出版,颇费了一番周折。因为此时正处于粉碎"四人帮"前后这样一个历史背景下,所以是不难理解的。第一版终于能够出版,已故的孙冶方同志,以及姚耐同志、许毅同志和财政部的负责同志都尽了力。对此,谨表示感激之情。对于中国财经出版社的慷慨支持,表示感谢。本书原稿,承顾树桢、顾福佑、王文彬同志校阅,特再次向他们表示深切的谢忱。这次,在"新编立信会计丛书"编委会和知识出版社的大力支持下,本书又得到第二次出版并公开发行,在此表示由衷的感谢。

第一章 绪　　论

什么是会计

会计是社会主义扩大再生产过程中各类经济单位系统地记录、计算、分析、报告、检查它的经济活动的方法，也就是各类经济单位的记账、算账、报账、查账的方法。换句话说，会计是设置账户体系及会计账簿，记录经济活动，进行经济计算[①]，报告并检查计算结果，经过分析，寻求改进经济活动的途径，使之更适合我们预定目的的一种方法。社会主义经济是计划经济，无论就整个国民经济过程或其各类单位来说，都必须作经济计算。但是用会计方法作经济计算的，限于社会再生产过程中的各类经济单位。整个国民经济的经济计算，要广泛利用基层单位的会计资料，但不能直接用会计方法进行。

会计主体

运用会计方法记录、计算、报告、分析和检查它的经济活动的经济单位即会计主体，可以分为下列几类：

（1）从事物质生产的各基层单位，即农业（包括林、牧、渔、副业），工业（包括采掘、采伐及加工工业），交通运输业，商业及服务业，建筑安装等企业。根据所有制的不同，这些企业又可分为全民所有制及集体所有制等企业。

（2）不从事物质生产的机关事业单位，如中央及地方的行政管理机关、学校、医院、武装部队、科学研究机构，以及工会、共青团等人民团体。

[①] 本书用"经济计算"这个名词时，和"企业的经济核算制"中的"经济核算"的含义有严格的区别。"经济计算"泛指为一定目的所作的经济上的计算，企业的"经济核算制"则专指企业取得独立的经营资金，独立计算盈亏，并在完成计划生产任务的同时，力求获得最大的经济效果的那种制度而言。

大部分机关事业单位是由国家或地方预算核给经费的。有的机关事业单位是企业的附属单位,如企业附设的职工医院、业余学校、职工子弟小学、托儿所、工业试验所或研究所、设计院、职工食堂等等。也有一些机关事业单位是人民团体附设的,如职工疗养院、青年文化宫等等。

有一些从事物质生产的机构,但不按企业经济核算制原则经营,如城乡公路、道路的建设及管理,航道的疏浚等等。这些单位也可归入机关事业单位。

（3）个人或家庭的家计经济。

（4）国家及地方总预算。

（5）各类信贷体系,即中国人民银行,中国人民建设银行,中国农业银行及农村信用合作社。

上面所列举的各类会计主体中,家计经济内容简单,它进入国民经济的计算可以依赖间接统计资料(工资基金、商品零售额、储蓄、小额汇款等等)及抽样调查,所以,虽然理论上它也可以构成一类会计主体,但本书对于这类会计将略而不论。

全民所有制的企业、集体所有制的企业和人民公社所属企业

全民所有制的企业,即中央管理的或地方管理的国营企业,受中央各部局或省市县人民委员会或其所属的厅局的领导。我国工业、交通运输业、商业、建筑业的绝大部分是全民所有制企业,国营农场也是全民所有制的企业。

集体所有制的企业,即由劳动者集体经营的企业。我国集体所有制的企业有供销合作社,手工业合作社等等。农业方面,除国营农场而外,凡农村人民公社所属的作为公社基层核算单位的农业生产队,都是集体所有制的企业。各级合作社联社及农村人民公社经营的工厂、作坊、抽水机站、种畜养殖场等等,也是集体所有制的企业。

社会主义企业都要贯彻经济核算制

无论全民所有制的企业或集体所有制的企业,它们的生产和经营,都要经过各种途径纳入国家计划,它们都应该千方百计地保证国家计划的完成和超额

完成,与此同时,它们又都是实行经济核算制的企业。它们有权使用国家拨给的(全民所有制企业)或拥有集体所有的(集体所有制的企业)经营资金,包括固定资金(如房屋、建筑物、机器设备等)和流动资金(如材料、在产品、产成品等);它们应该努力降低生产经营的成本,合理运用它们的经营资金,并从生产经营过程中获得最大限度的积累。

会计是贯彻企业经济核算制的重要工具

企业会计是根据经济核算制的要求来记录、计算、报告、分析和检查企业的经济活动的。企业的经济活动有多方面的内容,它是物质财富的生产过程,也是物质生产资料及劳动力的消耗过程。任何企业,为了满足技术管理、生产管理、劳动管理、物资管理等多方面的要求,必须从不同角度来记录它的经济活动,计算有关各项技术经济指标。企业会计的任务,则是结合各项生产业务的记录,从经营资金循环和成本、利润计算的角度,系统地记录、计算、报告、分析企业经济活动。由此可知,企业在实行并贯彻经济核算制的过程中,固然要依靠各种生产、技术、业务的记录,但会计则是贯彻经济核算的主要工具。

以经营资金循环和成本、利润计算为其主要内容的企业会计,必须以货币量为其统一计量单位。任何企业的经营资金都包含种类繁多的物质财富,综合的经营资金循环的计算,只能是它的价值量的计算。任何企业的产品生产,都要有各种各样的物质和劳动量的消耗,产品的成本及售价则是一个综合的价值量。不同企业间和同一企业不同期间的经济效果的高低,包括多种因素,最终的可比数据则是价值量。会计是以价值量为统一计量单位的经济核算体系,这是企业的经济核算制所决定的。

本书关于企业会计的讨论

社会主义企业是社会主义扩大再生产过程中的基本单位,又由于社会主义企业是实行经济核算制的企业,会计在企业中的应用最为发达,所以本书将以最大部分的篇幅讨论企业会计问题。

企业会计的对象虽然十分广泛,它的结构的中心是账户体系,以及和账户体系有关的凭证、账簿体系,本书第一篇的内容就是说明及讨论企业的账户体系和凭证、账簿体系。企业会计的账户体系和其他各类会计的账户体系,在经济内容上虽然有极大差别,在数学结构上并没有什么不同,熟悉了企业会计中账户体系的数学结构之后,必然把它运用于其他各类会计,所以,本书设专章讨论账户体系的数学结构。

企业会计有工业、商业、交通运输业、建筑安装业、农业等各类之分。除了企业会计之外,还有机关事业单位会计、预算会计、银行和信用合作社会计等等。各类会计的任务、对象各有不同,于是,各类会计的方法,也有或多或少的差别。但是各类会计都要设立账户,系统地、连续地记录它们的经济业务,采用复式记账法或称复式簿记则是彼此相同的。就此而论,各类会计的账户体系的经济内容虽各有不同,它们的数学结构则是彼此一致的。

一方面,对于初学者而言,离开各类会计的经济内容,抽象地讨论账户体系的技术结构,在理解上是有困难的。另一方面,各类会计的经济内容虽极不相同,无论从历史或从现状看来,会计在企业中的应用最为发达。因此,本书主要目的虽然是讨论会计原理,但在内容上以企业为中心。

会计原理和专业会计不同。会计原理讨论会计中的一般问题,专业会计则结合各类企业的生产、工艺流程、业务组织及处理程序,讨论各类会计的具体方法。

本书以全民所有制的工业企业的会计为讨论的对象,似乎已经带有工业会计的专门性质,其实它还属于一般会计原理的范围。工业企业种类繁多,发电厂、冶金厂、机械厂、化工厂、煤矿都是工业,它们的生产过程不同,成本构成不同,会计方法也各不相同。同样的机械厂,规模小的,职工不过几十人,产品不过一二种;规模大的,职工人数达四五千人以至万人以上,产品品种型号可达几千种,两者的会计方法也有极大的区别。会计原理,只能讨论一般的工业会计,或者扩大一点,讨论一般企业会计的问题,各类工业,各类企业,都应适合自己的生产和业务的特点,研究并改进自己的会计制度。由此看来,专门讨论矿业、化工业、电业、或铁路、公路汽车运输,零售商业、国家物资供销机构等等的会计,才是专业会计。本书内容既是讨论一般的会计问题,所以就不属于专业会计的范围。

一般学习会计的人,要普遍熟悉各部门各行业的生产技术过程和经营管理问题是不容易的,从而,要普遍弄通各类专业会计也是不容易的。但是我们同时又必须注意,会计原理的学习虽然可以帮助他们获得关于会计的普通知识,会计原理的真正的实际应用,则是各种专业会计。会计工作者要真正解决一门专业会计的问题,必须在具有会计原理的一般知识之后,进一步和某类企业的工程技术人员及业务管理人员密切合作,研究怎样把会计体系和生产管理、业务管理密切结合起来,才能正确运用会计原理于这个行业或这个企业之中,制定适合于它们的会计制度。读者假使认为学习会计原理之后,就能够顺利解决一切会计问题,这就是十分有害的误解了。

会计和国民经济计算

由上各节,读者可知会计是社会主义扩大再生产过程中各类经济单位的经济计算体系,各类经济单位的经济业务内容不同,经济计算的目的不同,从而各类会计的对象、任务、结构、方法也各有不同。相对于国民经济计算而言,会计是经济个体(小范围)对它们自己的经济活动作经济计算的体系,不是像国民经济计算那样,以整个国民经济过程为其对象的经济总体(大范围)的经济计算体系。如果我们可以把各类会计的账户体系称为会计的模型的话,那么各类会计的模型既互相不同,而国民经济计算的模型,又和一切会计的模型完全不同。

会计既是经济个体的经济计算体系,所以它的基本方法是设立账户体系,系统地、连续地记录经济个体的经济活动。会计要对经济个体的经济活动作综合的经济计算,但这种计算,是以系统的会计记录为基础的。国民经济计算既以国民经济总体为其对象,它不可能以会计方法作为计算的基础,而是要用统计方法汇集各类经济个体的会计资料来作成它的计算的。

国民经济计算用统计方法汇集资料,不以各类经济个体的会计资料为限,也要汇集各类经济个体的业务技术记录的资料。已经指出,会计是关于价值量的计算,它是以价值量来综合计算企业的生产经营过程、机关事业单位的经费收支过程、预算及信贷收支的过程的。所有这类价值量的计算,对于整个国民经济范围内社会产品的生产、分配、流通、消费的综合计算,以及国民收入分配和再分配的综合计算,当然是有用的。但同时,① 会计所提供的资料还不能充分满足以上两项综合计算的要求。② 在这两项计算以外,国民经济计算还有多方面的内容:它要对各类产品作物量平衡的计算,它要作出关于劳动力再生产的计算,以及其他各项社会经济统计等等。因此,会计是国民经济计算赖以取得资料的基础之一,但会计不是国民经济计算的唯一资料基础。

由此可知,会计和国民经济计算是截然两事。国民经济计算的对象之一是社会主义的扩大再生产过程,会计则不以整个国民经济过程为其对象,而以社会主义经济整体中各类经济个体的经济活动为其对象。倘使以为各类经济个体的经济计算体系的对象,和经济整体的经济计算体系的对象是一种东西,这显然是误解。

但在另一方面,我们又必须注意,社会主义经济下一切经济个体,是社会主义经济整体的有机组成部分。社会主义经济是计划经济,各类经济个体的经济活动的计划,直接从属于社会主义经济计划,所以,各类会计,必定与国民经济计算中的某一部分具有从属关系。应该指出,国民经济平衡表,就是会计对之具有从属关系的一种国民经济计算体系,两者都以价值量为计算单位,两者对于一切实物量和劳动时间量又都是以现行价格和工资率折成价值量的,所以两者的计算基础是相同的。当然,由于两者对象的不同,国民经济平衡表的模型不同于各类会计的账户体系的结构。但各类会计不难采取适当的技术措施,使它们的账户体系的结构,既能满足个体计算的要求,又尽可能满足总体计算的要求。

本书的目的既限于讨论会计原理,当然不能涉及国民经济平衡表问题。但是社会主义会计既然从属于国民经济平衡表体系,本书有关章节也准备对于各类会计如何满足国民经济平衡表的要求作一些讨论和探索。

第二章 经营资金及其循环

企业的经营资金

社会主义再生产,是在过去时期积累的物质生产资料的基础上进行的。整个社会再生产过程,既是生产各项产品的过程,同时又是生产资料的消耗、补偿和积累的过程。任何时候,全社会所拥有的生产资料总和,构成全社会生产中使用的国民财富[①]。连同非生产中使用的国民财富,如社会消费品的储存,各项物资储备,机关学校等非生产使用的房屋,民用住宅等等,即为全社会的国民财富。

全社会国民财富中拨归各个社会主义企业使用的部分,构成企业的经营(生产)资金[②]。企业和整个社会再生产过程一样,它的生产及经营活动,是职工的劳动和生产资料相结合、不断生产新的产品或劳务的过程,同时又是生产资料的不断的、周而复始的消耗和补偿过程。产品生产,生产资料的消耗和补偿,构成企业经营(生产)资金的循环。

生产经营过程中所使用的物质财富

作为企业经营资金的生产资料,可分为四类:① 房屋及建筑物。包括厂房、仓库、厂内道路、办公用房屋、职工住宅;铁道的车站、路基、桥梁;农业企业

---

① 这里所说的国民财富,限于过去劳动所生产的物质资料,不包括天然资源,更不包括劳动人民的劳动。

② 社会主义企业的经营(生产)资金的循环过程,即它在物质形式和价值两个方面的消耗和补偿过程,和资本主义企业的"资本循环"在形式上是相似的。但资本主义企业的"资本"所代表的资本主义生产关系,则不存在于社会主义企业之中。

的谷仓、畜舍；水电站的堤坝；商业企业的营业用房屋等等。② 机械设备。包括一切动力机械、作业机械、工具、模型、仪表；运输用车辆、轨线、管道、船舶、飞机；输电线路及设备；可以反复使用的容器；办公用家具、通讯设备、计算机器等等。农业和运输用的役畜，也可以归属于这一类。③ 天然资源。例如，矿藏、森林、水力等等不是过去劳动的产品，一般和土地一样，不是物质财富的构成部分。但资源的勘察费用，是使它们进入可利用状态的过去劳动耗费，也构成企业物质财富价值的一部分。④ 原材料、在产品、产成品及商品。商品指商业企业的库存商品，产成品指工业企业的库存产成品。商品或产成品或供直接消费之用，或用作其他企业的生产资料或生产手段，在拥有这些产品、商品的企业中，则一律是待出售变现的商品。原材料，指工业企业生产中所用的直接原料（如纱厂的棉花）或直接材料（如机器厂的钢材），以及为进行生产经营活动所必需的燃料、辅助材料、包装材料、为使建筑物及机械设备处于完好运行状态所必需的零部件、工具、维修材料、润滑油脂，以至办公用品等。在产品指一切企业生产过程各阶段中未完成的产品。由于每个企业都有或长或短的生产周期，所以在任何瞬间，全部企业的在产品总和，在全部国民财富中也是一个庞大的数量。

货币资金

货币资金是企业经营资金中的重要组成部分。它的具体项目分为人民银行结算户存款及库存人民币（库存现金，或简称现金）两项。按照现金结算办法，大宗货币资金都存在人民银行结算户存款中，库存现金，只以零星支付所必要的数目为限。

货币资金本身并不是物质财富。但在商品货币关系和企业经济核算制条件下，它是社会主义企业间按等价交换原则作相互供应时清算相互经济关系的工具，也是支付职工工资、上交利润的支付手段（国民收入分配及再分配的工具）。国家增拨企业经营资金，或企业上交多余的经营资金时也要通过货币资金收支。就全社会的经济过程来说，社会扩大再生产过程必须以现存物质财富为生产的出发点，但以个别企业而论，产品生产所需物质生产资料必须继续不断地由他企业供应，职工所需生活资料也不断由商业部门供应，货币资金既是社会产品的流通媒介，它就具有一般购买力的性质。于是一个企业必须保有足够的货币资金，才能保证持续不断供应生产资料，保证及时支付职工工资，而这又是生产经营过程顺利进行的条件。

经营资金的循环

企业的生产经营过程，就是经营资金不断循环的过程。现为说明经营资金的循环过程，作简单的图解，见图表2-1。

图表2-1

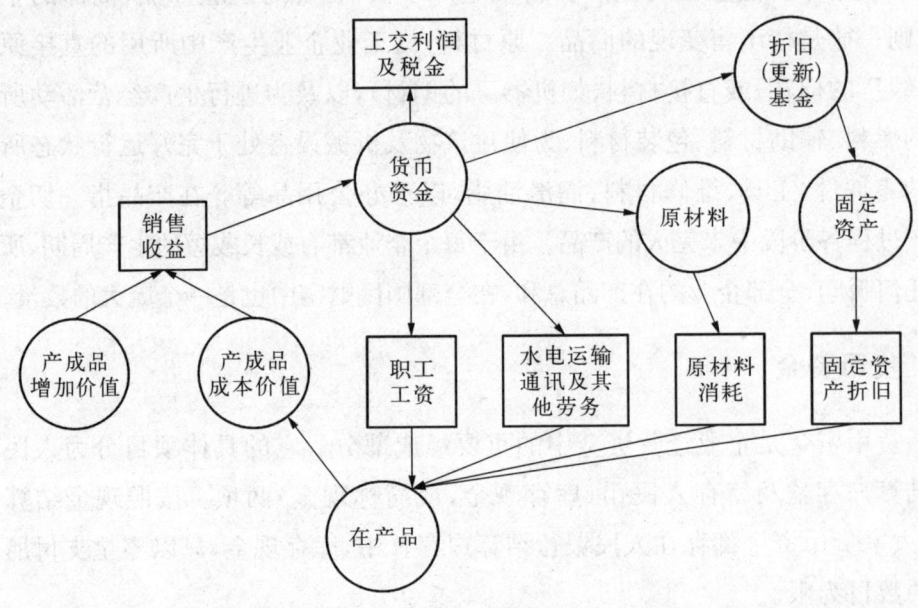

经营资金循环的图解

说明：
(1) 图中各圆圈内的项目是经营资金，方框内的项目是成本收益及利润。
(2) 产成品的增加价值，按照会计处理的原则，在出售时（产成品价值实现时）加入循环，不在生产过程中加入循环。

由图解，可见经营资金可以概略分为① 固定资金。② 原材料。③ 在产品。④ 产成品。⑤ 货币资金等五类。在企业的生产经营过程中，五类经营资金各作周而复始的循环，它们各自的循环过程又彼此互不相同。但就循环中物质替换和价值补偿的特征而论,房屋及建筑物、机械设备等固定资产和原材料、在产品、产成品及货币资金之间又有一种基本区别,根据这种基本区别,我们把前者称为固定资金,后者称为流动资金。

固定资金及流动资金

货币资金、原材料、在产品及产成品,在经营生产过程中依次转化到下个阶段,如货币资金转化为原材料(供应过程),原材料转化为在产品和产成品(生产过程),产成品又转化为货币资金(销售过程)等。在这个循环过程中,前一阶段的经营资金,在其物质形态及价值两方面,同时一次转化为次一阶段上的经营资金,又从前一阶段得到补偿,如此循环下去,所以称之为流动资金。但房屋建筑物及生产设备等固定资金,在其寿命年限内反复使用于生产,它们的使用价值一般并不因反复使用而降低,而寿命年限到达时,又要废弃更新,所以要把它们的全部价值合理分摊到产品价值内逐渐收回,累积为折旧(更新)基金。这就是说,固定资金在寿命年限届满前不作物质形态上的更新,但要逐步补偿它们的价值消耗,这就是固定资金和流动资金的区别所在。

根据以上区别,不仅房屋建筑物及生产设备是固定资金,寿命年限短、单位价值不大的工具、用具、容器、小型设备等也是固定资金。但按现行制度,凡这类资产的使用年限在1年以下,或单位价值在规定限额(按企业性质、规模不同而异,有200元、500元或800元等几种)以下的,一律称为"低值易耗品",列入流动资金项下。

流动资金的循环

既然固定资金的折旧总要加入产品价值逐渐收回,流动资金的循环和固定资金的循环就是密切结合在一起的。暂时不考虑这个问题,我们可以发现,流动资金中的货币资金,在产品和产成品三者的循环过程是前后连接的。分别说来,则:

(1) 货币资金经过购买(原材料及劳务)及支付(职工工资)逐渐转成为在产品,又经过产成品的销售收回所支出的货币资金,并继续不断地经过购买和支付，转成为在产品。

（2）在产品经过每一道工序，因物质消耗及劳动消耗而逐渐增大其价值，当生产过程完毕后，转成为产成品。生产过程是连续不断的，所以这个循环过程也在不断进行。

（3）生产过程连续进行中，不断有产成品制成入库，又不断售出转化为货币资金。

以上这三个过程是前后衔接的。当然在产品和产成品一律按成本计价，产成品售价比成本为高，所以，在销售中要产生一个价值超过部分（"增加价值"），这就是企业所实现的纯收入（利润及销售税金）。社会主义企业所实现的纯收入是按计划陆续上交预算的，代表这部分纯收入的货币资金于是脱离企业内部的循环，经过国家预算再分配于各种用途。

上面的说明，是假定企业所需原材料一律临时购买，企业本身没有原材料储备。实际情形当然不是如此（参见图表2-1）。但是任何企业的原材料循环规律，又取决于原材料供应的条件，所以和以上三者的循环规律并不一致。它和以上两者相同之处在于它是一次全额消耗，必须在物质形态和价值两方面做完全的补偿，这是它和固定资金不同之处，所以它也是流动资金的组成部分之一。

固定资金的循环

除原材料的周转有其特殊规律而外，一般流动资金的循环周期应和生产周期基本相一致。固定资金的循环周期，则取决于它的寿命年限。换言之，每一项固定资金从购入使用起，经过逐渐摊销，积累更新基金，到废弃更新为止，构成一个循环周期。一个企业所拥有各项固定资产寿命年限是长短不一的，全部固定资金的总循环周期，可以按照固定资金的构成及个别的折旧年限综合计算而得，这个循环周期总比产品的生产周期要长得多。

固定资金的循环周期既不同于流动资金，那么在逐项固定资产不到废弃更新的时候，从产品售价中收回的更新基金，就会构成为一笔不必立即投入再生产的剩余货币资金，这笔资金应当专户存储，不参加经营资金循环，以备更新固定资产之用。(为简化内容起见,本书各章的讨论及例解,都暂时不处理这个问题。)

债权及债务

以上各节,讨论货币资金循环时,都没有考虑支付的延期,及由此而引起的债权及债务。按照国家关于现金结算的规定,社会主义企业间的相互供应清偿,应及时结算,一切企业应该不会发生大量应收未收、应付未付的货款,也不可能出现其他各种应付款项。但实际经济生活中,任何企业都不免经常留有相当数量的未收款(债权)及未付款(债务)。以购买和销售货款而论,发货单位和购买单位间有运输、验收、结算、收款等一系列过程,发货单位在发出商品时应立即记账,不能等到商品运到对方厂内,验收完毕,支付款项再行记账,在发货和收款这一段时间内,发货单位就有"应收购买单位款"这样一种债权要记入账内。购买单位记录购买业务,是在货物验收完毕之时,但从验收完毕到支付货款,往往也有一段时间间隔,于是购买单位就有"应付供应单位款"这样一笔债务要记入账内。有时因货物数量不符,质量争议,一笔货款也往往拖延很久没有结清,于是债权、债务数额也会随之扩大。除此而外,临时暂付款项,应付税金等等,也是经常发生的。由此看来,任何企业总会有因为延期支付或借入而发生的一系列债权、债务项目,这些项目,也构成它的经营资金的一部分。

结算资产及结算负债

一切债权及债务既都因延期支付而发生,它们就是很快可以收回①或即时应该清偿的项目,于是企业的可用支付准备金,应该是现金及银行结算户存款加减债权、债务后所得的净数:

$$可用支付准备金 = 库存现金 + 银行结算户存款 + 债权 - 债务$$

---

① 应收款中也会有不易收回,可能成为坏账的项目。不易收回的应收款,当然不应加入可用支付准备金。

这样看来，一切债权、债务都应该看成货币资金的附属项目。

由于债权、债务和货币资金具有上述共同性质，现行会计制度称库存现金、银行结算户存款及各种应收款为"结算资产"，各种应付款项为"结算负债"。

但货币资金又是流动资金的一个重要组成部分。因此，我们也可以把货币资金及各种应收款项都加入流动资金项下，而把各种应付款项称为流动负债，两者相减后的余数则称为流动资金净额（本书以下各章的讨论及例解，有时也采用这样的分类方法）。

银行借款

企业除延期支付而发生的债务，应即时从货币资金中清偿而外，其余全部经营资金都属国家所有，称为"国家基金"。但企业经营资金的来源往往不止国家基金一种，银行借款也是经营资金的来源之一。银行借款是企业按照国家规定向中国人民银行定期借用的贷款。银行借款一般规定偿还期限，并须支付利息，所以不同于拨归企业长期无偿占用的国家基金。但银行借款实质上不过是另一种形式的国家基金，和因延期支付而欠付的应付款项性质又截然不同。会计上一般把银行借款称作借入基金，以便和国家基金或自有基金相区别。

资产、负债和基金

政治经济学讨论企业经营资金的时候，房屋及建筑物、生产设备、原材料、货币资金等项目，往往径直称为"经营资金"或"固定资金"、"流动资金"。会计学的任务，不是一般讨论它们的性质，而要详尽地记录、核算它们的增减变化。为要记录经营资金的增减变化，一方面必须按照经营资金的具体形态作分类的核算，另一方面又必须记录它们的来源或所有关系。例如，某企业1964年初经营资金总额为20 000元，其中机器设备10 000元，货币资金2 000元，原材料3 000元，在产品4 000元，产成品1 000元。全部经营资金就其来源而言，又是由国家基金15 000元，银行借款5 000元构成的。会计上对于以上各项数据，应作两方面的记录，见图表2-2。

图表 2-2　　　　　　　　　　　会计记录结构

资产：机械设备	10 000.00	基金：国家基金	15 000.00
货币资金	2 000.00	银行借款	5 000.00
原材料	3 000.00		
在产品	4 000.00		
产成品	1 000.00		
	20 000.00		20 000.00

　　试把上表和前节关于经营资金循环的图解对照，我们又可以知道经营资金在其循环变化过程中，各项目不断有所增减，但除了因经营过程中发生利润或亏损而外（见次节），经营资金总额不因循环而有增减。企业会计既记录经营资金各项目的增减变化，又记录它的来源的增减变化，可以使两者互相对照，并可使表明来源或所有关系的"国家基金"、"银行借款"科目，总括经营资金的总数。这种方法，可以称为"两重记录法"，会计上使用这种"两重记录法"，在建立一个具有自行平衡机制的账户体系上有极大的用处，它是复式记账法（或称复式簿记）的重要出发点，参见本章例解及第三章和第十八章的讨论。

　　会计上既采用两重记录法，就有必要把经营资金的具体项目（前表左方的各项目），和它们的来源或所有关系（前表右方的项目）两者区别开来，为此会计上把前者称为"资产"，后者则沿用经济学名词，仍称"基金"。上表内的"国家基金"，则是"国家所有的基金"的简称。有了这样的名词区分，于是"固定资产"是指房屋建筑物、机械设备等物质形态上的固定资金而言，"流动资产"是指货币资金、原材料等而言。"基金"、"国家基金"、"借入基金"等均指其来源、所有关系而言。这是会计名词和政治经济学名词不同之处。但是这种名词上的区别实际使用时有时也很容易混淆。（"资产"这个名词也见于经济学文献，而会计学既是政治经济学理论的具体应用，有时也就不严格区别"资产"、"基金"两者。在不论怎样使用上述诸名词，承上下文的意义，也总不致发生严重的误解。）

　　另一个会计上习用的名词是"负债"，即指应付款等各种债务而言。

　　由上所述，又可知资产、负债、基金三者的关系，可以下列几个公式来表明：

$$资产 = 基金 \quad \cdots\cdots\cdots\cdots\cdots\cdots\cdots\cdots\cdots\cdots (1)$$

$$资产 - 负债 = 基金 \quad \cdots\cdots\cdots\cdots\cdots\cdots\cdots (2)$$

$$资产 = 负债 + 基金 \quad \cdots\cdots\cdots\cdots\cdots\cdots\cdots (3)$$

资产、负债、基金间的恒等关系

为要弄清楚资产、负债、基金间的关系,前节图解,经营资金循环过程中的纯收入或亏损的发生及处理,需要作进一步的讨论。

从会计角度来看,企业纯收入是由于产品售价超出产品成本而产生的"增加价值"。会计上记录产成品时,以其成本价值为准(见下节),在此条件下,售出产成品时所收回的货币资金必将多于产成品的成本价值,反之,则没有纯收入,还会发生亏损。社会主义国营企业的纯收入,依规定应该以利润或税金的形式上交国家预算,亏损则或由预算拨补,或直接减少国家基金。这样,利润、税金或亏损的性质,不外是下列几种之一。

(1) 已实现的纯收入,是"应交税金"或"应交利润",它们可以当作和其他应付款项具有相同性质的"负债"看待,如果认为它们和"国家基金"一样,代表国家对企业总资产额的所有权,它们就是"国家基金"的附属项目。

(2) 已发生的亏损,在未处理前可称为"待处理亏损"。如果这项亏损将由国家预算拨补,那么它的性质和其他应收款项相同。如果径直减少国家基金,它就也是"国家基金"的附属项目(国家基金的减项)。

按照上述原则处理纯收入和亏损,我们发现,纯收入一方面自然增加了资产的总价值,另一方面又增加了负债或基金(亏损则正好相反),于是上节所列公式的左右两方,不论在什么条件下都是恒等的,即:

$$资产 = 基金 \quad \cdots\cdots\cdots\cdots\cdots\cdots\cdots\cdots\cdots\cdots (1)$$

$$资产 = 负债 + 基金 \quad \cdots\cdots\cdots\cdots\cdots\cdots\cdots (2)$$

社会主义企业的基金不是自行增值的垫支资金

上节所示的公式,还应在理论上略加说明。

社会主义国营工业的基金,是这个企业进行生产经营活动的物质生产资料的基本来源。全部社会主义企业的生产经营过程,汇合成为整个社会的扩大再生产过程。但是各个企业,如果要扩大它的生产规模,需要更多基金时,并不是依靠自己的纯收入来积累的。社会主义企业的纯收入(税金及利润)要上交给国家预算,企业的新建、扩建由国家计划规定,所需基金是国家预算通过重分配企业的纯收入拨给的。这个过程,表明了社会主义企业虽然是经济核算制的企业,但绝不是各个独立,依靠"自有"基金进行不断"资本增值"的企业。由此,社会主义企业的纯收入,是企业及其全体职工对全社会所担负的经济责任的一部分,而不是"资本增值"的手段。与此相反,资本主义企业则以资本增值为其生产的唯一目的。

社会主义企业的基金,也不是以"资金的蓄积"为目的的"垫支资金"。银行借款诚然是企业经营资金的来源之一,这种借入基金是要附加利息归还的。但一般说来,企业利用银行借款往往限于短期间的资金调剂,借款利息实质上也是纯收入分配的一种形式。至于企业的国家基金,则只要企业继续进行生产,它就要保持一定数量,无法归还,也不发生什么归还的问题[1]。从整个社会经济过程来看,企业的经营资金是社会再生产过程赖以进行的物质基础,这也是企业经营资金的根本性质(本章第一节)。与此相反,资本主义企业的资本,是资本家指望要收回的"垫支资本"。继续进行中的资本主义企业的资本当然也无法回收,股票市场则为各个股票持有人提供了收回他自己所垫支的资本的方便途径。所以,资本主义企业的资本,截然不同于社会主义企业的基金。

由此看来,把企业的基金解释为"带有积蓄的扩大再生产"的"预付价值"或垫付资金[2]是未必妥当的,而把企业的资产和基金间的恒等关系,解释为资金的来源及其运用,也未必和客观实际相一致。一个继续不断进行生产的企业的经营资金,是它的必要的物质生产资料的基础,而不是随时可以归还的垫支资金。这一点在个别企业如此,从全社会生产过程看来,则更为明显。

---

[1] 从投资效果的观点出发,可以计算所谓"投资回收期限"。但投资的回收,实质上是交给国家预算重分配的纯收入,而不是"垫支资金"的归还。

[2] 《资产负债表结构原理》,阿发那西也夫著,人民大学研究部编译室译,三联书店1951年版。

资产的计价标准，要满足产品成本计算的要求

经营资金的循环过程，是各项资产及货币资金的不断消耗及补偿的过程。各项资产及货币资金的消耗，构成产品的成本。前节关于经营资金循环的图解中，凡以方框表示的项目，即是构成产品成本的各项目。由此可知，会计上在记录经营资金循环的同时，也就记录了产品成本。反过来，为了正确计算产品成本，一切资产都应按照它们的成本计价。

社会主义经济下的价格是依计划决定的，是稳定的而不是波动的。但长期看来各项原材料及固定资产的价格，也要适应已经变动的劳动生产率而作有计划的调整。在价格调整幅度不大的情形下，企业会计仍应遵循成本计价的原则，只有在特殊情况下，才按重置价格计算。这样做，可以使产品成本的计算，有一个前后一贯的标准，便于分析各期成本升降的真实原因。

上述原则，也适用于产成品本身。按照政治经济学理论，产成品的价值是它的售价而不是它的成本，产成品制成入库时，它的全部价值已经形成。但我们又知道，入库产成品在售出前，它的价值虽已形成而未实现，因质量低劣或其他原因而贬价出售的可能性还是存在着的。为此，会计上对于未售出的产成品一律按成本计价，售出时才以售价超过成本之差作为利润，以便正确计算成本和利润。

待摊费用和预提费用

正确计算产品成本，又会使待摊费用及预提费用两个项目，加入企业的资产、负债项下。

企业经营生产过程中的物质消耗及劳动消耗，总的说来，都会构成产品成本，但从产品成本的分期计算观点看来，有些项目不应全部由本期产品负担，而应由更长期间内的产品分摊。已耗费而有待于摊入今后期间产品成本的费用，就是应该当作资产看待的待摊费用。

以矿山为例。矿山在采掘以前，要开拓巷道（地下矿）或剥离表层（露天矿）。一个采掘面准备好了以后，可以继续采掘几个月或1年以上。完成一个采掘面的开采准备费用，应该由这个采掘面所能采掘的全部矿产成本分摊，于是月、季或年度结账时,一切已经准备好而未采完的采掘面的准备费用,必有剩余下来尚未摊入成本的部分,留待以后月、季、年度摊入产品成本。待摊费用的性质并非费用(费用的定义参见第五章),而是经营资金的一部分。就其并非一次进入产品成本而言,它和固定资金有相同的性质。不过因为它持续有效的时期很短,为方便起见,可列入流动资金项下。

矿山准备费用是待摊费用的一个显著的例子。除此而外,我们还可以举出下列两类常见的待摊费用:① 建筑安装企业租用建筑施工机械预付的租赁费超过一个月的。② 仅发生于冬季的取暖费,或集中发生于第一季度的职工探亲工资及旅费应由全年各月成本平均分摊的。其他凡具有同样性质的项目,不一一列举。

预提费用是待摊费用的反面,是本期应该支付而尚未实际支付,在未支付前即应加入成本的费用。例如,固定资产的修理是定期进行的,所支付的修理费应该均匀地摊入这一段时期的产品中去,那么修理前的月度或季度,虽实际上没有支付修理费,还应该把预计修理费总额的一部分加入产品成本,同时将这笔预提费用列为月末或季末的负债。

待摊费用和预提费用看来并非实际的资产或负债,而是为了将费用合理分摊到各期产品成本时所使用的暂记科目。但我们同时也应该了解,这种性质,其实各项固定资产也是同样具有的。固定资产在废弃更新前使用价值并无减少,反过来,已经装置起来正在使用中的固定资产,如果立即停止使用,它在当时的实际价值不过等于拆除后的废料价值,它之所以应该按照成本减折旧的原则计价,实际上也不过是为了使各期产品合理分摊它的全部价值而已。推而广之,全部资产、负债的记录及计价,固然各有其自身的目的,整个说来,它们又都同时服从正确计算产品成本的要求。待摊费用和预提费用就是为了对产品成本作正确的分期计算而产生的项目,它们当然也应该看做资产、负债的正常组成部分。

经营资金平衡表

经营资金平衡表又称为资产负债表,现行会计制度称为资金平衡表,它是以平衡方法综合表示一个企业截至某日为止的资产、负债、基金项目及其价值的会计报告。

经营资金平衡表分为左右两方,左方列各项资产,分列于固定资产、流动资产两类之下。右方列负债,国家基金及借入基金。按照前节所示的资产、负债、基金间的恒等关系,这个表的左右两方总额在任何情形下总是相等(平衡)的。表上端应写明企业名称,并注明年、月、日,表示各项金额是截至这个日期为止的金额,至于编表日期,则可以附注于表的下端。

经营资金平衡表和企业会计的关系

我们已经知道,一个企业的经营资金总是在不断循环周转过程之中,任何资产项目的物质形态和价值都在不断变化,负债在不断增减,利润亏损也在不断变化。经营资金平衡表表示这个不断循环变化过程的某一点上的截面,亦即截至某一个结账日(月末、季末、年末)为止的各项资产、负债、基金的现状。企业会计的任务是记账、算账、报账,截取每一个结账日为止的资产、负债、基金的现状,编成经营资金平衡表,就是结账、报账的一个重要手段。即使我们对经营资金循环不作日常的、有系统的记录,也要定期作实地盘点,利用盘点结果编成这样的平衡表,才能计算盈亏。

已经指出,企业会计是按照企业经济核算制的要求来记录、计算、报告、分析、检查企业经济活动的工具(第一章),经营资金的循环,当然是会计的重要对象之一。社会主义企业是在不断进行生产经营活动中的企业,它们的经营资金当然也在不断循环之中,研究会计用什么方法记录这个循环过程,我们需要从某一特定时期的经营资金平衡表(即从运动中的某一点,假定它是静止的一点,是运动过程由此出发的一点)开始。下面,我们就用例解方法进行这样的讨论。

例解

假定北京第一工厂1963年12月31日有下列各项资产:房屋20 000元,机器设备15 000元(以上均指净值),库存原材料30 000元,在产品3 000元,产成品15 000元,库存现款500元,银行结算户存款4 500元,应收购买单位款2 000元,共计90 000元;又,同日计欠应付供应单位款1 500元,短期银行借款18 500元,共对外债务20 000元。国家基金计68 000元,未交利润2 000元。

汇总表示上列各项目的经营资金平衡表如下,见图表2-3。

图表2-3　　　　　　北京第一工厂经营资金平衡表
　　　　　　　　　　　　　　　1963年12月31日

资　　产			基金及负债	
固定资产			国家基金	68 000.00
房屋	20 000.00		银行借款	18 500.00
机器设备	15 000.00	35 000.00	应付供应单位款	1 500.00
流动资产			未交利润	2 000.00
原材料	30 000.00			
在产品	3 000.00			
产成品	15 000.00			
应收购买单位款	2 000.00			
库存现金	500.00			
银行结算户存款	4 500.00	55 000.00		
		90 000.00		90 000.00

经营资金的循环,可以归结为平衡表内各项目的增减变化

由本章前节经营资金循环的图解,可知经营资金的循环,一般总是由于下列七种经济业务而发生的:

(1) 购买原材料。

(2) 生产过程中耗用原材料。

(3) 外购劳务,如支付生产用或办公用水电、交通、运输费用等。

(4) 支付职工工资。

(5) 生产设备的折旧。

(6) 产品制成入库。

(7) 售出产成品。

以上各项经济业务,既使经营资金不断地循环运动,又构成了产品的成本和价值,企业会计则既要记录经营资金的循环,又要作产品的成本、利润计算。暂时我们不考虑后者(将在第四及第五章讨论),先假定会计的任务仅以记录经营资金的循环为限,那么,从下面的分析,我们可以发现,以上所列举的各项经济业务,可以一律归结为平衡表内各项目的等额增减变化。

(1) 购买原材料——原材料增加,货币资金减少。

(2) 原材料消耗——在产品增加,原材料减少。

(3) 外购劳务——在产品增加,货币资金减少。

(4) 支付职工工资——在产品增加,货币资金减少。

(5) 生产设备的折旧——在产品增加,固定资产减少。

(6) 产品制成入库——产成品增加,在产品减少。

(7) 售出产成品——货币资金增加,产成品减少。两者的差额系售出产品时所实现的利润,应上交预算。在未上交前,可专设一个利润科目来记录它。

由上可见,不仅每一项经济业务都可以归结为资产、负债、基金项目的增减;每一项经济业务又必定同时涉及两个项目的等额增减,这两个项目①或者同属平衡表左方或右方,其中一个增加,一个减少。②或者分属平衡表的左方或右方,两者同时增加或同时减少。

债权、债务和基金的增减

上节说明,未涉及债权、债务及基金本身的增减。如果我们把债权、债务的因素加入考虑,我们发现:① 凡购买时未即付款,一次购买就要分化成为两次经济业务,即购料欠款和偿还债务两者。② 一次销售未即收款,分化成为销售欠款和债权的收回两者。此外,因货币资金周转的必要而向银行借款,借款到期的偿还,国家基金的增拨或上交,利润的上交,通常又有九种常见的具体经济业务方式。而所有这些经济业务,又同样可以归结为平衡表内各项目的增减:

(1) 购料欠款——原材料及债务(应付供应单位款)作等额增加。

(2) 偿还债务——货币资金及债务作等额减少。

(3) 销售欠款——产成品减少,债权(应收购买单位款)增加;成本和售价的差额,作利润的增加。

(4) 收回债权——货币资金增加,债权作等额减少。

(5) 向银行借款——货币资金及银行借款作等额增加。

(6) 偿还银行借款——货币资金及银行借款作等额减少。

(7) 预算增拨国家基金——货币资金及国家基金作等额增加。

(8) 上交多余资金——货币资金及国家基金作等额减少。

(9) 上交利润——货币资金及利润作等额减少。

以上九项经济业务,也都要增减平衡表内各项目,增减规律仍然不出上节末所说的两条规律的范围。

直接在经营资金平衡表上记账

以上所列举的十六项经济业务当然很不完全,但它们却是最常见的。这些经济业务的记录还涉及许多管理工作上的细节,需要专设的账簿,有一定的记账规则等等,暂时不考虑这些问题,我们可以把这些经济业务直接在经营资金平衡表上记账。

下面是一个假想的实例。为简略起见,例内所举应该记账的事项并非日常发生的经济业务,而是一个月内经济业务的汇总。日常会计事项如何记录,见第九章及以后各章。

例解

前述北京第一工厂,1964 年 1 月份的会计事项汇总如下:

(1) 购买原材料 5 000 元,到货验收入库时,全未付款。

(2) 生产中耗用原材料 8 000 元。

(3) 从银行结算户存款支付下列各项费用:职工工资 2 500 元,电力费用 500 元,其他费用 200 元。

(4) 以库存现金支付下列费用:办公费用 50 元,差旅费 50 元。

(5) 本月份房屋折旧费 100 元,机械设备折旧费 150 元。

(6) 本月份完工产成品的成本 12 000 元。

(7) 本月份共出售产品,售价 18 000 元,交货时全未收款。这些产品的成本为 14 009 元。

(8) 偿付供应单位欠款 6 000 元,全数经银行结算户存款支付。

(9) 收回购买单位欠款 17 500 元,全部存入银行结算户存款。

(10) 付银行借款利息 150 元,偿还银行借款 10 000 元,都在银行结算户存款中支付。

第二章 经营资金及其循环

图表 2－4　经营资金变动计算底稿

1964 年 1 月份

单位：元

项 目	1963年12月31日	1964年1月份 增		1964年1月份 减		1964年1月31日	项 目	1963年12月31日	1964年1月份 增		1964年1月份 减		1964年1月31日
房屋	20 000.00			(5)	100.00	19 900.00	国家基金	68 000.00					68 000.00
机器设备	15 000.00			(5)	150.00	14 850.00	银行借款	18 500.00			(10)	10 000.00	8 500.00
原材料	30 000.00	(1)	5 000.00	(2)	8 000.00	27 000.00	应付供应单位款	1 500.00	(1)	5 000.00	(8)	6 000.00	500.00
在产品	3 000.00	(2)	8 000.00	(6)	12 000.00	2 550.00	未交利润	2 000.00	(7)	3 991.00	(10)	150.00	5 841.00
		(3)	3 200.00										
		(4)	100.00										
		(5)	250.00										
产成品	15 000.00	(6)	12 000.00	(7)	14 009.00	12 991.00							
应收购买单位款	2 000.00	(7)	18 000.00	(9)	17 500.00	2 500.00							
库存现金	500.00			(4)	100.00	400.00							
银行结算户存款	4 500.00	(9)	17 500.00	(3)	19 350.00	2 650.00							
	90 000.00		64 050.00		71 209.00	82 841.00		90 000.00		8 991.00		16 150.00	82 841.00

说明：第(3)、(4)、(5)项变动，虽然有好几项费用，因为我们只考虑它们增加了在产品的价值，所以只记了一笔总数，事实上这些费用，在成本收益计算中都应该分开。进一步的处理，见第四章。

我们将前面列示的经营资金平衡表的左右两方金额栏各扩大为四栏,第一栏为 1963 年 12 月 31 日的数额,第二、第三两栏为一月份的增加和减少数额,第四栏为 1964 年 1 月 31 日的数额。每笔增加或减少各标明例示中的序号,便于读者逐笔查对。这张扩大了的表不是某一个特定日期的经营资金平衡表,也不是什么正式的账簿,我们称它为经营资金变动计算底稿,见图表 2-4。

读者可以自己验证:计算底稿中每一项变动,不外是下列三种情形之一:① 相同方向的同额增减;② 相反方向的同额增加;③ 相反方向的同额减少。

根据计算底稿两方的末一栏,我们编成 1964 年 1 月 31 日的经营资金平衡表如下,见图表 2-5。

图表 2-5　　　　北京第一工厂经营资金平衡表
1964 年 1 月 31 日

固定资产			国家基金	68 000.00
房屋	19 900.00		银行借款	8 500.00
机器设备	14 850.00	34 750.00	未交利润	5 841.00
流动资产			应付供应单位款	500.00
原材料	27 000.00			
在产品	2 550.00			
产成品	12 991.00			
应收购买单位款	2 500.00			
库存现金	400.00			
银行结算户存款	2 650.00	48 091.00		
		82 841.00		82 841.00

资产、负债、基金间恒等关系的验证

由上例,读者可知,以某期期初的经营资金平衡表为会计记录的出发点,分析各项经济业务哪些是资产项目的增减,哪些是负债和基金项目的增减,逐笔记账的结果,期末的经营资金平衡表的左右两方总额仍然是平衡的。因此,上述例解,验证了前节所指出的资产、负债、基金间的恒等关系。

以上恒等关系,可以从数学上和经济上两方面加以说明。

从数学上说:

(1) 记账的出发点，即期初的经营资金平衡表左右两方总额是相等的。

(2) 记录各项业务时，既然必定是：① 平衡表左方不同项目相同数目的一增一减。② 平衡表右方不同项目相同数目的一增一减。③ 平衡表左方(或右方)不同项目相同数目的同时增加。④ 平衡表左方(或右方)不同项目相同数目的同时减少。则，按数学公理，平衡表左右两方必定是恒等的。

从经济上说，经营资金循环过程中，一切资产既一律按成本计价，那么除销售业务而外，任何经济业务都不过使不同资产、负债项目间作转移，经营资金总额并无变动。销售业务发生时，产品售价超过成本部分，记"未交利润"科目，于是平衡表右方"未交利润"科目的增加，和平衡表左方货币资金或债权超过产品成本的增加又是恰相平衡的(亏损的情形正好相反)。所以平衡表左右两方的总额一定是恒等的。

第三章 账户和复式记账法

账户的设置

前章的"计算底稿",在一张表上计算了一个时期内各个经营资金项目的增减变化,并在计算底稿上直接得出期末的经营资金平衡表,看来眉目清楚,简单可行。但是前章所举例解,已经是一个月内实际发生了数十百次经济业务的汇总,这数十百次的经济业务,若逐笔填列在"计算底稿"上面,"计算底稿"势必弄得无法辨认。而且这样的计算底稿只能记录数字的增减,会计事项发生的日期、事由、关系人和其他细节都无法登记。为了明确经济责任,防止贪污舞弊,这些细节却是都要随时查考的。前面我们曾经说过,会计是以账户体系和凭证、账簿体系的日常记录为基础的综合价值核算体系,它要设立账户和账簿,逐笔登记经济业务。它不能"以表代账",而要"凭账作表"。

记录会计事项的账簿有许多种,它们构成一个完整的体系。眼前,我们看得清楚的是要有这样一种账簿,它能把前章所举计算底稿中各个资产、负债和基金项目分户设账,以便分户逐笔登记每个项目的增减。例如,表内库存现金一项,应在这本账簿内设立"库存现金"账户,将库存现金的增减,在这个账户内逐笔登记。有了这样的账户记录,现金收支可以逐笔查考,库存现金的余额也可以随时计算。集合所有账户的账簿称为分类账。分类账就是前面所举"计算底稿"的账户化,其方法是为表内每个项目设立账户,作分户的登记和计算。

账户的左右两方

分类账内各账户要记录会计事项的日期、经过、关系人等细节,所以要有足够的尺寸,整齐划一的格式。这一点,第九章还要作专门的讨论。我们先来考虑,为了记录它们的数字增减,分类账的结构应该怎样。

为简化起见,我们先考虑每个账户划分为左右两方,并使它们在记账的"出发点"上的记账方向,和经营资金平衡表内的方向相一致。例如,前章例解内银行结算户存款1963年12月31日的数额是4 500元,它是在经营资金平衡表的左方的,我们把这笔数字也记在银行结算户存款的左方。又如,应付供应单位款1963年12月31日的数额是1 500元,它是在经营资金平衡表右方的,我们把这笔数字也记在应付供应单位款账户的右方,结果如下:

银行结算户存款		应付供应单位款	
(左方)	(右方)	(左方)	(右方)
1964/1/1　4 500.00			1964/1/1　1 500.00

显而易见,经营资金平衡表内各项目左右方向,和各账户的方向相同,根据各账户左右方的数字汇总列表,这个表左右两方的总数一定还是平衡的。

可是,要使各个账户的左右方所记数额和经营资金平衡表的方向相一致,它们的减少记入账户的方向就应与增加相反。换言之:

(1) 各资产账户,即原列经营资金平衡表左方各项目的账户,增加时记左方,减少时记右方。

(2) 各负债和基金账户,即原列经营资金平衡表右方各项目的账户,增加时记右方,减少时记左方。

还以上例银行结算户存款为例,1月份的增加(9) 17 500元应记入左方;1月份的减少(3) 3 200元、(8) 6 000元、(10) 10 150元应记入右方。应付供应单位款1月份的增加(1) 5 000元应记入右方,减少(8) 6 000元应记入左方,例示如下:

银行结算户存款				应付供应单位款			
(左方)		(右方)		(左方)		(右方)	
1964/1/1	4 500.00	(3)	3 200.00	(8)	6 000.00	1964/1/1	1 500.00
(9)	17 500.00	(8)	6 000.00			(1)	5 000.00
		(10)	10 150.00				

银行结算户存款左方总数 22 000 元，右方总数 19 350 元，左方超过右方 2 650 元；应付供应单位款右方总数 6 500 元，左方 6 000 元，右方超过左方 500 元，作如下结转后，和上章所示计算底稿完全一致。

	银行结算户存款				应付供应单位款		
（左方）			（右方）	（左方）			（右方）
1964/1/1	4 500.00	(3)	3 200.00	(8)	6 000.00	1964/1/1	1 500.00
(9)	17 500.00	(8)	6 000.00	√	500.00	(1)	5 000.00
		(10)	10 150.00				
		√	2 650.00		6 500.00		6 500.00
	22 000.00		22 000.00			1964/2/1	500.00
1964/2/1	2 650.00						

例解

将前章计算底稿左右两方各项目，逐项设立账户，记录它们的增减，计算 1964 年 1 月 31 日各账户的余额，当如下示：

	房 屋				国 家 基 金		
（左方）			（右方）	（左方）			（右方）
1964/1/1	20 000.00	(5)	100.00			1964/1/1	68 000.00
		√	19 900.00				
	20 000.00		20 000.00				
1964/2/1	19 900.00						

	机 器 设 备				银 行 借 款		
（左方）			（右方）	（左方）			（右方）
1964/1/1	15 000.00	(5)	150.00	(10)	10 000.00	1964/1/1	18 500.00
		√	14 850.00	√	8 500.00		
	15 000.00		15 000.00		18 500.00		18 500.00
1964/2/1	14 850.00					1964/2/1	8 500.00

原 材 料

（左方）			（右方）
1964/1/1	30 000.00	(2)	8 000.00
(1)	5 000.00	√	27 000.00
	35 000.00		35 000.00
1964/2/1	27 000.00		

未 交 利 润

（左方）			（右方）
(10)	150.00	1964/1/1	2 000.00
√	5 841.00	(7)	3 991.00
	5 991.00		5 991.00
		1964/2/1	5 841.00

在 产 品

（左方）			（右方）
1964/1/1	3 000.00	(6)	12 000.00
(2)	8 000.00	√	2 550.00
(3)	3 200.00		
(4)	100.00		
(5)	250.00		
	14 550.00		14 550.00
1964/2/1	2 550.00		

应付供应单位款

（左方）			（右方）
(8)	6 000.00	1964/1/1	1 500.00
√	500.00	(1)	5 000.00
	6 500.00		6 500.00
		1964/2/1	500.00

产 成 品

（左方）			（右方）
1964/1/1	15 000.00	(7)	14 009.00
(6)	12 000.00	√	12 991.00
	27 000.00		27 000.00
1964/2/1	12 991.00		

应收购买单位款

（左方）			（右方）
1964/1/1	2 000.00	(9)	17 500.00
(7)	18 000.00	√	2 500.00
	20 000.00		20 000.00
1964/2/1	2 500.00		

库 存 现 金

（左方）			（右方）
1964/1/1	500.00	(4)	100.00
		√	400.00
	500.00		500.00
1964/2/1	400.00		

银行结算户存款

（左方）			（右方）
1964/1/1	4 500.00	(3)	3 200.00
(9)	17 500.00	(8)	6 000.00
		(10)	10 150.00
		√	2 650.00
	22 000.00		22 000.00
1964/2/1	2 650.00		

读者可根据上章例解，逐笔核对，并验证：各账户结转1964年2月1日的余额，和上章例解中的1964年1月31日的经营资金平衡表各项目数额和方向是完全符合的。

由上例，可知各资产账户左右方所记录的增加减少，和各负债、基金账户左右方所记录的增加减少方向恰相反背，这是代数正负符号的规律的应用。这就是说，我们把原列经营资金平衡表左方各项目视为正数，则正数的加项为正，减项为负。把原列经营资金平衡表右方各项目视为负数，则负数的加项为负，减项为正。凡正项都记左方，负项都记右方。按照这个规律，我们容易推定：

(1) 记入任何账户的左方的，是资产的增加，或负债与基金的减少。

(2) 记入任何账户的右方的，是资产的减少，或负债与基金的增加。

借方和贷方

按照复式记账法的传统，称各账户的左方为"借方"，右方为"贷方"。"借方"的原意，系指向我借款的"借主"，"贷方"则指贷款予我的"贷主"。名词的渊源，来自十二三世纪间复式记账法发源地意大利各城市贷金业者，记载债权、债务账目时的方法。他们将债权数额记在债务人账户左方，债务数额记在债权人账户右方而起，后来将债权、债务账户的记账方向，推广用于一切账户，于是借方、贷方就通指一切账户的左方与右方，相沿成习，账户左方称为借方，右方称为贷方，而原意则已衍失。沿用历史名词，成为现代生活中的用语，实际上已经失去原本意义的例子是很多的。即如会计用语的库存现金，原指用金币时的库存金币，现在已经没有金银货币，却仍保留了"现金"两字。目前使用中，只要知道名词的实际意义，那么用"左方"、"右方"，或用"借方"、"贷方"，本来都是没有什么关系的。

"借方"、"贷方"是外来语，不是我国传统用语，不免令人觉得生疏。许多人曾主张采用我们传统用语"收方"、"付方"以代替借方、贷方，由此并发展了和"借贷记账法"不同的"收付记账法"，本书第十九章也要介绍和讨论这种方法，在此以前，我们将沿用借方、贷方这一组名词。我国国营企业的会计，已经普遍使用借方、贷方这一组用语，读者应该首先求得熟悉这一组用语，如果觉得这一组用语生疏，那么只要记住借方即左方，贷方即右方，甚至用"左方"、"右方"这一组名词代替借方、贷方，也是完全可以的（参见第十八及第十九章）。

复式记账法

应用账户记账，并规定各账户左方、右方称为借方、贷方以后，上章所说的，"每一项经济业务总涉及经营资金平衡表内的两个项目，或者是表内同方向项目的一增一减，或者是表内相反方向项目的同时增加或同时减少"，可以简化为"每次记录总涉及一个账户的借方和另一个账户的贷方，而且借方、贷方金额一定相等"。这就是通常称为复式记账法或复式簿记的规则，也是决定了账户体系的自动平衡机制的一条基本规则。仍按前章所举例解，逐项列示各项经济业务的借方账户、贷方账户及其金额见图表3-1：

图表3-1　　　　各项经济业务的借、贷账户及金额

项次	借方账户	金额	贷方账户	金额
(1)	原材料	5 000.00	应付供应单位款	5 000.00
(2)	在产品	8 000.00	原材料	8 000.00
(3)	在产品	3 200.00	银行结算户存款	3 200.00
(4)	在产品	100.00	库存现金	100.00
(5)	在产品	250.00	房屋	100.00
			机器设备	150.00
(6)	产成品	12 000.00	在产品	12 000.00
(7)	应收购买单位款	18 000.00	产成品	14 009.00
			未交利润	3 991.00
(8)	应付供应单位款	6 000.00	银行结算户存款	6 000.00
(9)	银行结算户存款	17 500.00	应收供应单位款	17 500.00
(10)	银行借款	10 000.00		
	未交利润	150.00	银行结算户存款	10 150.00

读者可把上举借方、贷方账户名称，和前面所列举各账户内借方、贷方的记录逐笔核对，以检验其是否相符。

各账户借贷方的总额和余额

个别账户借方各项记录的总金额，称为借方总额，贷方各项记录的总金额，

称为贷方总额。借贷两方总额互减,凡借方大于贷方时,所得差数称为借方余额。前例中库存现金账户有借方余额,应付供应单位款有贷方余额。

按照经营资金平衡表资产、负债、基金间的恒等关系和复式记账法的记账规则,容易推论:

(1) 任何时候,分类账全部账户借方总额的总和,一定等于贷方总额的总和。

(2) 任何时候,分类账全部账户借方余额的总和,一定等于贷方余额的总和。

第(2)点推论可以略为加上一点解释。计算个别账户的余额,本来是比较一个账户借方、贷方总额哪一边较大,并以较大的数额减去较小的数额,由此求得两者间的差数。但是,这是就个别账户计算余额的方法而言。就全部账户体系来说,每一个账户计算余额,就是在整个账户体系的借方、贷方各减去一个相等的数额。从一个等式的左右两方各减同数,等式的左右两方自然仍然相等。应用复式记账法,可以利用这种关系,验证记账中的脱漏和错误。复式记账法是一个比较精确的计算体系,就是因为利用了这种关系的缘故。

根据分类账编制经营资金平衡表

(1) 在分类账设立了各个资产、负债、基金账户。

(2) 逐次将各项经济业务按照复式记账法的规则在有关账户内做相应的记录。

(3) 根据各个别账户的借方、贷方记录计算借方、贷方总额,比较借贷方总额大小,计算各个别账户截至某日止的借方余额或贷方余额。

(4) 把全部账户的借方或贷方余额汇集在一张表上,这就是截至某日为止的企业经营资金平衡表,而这种方法也就是本章一开始所说的"凭账作表"。

分设账户,逐笔记账,凭账作表,这就是会计的基本方法。

账户体系

会计的基本方法既然是分设账户,逐笔记账,凭账作表。由此可见,一个会计体系的基本结构就是它的账户体系。说得形象化一些,任何企业的会计体系虽然总要包括一整套的凭证表单、各式登记具体事项用的账簿,以及像经营资金平衡表那样的会计报表,但是一本按照各个账户分户立账的总分类账,对于整个会计体系却起了一种提纲挈领的作用。所以,任何会计体系的建立,首先要解决的根本问题是,应该设立哪些账户。决定了账户体系的结构,也就等于决定了会计报表的结构。

反过来说,我们又必须指出,账户体系的设置应以会计报表的要求为定,会计报表要求表现得详明一些,账户应该分得细一些。会计报表所列项目可以简略一些,账户可以分得粗一些。除此而外,按照复式记账法的规则("每次记录分别记入一个账户的借方和另一个账户的贷方,而且借贷金额必须相等"),整个账户体系的设置,又必须要能够满足这种自行平衡的机制。本章所举账户体系,限于和经营资金循环有关的各个科目,而经营资金平衡表本身,根据前章所列举的各恒等式,又必定是左右平衡的,所以这个账户体系也必定是能够自行平衡的。但账户体系并不以资产、负债、基金科目为限,还包括其他许多内容。无论账户体系内要加入什么项目,必定要注意能够维持这个体系的自行平衡机制。

会计科目

一个会计体系内预定了的账户名称,称为会计科目。任何成文的会计制度,其主要内容即为会计科目。我国财政部规定的《国营工业企业会计科目和使用说明》,就是国营工业企业统一会计制度的主要部分。

我国习惯账户与会计科目(或简称"科目")常互相通用。本书对两者也不作严格的区分。

第四章 成本、利润计算

成本、利润计算是企业会计的根本任务之一

前两章，为便于说明起见，曾将企业会计体系，简化为单纯的经营资金循环的记录、计算体系。在这个体系中，生产中的一切耗费均加入在产品，并假定产品的单位生产成本和单位销售成本为已知，借此可以比较产品售价及成本间的差额，求出每次销售时所实现的利润，记入利润账户的贷方。读者应注意，这里假定了产品单位成本为已知，而产品成本的计算，恰恰是有待于企业会计解决的重要任务，所以这种办法过于简单，在实践上是行不通的。因此，即使我们承认企业会计的任务，也不过是正确地记录和计算经营资金的循环，仍然必须细致地记录及计算在产品及产成品的成本，否则的话，统一以成本计价的经营资金平衡表就无法编成。事情当然并不止此。实行经济核算制的社会主义企业，固然要合理使用它的经营资金，严格防止一切物质财富的贪污盗窃和不经济的使用，从而，经营资金及其循环必定是企业会计的重要对象，但由于下列三项理由，成本、利润计算同样是企业会计的根本任务之一：

第一，社会主义企业的经营管理，应在完成国家计划所规定的产品产量、品种、质量等生产任务的基础上，不断提高质量、降低成本，力求增加利润。为此，企业必须正确计算各项产品成本，分析各项成本因素的变动及其原因，结合技术组织措施，不断寻求降低成本的方法。在保证产品品种及质量的条件下，成本每降低一分，利润就增加一分。社会主义企业的利润是国家积累的主要来源，是保证国民经济高速度发展的基本因素之一。实行经济核算制的社会主义企业在力求节约投资的使用之外，它的基本任务就是争取更多的利润（在保证

产品品种、质量的前提条件下)。

第二,企业会计所提供的正确的产品成本资料,是国家计划决定各项产品价格的基准。国家计划价格当然不能参照个别企业产品成本来制订,而应参照全国平均成本来制订。有了平均成本,加上多种经济政策的考虑,然后才能决定正确的计划价格,个别企业的成本和某项产品的全国成本,都并不直接决定价格。但是,价格制订要参照全国平均成本,全国平均成本又以正确的个别企业的成本为基础。在这个意义上说,个别企业的成本计算,显然是价格决定的重要因素之一。

第三,国民经济计算中关于全国的生产、成本、国民收入、纯收入、国民收入的分配和再分配等的计算,企业的成本、利润计算是重要的资料来源之一。如果企业会计将一切经营生产过程还原为经营资金的循环,无异于将社会再生产过程还原为国民财富的变动过程,就企业本身来说,会计无法表现生产经营过程,就国民经济计算来说,无法依据企业会计汇集计算全国扩大再生产过程。

综上所述,可知企业会计一方面应将企业的全部生产经营过程当作经营资金循环的过程加以记录,另一方面又应设立收益、费用、成本等账户,记录生产经营过程的动态,借此做精密的成本、利润计算。企业会计是综合了经营资金循环和成本、利润计算两者而成的完整的记录、计算体系,偏重任何一方,忽略任何另一方都是错误的。

成本利润计算和经营资金循环的关系

由第二章关于经营资金循环的图解,可知计算产品成本,对比产品的成本、收益和利润,必须在正确记录经营资金循环的基础上进行。试观察图解中构成在产品成本的各个因素(图解中以方框表示的各个项目),其来源是固定资产折旧、原材料消耗,及货币资金的支出三者。产品价值的实现(收益),最后表现为货币资金的回收,而产品成本的形成,和出售产品获得收益的过程,事实上又是在产品、产成品及货币资金这三者不断循环的过程。由此可知,企业的生产经营过程和经营资金的循环过程,是同一个客观过程的互相不能分割的两个方面。企业会计要计算对比生产经营过程中的成本和收益,必须和经营资金循环的记录计算密切结合,并以此为基础。

收益及成本

收益,指出售产品所获得的售价;收益的成本,指所售出产品的成本,利润是收益超过成本的差额。

成本,本来泛指一切经济活动中的耗费而言,它本来并不只用于表示收益的成本。

建设一幢房屋的一切耗费,包括设计费用、房屋造价、房屋建设过程中的技术监督费用等等,共同构成这幢房屋的建造成本。一个人购买一套新家具的家具价款、运费及其他有关开支构成购买这套新家具的成本。在一个经济核算制的企业中,一切资产都按成本计价。这里所说的成本,包括为了取得外购生产设备、原材料等的成本,也包括产成品及在产品的生产成本。企业为要正确记录计算它的经营资金的循环,必须正确计算一切资产的成本,这是"成本"这个名词的比较广泛的应用。

成本这个名词的比较狭义的应用,专指为实现收益而耗费的成本。这里狭义意义上的成本,专用于经济核算制企业的成本、利润计算中。

成本、利润计算的内容

企业的成本、利润计算,一般可以分为以下三种:

(1) 计算全企业的收益、成本及利润。

(2) 同时有两种以上产品,或两种以上生产业务的,分别计算不同产品及不同生产业务的成本、收益及利润,以便对比不同产品及业务的利润率的高低。

(3) 计算每种产品或每种生产业务每单位的收益、成本及利润。

容易了解,当我们做好了第二项工作,即把一个企业的一切收益及成本,依照合理的方法,划分为不同产品及不同业务的收益及成本以后,上列第三项工作,即单位产品的成本、利润计算是极容易进行的(用生产数量或销售数量来除某种产品的成本总额及收益总额)。又,上举第一项工作(计算全企业的收益、成本及利润),当我们依照前二章介绍的方法,系统记录一个企业的经营资金的循环时,也是不难进行的。成本、利润计算工作中最困难的任务在于上项第二项工作。在第二项工作中,划分不同产品或不同生产业务的收益是并不困难的,因为各项收益事实上彼此并不混淆。困难在于怎样把一个企业生产经营过程中一切耗费,依所实现的收益项目的不同,分摊计算每项收益的成本,借以比较每种产品或每种生产业务的收益、成本及利润。

单一品种生产和多品种生产

如果一个企业的全部产品只有一种(例如,水力发电站或火力发电站的电力。电力的实际售价,动力电、照明电、工矿用电、家庭用电是不同的,但这是供电局的事,发电厂售给供电局的电力价格完全一致),又如果这种产品在任何时候不会剩余在产品和未出售的产成品,那么这个企业的一切销售收入,既是全企业的收益,又是这种唯一产品的收益;生产经营过程中的一切耗费,都是为获得这种收益的成本,两者之差,既是全企业的利润,又是这种产品生产中的总利润,关于单位产品的收益、成本、利润,则只要把总收益、总成本、总利润除以产品总量即得。

像发电厂这样的生产单一品种的企业为数不多。一般工业企业产品品种总不止一种,同一品种的产品,只要规格不一,包装不一,销售方法不一,售价(收益)就不一致。成本、利润计算的根本任务,不仅在于计算不同品种产品的成本,而且还要按照不同的收益,计算为获得不同收益而耗费的成本。如上例说到的供电局的电价,工业动力用电和一般照明用电电价不一,工业用电的发电成本和照明用电虽然是一样的,但输电、供电成本显然比照明用电要低。成本、利润计算的任务就是要计算不同电价的售电收益各耗费多少成本,从而弄清楚动力用电和照明用电的收益、成本、利润间的比例各为若干。

直接成本和间接成本

在上述情形下,划分不同产品或业务的收益,不使之互相混淆,在会计上只要为不同产品或业务的收益各分设收益账户(参见第六章)就能做到。要使全部生产业务中的耗费,划分为不同产品或业务的成本,则会引起成本分摊的问题。

不同产品①或不同业务的成本,有的比较容易划分。两种产品生产中所用的直接原料(如纺纱用的原棉,织布用的纱),可以在领料的时候注明用途;车间生产工人的工资,可以在车间登记每个工人或每组工人从事某项产品生产的劳动工时,依工时比例划分每种产品耗费的直接工资。为要区分不同产品耗用的直接原料和直接工资,当然必须有相应的工作制度(领料制度,工时统计制度),建立这样的工作制度是并不困难的。除此而外,有些原材料、工资及其他耗费,根本不可能按照上述方法划分。例如,企业管理部门为一切产品生产服务,管理费用并不专属于任何一种产品的耗费。这类耗费,只能按照某种合理的标准,分摊到各种产品成本上去。

一切可以直接归集为不同产品成本的项目,称为直接成本,不能直接归集为不同产品成本必须依某种合理比例分摊的项目,称为间接成本。直接成本,通常又分为直接原材料及直接工资两项,间接成本又可称为间接费用,这三者,有时又可简称为"料、工、费"。如上所述,直接原材料指生产某项产品的主要原材料,如棉纱的原棉,生铁的矿石、焦炭、石灰石,木制家具的木材、钉子等。有许多产品的直接原材料品目众多,如汽车的直接原材料包括各种型号的钢材、铸件、玻璃、电器零件、橡胶轮胎、纤维制品的坐垫等等,而上举生铁的直接原材料实际上也绝不止矿石、焦炭、石灰石三种(它所消耗的大量水、电、气有时也可归入直接原材料之内)。直接工资指直接从事于产品生产的工人的工资。至于设备的维护修理,原材料的采购运输供应,车间管理和工厂管理等职工的工资,称为间接人工成本,则一律归入间接费用项下。间接费用也要用料。例如,修理机器设备需装配零部件,润滑机器需用油脂,工厂办公室所用的文具纸张,广义说来都属于原材料成本。但这些都属间接原材料成本,应一律归入间接费用项下。此外,如电力、照明、通讯、折旧等费用,通常也一

---

① 以下为简单起见,只提不同产品。在成本利润计算中,"计算不同产品的成本"这个概念当然比较狭隘,但暂时也够用了。

律归入间接费用。

上面所说的原材料成本、人工成本及间接成本的划分,不过是一种极粗略的划分。在大规模的工业企业中,产品成本的划分方法要精密得多,分类标准也各有不同。不过上述划分方法是比较通用的,比较精密的划分方法可以在归类的标准上有所不同,成本的分类则仍可分为以上三项。

间接成本的分摊

间接成本分摊计入不同产品的成本,要按照一定的比例。常用的比例有:

（1）不同产品的直接原材料成本的比例。

（2）不同产品直接工资成本的比例。

（3）不同产品的直接原材料成本及直接工资成本两者之和（称为主要成本）的比例。

除了上述常用的比例外,还有其他各种比例。各种比例都有优点,也都有缺点,这里不作详细讨论。后面的例解,间接成本的分摊按照直接工资成本比例计算。

期初和期末的在产品

按上述方法划分不同产品的成本,可以计算本期生产所耗费的成本。倘使这种产品期初、期末并无在产品,那么本期生产成本和本期产品成本两者是一致的。但是这种情形一般并不多见。通例:

（1）期初有上期的在产品移入本期,即上期完成某几道工序,但并未最后完工,有待本期继续进行未完成工序的产品。在产品耗费了上期的直接原材料成本,直接工资成本和间接成本,应该加入本期产成品成本计算。

（2）期末有本期内已进行几道工序,耗费了直接成本和间接成本的在产品移入下期继续生产。这些成本,应自本期生产成本中减除。

因此,要计算本期产成入库的产成品的成本,应按下列公式计算:

$$\text{本期产成品成本} = \text{本期生产所耗费的成本} + \text{期初在产品成本} - \text{期末在产品成本}$$

产品成本和销售成本

同理,本期生产完成入库的产品成本,也并不一定是本期所售出的产品的成本,即销售成本。如果成品仓库中有上期已完成未售出的产品,在本期售出,它的生产成本构成本期的销售成本。但本期售出的产品,也包括本期产成入库的成品。同时,本期产成入库的产品,也有留待以后出售的。这样,每种产品的本期销售成本,可以按下列公式计算:

$$本期销售成本 = 本期产成品成本 + 期初产成品成本 - 期末产成品成本$$

例解

为说明以上讨论的成本、利润计算中一些基本内容,现举一个简单的例解于下。

1. 第二章所举北京第一工厂 1964 年 1 月份生产中各项耗费,重复列举如下:

原材料消耗	8 000 元	电力费	500 元
工资	2 500 元	折旧费	250 元
办公费	50 元	其他费用	200 元
差旅费	50 元		

2. 1 月份生产过程的各项情况(第二章实例没有说明),假定如下:

(1) 1 月初的在产品盘存,计甲产品 2 000 元,乙产品 1 000 元。产成品盘存,计甲产品 1 100 件,单位成本 7.80 元,共值 8 580 元;乙产品 1 200 件,单位成本 5.35 元,共值 6 420 元。

(2) 本月份用料,计甲产品 5 000 元,乙产品 3 000 元,共 8 000 元。

(3) 本月份生产工人工资计 1 800 元,其中制造甲产品的工人工资 1 100 元,制造乙产品的工人工资 700 元,其余 700 元为技术人员及管理人员的工资。

(4) 本月份除产品直接耗料及直接工资外,应分摊到甲、乙两种产品的各项费用,一律按两种产品的直接工资比例分摊,计算见图表 4-1:

图表 4-1　　　　　　　甲、乙产品费用分摊表　　　　　单位：元

应分摊的费用项目	总　　额	甲产品应摊 11/18	乙产品应摊 7/18
管理工资	700.00	428.00	272.00
电力费	500.00	306.00	194.00
折旧费	250.00	153.00	97.00
办公费	50.00	30.00	20.00
差旅费	50.00	30.00	20.00
其他费用	200.00	122.00	78.00
	1 750.00	1 069.00	681.00

(5) 期末在产品，根据两种产品的未完成品已做工序的料工费消耗计算，计甲产品1 550元，乙产品1 000元。

(6) 本期产品制成入库数，计甲产品1 000件，乙产品800件。

(7) 本月份售出产品共18 000元。其中甲产品1 200件，单价9.72元，共价款11 664元；乙产品880件，单价7.20元，共价款6 336元。

3. 甲、乙两种产品本期产成入库成品的单位成本计算见图表4-2：

图表 4-2　　　　　　甲、乙产品单位成本计算表　　　　　金额单位：元

项　　目	甲产品	乙产品
原料	5 000.00	3 000.00
直接工资	1 100.00	700.00
间接费用	1 069.00	681.00
本期产品成本	7 169.00	4 381.00
期初在产品（加）	2 000.00	1 000.00
期末在产品（减）	1 550.00	1 000.00
本期生产成本	7 619.00	4 381.00
本期产品数量（件）	1 000	800
单位成本	7.619	5.476

4. 为要计算本期出售甲乙两种产品的收益、成本及利润，还要把1963年12月底库存甲乙两种产品的成本（即以前期间的生产成本）加入计算。本期售出

两种产品的成本,取上期生产成本和本期生产成本的平均数,计算见图表4-3:

图表4-3　　　　　甲、乙产品售出的平均成本计算表

	甲产品	乙产品
1. 上期存量(件)	1 100	1 200
2. 本期产品制成入库量(件)	1 000	800
3. 小计(件)	2 100	2 000
4. 上期库存产成品成本(元)	8 580.00	6 420.00
5. 本期产品成本(元)	7 619.00	4 381.00
6. 小计(元)	16 199.00	10 801.00
平均成本(元)	7.714	5.40

5. 本期售出甲乙两种产品的收益、成本、利润见图表4-4:

图表4-4　　　　　甲、乙产品的收益、成本、利润计算表

	甲产品	乙产品	合　计
售出数量(件)	1 200	880	
单位售价(元)	9.72	7.20	
销售收入(元)	11 664.00	6 336.00	18 000.00
单位成本(元)	7.714	5.40	
成本总额(元)	9 257.00	4 752.00	14 009.00
单位利润(元)	2.006	1.80	
利润总额(元)	2 407.00	1 584.00	3 991.00

成本、利润计算的内容提要

1. 分析上例,可知成本、利润计算包括以下各项内容:

(1) 计算本期经营过程中实际耗费的各项费用。

(2) 倘使产品只有一种,而且既无在产品,又无产成品存货,那么只要本期产品总量(也就是售出产品的总量)为已知,立即可以求得单位产品成本。这个单位产品成本,既是本期生产成本,也是本期售出产品成本。

（3）倘使产品品种多，各项费用应该在多种产品中分摊，以便求得各种产品的在本期生产过程中所耗费的成本。

（4）当产品有在产品时，要算出月末在产品盘存的成本，才能连同期初在产品成本算出本期生产的产品成本。

（5）当产成品有存货时，计算本期售出产品成本（即销售成本），要把月初所存和本期生产的产品成本合在一起，计算平均成本。上例，1964年1月份售出产品的成本，是按月初所存及本期出产产品的成本，用加权平均法计算出来的。期末产成品的成本，不应包括在本期销售成本之内。

（6）售出产品单位成本决定后，就可以比较每项产品销售收益及其成本，并计算利润。

2. 从上例，读者又可以知道，当我们逐期计算每种产品成本时，可以作以下两项重要的比较：

（1）比较每项产品的收益、成本、利润的绝对数及其比率，从而可以计算哪种产品的利润较高，哪种产品的利润较低。产品利润高低，不能直接决定生产计划，因为生产计划的决定有多种因素，而社会主义企业的生产计划，又决不单纯片面地追求多产利润较高产品。但各种产品成本、利润的比较，至少可以使企业"心中有数"，从而使它对于生产计划起决定作用。

（2）比较每项产品前后各时期的成本升降，并追究升降的原因，可以找出很多节约成本的途径来。比如，某产品本期成本较上期高，进一步分析，可以查明究竟这是因为原材料耗用量增大，原材料价格提高，或工人劳动生产率降低，工资增加，或因间接费用增加所致。查明原因并不等于找到了降低成本的途径，因为降低成本必须采取切实有效的技术组织措施，而成本计算或成本比较本身则并不就是技术组织措施。但是如果不查明原因，就根本无法对症下药。为了要对症下药而查明原因，就是成本计算的任务，也是企业会计的任务。

根据会计资料所作的分析比较还可以远远超过以上的范围，当在有关各章分别讨论。

第五章　成本、利润计算(续)

上章说明了成本、利润计算中一些基本内容,本章准备继续讨论一些和此有关的问题。

费用与成本

原材料成本、人工成本及间接成本是由各项费用构成的。分析上例中的费用及成本如下:

费　　用		成　　本	
原材料消耗	8 000.00	原材料成本	8 000.00
工　　资	2 500.00	人工成本	1 800.00
电力费	500.00	间接成本	1 750.00
折旧费	250.00		
办公费	50.00		
差旅费	50.00		
其他费用	200.00		
	11 550.00		11 550.00

可见费用是按发生的途径分类,成本是按料工费的标准分类的。按费用发生的途径分类,可以检查经办人员的责任,可以检查各项费用节约的程度。各项费用要归集为产品成本,在比较各时期产品成本升降的时候,必须分别主次,必须突出重要的环节,这时候,原材料成本和人工成本必须列为主要的项目,其他各项费用则可以一律归并到间接成本里面去。之所以要这样做,并不意味着间接成本是否节约可以不加注意,而是因为产品生产中原材料节约的程度和劳动生产率的高低对产品成本升降影响最大,分析这两项升降的原因,寻找节约成本的途径,是企业经营管理中最重要的课题。至于组成为间接成本的各项费

用,自然还应详加记录,也应经常进行分析对比,以期达到最大限度地节约。

费用发生的途径

进一步分析应归入成本的各项费用的发生途径,它们又可以分为下列三类:

(1) 用现金支出的各项费用,或当时虽未付出现金,却构成为企业的债务,短期内必须用现金清偿的。属于这一类的费用,计有工资、电力费、办公费、差旅费、其他费用等项。

(2) 由仓库中储备物资的领用而发生的消耗。属于这一类的费用为原材料消耗。

上例所举的原材料消耗,全部是用于产品生产中的原材料成本。但办公费、其他费用等也可以由领用库存原材料而发生。例如,如果办公费中的文具纸张、其他费用中的机器润滑油及中小修用零部件,也预先购买储存,列入原材料项下,这些费用也可以由领用库存原材料而发生。

(3) 固定资产折旧也是费用,但这是由于固定资产价值的减低而发生的费用,固定资产价值虽因使用而逐渐减低,但是它的物质有用性(例如,机器的日产量,房屋的使用效果)并不与其价值减少而成比例地减少,所以它的性质与其他各种费用都不相同。

费用和支出

由上分析,可知费用和支出是不同的两件事,不可以互相混淆。我们所说的支出,是指现金的支出。一个企业的现金支出,往往就是费用的发生,但并不是所有现金支出都是费用。现金支出可以用于偿还债务,减少基金,这是和费用完全无关的。除偿还债务及减少基金而外,现金支出又可以分为两大类:① 增加资产价值的支出。② 增加费用的支出。前者如购买原材料,购买固定资产;后者如本章例题中的支付工资、电力费等的支出。表面上看来,增加资产价值的支出和增加费用的支出似乎很容易划分,实则有些支出很难划分。例如,同样是生产设备的修理费,中修小修属于日常维护性质,应归入当期产品成本;大修理可以延长生产设备的使用年限,应作为增加资产价值的开支。倘使生产设备的大修理和中小修理在技术上有斩钉截铁的明确区分标准,两者间的划分当然也毫不困难。但在技术上两者的区分往往不易确定,于是哪些修理费应归当年成本负担,哪些修理费应列为固定资产价值的增加,往往也就难于确定。

以上这些困难问题,在专章中还要加以讨论。暂时我们首先要在原则上弄清楚费用和支出这两个不同概念。弄清楚这一点,对于理解费用发生的途径,固定资金和流动资金循环的不同过程,货币资金的收付和费用成本间的联系和区别,都是十分必要的。

费用和损失

凡应归集为产品成本的费用,也就是产品生产中生产资料和劳动的消耗①。所以,从经营资金循环的观点看来,一切应归入产品成本的费用,实际上也都是增加资产价值的支出。正因为如此,本书第二及第三章,就曾把这些费用,一律借入在产品账户。至于购买原材料,购买固定资产之类的支出,虽然最终也都要变成产品成本,但在购买的当时还未变为产品的成本,这就是增加资产的支出和构成成本的支出之间的根本区别。

即使暂时不考虑这个特点,我们仍然可以把一切应归入产品成本的费用也看做是以增加资产价值的支出。这个特点,就决定了费用和损失是两个不同的概念。我们所称的损失,是得不到补偿的货币资金或物质财富的损失。例如,被盗窃的损失,自然灾害的损失,生产设备未达到预定年限,因技术上或经济上的原因而提早废弃的损失,应收款无法收回的坏账损失等等。这些损失,显然并不是费用。构成产品成本的费用,则都可以从出售产品所实现的收益中得到补偿,损失则是得不到补偿的物质财富的损失。

企业会计作成本、利润计算的时候,通常只列入费用而不列入损失,各项损失,固然表现为相关资产的价值的减少,其相反方面如固定资产损失则应经过

---

① 产品成本,和政治经济学中产品生产的过去劳动和活劳动的消耗的概念是大致上一致的,但也还有许多区别之处。例如,活劳动的消耗和工资成本两者并不一致,因为劳动者在生产中对社会贡献的纯收入并不包括在工资成本中。除此之外,也还有其他不一致的地方。

批准直接减少国家基金,有些流动资产的损失项目也可从当年利润中扣除而不加入当年产品的成本。

待摊费用和预提费用

凡生产产品中所耗费的各项费用,也并非无条件应归当期产品成本负担。第二章曾讨论过矿山采掘准备费用的性质,并曾指出这些费用不应全归发生这些费用期间的产品成本负担,而有一部分待摊费用应作为资产,留待摊入以后各期生产成本。我们这里还应该注意到,凡构成了这种待摊费用的具体费用项目,和实际采掘面上的费用是完全一样的。实际采掘面的费用,有坑木(或其他支架费用)、炸药、通风、工具费、折旧费及采掘人工费等等,凡为准备采掘面而开挖巷道时所耗费的费用,就具体项目而言与此毫无二致。区别产煤成本和待摊费用,不在于具体费用项目的不同,而在于所准备采掘的矿藏,不能在当期全部采掘出来,所以这笔成本应该分摊到受益的各期矿产成本中去,否则逐期矿产成本就会忽高忽低,各期成本就无法作合理的比较了。

一切待摊费用的原因都和上述例子相同。换言之,把待摊费用从当期实际发生的费用中划分出来的目的,是为了合理计算各期产品的成本。合理计算成本,就是为了使生产过程中一切生产资料及货币资金的消耗,能够从产品售价中得到合理的补偿。这也就再次证明了,成本、利润计算和经营资金循环是企业生产经营过程的统一的不可分割的两个侧面。

预提费用的情形相反而理由相同,不再详述。

本期生产成本和本期产品成本

由上节,可知本期实际耗费的费用和生产成本间的关系,可以下列公式表示:

本期生产成本＝本期实际发生的费用－应由以后时期负担的费用＋

上期末留存待摊费用中应归本期负担的部分＋

本期应预提的费用 ………………………………………(1)

本期生产成本，是指本期一切生产作业应负担的成本。已经指出，本期所作的一切生产作业，并不直接等于本期入库的产成品成本，为要算出本期产成品的成本，则还要：① 加入期初在产品已完成的生产作业成本，② 减去期末在产品已完成的生产作业成本，如下式：

$$本期产成品成本＝本期生产成本＋期初在产品成本－在期末产品成本 \quad\cdots\cdots\cdots（2）$$

这里就发生了一个问题，怎样计算期初在产品和期末在产品的成本的问题。

很明显，要精确计算在产品，必须连续地、系统地记录各种产品生产过程中各道工序的原材料数量、金额，及生产工人生产这项产品所耗费的工时，只有各道工序的直接成本是随时可以查明的，每期期末尚未完成的在产品，截至期末已完成作业的直接成本就可以精确计算出来。举例来说，造船厂对造船中的每一艘船舶，就是要将每一道工序的耗料耗工，巨细靡遗地记录下来。无论哪一个月月底，都可以查明每艘未完成船舶截至月底，已耗费了多少直接原材料和直接工资。这样，在产品直接成本既可查明，间接成本的分摊自然也容易解决。由此可见，精确计算在产品价值，要以产品的全部生产过程有连续、系统而完整的记录为其条件。换句话说，精确计算在产品的价值，实质上就是要对整个生产过程做精确的记录，而这种记录的内容，又必须包括用料的品名、数量、金额，包括直接生产操作的劳动时间、工资率以及其他必要的资料和数据。这也就说明了，企业会计要作成本、利润计算，必须以整个生产过程的完整记录为其前提。倘若整个生产过程缺乏完整的记录，在产品的价值就无法做精密的计算。在产品成本算得不精确，逐期产品的成本的精确度也会相应减低。

用盘估方法确定在产品成本

精确记录产品生产过程中各个作业阶段的直接成本，据此计算在产品成本的方法，当然是一种良好的方法。但许多工业企业做不到这一点，或者不必力求做到这一点，原因不外以下三种：

（1）会计制度不够精密，或生产过程的记录，限于条件（例如，工人自己记录生产情况有困难）无法做到很精密的程度。

(2) 生产均衡时,期末期初在产品数量几乎没有变化(例如棉纺织厂生产单一品种棉纱,月初月末开工率相同时,各生产阶段中剩余的在产品不会有什么大的变化),精密的记录和计算,对成本计算的精确度并无多大作用。

(3) 在产品品种数量过多,单件成本很小,精密的记录和计算要耗费很大人力,得不偿失。

在以上任何一种情形下,期末的在产品成本可以采取实地盘点(在第二种情形下,盘点一次,可以将盘点结果连续应用下去,不必逐月盘点,通常到年终决算时再盘)的方法确定它的数量,并参用已有的产成品成本资料,估定各种在产品的单位成本,借此计算全部在产品成本的数额。读者不难察知,依据公式(2),本期生产成本为已知时,只要有了盘估出来的在产品成本的数额(无论这个数额的精确程度如何),本期产成品成本就可以决定。而依据公式(1)本期生产成本是不难算出来的,所以只要确定了在产品成本,决定本期产成品成本就十分容易了。这一点又可以更广泛地应用为用倒轧方法计算产成品成本。

用倒轧法计算产成品成本

用倒轧法计算产成品成本,是指产品生产过程中并不详细记录每项产品每道工序的原材料消耗和直接工资成本的消耗,只是① 将原材料消耗按照产品分类。② 将人工消耗按照产品分类,并根据已知的本期生产成本,倒轧计算各种产成品成本。上章所举实例,其实就是用倒轧法计算产成品成本的实例。

细察实例内列举各项数字,可知:

(1) 本期实际消耗的各项费用 11 550 元,即本期全部产品的生产成本。

(2) 例内并没有甲、乙两种产品的各道工序的详细耗料、耗工记录,期末在产品甲 1 550 元,乙 1 000 元,例内指明,这是"根据已做工序的料工费消耗计算"的,并未详细说明它们是怎样计算出来的,所以可以推定它们是参照已有的产成品的成本资料估算的,并没有精确的各工序的耗料、耗工的记录为根据。期末在产品既如此,也可以推定期初在产品的甲 2 000 元、乙 1 000 元,是按同样方法计算出来的。

(3) 本期甲、乙两产品所耗原材料成本及直接工资成本,可以根据领料凭证及工人工时统计计算。

（4）根据甲、乙两产品的直接成本，分摊间接成本，就可以计算两种产品的本期生产成本。

（5）求得两种产品的本期生产成本后，又已知两种产品的期初、期末在产品即可求得两种产品的本期产成品成本总额。

（6）求得两种产品本期成本总额，又已知两种产品本期完工入库数量，即可求得本期两种产品的单位成本。

倒轧成本法是不精确的，但是倒轧成本法的实际应用范围是极广的。因为要记录每一种、每一批产品的每一道工序的成本，是一件十分复杂的工作，许多工业企业都不容易做到这一点。上面也已指出过，有许多工业企业因许多原因，也用不到做到这一点。只有产品数量小，单件成本高（如造船、重型机械制造等）的企业才必须做到这一点。成本会计本来随企业生产性质、工艺流程的不同有多种多样的方法，我们在这里初步提到这个问题，不过是希望读者对此获得一些必要的基本概念而已。

产品成本和销售成本

前章已指出本期制成入库的产成品的生产成本，和本期售出产成品的销售成本两者还有区别，因为上期产成品成本和本期产成品成本决不会恰相一致，总会有升有降（上例中，甲产品本期单位成本 7.619 元，上期 7.80 元，降 0.181 元；乙产品本期单位成本 5.476 元，上期 5.35 元，升 0.126 元。但这里所说上期成本又可能不止是 1963 年 12 月份的成本，而是各期产品用加权平均法平均计算的结果）。倘使上期根本没有产成品存货，本期生产的单位产品成本就是单位产品的销售成本。上期如有产成品存货，本期销售的单位产品成本通常就是上期存货成本和本期产品成本的平均数。

销售成本既已决定，比较各项产品的成本和售价，比较成本和利润的比率就毫不困难。上例，甲产品的成本利润率为 2.006/9.72，即 20.64%，乙产品为 1.80/7.20，即 25%。成本升降和利润率的大小，对于寻找降低成本的途径，决定最优的生产方案都是极有作用的，已见前章首节讨论，不赘述。

个别产品的成本、利润计算和全企业的成本、利润计算

计算各个产品的成本及利润,是成本、利润计算中最根本的任务。任何企业的成本、利润计算,只有落实到单项产品每单位成本、利润的对比,才能对改进企业的经营管理作出有效的贡献。但计算全部产品的成本及全企业的利润也是重要的。全企业的利润升降,一般说来,反映了这个企业的总的经营成果的大小,全企业成本、收益、利润间比例的变化,也综合反映了企业经营管理有无改善,改善程度如何[①],严格说来,综合计算全企业的成本、利润,必须建立在单项产品的成本、利润计算基础之上,但综合计算本身也有它的独立意义,两者不可偏废。

还应该进一步指出,综合计算全企业的成本、利润,在技术上比计算单项产品的成本、利润要容易得多。读者细察前节所论的计算成本的倒轧方法,可以知道,只要:

(1) 本期实际消耗的各项费用及本期实现的销售收入有正确的记录。

(2) 即使没有各种产品各个工序的详细的成本记录,而能够用盘估方法算出在产品成本。

(3) 知道期末产成品存货的价值(即使这也是用盘估方法算出来的)。按以下三个公式,可以立即决定本期产成品成本、本期销售成本及本期利润(下列公式中待摊费用及预提费用都略去不计):

本期产成品成本=本期实际费用耗费+期初在产品盘存－

期末在产品盘存 ……………………………………（1）

本期销售成本=本期产成品成本+期初产成品盘存－

期末产成品盘存 ……………………………………（2）

本期利润=本期销售收入－本期销售成本 ……………………（3）

---

① 经营管理的改善,不一定全部反映为成本的下降和利润的上升。产品质量改善而出厂价格不变时,经营管理改进了,但既不表现为成本的下降,也不表现为利润的上升。

可见用倒轧方法计算成本、计算利润,应用范围十分宽广。

按历史发展过程来说,早期资本主义企业会计都是用倒轧方法计算成本、计算利润的,其结果,全企业的成本、利润是可以决定的,但每期利润额都不精确,而且利润额随期末存货盘估作价的高低而可以任意提高或减少,至于各种产品的单位成本则只能"倒轧"出一个大致的数字来。所以这样做的原因,是因为企业规模不大,各种产品耗料用工,因素并不复杂,粗略的产品成本额可随时根据账簿资料计算,用不到对各种产品各道工序的实际成本做详细精确的记录和计算。同时资本家个人私有制的资本主义企业,是"家天下"的企业,只要"肉烂在锅里",单项产品的成本算得是否精确,关系并不太大。这种方法后来已为大规模的资本主义企业所摒除不用,社会主义企业更不能允许这样"肉烂在锅里"的粗枝大叶的方法,而必须把全企业成本、利润的决定,建筑在单项产品的成本、利润计算基础之上。

利润计算表

全企业的成本、利润计算固然必须建立在单项产品成本、利润计算基础之上,但企业仍必须编制综合反映全企业成本、利润的会计报表,这就是利润计算表。利润计算表是用成本、费用、收益、利润项目反映企业经营生产过程的报表,表端应标明企业名称,标明时期(某年度、某季度或某年度的某月)。它不像经营资金平衡表那样应标明哪一天,因为它不是反映截至某一特定日期的经营资金的现状,而是用费用成本、收益等项目来反映一个时期的生产经营过程的。根据前章实例编成的成本、利润计算表见图表5-1。

图表5-1　　　　　北京第一工厂利润计算表
1964年1月份　　　　　　　　　　　　　　单位:元

销售收入	18 000.00
成本:	
一、本期生产成本	
1. 原材料消耗	8 000.00
2. 电力费	500.00
3. 工资	2 500.00

(续表)

4. 折旧费		250.00
5. 办公费		50.00
6. 差旅费		50.00
7. 其他费用		200.00
合计		11 550.00
二、期初期末在产品盘存调整		
加：期初在产品	3 000.00	
减：期末在产品	2 550.00	450.00
三、本期产成品成本		12 000.00
四、期初期末产成品盘存调整		
加：期初产成品	15 000.00	
减：期末产成品	12 991.00	2 009.00
五、本期销售成本		14 009.00
本期利润		3 991.00
利息支出		150.00
本期净利润		3 841.00

单项产品的成本、利润计算可另编各项产品成本、利润计算表作为利润计算表的附表，参见图表5-2。

利润和利息

利润是企业的经营成果，也就是企业全体职工劳动生产所新创造的价值超过工资的数额，是企业全体职工为全社会生产的纯收入，其中绝大部分应上交预算，根据国家法令，也可以提存一部分作为企业基金。企业全体职工所实现的纯收入往往不止利润一项，企业所交纳的工商统一税或其他税收，也是职工所实现的纯收入，本章实例为求简化起见，没有列入这个项目。

企业借用银行贷款，按规定应支付的利息，应由企业直接付给银行。按照政治经济学理论，企业所支付的银行借款利息和上交预算的利润的性质相同，也是企业上交的纯收入，和生产过程中物质消耗和劳动消耗性质截然不同，不能加入产品成本。上举利润计算表中我们列"本期利润"一项，表示未扣除利息的利润，而以"本期净利润"一项表示扣除利息后的利润。企业负担的借款利息

图表 5－2

北京第一工厂各项产品成本利润计算表
1964年1月份

	甲 产 品			乙 产 品			合 计
	金额(元)	数量(件)	每单位(元)	金额(元)	数量(件)	每单位(元)	
一、本期生产成本							
原材料成本	5 000.00			3 000.00			8 000.00
人工成本	1 100.00			700.00			1 800.00
间接成本	1 069.00			681.00			1 750.00
小　　计	7 169.00			4 381.00			11 550.00
二、期初期末在产品调整							
期初在产品	2 000.00			1 000.00			3 000.00
期末在产品	1 550.00			1 000.00			2 550.00
小　　计	450.00						450.00
三、本期产成品成本	7 619.00	1 000	7.619	4 381.00	800	5.476	12 000.00
四、期初产成品	8 580.00	1 100	7.80	6 420.00	1 200	5.35	15 000.00
五、本期售出产品	11 664.00	1 200	9.72	6 336.00	880	7.20	18 000.00
六、本期售出产品平均成本(销售成本)	9 257.00	1 200	7.714	4 752.00	880	5.40	14 009.00
七、本期利润	2 407.00	1 200	2.006	1 584.00	880	1.80	3 991.00

附注：本期生产成本中因为和本期产成品成本数目不同，所以要计算本期产成品每单位的原材料成本，人工成本和间接成本，还要按比例调整。这里从略。

第五章　成本、利润计算(续)

多少,和它的财务管理好坏有关。财务管理好,原料、在产品、产成品库存数量倘能减至最低必要的限度,就不必借款或可以少借款,利息负担就少,所以利息和利润的区分,在实践上可以促进企业改善它的财务管理。

成本、利润计算是经营资金循环中某几个项目的计算

由以上各节,读者可知成本、利润计算涉及整个生产经营过程的明细记录和精确的计算,利用这种记录和计算,可以使企业会计在生产管理及成本管理上起重大的作用。企业的生产经营过程涉及生产、技术、原材料供应、产品销售、劳动组织和管理等全部问题。所以精密的成本、利润计算并不是会计部门所能独立完成的任务,而必须和一切有关部门通盘合作。同时,读者如将本章讨论的问题和第二章讨论的问题联系起来作一考察,又可知成本、利润计算问题虽极复杂,但这些复杂的计算则几乎只和经营资金平衡表中的"在产品"、"产成品"两个科目有关,其他如货币资金的收付,债权、债务的发生及清偿,固定资产的购买及折旧提存等等,虽然都是伴随着全部经营生产过程而发生的经济业务,但狭义说来,都和成本、利润计算没有直接关系。这种现象的理由何在,也是不难解释的。一个企业全体职工的生产活动,他们生产所创造价值怎样超过所领取的报酬,以及他们所生产的价值能否实现,如何实现,都表现在产品的生产及其销售过程中。从经营资金循环的角度看来,这整个过程无非是在产品、产成品价值的增减,倘若我们把企业的经营生产过程全部归结为经营资金的循环,这些过程自然全都集中到"在产品"、"产成品"科目里去了。

由此可以再次证明,不能认为企业会计的任务仅仅是记录和计算经营资金的循环。实行经济核算制的企业要千方百计地降低成本,增加利润,企业会计要能够有助于贯彻经济核算制,固然必须精确记录经营资金的循环,力求账账相符、账实相符,同时又必须使会计成为生产管理和成本管理的有效工具。只有做好了生产管理和成本管理工作,才能把成本、利润计算提到高度精确的水平。

第六章 费用、成本及收益账户

把成本、利润计算组织到账户体系里去

会计的基本方法既是分设账户、逐笔记账、凭账作表,而成本、利润计算又是企业会计的重要任务。可见,凡和成本、利润计算有关的项目应该组织到账户体系里去,总分类账中应该设立有关成本、收益及利润的诸账户,以便根据这些账户编制利润计算表及各项产品的成本、利润报表。

在第二章及第三章的实例中,账户体系仅仅反映经营资金及其循环,凡和成本、利润计算有关的项目,一律集中在"在产品"及"产成品"两个账户中。要在总分类账中加设成本、收益账户,必须把有关项目从这两个账户中分立出来。但是独立设置的成本、收益账户,和"在产品"、"产成品"账户不能截然分割,毫无联系。因为成本、利润计算,是产品的成本、利润计算,要使它和生产过程中在产品和产成品的价值计算分割开来,当然是不可能的。读者读以下各节,这一点必须注意。

费用账户

产品成本是归集分摊到各项产品上的费用,所以,完整精确的成本计算,必须从正确记录费用开始。第三章例解中我们曾将利息支出以外的各项费用一律借入在产品账户,利息支出则借入利润账户。为了分别记录各项费用数额,我们应该设立各个费用账户,将所发生的费用借入这些费用账户,不再借入在产品账户。这样做,在产品账户借方的期初余额会一直挂在那里,没有变动,不能反映这个月内继续不断增加上去的原材料成本、人工成本及间接成本,这是一个缺点。但是分设费用账户后,各项费用的发生可在账户体系内直接反映出来,计算产品成本比较方便,这又是一项很重要的好处。至于设立费用账户后,在产品价值的变动不能随时在总分类账上反映,这个问题应该如何解决,下面当另行讨论。

在账户体系内直接反映各项费用额,除便于计算产品成本而外,还有这样一种好处,即它可以反映费用在分摊为产品成本前的本来面貌,而这对于企业的经济计算又绝不是没有用处的。举例来说,前章实例中北京第一工厂1964年1月份的工资费用总额为2 500元,这笔工资直接记入在产品账户,或立刻就分摊为甲产品人工成本、乙产品人工成本、间接工资等,都将使总分类账无法反映职工工资总额。职工工资总额在工资基金统计、国民收入计算上都有重大作用。只考虑工资如何分摊为各项产品的成本,不使总分类账上反映工资总额是有缺点的。总分类账上首先按费用发生的途径记录各项费用额,然后再来分摊计算以便求出不同产品的成本,这就能同时满足不同的计算要求。

肯定了应该设立费用账户之后,还应该研究设立哪些费用账户。费用分类有各种各样的标准,第八章及第十一章将介绍一种较为精细的分类方法,暂时我们按照它们的发生途径分户,则前例中的北京第一工厂应设下列各费用账户:

(1) 原材料消耗。

(2) 电力费。

(3) 工　资。

(4) 折旧费。

(5) 办公费。

(6) 差旅费。

(7) 其他费用。

利息虽不加入成本,因为它终究是利润的负项,所以也应专设一个利息支出账户。

收益账户

销售是企业的收益,第三章例解中我们把这种收益分解为成本和利润两项,贷入在产品和利润两个账户。在专设费用账户之后,我们也应该特设销售账户,将销售收益的全额贷入这个账户。这样做,出售的产成品,不能马上将其成本价额贷入产成品账户,但销售账户既反映了收益的全额,可以据以和费用成本作对比,这是它的好处。至于产成品账户不能随时反映库存产成品的价值,也暂置不论,另节讨论。

一般工业企业的收益账户就是"销售账户",也可以按照所出售产品种类的不同,把销售账户分细,以便和各该产品成本相比较。交通运输企业所出售的是劳务而不是商品,水电煤气等公用事业出售的水电、煤气等都借管线运输,不像一般商品那样有明显的实物交付,它们的销售收益往往称为"运费收入"、"水费收入"、"电费收入"等等,但是这些收入的性质和销售收益是一样的。

销售收益独立设户,除可以将全额和成本对比外,也有特殊的统计价值。一般说来,销售收益和统计上的商品产值是吻合的,所以总分类账上对此作全额反映,比逐笔销售直接贷入产成品及利润账户,也更为妥当。

费用、收益账户记账实例

以上所说,仍以第二章例解作实例解于下。

第二章例解中与费用收益有关的会计事项是第(2)、(3)、(4)、(5)、(7)、(10)各项。设立费用及收益账户后,这些会计事项应借应贷各账户如表6-1所示。结果账户体系内的记录就和第三章里所表示的不一样了。第二章例解中的第(6)项"本月份完成产品成本12 000元",当时没有说明成本是怎样计算出来的,还无根据,不做记录。第二章例解中的第(7)项,只记销售18 000元,这14 009元售出产品的成本是怎样计算出来的没有根据,也暂不入账。这样,所有会计事项应借、应贷各账户见图表6-1:

图表6-1　　　　　　　会计事项应借、应贷各账户

项次	借方账户	金　额	贷方账户	金　额
(1)	原材料	5 000.00	应付供应单位款	5 000.00
(2)	原材料消耗	8 000.00	原材料	8 000.00
(3)	工资	2 500.00	银行结算户存款	3 200.00
	电力费	500.00		
	其他费用	200.00		
(4)	办公费	50.00	库存现金	100.00
	差旅费	50.00		
(5)	折旧费	250.00	房屋	100.00
			机械设备	150.00

(续表)

项次	借方账户	金 额	贷方账户	金 额
(7)	应收购买单位款	18 000.00	销售	18 000.00
(8)	应付供应单位款	6 000.00	银行结算户存款	6 000.00
(9)	银行结算户存款	17 500.00	应收购买单位款	17 500.00
(10)	银行借款 利息支出	10 000.00 150.00	银行结算户存款	10 150.00

根据北京第一工厂1963年12月31日的经营资金平衡表，和上面所列示的各项记录，怎样记入一切资产、负债、基金、收益费用账户是容易的，所以这里不再一一列举各账户记录的内容。设立这些账户后，计算各个账户的余额，把这些余额分别借贷汇总抄录，则如图表6-2所示。

图表6-2   各账户余额表

账户名称	借方余额	贷方余额
房屋	19 900.00	
机器设备	14 850.00	
原材料	27 000.00	
在产品	3 000.00	
产成品	15 000.00	
应收购买单位款	2 500.00	
库存现金	400.00	
银行结算户存款	2 650.00	
国家基金		68 000.00
银行借款		8 500.00
应付供应单位款		500.00
未交利润		2 000.00
原材料消耗	8 000.00	
电力费	500.00	
工资	2 500.00	
折旧费	250.00	
办公费	50.00	
差旅费	50.00	
其他费用	200.00	
利息支出	150.00	
销售		18 000.00
	97 000.00	97 000.00

费用、收益账户的借贷方记录

由上例,可知费用的发生一律记入费用账户的借方,费用账户经常有借方余额;收益的发生一律记入收益账户的贷方,收益账户经常有贷方余额。由此,也容易推论,费用的减少应记费用账户的贷方;收益的减少,应记收益账户的借方。

在全部账户体系中,收益、费用账户借方、贷方记录的决定,是由整个账户体系的结构决定的。由第三章,我们已经知道各个资产、负债、基金账户的借方、贷方,与经营资金平衡表资产、负债、基金账户的左方、右方相一致。全部费用、成本、收益账户必须和资产、负债、基金账户并存在一个账户体系中,这个账户体系必须保持自行平衡的机制。那么决定费用、收益账户的借、贷方记录的标准,就必须与决定资产、负债、基金账户借、贷方记录的标准相一致。费用及收益,虽然自成一个计算系统,但按经营资金循环的角度来看,费用无非是在产品价值的增加,收益无非是产成品的减少和基金(利润)的增加,决定前者应借入费用账户,后者应贷入收益账户,自然也是合理的。

费用、收益账户和在产品、产成品及利润等账户的关系

从经营资金循环的角度来看,费用、收益账户实际上是在产品账户和产成品账户的分支。因为:

(1)如果不设费用账户,一切费用都应借入在产品账户,而设立费用账户后,所发生的费用则借入费用账户。按照复式记账法原则,一笔金额不能同时记入两个账户的借方,借入费用账户的数额,不能同时又借入在产品账户。所以,设立费用账户后各账户余额表中,在产品账户的余额 3 000 元,是期初在产品存货,不是期末在产品存货。把全部费用账户(利息支出除外)的借方余额和在产品账户借方余额 3 000 元相加,合计 14 550 元,才和第三章例题中在产品借方总额相等。

(2)同理,设立销售账户后,账上不但不能随时反映销售利润,卖出产成品也未立即贷入产成品账户,加之本期产成入库的产品,当产品单位成本尚未算出以前,没有从在产品账户转入产成品账户。所以,产成品账户的余额也只表示期初产成品存货额。

由上两点看来,全部费用、收益账户是从在产品、产成品两账户分出来的。分出来是必要的,因为不设立费用、收益账户,就无法在总分类账内设户计算费用、成本及收益。可是应该肯定,这些账户,至少在每期期末,应该转回到在产品、产成品两账户内,成本与收益对比所得利润也应该记入利润账户的贷方。换句话说,至少在期末,总分类账内各费用、成本、收益账户应回到在产品、产成品、利润等账户中去,这些账户本身不应再留余额,留有余额的各账户,以资产、负债及基金账户为限(利润账户也视同基金账户)。这也就是说,费用、收益账户要定期结清,资产、负债、基金等账户则要一直滚转下去。费用、收益账户结清以后,上节所举的各账户余额表,应该和第二章所举的1964年1月31日的经营资金平衡表相一致。

费用、成本和生产账户

前章曾经指出过,费用是生产的耗费,费用归集分摊到产品上去,成为产品成本。根据前章的计算,这些费用归集为下面所列示的甲、乙两种产品的成本。

图表6-3　　　　　　　　　　甲、乙产品成本

	甲产品(元)	乙产品(元)
原材料成本	5 000	3 000
人工成本	1 100	700
间接成本	1 069	681
	7 169	4 381

要注意,费用归集为产品成本,具有双重性质:① 表明各种产品生产成本的构成。② 这些生产成本又是在产品价值的增加。据上节,我们在费用发生时已经借入各个费用账户,现在要在账户体系中表现费用的归集为产品成本,当然应把各项费用贷入相应的费用账户,使各个费用账户不再留有余额。但是根据复式记账法规则(有借有贷,借贷平衡),我们不可能在贷入费用账户时,同时借

入成本账户又借入在产品账户。为了解决这个困难,我们可以采用以下办法:

(1) 按产品种类设立"生产"账户,在本例中可设立"甲产品生产"及"乙产品生产"两账户,使之既表示在产品价值的变动,又表示产品成本的构成。

(2) 要使"生产"账户同时表现以上两项内容,总分类账的各生产账户的账页,应该规定特殊的、不同于其他各个账户的格式——这些账页应分设原材料成本、人工成本、间接成本的各个专栏,又有加算以上各项成本的合计金额栏,以便随时知道现在生产过程中的在产品成本价值为多少,又可以分别核计原材料成本、人工成本及间接成本的数额。

(3) 这样做的结果,我们不能在总分类账中直接设立成本账户来反映各项产品的成本构成及其详细数额,但是只要"生产"账户的账页登记很详细,各项产品的成本还是容易检查的。

(4) 因为"生产"账户的余额又可以随时反映在产品成本价值,所以设立"生产"账户后,原有的"在产品"账户就可以取消。

生产账户记账方法举例

生产账户按产品种类设置,就便于分品种进行成本计算。我们仍以北京第一工厂的实例,将生产账户分设"甲产品生产"及"乙产品生产"两账户,表明这个账户的记账方法。

(1) 根据上面的说明,设立"生产"账户后,不再用"在产品"科目,故北京第一工厂1964年1月1日的在产品账户借方余额3 000元,表现为"甲产品生产"账户的借方余额2 000元,"乙产品生产"账户的借方余额1 000元。

(2) 根据甲乙两种产品成本分摊的计算,将各项费用转入"甲产品生产"及"乙产品生产"账户。

A. 将原材料成本转入"生产"账户。

借:甲产品生产	5 000.00
贷:原材料消耗	5 000.00
借:乙产品生产	3 000.00
贷:原材料消耗	3 000.00

B. 将直接工资转入"生产"账户。

借：甲产品生产 1 100.00
　贷：工资 1 100.00
借：乙产品生产 700.00
　贷：工资 700.00

C. 将间接成本转入"生产"账户。

借：甲产品生产 1 069.00
　贷：工资 428.00
　　电力费 306.00
　　折旧费 153.00
　　办公费 30.00
　　差旅费 30.00
　　其他费用 122.00
借：乙产品生产 681.00
　贷：工资 272.00
　　电力费 194.00
　　折旧费 97.00
　　办公费 20.00
　　差旅费 20.00
　　其他费用 78.00

（3）本期产成品成本，根据计算，自"生产"账户转入"产成品"账户。

借：产成品（甲产品） 7 169.00
　贷：甲产品生产 7 169.00
借：产成品（乙产品） 4 381.00
　贷：乙产品生产 4 381.00

以上各项记录——入账后，① 各项费用账户已全无余额。②"甲产品生产"账户有借方余额 1 550 元，"乙产品生产"账户有借方余额 1 000 元，即为期末甲、乙两种产品的在产品的成本价值。

读者可把以上各项会计分录记入专设的"甲产品生产"和"乙产品生产"两账户,并将记录结果和第四章里的甲、乙两种产品的成本计算表比较。

各项费用何时转入生产账户

以上的记账方法举例,还是一个月的汇总,但会计事项则是逐日发生,逐日要记账的。记住这一点,我们还应该进一步讨论,各项费用在什么时候可以转入生产账户。

分析原材料成本、人工成本及间接成本的发生及归集分摊的情形,可知这三项成本的情形各不相同。让我们来具体讨论这三种不同的情形:

(1)直接用于产品生产的原材料,领用时应该标明为生产何种产品所用,并且应该保证专料专用,不得互相混淆。这样说来,一切直接原材料成本,在领用时即可确定归入哪种产品的生产账户。

(2)直接生产工人工资,不论是生产哪种产品的工人,都在规定发工资的时候一次支付。不仅直接生产工人的工资是在发工资的那一天支付,非直接生产的职工的工资也在那一天支付。同时,直接生产工人,既可以从事甲产品生产,也可以从事乙产品的生产,有时还做一部分非直接生产的劳动。又,所有职工工资都不是逐日支付的,而是每半个月或一个月支付的。这样看来,要能够正确计算工资成本,必须:① 每个职工,尤其直接生产工人,逐日作了些什么劳动,参加了哪一种产品的生产,要做成正确的记录。② 每半月或一月支付的工资,首先要分出直接工资多少,间接工资多少;还要把直接工资划分为甲产品工资成本多少,乙产品工资成本多少,然后才能把所支付的工资费用总额正确地转入"生产"账户。

同时,职工劳动工时耗费在哪些项目中,虽然是要逐日记录的,但工资是每半个或一个月支付一次的。如果我们要把人工成本逐日记入"生产"账户,势必要根据每天的工时记录逐日作下列记录:

借:甲产品生产　　　　　　　　　　　　　×××
　　乙产品生产　　　　　　　　　　　　　×××
　　间接工资　　　　　　　　　　　　　　×××
　贷:应付工资　　　　　　　　　　　　　×××

而在支付工资那一天，把付出的工资作成下列记录：

借：应付工资　　　　　　　　　　　　　　　×××
　　贷：现金　　　　　　　　　　　　　　　　×××

这样做，手续太繁，实践上金额也无法计算而且没有什么作用。简单的办法是：① 每天只做"工时记录"；而不在总分类账中做任何记录。② 发工资前，根据工时记录的汇总，作成上面的第一个会计分录，实际支付工资时，作成上面第二个会计分录。

工业企业的工资会计还有许多复杂问题有待详细讨论，这里不能一一详述。

（3）间接成本如何分摊到各种产品上去，总要按照一定的比例，不论按照何种比例，总和产品直接成本额有关。但是各种产品一个期间（月、季、年）的直接成本额，只在期末才能算出来，不到期末，一切间接成本只能留在各该费用账户内，不能自费用账户转入"生产"账户。

可见产品成本中原材料成本、人工成本、间接成本三者转入"生产"账户的可能的时间各有不同。直接原材料成本可以在领用时立即借入"生产"账户，人工成本平时可作工时记录，待发工资时根据工时记录一次转入，间接成本则只能在期末作分摊计算后才能转入。照此看来，在我们实例中，凡属间接成本的各项费用的账户是绝不可省的，而原材料消耗及工资费用这两个账户则可以不设。传统的会计方法就不设"原材料消耗"及"工资费用"账户，只分设有关间接成本的诸费用账户，现行工业企业统一会计制度也用这样的方法。本书第十一章例解也按照上述办法，读者可以参照。

上述方法有它的好处，但也发生一些有待解决的问题，参见第十六章关于棋盘式总账的讨论。

入库产成品何时入账

另外还有一个极有兴趣的问题，可以在这里做初步的研究。按上例，本期制成入库待售的产成品，应该按照本期产成品的单位成本，借入产成品账户，贷入生产账户。但是，一个时期中的产成品，通例是陆续制成，由车间交付产成品仓库（或保管员）验收的，而产成品的成本则总要到月底才能算出来。不到月底，本月直接成本多少不知道，间接成本无法分摊，本月成品数量及在产品成本也还不知道，于是产成品的单位成本就无法确定。产品制成入库时，在车间和仓库间当然应该严格办理验收交接手续，仓库每接收一批产成品，也应该作成实物收入的记录，但是不到期末，算不出产品的单位成本，总分类账内也就无法借入产成品账户，贷入生产账户。

由此可知，如果我们要根据实际成本来记录产成品，产成品又随时制成入库，在这种情形下，总分类账内借入产成品、贷入生产账户的记录，只能在期末算出单位成本时一次汇总入账。这时候，总分类账中产成品账户和生产账户只有在期末这个瞬间才做得到账实相符，平时总是账实不相符的。

按照现行会计制度规定，全民所有制的工业企业，每月要月结，季度作季结，年度作年结。这就是说，全民所有制工业企业，每月都要结账，要计算利润，编制会计报表报送上级。月结可以略比季结粗些，但既要每月计算利润，也就是每月必定要计算产品的实际成本。从实际会计工作情形说来，能够在每月月底做到账实相符，同时能正确算明成本利润，已经需要比较高的会计水平，做到这一点已经不很容易了。

更进一步的办法是"定额成本会计制度"，即预先确定每单位产品的"定额成本"。月中产品陆续完工入库时，随时根据预定的"定额成本"，在总分类账内借入产成品账户，贷入"生产"账户。月末，根据实际产量及实际费用，计算产品的单位"实际成本"，比较实际成本和定额成本的"差异"，在总分类账上可设立"产品成本差异"账户来记录。如果实际成本大于定额成本，"产品成本差异"账户反映为借方余额；反之，则反映为贷方余额。月末产品成本差异要分别对已销售的产成品和库存的产成品成本进行调整处理。这里不作详细讨论。

销售成本的计算入账

产成品是陆续完工入库的产品，它们的销售也往往是川流不息的，不像我们的例解中，一个月只有一笔。入库产成品的实际成本既要到月末才能算出入账,那么每次售出产品时,就要算出售价中有多少是成本、多少是利润也是不可能的。这就是说第二章例解中,记录销售时立即把售价划分两部分,一部分贷入产成品账户,一部分贷入利润账户,这是和实际情形不符的。本章记录销售收益,设立了一个反映收入全额的销售账户,暂不划分成本和利润,这就可以等到月末算出本月产品单位成本后,再计算销售成本及利润。这种方法,即使从记账的便利上说,也是必要的。

进一步说,每期售出产品的成本,并不完全取决于本期入库产成品的成本。上期未售出的成品的生产成本,和本期入库产品的生产成本不会绝对相同,本期售出产品的销售成本应该是上期产成品存货的实际成本和本期入库产成品生产成本的平均数,如上例,甲产品本期产成入库数为1 000件,每件成本7.619元,本期售出1 200件,销售成本每件7.714元;乙产品本期生产800件,单位成本5.476元,本期售出880件,销售成本每件5.40元,两产品共销售成本14 009元。这个数字当然也只能在月末算出实际生产成本后才能算出,算出后应将此数自产成品账户借入销售成本账户:

借:销售成本　　　　　　　　　　　　　　　　　　14 009.00
　　贷:产成品　　　　　　　　　　　　　　　　　　14 009.00

利润的汇总计算

算出销售成本记录入账后,总分类账上尚未结清的账户,只有下列三个:

销售账户贷方余额　　　　　　　　　　　　　　　　18 000.00
销售成本借方余额　　　　14 009.00
利息支出借方余额　　　　　　150.00

把这三个账户的余额汇集在一起,得贷方余额3 841元,即本期利润,和第三章例解中的结果相同。汇集时,在总分类账上应借应贷账户如下:

借:利润　　　　　　　　　　　　　　　　　　　　14 159.00
　　贷:销售成本　　　　　　　　　　　　　　　　14 009.00
　　　　利息支出　　　　　　　　　　　　　　　　　150.00

借：销售			18 000.00
贷：利润			18 000.00

于是一切收益、费用、成本账户都已结束，至此，所示的各账户余额表中留有余额的账户，以及这些账户的余额，仍然和第二章例解中 1 月 31 日的经营资金平衡表完全相同。

和成本、利润计算有关各账户的内容

在账户体系中设立费用、收益账户，设立使费用归属为成本的生产账户之后，各资产、负债及基金账户的记录内容一律不变，只有在产品账户的记录内容，移入了费用账户及生产账户。各费用、收益账户，销售成本账户，期末概无余额，因为这些账户的记录内容，最后结果都汇总到利润账户里去了。

为便利读者对照起见，兹列示设立费用、收益等账户后，在产品、产成品、利润各账户的记录，和各费用、收益账户、生产账户、销售成本账户的内容如下。各账户借、贷方记录所标列的项次，可与本章所示各次记录的项目数对照。其他如房屋、机器设备等账户的记录内容和第三章所示完全相同，不再列示。

产　成　品

1964/1/1	15 000.00	转入销售成本（甲）	9 257.00
生产账户转来（甲）	7 619.00	转入销售成本（乙）	4 752.00
生产账户转来（乙）	4 381.00	余额	12 991.00
	27 000.00		27 000.00
1964/2/1	12 991.00		

甲产品生产

1964/1/1　在产品	2 000.00	本期产成品 1 000 件	1 550.00
原材料成本	5 000.00	单位成本 7.619	
人工成本	1 100.00	期末在产品	7 619.00
间接成本	1 069.00		
	9 169.00		9 169.00
1964/2/1　在产品	1 550.00		

第六章　费用、成本及收益账户

乙产品生产

1964/1/1 在产品	1 000.00	本期产成 800 件	1 000.00
原材料成本	3 000.00	单位成本 5.476	
人工成本	700.00	期末在产品	4 381.00
间接成本	681.00		
	5 381.00		5 381.00
1964/2/1 在产品	1 000.00		

原材料消耗

本期发生额	8 000.00	转入甲产品生产	5 000.00
		转入乙产品生产	3 000.00
	8 000.00		8 000.00

工 资

本期发生额	2 500.00	甲产品直接工资	1 100.00
		乙产品直接工资	700.00
		甲产品间接工资	428.00
		乙产品间接工资	272.00
	2 500.00		2 500.00

电 力 费

本期发生额	500.00	甲产品	306.00
		乙产品	194.00
	500.00		500.00

折 旧 费

本期发生额	250.00	甲产品	153.00
		乙产品	97.00
	250.00		250.00

办 公 费

本期发生额	50.00	甲产品	30.00
		乙产品	20.00
	50.00		50.00

差 旅 费

本期发生额	50.00	甲产品	30.00
		乙产品	20.00
	50.00		50.00

其 他 费 用

本期发生额	200.00	甲产品	122.00
		乙产品	78.00
	200.00		200.00

利 息 开 支

本期发生额	150.00	转入利润账户	150.00

销 售 成 本

甲产品	9 257.00	转入利润账户	14 009.00
乙产品	4 752.00		
	14 009.00		14 009.00

销 售

转入利润账户	18 000.00	甲产品	11 664.00
		乙产品	6 336.00
	18 000.00		18 000.00

第六章　费用、成本及收益账户

利　　润

甲产品销售成本	9 257.00	甲产品销售	11 664.00
乙产品销售成本	4 752.00	乙产品销售	6 336.00
利息开支	150.00		
本期净利润	3 841.00		
	18 000.00		18 000.00

　　读者试将以上各账户记录内容，和上章所作的表式上的成本、利润计算比较，可知两者是完全相符的。

　　读者亦不难从上举实例中察觉，下列三个账户，在全部账户体系中，起着经营资金循环和成本、利润计算这两个体系的纽带的作用：

　　(1)"生产"账户(本例内分为"甲产品生产"及"乙产品生产"两个账户)既用以反映在产品的成本价值，又用以反映各种产品的成本构成。

　　(2)"产成品"账户既反映产成品的成本价值，又是计算销售成本的根据。

　　(3)"利润"账户既用以反映各种产品的成本、利润，并进行对比，又反映未处理的净利润。净利润在未处理前或者可以视为负债，或者视同国家基金，参见第二章。

　　一切费用、收益账户及销售成本账户，都可以和经营资金的循环划分开来，但是这些账户又经过"生产"、"产成品"、"利润"等账户和经营资金循环的账户体系结合在一起。读者试回忆前几章曾再三指出的，成本、利润计算是经营资金循环的一个特殊的方面，就不难理解账户间的这种关系不过是经济实践的反映而已。

第七章 盘存制会计

成本会计（永续盘存制会计）和盘存制会计

前几章介绍的会计方法的特点是，不同产品的成本计算和分摊，具体组织在账户体系之内，账户体系直接反映了各种产品的成本和利润。这种比较精密的会计方法的发展，远在复式记账法之后。它在实践上的应用开始于19世纪末期，直到20世纪初期才形成有系统的方法，并出现了专门介绍和讨论这种方法的著作，称为成本会计。又因为这种方法对于原材料的耗用，在产品、产成品数量及价值的增减都能及时记录，账实能够相符，不必等到年底经过大盘点后才知道原材料、在产品和产成品存货为多少，所以这种会计方法又称为永续盘存制会计①。按照国家统一会计制度的规定，我国社会主义国营工业企业，都要采用这种比较精密的会计方法。

与上述方法相反，不在账户体系内分别计算并分摊不同产品的成本，原材料的耗用，在产品及产成品的数量及价值的增减也不做及时记录，一直到结账时才依靠盘点存货的方法，倒轧全部产品的成本，据以计算全企业利润的会计方法，称为盘存制（也称为实地盘存制）会计。这种会计方法，不能从账户体系的记录中查明不同产品的比较精确的成本，只能用估算方法作大概的计算，因此，这种会计方法下的成本计算方法，称为估计成本法。

我国社会主义国营工业企业虽一律不用盘存制会计，小规模集体所有制企业，尤其是农村人民公社生产队，仍大量应用盘存制会计，本章即准备专门介绍

---

① 已经指出，在产品、产成品的数量及价值的记录，要到月底才能做到"账实相符"。但我们同时应该知道，早期资本主义企业至少要等年终才结账，不作月结及季结，所以每月、每季末在产品、产成品账户能够做到账实相符，已经算是"永续盘存制"会计了。

这种会计方法,并对这种会计方法的优缺点作简单的讨论。

费用、收益账户及原材料、在产品、产成品账户

盘存制会计在账户设置及记录方法上的特点是:① 平时,只在对外发生购买、销售、支付等行为时记账,原材料领用,产品制成入库,产品出售时产成品存货的减少等一律不入账。② 结账时,实地盘点原材料、在产品、产成品存货数量,估算其成本,用倒轧法算出产成品成本及销售成本,在总分类账上一次转账。③ 用这种方法,可以计算全企业的总成本和总利润,但无法根据会计账簿对比计算各类产品的成本及利润,从而也不能比较精确地计算各类产品的单位成本及单位利润。

仍以前举例解,表明盘存制会计的账户记录如下:

假定北京第一工厂应用盘存制会计。1964 年 1 月份购买原材料当时入账,买入原材料可以直接借入原材料账户。但因为领用原材料当时是一概不入账的,所以特设"原材料购买"账户记载买入原材料数额。耗用原材料当时不入账,固定资产折旧也不入账。现金支付及债权、债务都逐笔记账,于是本章所示的 1964 年 1 月份平时的记录,只有以下各笔:

项次	借方账户	金额	贷方账户	金额
(1)	原材料购买	5 000.00	应付供应单位款	5 000.00
(3)	工资	2 500.00	银行结算户存款	3 200.00
	电力费	500.00		
	其他费用	200.00		
(4)	办公费	50.00	库存现金	100.00
	差旅费	50.00		
(7)	应收购买单位款	18 000.00	销售	18 000.00
(8)	应付供应单位款	6 000.00	银行结算户存款	6 000.00
(9)	银行结算户存款	17 500.00	应收购买单位款	17 500.00
(10)	银行借款	10 000.00	银行结算户存款	10 150.00
	利息支出	150.00		

以上这些分录记入总分类账后,月底总分类账各户余额如图表 7-1 所示。

图表 7－1　　　　　　　总分类账各账户余额表

账 户 名 称	借 方 余 额	贷 方 余 额
房屋	20 000.00	
机器设备	15 000.00	
原材料	30 000.00	
原材料购买	5 000.00	
在产品	3 000.00	
产成品	15 000.00	
应收购买单位款	2 500.00	
库存现金	400.00	
银行结算户存款	2 650.00	
国家基金		68 000.00
银行借款		8 500.00
应付供应单位款		500.00
未交利润		2 000.00
电力费	500.00	
工资	2 500.00	
办公费	50.00	
差旅费	50.00	
其他费用	200.00	
利息支出	150.00	
销售		18 000.00
	97 000.00	97 000.00

由图表 7－1,可知采用盘存制会计时,总分类账各资产账户中,库存现金、银行存款及债权账户可以逐日反映实际情形。除此而外,固定资产及流动资金中的各项存货,一概反映期初余额,无法反映生产过程中经营资金的循环。收益及费用各账户余额,则反映为对外购买、销售及支付而发生的实际数额,仅仅根据这些数字,既无法了解本期产品成本,也无法计算利润或损失。这就是说,在未盘估存货、计算折旧以前,总分类账各账户的数额既不足以计算成本利润,也无法随时反映经营资金的实际情形。加以应用盘存制会计的企业,往往 1 年结一次账,而不是一个月结一次账,所以这种会计的好处是平时应该记的账次数少(只记对外有关的经济业务),缺点是既不能随时做到"账实相符",也无法反映成本和利润。

盘存制会计的期末盘点

盘存制会计在结账时应：① 对各项存货（原材料、在产品、产成品）进行实地盘点，编成实物清册，逐项估计其成本价值。② 对各项固定资产也应进行盘点。固定资产的变动较少，本期购买的固定资产既必须对外支付，也必定已经随时借入固定资产账户，所以总分类账上也是有账可查的。盘点时所要着重解决的是查明毁损，计算折旧。

盘存制会计对于原材料的购买领发，在产品在生产过程中的直接成本及间接成本既然不设立账户，分户记账，即使这个期间内实物数量没有丝毫短缺，查明数量后要估计它们的成本价值，仍然缺乏可靠的单位成本作为根据，其中原材料的单位成本还是比较容易找到根据的，因为每次购买原材料总有供应单位的发票为证，检查发票，可以找出可靠的单位成本为估价的根据。在产品及产成品的成本价值，既要分别计算它们的直接原材料成本及直接人工成本，又要合理分摊间接成本。平时不做系统的记录，结账时用估计成本法①估计它们的单位成本，所估计的在产品和产成品成本，总会和成本会计方法下所能计算的单位成本有较大的出入。

估计存货价值和决定利润

盘估期末存货的成本价值时，估计存货价值的大小，直接决定结账时算出来的利润的大小。读者已知在盘存制会计方法下，只能用倒轧方法计算全企业的成本，在倒轧计算法下，所估计的存货价值愈大、成本愈小、利润愈大。反之亦然。这就是说，盘存制会计固然无法分别计算每种产品的成本、利润，只能得出一个全企业的成本、利润总数，从而无法追溯成本、利润升降的原因；同时，全企业利润、亏损的决定也缺乏可靠的标准，从而又为任意决定盈亏大开方便之门（如果我们指望这一期间的利润额要大些，只要把存货价值估得较高就行）。

---

① 读者注意，经过会计体系来精确记录产品成本，当然比估计成本要好得多。但是优良的成本会计制度要求解决许多复杂的问题，要求会计工作和生产过程密切结合。如果成本会计制度严重脱离生产实际，算出来的成本往往会荒唐可笑，反而不如估计成本更能近似于实际。

这一点，仍可继续前例，用例解来表明如下：

假定本例中采用盘存制会计的北京第一工厂，在1964年1月底（上面说过采用盘存制会计的企业往往是1年结一次账的。如果一个月结一次账，实际上已和非盘存制会计没有多大分别。而且实地盘点的工作量很大，每个月对全部固定资产及存货实地盘点一次，事实上是办不到的）盘查各项存货，估计其成本价值结果如下：

原材料	27 500.00
在产品	2 300.00
产成品	15 400.00

应计固定资产折旧仍为房屋100元，机械设备150元，月末用倒轧法计算全企业成本的步骤如下：

（1）计算本期原材料消耗：

期初原材料库存	30 000.00
加：本期原材料购买	5 000.00
小计	35 000.00
减：期末原材料盘存	27 500.00
本期原材料消耗	7 500.00

（2）计算本期产成品成本：

原材料消耗	7 500.00
工资	2 500.00
电力费	500.00
折旧费	250.00
办公费	50.00
差旅费	50.00
其他费用	200.00
小计	11 050.00
加：期初在产品	3 000.00
小计	14 050.00

减：期末在产品	2 300.00
本期产成品成本	11 750.00

(3) 计算本期销售成本

本期产成品成本	11 750.00
加：期初产成品	15 000.00
小计	26 750.00
减：期末产成品	15 400.00
本期销售成本	11 350.00

(4) 计算本期利润

销售收益	18 000.00
减：本期销售成本	11 350.00
本期利润	6 650.00
利息支出	150.00
本期净利润	6 500.00

读者试与前例相比，可知用盘存制会计所得结果，和用非盘存制会计所得结果每一项都有差额，比较如下：

	（Ⅰ） 非盘存制会计	（Ⅱ） 盘存制会计	差　数 （Ⅰ－Ⅱ）
原材料消耗	8 000.00	7 500.00	500.00
原材料期末存货	27 000.00	27 500.00	－500.00
产成品成本	12 000.00	11 750.00	250.00
在产品期末存货	2 550.00	2 300.00	250.00
销售成本	14 009.00	11 350.00	2 659.00
产成品期末存货	12 991.00	15 400.00	－2 409.00
本期净利润	3 841.00	6 500.00	－2 659.00

两例中利润相差额 2 659 元，和各项存货相差额（2 409＋500－250＝2 659）恰相一致。所提高的利润，实质上就是寅吃卯粮地将下期利润算作了本期利润。这一点，不仅适用于存货估价，多计、少计固定资产折旧，多算、少算待摊费用及预提费用，都会得到相同的结果。

盘存制会计结账时的记录

盘存制会计期末盘点的结果,以及用倒轧法算出的成本、利润,仍应在结账前一次记入总分类账有关各账户。这时候,平时省略不用的原材料消耗、折旧费、生产成本、销售成本等账户都应逐一设立。但盘存制会计既然不随时记录生产过程,所以"生产"账户应改称为"生产成本"账户,表示这是期末一次倒轧计算时所用的账户。上例中应用盘存制会计的北京第一工厂结账时所应作的全部记录如下。

(1) 设立原材料消耗账户,将本期原材料购买及期初原材料盘存转入这个账户:

借:原材料消耗	35 000.00
贷:原材料	30 000.00
原材料购买	5 000.00

(2) 将期末原材料盘存,自原材料消耗账转出:

借:原材料	27 500.00
贷:原材料消耗	27 500.00

(3) 将固定资产折旧记录入账:

借:折旧费	250.00
贷:房屋	100.00
机器设备	150.00

(4) 设立生产成本账户,将本期生产费用转入该账户:

借:生产成本	11 050.00
贷:原材料消耗	7 500.00
工资	2 500.00
电力费	500.00
折旧费	250.00
办公费	50.00
差旅费	50.00
其他费用	200.00

(5) 将期初在产品转入生产成本账户：

借：生产成本 3 000.00
　　贷：在产品 3 000.00

(6) 将期末在产品自生产成本账户转出：

借：在产品 2 300.00
　　贷：生产成本 2 300.00

(7) 将生产成本账户余额 11 750，转入销售成本账户：

借：销售成本 11 750.00
　　贷：生产成本 11 750.00

(8) 将期初产成品转入销售成本账户：

借：销售成本 15 000.00
　　贷：产成品 15 000.00

(9) 将期末产成品自销售成本账户转出：

借：产成品 15 400.00
　　贷：销售成本 15 400.00

(10) 将销售成本账户余额转入利润账户：

借：利润 11 350.00
　　贷：销售成本 11 350.00

(11) 将销售收入转入利润账户：

借：销售 18 000.00
　　贷：利润 18 000.00

(12) 将利息支出转入利润账户：

借：利润 150.00
　　贷：利息支出 150.00

总分类账中有关各账户,记入以上各项记录后的情形,读者可自己演习,不另示例。利润账户贷方余额 6 500 元,和上面的计算是符合的。

具有实物数量记录的盘存制会计

上例中的盘存制会计,是假定凡原材料的购买、领用、在产品在各个生产工序间的转移、产成品的制成入库,一概没有数量记录,期末盘存需逐件点数,才能知道存量,然后确定单位成本,计算期末存货的成本价值。采用这种办法,无法检查库存物资及生产过程中物资有无走漏,也无法检查经办物资购买、领用、销售人员的责任,所以极易产生各种严重弊害。但采用盘存制会计时,可以对此采取某种补救的措施,办法是:① 规定各类物资的收发、保管制度,如领料要用领料单,产品入库要用入库单,并须由经办人员签章,以便事后检查有无走漏,检查经办人员的责任等。② 按物资种类分户设账,由负责保管人员记录其收发、库存数量。采用这些办法后,物资收发只记数量,并不记入总分类账的有关账户,不分别计算各类产品的直接成本,不分摊间接成本,这种会计当然仍旧是盘存制会计。但采用这些办法后,期末结账,实物账上表示各类物资"应存"数量,实地盘点,是为了检查账上的"应存"量与仓库的"实存"量是否相符("账实"是否相符),其他估价入账,确定生产成本及销售成本的方法,则一如前节所述。严格说来,这种方法,是在总的账户体系之外另立一种实物收发的会计,平时这两种会计并不密切联系,直到结账时才把实物收发会计并入总的账户体系中,使两者合为一体。这种方法,除产成品及在产品成本计算不易精确而外,可以避免盘存制会计中物资容易走漏的毛病。职工人数不多的作坊、食堂及农业生产队等会计单位,要求严格的物资管理制度,又不宜采用过分繁杂的会计制度的,采用这种方法是比较适合的。

盘存制会计的历史

已经指出,早期的复式记账法,事实上都是盘存制会计,成本会计即永续盘存制会计迟至本世纪初期才充分发展。追溯原因,可知早期资本主义企业,实际上不过是资本家个人"家天下"的小规模企业,职工人数有限,会计记录的目的是"管钱",管"人欠、欠人"(债权、债务),企业大门以内的物资收发,并没有什么严格的手续,各项产品的成本高低,用估计方法可以作出比较符合事实的计算,物资管理及成本管理不在会计工作的范围之内,这时候会计的日常记录,当然限于对外发生经济关系的现金收付和人欠、欠人,一切费用和收益账户,不过是人欠、欠人账户的"延长",成本、利润,只在结账盘货时才做计算,这时候的会计,当然只能是盘存制会计。直到企业规模愈大,职工人数愈多,生产过程愈复杂,成本、利润计算,以及生产管理愈来愈要求精密的时候,企业会计才逐渐以"成本会计"为其中心内容。社会主义经济是比资本主义经济更为发展进步的经济,早期资本主义企业的粗糙简陋的管理方法和会计方法当然摒弃不用。国营社会主义工业不论规模大小,原则上一律不得应用盘存制会计,其理由即在于此。

盘存制会计的实际应用

已经指出,社会主义企业虽然一般应该摒弃盘存制会计,但盘存制会计略加改良,还是可以应用于集体所有制的小规模企业如农业生产队,以及职工人数很少的作坊、食堂等单位。改良的主要之点是在物资收发必须有严格的手续制度,可以继续利用的,则是不为每一项产品分设生产账户,各项产品的直接成本的归集及间接成本的分摊,不在账户体系内做周密的记录,而用估计成本法来计算不同产品的成本。一个农业生产队种植的作物品种不同,种植、养畜、副业等生产门路很多,会计员能够正确记录费用、收益,严格实物收发保管制度,根据不同业务用料、用工的数字估算它们的成本,已经很不容易,应用正规的成本会计方法事实上是行不通的。机关、工厂的食堂,事实上只能做到估算公布每种花色的食品的成本,用正规成本会计制度记账反而要浪费人力、物力。学习会计,运用会计,当然要知道盘存制会计有其缺点,一般应予摒弃不用,但不研究盘存制会计的改良运用,全盘加以否定,显然也是不妥当的。

本书介绍盘存制会计限于本章,以下一般不再涉及这个问题。

第八章 账户体系的设置

账户体系

总括以上各章的讨论,可知:

(1) 会计的基本方法是分设账户,逐笔记账,凭账作表。各类会计账户体系的经济内容,各以自己的任务和对象而定。企业会计的账户体系所要记录和计算的内容,则是经营资金的循环和成本、利润的计算。

(2) 由于① 经营资金平衡表左右两方的恒等关系。② 复式记账法①的记账规则,即每笔经济业务的记录必定记入相应的两个账户,一借一贷,借贷相等,所以全部账户体系的借贷方总额及借贷方余额都必定是平衡的。

(3) 全部账户分为:① 余额结转到下期的账户。② 余额不结转到下期的

---

① 复式记账法也称复式簿记,直译是"两重记录的簿记",也可译为"双记式簿记"。既有"两重记录的簿记",可以推定必有"单式记账法"、"单重记录的簿记"或"单式簿记"。在簿记发展史上,"单式簿记"确实也是有的。所谓单式簿记,即只为必要记账的项目分户设账,却并不建立一个自行平衡的账户体系。早期的资本主义工商业者迫切需要分户设账的是债权、债务("人欠、欠人")和现金,其他如费用、收益、存货等等,反正是家门以内的东西,可以不设账户。单式簿记就是对于必须分户设账的项目,逐笔记入它们的借方或贷方发生额,但有借不必一定有贷,有贷不必有借。换句话说,单式簿记的记录经济业务,一般以发生对外经济关系或收支现金的为限,记录这些经济业务时可以有三种情形:① 有借无贷。② 有贷无借。③ 有借有贷。究竟每笔经济业务如何记账,完全可以按照需要任意作出决定。由此可见单式簿记也要分户设账,但账户不完全,也不能形成一个自行平衡的体系。至于结账及计算盈亏,则完全采用实地盘点存货的方法,比较期初、期末的净资产额(即资产减除负债后的净数),倘若期末净资产额超过期初净资产额则为盈,反之为亏。资本家个人提款,也应加入计算。

复式簿记是外来名词,单式簿记也是外来名词。我国传统的记账法是收付记账法,由于不能形成一个自行平衡的账户体系,所以也是单式簿记。但因为我国传统的记账法,是把帝王府库的收支分类记账同记录"人欠、欠人"的方法混杂在一起,不像西欧早期商人的记账法完全着眼于人欠、欠人(借主、贷主)的记录,所以我们的簿记没有直接发展到以是否"有借有贷,借贷相等"作为单式簿记的区别的标准,所以,单式簿记和复式簿记这样的名词也是不存在的。

账户两类。前者是物质财富、债权、债务及表示经营资金来源的账户；后者是专门用以记录为成本、利润计算所必要的费用、收益及综合成本账户。

（4）以账户体系的日常记录为基础，经过定期结账，可以计算不同产品及全企业的成本、利润并编出有关成本、利润的会计报表，可以作成反映截至结账日的各类资产、负债、基金的数额的经营资金平衡表。

由以上各点，我们又可以知道，利用账户体系，对一切经济业务作分类的登记以后，① 根据各账户的记录，可以对各类经济业务做分类的计算。② 根据整个账户体系的记录，可以对全企业的经济活动做综合的计算。设置账户体系，借以记录全部经济业务，并对经济业务做分类的和综合的计算，就是会计的根本方法。

任何会计主体的会计，就其方法而言，都具有以上各项特点。但不同会计主体的经济业务性质不同，计算的目的不同，所以账户体系的经济内容也不同。

账户体系的设置

任何企业的账户体系都应预先设置，不可以任意立账，任意废弃。这是因为设置哪些账户，就预定了日常记账的方法和内容。举例来说，盘存制会计的账户体系和成本会计的账户体系的结构就根本不同，预定要在账户体系中分别记录计算每种产品的成本，不采取"肉烂在锅里"的盘存制会计的，就应该为此目的，设置适合于成本会计的账户体系。又如，凡要求对各项费用作比较精密的分类计算的，费用账户就应该设立得较多、较细，反之，就可以设立得较粗、较少。设置账户体系既然预定了根据所设的那些账户能够得到什么结果，所以，账户体系设置前，应该详细研究分类的及综合的经济计算的目的，研究为了达到这些目的，应该采用一些什么样的技术和组织措施，然后决定设置哪些账户，怎样把这些账户汇合成为整个账户体系。

账户的分类

一个账户体系中的各账户，可以按多种标准分类。上面，我们已经采用过一个分类标准，即把全部账户分为结转余额的和不结转余额的两类账户。

另一种常见的分类方法是把全部账户分为：① 资产。② 负债及基金。③ 费用。④ 收益。⑤ 综合成本等五类。前章实例中北京第一工厂应用的各账户，按这种标准分类时如下：

（Ⅰ）资产科目
  房屋
  机器设备
  原材料
  在产品（生产）
  产成品
  应收购买单位款
  库存现金
  银行结算户存款

（Ⅱ）负债及基金科目
  国家基金
  银行借款
  应付供应单位款
  利润

（Ⅲ）费用科目
  原材料消耗
  电力费
  工资
  折旧费
  办公费
  差旅费
  其他费用
  利息支出

（Ⅳ）收益科目
  销售

（Ⅴ）综合成本科目
  销售成本

上列科目表未能将成本科目（直接原材料成本、直接人工成本、间接成本等）包括在内。已经指明，这只能在生产账户的记录中得到反映（参见第十一章举例）。

国营工业企业的统一会计科目

财政部制订的，国营工业企业的会计科目，基本上按照经营资金循环的程序分类。现在将这个统一会计科目表（规定自1962年1月1日起试行）列示如下。

编号	第一类　固定资产
01	固定资产
02	固定资产折旧
	第二类　材　料
07	材料采购
10	原料及主要材料
11	辅助材料
12	燃料
13	修理用备件
14	包装物
17	低值易耗品
18	低值易耗品摊销
20	专用基金储备物资
21	委托加工材料
22	在途材料
24	材料成本差异
	第三类　生产费用
26	基本生产
27	自制半成品
28	辅助生产
31	非工业性事业经营
32	车间经费
33	企业管理费
34	废品损失
35	停工损失
38	待摊费用
39	预提费用
40	专用基金工程支出
	第四类　产成品及销售
42	产成品
43	产品成本差异

44　外购商品

48　销售费

49　发出商品

50　销售

　　　第五类　货币资金

58　库存现金

59　银行结算户存款

60　专用基金银行存款

61　其他货币资金

　　　第六类　结　算

63　购买单位往来

65　供应单位往来

68　应付税金

69　应付工资

70　应付工资附加费

71　备用金

73　内部往来

74　专用基金外部往来

75　专用基金内部往来

76　存入保证金

77　其他往来

　　　第七类　待处理财产盈亏

79　待处理财产盈亏

　　　第八类　基　金

81　国家基金

82　拨付所属基金

83　折旧基金

84　固定资产变价收入

85　企业基金

86　大修理基金

　　　第九类　拨　款

90　专用拨款

　　　第十类　银行借款

91　银行借款

　　　第十一类　财务成果

95　利润或亏损

96　利润提成

97　解交利润或弥补亏损

以上各科目的使用方法，和企业的具体经济业务处理及财务管理制度有关。本书以下各章的设例，所用科目仅占上列科目表的一小部分，用法也不尽相同。初学者学习账户体系，开始要了解它的基本结构，逐步地由简入繁，否则头绪纷繁，难以记忆，这是我们采取这样方法的理由。

资产、负债科目的子目

已经指出，账户体系中的个别账户，是用来对各类经济业务作分类记录及分类计算的。例如，库存现金账户，集中记录一切经济业务中所发生的现金收支。利用这个账户的记录，可以汇集现金收入的总数（借方总数），现金付出的总数（贷方总数），并据以计算库存现金的余额（借方余额）；原材料账户集中一切经济业务中原材料的出入，并据以计算库存原材料的余额等等。账户体系中所有结转账户即资产、负债、基金各账户的余额，各各反映现存物质财富、债权、债务及基金。利用账户的这一性质，企业会计可以成为控制现存物资及货币资金，控制债权、债务的有效工具，从而在物资管理及财务管理上发挥重大的作用。

细察上述科目表中各个资产、负债、基金科目，我们不难发现，其中不少科目过分简略，不能起控制现存物资及现有债权、债务之用。例如，原材料的品种、规格往往有百千万种，我们则用"原材料"一个科目网罗了所有的原材料。这个"原材料"科目可以反映百千万种原材料收发库存的总和，却不足以反映每一个具体品种的原材料的收发库存的数量及其金额。为了利用账户体系来检查账实是否相符，考核原材料保管员的责任，显然应该为每一种品种规格的原材料分户设账,不仅记录它们的价值,而且也记录它们的数量。又如,机器设备一项,是若干台机床,若干台动力设备,以及各种传导设备,各种长期使用的容器、工具、辅助设备的总和。要检查机器使用维护的责任,要精密地计算机器折旧,也必须为每一台机器设备分户设账。大规模企业的购买单位及供应单位常多至数百、数千户,要按期收回债权,如期清偿债务,必须分户立账,仅仅一个"应收购买单位款"科目或"应付供应单位款"科目是不够的。

逐项考察经营资金循环诸科目,可知只有库存现金、银行结算户存款等科目,不必进一步做更详细的记录。此外各科目都是同类项目的"类名",会计记录必须具体详细,这些"科目"之下就必须分立"子目"。子目的设立要求如下:

(1) 固定资产,按每个单位(一台机床,一幢房屋或每一类容器等)设立子目。

(2) 原材料及产成品,按每一个品种、规格设立子目。

(3) 生产(在产品)按产品品种、规格设立子目,或进一步按每个工序设立子目。

(4) 债权、债务,按每一个债权人或债务人设立子目。

事实上,账户体系中分户设账的"账户",它的基本单位是"子目"而不是"科目"。只有按子目逐一分户设账,会计记录才"落实到底",才能锱铢必较。所谓"账实相符",实质上是要求按各个子目设账时账上的"应存"数和"实存"数相符,"科目"的余额,只起了综合同类子目的数字,便于作总的控制和观察的作用,它们是不可能据以检查账实相符与否的。

由此可知,统一会计科目所能"统一"的是科目名称,统一的目的是使同类企业的综合经济计算有共同的标准。但资产、负债科目的子目则无须作统一规定,也无法作具体规定,最多只能对设置子目的原则,作出些规定来。

费用、收益科目及其子目

第四至六章举例中所用的费用。收益科目,除工资必须备有职工工资表凭以按期结算支付工资外，看起来并没有在科目下分设子目的必要，但实际情形并不如此。我们的实例中北京第一工厂费用项目如此简单，其实是故意省略的结果。一个职工总数四五十人的工厂，实际上的费用项目要远为复杂。例如，实例中电力和照明没有分开，没有水费、取暖费，没有运输费，而"其他费用"一项，又可以包括许多费用项目。为了深入对比逐期费用发生额的多少，而又不致在总分类账中设立过多的费用科目，可以在直接原材料及直接人工之外，分设"间接生产费用"（统一会计科目中称为"车间经费"）、"管理费用"（统一会计科目称为"企业管理费"）、"销售费用"等科目，其下分设若干子目。分设这三个科目以后，发生性质相同的费用，如工资，还可以按用途的不同分别记到这三个科目里去，即将生产部门管理职工工资（如班长、技师，或车间主任、车间技术人员及管理人员）列入"间接生产费用"科目的"工资"子目中，将厂长、厂部管理人员的工资列入"管理费用"科目的"工资"子目中去，将专职办理销售业务人员的工资列入"销售费用"科目的"工资"子目中，其他各项费用都可依照同样方法办理。

一般企业的收益科目通常只有"销售"一户。为了分别对比，可按产品种类分设子目，"销售"科目也可以按产品种类分设子目。"销售成本"科目只在月终才使用，理论上也可按产品品种分设子目，但为节省账户起见，可用销售成本计算表代替，参见第十一章举例。

费用、成本及收益科目的统一规定，见前节的科目表。事实上不同企业因工艺流程、生产规模、管理制度的不同，科目及子目也会有很大的不同。

账户的基本单元

由上可知，组成为账户体系的基本单元，是子目而不是科目。理论上推论，组成为账户体系的基本单元的数目可以无限扩大，并无限制。一个账户体系可以包括成千上万个子目账户，但科目则仍限制为几十个，从而使验证账户体系的平衡不致发生什么困难。

大规模企业的账户体系的基本单元，事实上常常超过1万以上。成千上万种的原材料必须按品种、规格各设一个账户，百千种的产品及其零部件可以各设一个"生产"账户及产成品账户,房屋建筑物、机械设备应作分项详细登记,应收、应付款要为每一个债权人、债务人分立账户,费用可以按部门、按车间、按发生来源等标准分类登记等等。但所用科目仍不过几十个。为此,要把分类账簿区分为总分类账及明细分类账,利用总分类账内的控制账户分别控制各科目的子目账户。控制账户及与此有关的凭证、账簿体系的设置,是使账户体系能够包罗如此繁复内容的子目账户的重要会计技术,次章及第十一至第十六各章,将集中讨论这些问题。

账户体系固然可以网罗如此繁复的内容,但小规模企业生产业务简单,账户体系的基本单元也可以不超过一二百户,第十一章举例可以参照。小规模企业无目的地多立科目和子目,将会增加会计工作的费用,得不偿失,这又是我们所不能不注意的。

抵销账户

由以前各章的讨论及举例,可知各类账户,各个从价值上反映资产、负债、基金及费用成本、收益的状况。有时候因客观情况比较复杂,要设置一些特殊性质的账户,本节先介绍抵销账户的设置及应用。

前数章举例中的固定资产折旧,入账时一律借折旧费,贷固定资产。照这样的方法,总分类账中的固定资产账户所表示的原值(购入、建设的成本),也将随逐期折旧的入账而减少。已经指出,固定资产在废弃以前,它的价值虽已以折旧形式逐期摊入成本,它的使用价值往往并不减少,所以固定资产的折旧和废弃完全是两回事,折旧减低它的价值而不减低它的使用价值,固定资产废弃时,物质形态上的固定资产才真正有了减少。但用我们以前的记账方法,折旧应贷入固定资产账户,废弃也贷入固定资产账户,两者无法区分。为了解决这个问题,我们可以添设一个"固定资产折旧"账户,逐期折旧费不直接贷入固定资产账户而贷入"固定资产折旧"[①]账户,使固定资产账户长期记录固定资产原

[①] 这里所用的科目名称、记账方法同统一会计科目都有出入。统一会计科目中的固定资产折旧、固定资产折旧基金两科目的用法,牵涉到折旧基金的上交、大修理基金的提存、国家基金的增减,在这里一次提出这一大堆问题,不易理解。所以这里只作极简单的说明。

值,而使逐期累计折旧表示在"固定资产折旧"账户中。采用这个方法,则前例北京第一工厂1964年1月份的折旧费入账时应借、应贷的账户如下:

借:折旧费　　　　　　　　　　　　　　　　　　　　　　250.00
　　贷:房屋折旧　　　　　　　　　　　　　　　　　　　　100.00
　　　　机器设备折旧　　　　　　　　　　　　　　　　　　150.00

假定房屋及机器设备两户原有借方数额20 000元及15 000元,本来是取得它们时的原值,编制经营资金平衡表时,其中固定资产一类在表上可作如下表示:

固定资产:			
房屋	20 000.00		
减:房屋折旧	100.00	19 900.00	
机器设备	15 000.00		
减:机器设备折旧	150.00	14 850.00	34 750.00

折旧费是费用账户,仍应和其他间接费用一起摊入成本。

上例中房屋折旧及机器设备折旧两账户经常表示贷方余额,但这两个账户显然不是负债或基金类账户,却仍然是资产类账户,因为这两个账户是表示固定资产原值的房屋及机器设备账户的抵销账户。专门设立这样的抵销账户以后,凡逐期提存折旧,可以不直接贷入相应的固定资产账户,而固定资产的废弃及出售则可以直接贷入相应的固定资产账户。于是各个固定资产账户的借方余额,可以经常表示现在使用中各项固定资产的原值。要计算这些固定资产的原值减除已提折旧后的净值,只要分别减去相应折旧账户的贷方余额即可。

抵销账户除应用于固定资产折旧而外,遇有必要,也可以应用于其他各类账户。例如低值易耗品摊销,成本差异等等。

暂记账户

固定资产及原材料的购买,应将购买成本借入固定资产及原材料账户。

但对外购买时实际支付的购买成本往往连续发生若干次。例如，购买一台机床，除应付给机床厂的货款外，往往还要支出铁路运费、市内运费、运输装卸费、机床安装费，有时还必须派遣专职采购人员去厂接洽验收，所有这些费用都构成这一台机床的取得成本。大宗原材料的采购，往往也有类似情形。当购买业务尚未终了，尚在连续支出各项必要费用的时候，还不能确定这项购买的总成本和单位成本，逐次支付时，如用零零星星借入相应的固定资产或原材料账户是不方便的，这时候，可以在购买业务未结束前设立暂记性质的"固定资产购置"或"材料采购"账户，记录陆续支出的费用，待购置业务终了后，结算购买总成本及单位成本时，再转相应的固定资产账户或原材料账户。

国营工业企业的固定资产购置涉及专用基金及专用拨款问题，当在有关章节内讨论。兹以材料采购为例，说明"材料采购"这个暂记账户的性质。

例题：某工厂经国家调拨煤 2 000 吨，在煤矿交货，每吨价 50.00 元。前后派员接洽运煤旅费 150 元，铁路运费 45 000 元，到站后市内汽车运费 6 000 元。货价、运费等均开出银行结算存款户支票支付，采购员旅费付出现款。

(1) 逐次付款，一律借入材料采购账户。

付煤价：

借：材料采购	100 000.00
贷：银行结算户存款	100 000.00

付铁路运费：

借：材料采购	45 000.00
贷：银行结算户存款	45 000.00

付市内汽车运费：

借：材料采购	6 000.00
贷：银行结算户存款	6 000.00

付采购员差旅费：

借：材料采购　　　　　　　　　　　　　　　　　150.00
　贷：现金　　　　　　　　　　　　　　　　　　　　　　150.00

(2) 结束 2 000 吨煤的购买业务，总支出 151 150 元，每吨单位成本 75.575 元，转入原材料账户。

借：原材料　　　　　　　　　　　　　　　　　151 150.00
　贷：材料采购　　　　　　　　　　　　　　　　　　　151 150.00

"材料采购"是原材料的暂记账户，读者不难判断它的性质和原材料账户完全相同。设立这样暂记账户的目的，不过是为了把尚未结束的购买，和已经结束其购买业务、算出了单价的原材料作出区分，不致混淆而已。

清理账户

清理账户也主要用于固定资产。固定资产因寿命年限届满或因其他原因而被废弃时，废弃的固定资产当作废料还可以出卖，获得一定的收入。拆卸废弃资产也要一定的费用开支，收入和费用相抵的净数，和原值扣除已提折旧后的净值必定不会恰恰相符，会形成一笔差额（损失或盈余）。开支的拆卸费是陆续发生的，同时上述这些项目，又都要汇总起来计算清理这笔废弃固定资产的结果，所以可以设立一个"固定资产清理"账户汇集一切有关项目。举例如下。

例题：某工厂经上级批准废弃机器设备中的某一机组。这一组机器的原值为 50 000 元，逐年累计已提折旧 32 500 元。拆卸作业费时一个月，拆卸工程由本厂机修车间工人担任，根据实费工时计算，应计工资 1 500 元，拆卸中运输费 1 000 元，由市运输公司负责，开出银行结算户存款户支票。拆下的机器中尚可使用的零部件售与本市交电公司，收入 4 000 元，其余作为废金属售与本市钢厂，计收入 3 000 元，均收到支票，存入银行。

应使用固定资产清理账户，记录以上各项业务如下：

(1) 将决定废弃机组的原值及累计已提折旧转入固定资产清理账户。

借：固定资产清理		50 000.00
贷：机器设备		50 000.00
借：机器设备折旧		32 500.00
贷：固定资产清理		32 500.00

（2）将拆卸费用记入固定资产清理账户。

借：固定资产清理		1 500.00
贷：工资		1 500.00
借：固定资产清理		1 000.00
贷：银行结算户存款		1 000.00

（3）将废弃固定资产售出价款记入固定资产清理账户。

借：银行结算户存款		4 000.00
贷：固定资产清理		4 000.00
借：银行结算户存款		3 000.00
贷：固定资产清理		3 000.00

固定资产清理账户借方余额 13 000 元，为废弃该项固定资产时的损失。假如这项损失已经上级批准直接减少国家基金，应作如下记录结束固定资产清理账户。

借：国家基金		13 000.00
贷：固定资产清理		13 000.00

上例中固定资产变价收入为 7 000 元，按 1964 年《企业财务管理制度》应专案上交预算。由此，还须设立"固定资产变价收入"账户。

相对账户

以上列举的抵销账户、暂记账户及清理账户，都是整个自行平衡的账户体系中的组成部分。除此而外，也可以将另外一组自行平衡的账户，插入到原有的账户体系之内，于是这个账户体系包括二组独立平衡的账户体系。这个自身也是平衡的借方账户和贷方账户,合起来称做相对账户。

国营企业统一会计制度中比较普遍地应用了相对账户,用以记录特别基金和专用拨款。现在只举一个最简单的例子,即可以专案报销的费用拨款,来说明相对账户的设置及其用法。假定某工厂接受某种技术方案的试验过程,国家专案拨款2 000元,拨入现款在银行专户存储,并规定不得用于工厂的日常生产业务。款项拨入时,可借入"专用基金银行存款"户,贷入"专用拨款"户,这时候,这两个账户借贷两方是相等的。工厂进行该项试验时所耗用的材料、人工及间接费用,应和普通生产业务一样记入生产账户(在生产账户内设立"某项技术试验"的子目),这和"专用基金银行存款"及"专用拨款"这一组相对账户全无关系。试验结束,由"专用基金银行存款"领取这笔试验工作的价款,在工厂的生产经营过程中应视同销售。这笔试验工作可专案报销,从"专用基金银行存款"户拨款支付时,应直接借入"专用拨款"账户,转销这一组相对账户余额。

为便于了解上述复杂的关系起见,列表如图表8-1所示:

图表8-1　　　　　　　　相对账户关系表

企业的生产经营过程的记录(即原来的经营资金循环及成本、利润计算的账户体系)	专用拨款的相对账户
(1) 专用拨款拨入。 　　　　—	(借)专用基金银行存款　　　2 000.00 　(贷)专用拨款　　　　　　　　　2 000.00
(2) 技术试验过程进行中。 (借)生产——×项技术试验　　2 000.00 　(贷)原材料消耗　　　　1 000.00 　(贷)工资　　　　　　　　500.00 　(贷)××费(各个间接费用科目)　500.00	
(3) 从专用基金银行存款拨付这项工程价款,并报销结束专用拨款。 (借)银行结算户存款　　　2 000.00 　(贷)销售　　　　　　　　2 000.00 其他关于销售成本等的记录和普通业务一样,不另举例。	(借)专用拨款　　　　　　　2 000.00 　(贷)专用基金银行存款　　　2 000.00

由图表8-1,可见工厂的生产经营过程,还是由原来的账户体系来记录的;"专用基金银行存款"及"专用拨款"是在上述账户体系之外的一组自行平衡的账户,原则上和记录工厂自身的生产经营过程的那个完整的账户体系不相互交织在一起。这种特质,是一般的相对账户共同具有的。

也可以按相对账户的原则,设立一组和总的账户体系交织在一起的相对账户。这特别适用于费用账户。

第九章　分类账、明细分类账和总分类账中的控制账户

读者已知分户设账的账簿称为分类账，本章即拟专门讨论分类账的内容、格式及其若干技术问题。

分类账内的科目和子目

据前章所述，我们知道，凡有子目的科目，应该为每一个子目分户设账，否则账簿就不能够起"账账相符"、"账实相符"的检查作用。同时，包罗了整个账户体系的分类账，其全部账户的借贷方总额及借贷方余额的总和必须自行平衡。既如此，则分类账内凡按子目立户的科目，不能为科目重复立户，才能满足复式簿记的"有借必有贷，借贷必相等"的基本规则。举例来说，前章实例中的"原材料"是一个科目，但为要查考各种原材料的"应存"及"实存"，我们在分类账内不能只设立一个原材料账户，而应按各类原材料分别立户。假定前例中的北京第一工厂的原材料共有甲、乙、丙三种，我们在分类账内设立"原材料——甲"、"原材料——乙"、"原材料——丙"三个账户，于是三种原材料的收、发、库存都可以凭账查考。但是按原材料子目分户设账后，不应该另外在分类账内再设一个总的"原材料"账户，因为重复设立账户，要破坏分类账内全部账户体系的自行平衡机制，这当然是必须避免的。

小规模的企业，原材料、在产品、产成品、债权、债务、收益、费用的子目不多，确实可以在分类账内按子目设户，不再为有子目的科目重复设立账户。采用这种办法，必须遵守下列几条规则：

（1）凡没有子目的科目，按科目设账，如"现金"、"银行结算存款户"等。

(2) 凡有子目的科目,按子目设账。但按子目设立的账户,账户名称应同时列举科目名称及子目名称,两者间加上一个短划,如"原材料——甲"、"应收购买单位款——文具用品公司"、"生产——甲产品"等。

(3) 编制经营资金平衡表及利润计算表时,按统一会计制度规定的格式,只列举各科目的金额,这时候,可以将同一科目所属子目的余额,加成一个科目的总数填入表内。

分类账内各账户的内容

分类账内为全部账户体系分户设账,各账户记录的内容应该同时满足以下两个要求:

(1) 全部账户借贷方总额及借贷方余额的总和,应该经常保持自行平衡。

(2) 各账户记录内容,不能仅限于借贷方金额,有关的实物数量、劳动时间数量也应记入账内,以便据以检查经济责任,检查"账账相符"、"账实相符"。

前章实例列举的分类账格式极为简单,举例的目的也比较偏重在证明账户体系借、贷方金额的自行平衡机制。如果我们把会计账簿必须满足的第二个要求考虑进去,就可以知道那种分类账格式过分简略,不符合会计工作的要求的。要使分类账能够成为检查经济责任的根据,各账户应详细记录每次会计事项的发生日期、经办人及事由,而其中有关金额、实物数量、劳动时间等等也都应做详细的记录。

当然,有些账户如现金、银行结算户存款、银行借款、国家基金等所记载的经济数量只有金额,别无其他内容。债权、债务账户大都由于购买、销售而引起,所以它们的发生以原有实物量为基础,但仅就债权、债务本身而言,有关的经济量也只有金额。除此而外,固定资产、原材料、产成品等都有以件数、体积、长度、重量为单位的实物数量;此外,如电费计算以耗用电度为准,水费以用水立方公尺为准,运输费以运输吨公里或人公里为准,工资以劳动时间为准。所有这些实物量及劳动时间量,都是计算金额的基础。有关的科目子目内,应将必要的实物量、价格及劳动时间量一一记入。通盘说来,任何企业绝没有凭空而来的金额,而是千差万别的实物量及劳动时间量,按价格及工资率折算而成的金额。

上面的说法,偏重于经济理论的解释。仅以会计实践上的需要而论,下列账户内的实物量及劳动时间量是必须详细记录的：

（1）固定资产及原材料、产成品、在产品等，每一个子目都应同时记录其实物量及金额。因为检查"账实相符"时必定要着重检查实物量的"应存"是否相符。

（2）各项费用应尽可能记录实物量，如用电度数，用水吨数等等，因为检查费用是否节约，怎样才能进一步节约，必须比较实物消耗量。有些费用，如人员旅费，铁路及市内交通的票价虽是根据运输公里定价的，票价上却不写明公里数额，这时候，除金额而外，当然另无实物量可资记录。

（3）工资，虽以劳动时间量为基础，但一个企业的职工人数很多，是不可能在工资账户内详细记录劳动时间量的，这就要在分类账工资账户以外另作劳动时间的统计。

（4）在生产账户内计算产品成本，不仅要归集原材料成本、人工成本的金额，而且要计算每项产品的原材料实物消耗量，工时消耗量。不比较实物消耗量的升降和工时消耗量的升降，无法查明成本升降的原因。例如，火力发电厂每度电的发电成本高低，棉纺厂同支纱每件成本的高低，和耗煤量、耗棉量及工时消耗量有直接关系。但是每单位产品的间接成本是多种费用项目的汇集，只能通过检查各项费用的实物消耗来查明间接成本升降的原因，"间接成本"这一项目本身，却表现为一个抽象的金额数字。

分类账页格式

分类账内各账户的记录内容既各不相同，那么，如果我们要使分类账页格式适合各类不同账户的内容，就应该有多种格式分类账页。由上节，可知分类账页的格式，可以粗略分为以下各类：

（1）现金、银行存款、债权、债务、国家基金等类账户，除借、贷方金额而外，只要设栏记录经济业务发生日期、凭证号码以及简要事由即可。

（2）原材料、产成品各子目的账页，在借、贷、余金额和日期、凭证号码、事由等栏外，应同时设立专栏，用以记录实物收发结存的数量。

（3）固定资产每单位或每种类（房屋按幢、机床按台、容器按类）设立的子目的账页，应增设各栏，记录其技术性能、购入的原值，使用及大修理情况，逐期提存折旧额,减除折旧后的净值,废弃日期及原因等。

(4) 生产账户应设立专栏记载原材料消耗量、原材料成本、直接人工劳动时间消耗、直接人工成本额和间接成本额。

(5) 各项费用有的有实物量,有的没有实物量,难以设立实物量的专栏。但关于费用的账页,要解决费用子目详细划分的问题。

(6) 收益账户应分别每种产品出售的单位,单价及收益额。

以下各节,分别讨论各类账页格式应如何设计的问题。

通用格式

第一类分类账页,可以称为通用格式。这种分类账页又可分为甲、乙两式。

甲式,将账页分划为左右两方,左方记借方事项,右方记贷方事项,两方各设日期、凭证号码、摘要、金额栏,记法同前章实例。

乙式,账页内设日期、凭证号码、摘要、借方金额、贷方金额、借或贷、余额等七栏,格式附后。凡账户除金额外无须专栏记录实物量的,都可以应用这种格式(见图表9-1、图表9-2)。

图表9-1　　　　通用分类账账页(甲式)

账户名称＿＿＿＿＿＿＿＿＿＿

日期	凭证号码	摘　要	借方金额	日期	凭证号码	摘　要	贷方金额

图表9-2　　　　通用分类账账页(乙式)

账户名称＿＿＿＿＿＿＿＿＿＿

日期	凭证号码	摘　要	借方金额	贷方金额	借或贷	余　额

原材料及产成品分类账页

原材料及产成品分类账页列收入、发出、结存三部分,"收入"栏记原材料、产成品各账户的借方记录,"发出"栏记原材料、产成品各账户的贷方记录,"结存"栏记载各账户的余额。三个部分各有数量、单价及金额三栏。使用这种账页,既可以检查库存实物量,实物量折成的金额,又组成为借贷恒等的账户体系的一部分。格式如图表9-3所示。

图表9-3　　　　　　材料明细分类账(甲式)

编号_____　存放仓库_____　材料类别_____　材料名称_____　计量单位_____

年		凭证		摘要	收入			发出			结存		
月	日	种类	号数		数量	单价	金额	数量	单价	金额	数量	单价	金额

盘存制会计的原材料及产成品,不在账户体系内按子目分户设账,账户体系内的原材料及产成品两账户,只在期末根据实地盘存记账一次,日常的原材料及产成品收发概不列入账户体系。这时候,"原材料"、"产成品"不按子目设户,而按科目设户。盘存结果可另编"盘存清单",不必记入分类账内,分类账内的"原材料"及"产成品"科目可以用普通格式。但是盘存制会计倘在账户体系之外,要另行设户记录每种原材料及产成品的实物收发,就应该在分类账之外另设只记实物量的"原材料分类账"及"产成品分类账",格式见图表9-4。读者当容易判断,从账户体系的数学结构而言,这种只记实物量的分类账是账户体系之外的补助账簿,不是组织在账户体系之内的账簿。但是它们在检查"账实相符"中仍然能起极大作用,所以它在实际上还是会计账簿的组成部分。

图表 9-4　　　　　　材料明细分类账（乙式）

材料类别＿＿＿＿＿　　材料名称＿＿＿＿＿　　存放地点＿＿＿＿＿
材料编号＿＿＿＿＿　　材料规格＿＿＿＿＿　　计量单位＿＿＿＿＿

年		凭证种类	编号	摘　要	收入数量	发出数量	结存数量	备　考
月	日							

固定资产的分类账页

分类账内关于固定资产的记录，比之其他账户，有以下两个特点：① 每项固定资产如每幢房屋、每个机组的购买、调出、报废、大修理等业务发生次数很少，远不如原材料及产成品那样变动频繁。② 每项固定资产的技术性能、使用状况，虽然不一定经常形成一些应该记入账户体系内的会计事项，但它们却是至关重要的记录，应该和它们的原值、折旧等记在一起，以便检查使用及维修等过程中的责任。由于这样两个特点，要为每一项固定资产设立账户，应该设计一种特殊的账页格式，使这种账页① 可以长期保存。② 可以查考原值，逐年折旧及大修理以及调出、报废的过程。③ 也可以据以查考它的技术性能及使用过程中的技术事项。规模较大的工业企业，往往根据以上要求，专门使用一种卡片式的固定资产分类账页。

小规模企业固定资产项目不多，价值不大，也可以采取以下比较简单的办法，在分类账内设立只记固定资产金额的"房屋"、"机器设备"等账户，另外置备一份清册式的固定资产目录，列举各项固定资产的名称、技术性能、用途、购入原值，逐年提存折旧、修理、调出、报废的经过等。第十一章所举实例，就采用了这个办法，可以参考。

生产账页

生产账户所记内容最为复杂。严格说来，它应该包括：① 产品生产过程中所经历的各个工序。② 经过每一个工序时所消耗的原材料成本、人工成本及间接成本。但是每一种工业的工艺流程不同，劳动组织不同，所以，要规定一种普遍适用于一切工业的生产账户格式是不可能的；另一方面，计算产品成本，又涉及极为繁杂的成本归集分摊问题，不同的成本归集分摊方法，也会要求使用不同的生产账户的账页格式，有些企业，又可以将成本归集分摊的表格代替篇幅极有限制的账页。

为便于初步理解生产账户记录内容及它在整个账户体系内的作用，第十一章所举实例，采用次页的账页格式（见图表9-5）。这种生产账户的账页分为三个部分，分别记录原材料成本、人工成本及间接成本三项。其中原材料成本系在逐次领料时记账，人工成本系在每次发工资时根据工时统计记账，间接成本则每月底根据间接成本的分摊计算记账（参见第十一章实例）。必须重复说明，这种账页格式只适合于某些小型工厂，绝不能机械地用于一般的工业企业。

费用和收益账户的账页

费用账户的账页，可以采用上面的通用格式。如果设立了"间接生产费用"、"管理费用"、"销售费用"三个科目，同时在这三个科目下面分设若干子目时，也可以采用通用的账页格式。每个子目设立一个账户，如"间接生产费用——管理工资"，"间接生产费用——电力"等等。

但是各个费用账户有一个特点，即它通常只有借方记录，不到月底结清这些账户，很少发生贷方记录。偶然发生的贷方记录，限于多付退款，错记改正等例外事项。适合这个特点，费用账户可以用多栏式账页（格式见图表9-6）。一个费用科目设立一户，科目下的各子目在这个账页内各占一栏，于是科目及子目的数额可以集中表现在同一账页之内。至于要在这种账页内记录费用的贷项，则可以用红色墨水记入有关栏内。

图表 9－5　生产明细分类账账页

产品名称：

原材料					人工成本				间接成本			成本总计	产成品入库			余额
日期	领料单号码	材料名称	单位	单价	数量	金额	日期	工资计算单号码	工数	金额	日期	凭证号码	金额		日期	数量	金额	

图表 9－6　多栏式费用(收益)账账页

科目……

日期	凭证号码	摘要	科目金额	××费	××费	××费	××费	××费	××费	××费	××费	子目金额

收益科目如只有一个（如销售收益），而要按产品品种的不同分设子目的，也可以利用这种多栏式的分类账页。

分类账簿可以分成几本吗？

由以上各节的讨论，可知账户体系内各账户所记的内容各有不同。所以当分类账内按子目设户时，各个账户要有不同的账页格式。一个小规模企业，在分类账内按子目设户时，倘全部账户不超过 100 户，尽管账页格式不同，可以利用活页式账夹，将不同的账页装在一个活页账本内，于是这本活页账本，就是集中了整个账户体系的一本账簿。

但是要在一本活页账夹内装上各种不同格式的账页，至少要求这些账页尺寸一律，否则账簿形状极不整齐，难于翻阅检查。事实上有些账页（如原材料）篇幅很大；有些账页，如通用格式的乙式，篇幅却很小。同时，小规模企业固然可以采用活页式分类账，在管理制度难以严格的情形下，活页式分类账也往往不能防止散失、随便毁弃账页和假造账簿的弊病。所以采用订本式分类账也有它的好处。这样，全部账户体系要利用格式并不一律的账页，就必须有好几本分类账，而不能把账户体系中各账户集中在一本分类账内。

有几本分类账而不是仅有一本分类账，即使在小规模企业也是常例。假定原材料科目内各子目的账页，集中在一本分类账内，这本分类账可以称为"原材料分类账"，应收购买单位款科目内各子目集中在一本分类账内，这本分类账可以称为"应收购买单位款分类账"，依此类推。这时候，必定还有一本分类账，兼收并蓄并未移出去的一切账户，这本分类账可以称为"普通分类账"。分设专册分类账，这对于全部账户体系的结构当然是毫无影响的，不同的只是账户体系是由几本分类账的所有账户构成，不是由一本分类账内的各账户构成的而已。

分类账的分设及会计事务的分工

上节所提及的原材料、生产、产成品、应收购买单位款、应付供应单位款等科目，因其涉及日常的生产、购销业务，往往是一个企业设户最多、进出最为频繁的科目。把这些科目的分类账分设出去，每一本分类账的记账工作都相当繁重，必要时可以利用分类账的分设来实行记账工作的分工。

规模较大的企业，会计工作不是一个人所能做完的，这时候，或者要在会计员之下设立助理人员，或者要设立会计科或会计组（大规模企业甚至要设立会计处）来办理全部会计业务。会计工作必须在会计人员中分工办理，各种分类账的分工登记，就是会计工作分工的方式之一。例如，原材料分类账可以由材料记账员负责记录，应收购买单位款及应付供应单位款分类账可以由另一个记账员负责记录，而普通分类账则可以由一个比较负责的记账员记录等。这种分工负责记录分类账的办法，有时还可以和具体业务相结合。例如，材料记账员可以在材料仓库办公而不在会计科（组）办公，于是材料记账员又可以兼带负责监督仓库的收、发、保管业务。生产分类账的记账员可以在车间办公，于是他就可以兼任车间的成本员等。分类账的分设固然便利分工，但许多科目都分设专册分类账后，普通分类账本身将变成一本残缺不全的账簿，而不是包含全部账户体系的完整记录。专设的各科目分类账的记账工作倘必须移出会计科外办公，这种缺点更必须设法克服。解决这个问题的办法是，凡移出普通分类账外的科目分类账，仍在普通分类账内设立一个控制账户，以控制这个移了出去的科目分类账，使普通分类账成为控制各种科目分类账的总分类账，使科目分类账成为总分类账控制下的明细分类账。

控制账户

控制账户是在总分类账内按科目设立的账户，用以控制按子目立户的这个科目的明细分类账，使控制账户的借贷方总额等于明细分类账各子目账户借贷方总额的总和，借方或贷方余额等于各子目账户借方余额或贷方余额的总和，从而以一个账户的金额记录代表它所控制的全部子目账户的金额记录。总分类账设立控制账户以后，尽管它所属的子目不在总分类账内——设户登记，总分类账仍旧成为全部账户体系的完整记录，因为有了控制账户以后，总分类账各账户能维持它的自行平衡机制。不过，这所谓完整，仅指账户体系的借贷方金额的记录而言，至于债权人某甲，债务人某乙的账款若干，甲种或乙种原材料购入、消耗、库存数量若干，仍然只能到明细分类账有关账户中去查阅。从总分类账的控制账户中是找不出这些记录来的。

怎样才能使控制账户真正能够控制它所属的明细分类账？最简单，同时也是最费工的办法是，凡记入明细分类账任何子目账户的借、贷方金额，逐笔同数记入相应的控制账户的借方或贷方。这种办法是不可取的，有许多节省记账工作的办法可用（参见第十二至第十六章）。但是不论采取何种节省劳力的办法，有一个原则必须无条件坚持，即凡记入明细分类账各子目账户的借项、贷项，必须汇成总数记入相应控制账户的借方、贷方，而汇总的总数则必须等于逐笔细数。做到这一点，总分类账中某一科目的控制账户，就能够准确地控制它所属的明细分类账了。

总分类账的性质

大规模企业总分类账的全部账户，可以悉数变成控制账户。这不仅因为大规模企业的多数科目都有子目，都需分设明细分类账，即如现金、银行结算户存款等不可能有子目的账户，其借、贷方记录也设立专门账簿，由专责人员登记，总分类账内的现金账户，银行结算户存款账户也只汇集借、贷金额总数，不再逐笔记录其细数。这时候，总分类账的所有科目都只计算借、贷方总额及余额，全无会计事项的具体内容。具体内容已经完全移入明细分类账或别种账簿，总分类账则变成了控制具体记录的综合计算体系。

这种办法，也可以在中小规模企业内应用，参见第十五章。

第十章 账簿和记账程序

已经指出,会计的基本方法是利用账户体系对全部经济业务做分类计算和综合计算。为要做这样的计算,还必须将全部经济业务,依照严密的程序记入账户体系。前几章的介绍和举例,所用的是一些总括数字而不是日常的经济业务,账簿也只举了分类账(总分类账及明细分类账)一种。这种简化的说明虽然有利于了解会计的基本方法,显然没有解决会计实践上的问题。本章及以下各章,拟讨论和各项经济业务逐笔记入账户体系有关的凭证、账簿体系的设置问题,本章先对账簿和记账程序作一般的介绍。

序时账簿和分类账簿

一切经济业务要记入分类账簿中两个账户的相反方向,如果我们的记账程序,直接记入分类账簿,不经过什么中介,那么:① 事后查考这些经济业务发生的时间次序。② 根据某个账户内某笔记录查考它的对应账户的记录,都会发生很大的困难。为此,账簿虽然无非是关于账户体系的记录,却必须在直接按照账户体系分户设账的分类账簿之外,另外设置一种按经济业务发生的时间次序记账的账簿,并规定任何经济业务发生时,必须先记入这种序时账簿内,然后再根据序时账簿过账,即过入分类账簿的相应账户之内。"经济业务——→序时账簿——→分类账簿",就是账簿的设置和记账程序的一条重要通则。

日记账

序时账簿我国旧称流水账,它有多种形式和多种名称,本章先介绍按照会计分类的原来形式记账的一种序时账簿,通常称为日记账。

在前几章的举例中,我们在说明各类会计事项如何记入有关账户的借方或贷方时,都曾把借方、贷方账户写在一起,如:

借:现金　　　　　　　　　　　　　　　　　　　　　　　×××
　　贷:应收购买单位款　　　　　　　　　　　　　　　　　×××

这种形式,在会计上应用十分广泛,称为"会计分录"。会计分录还可以写得更为简单,即把上式中借、贷两符号略去,写成:

现金　　　　　　　　　　　　　　　　　　　　　　　　　×××
　　应收购买单位款　　　　　　　　　　　　　　　　　　×××

一般通则是写在上一行的科目为借方科目,写在下一行、又偏右两格的科目为贷方科目。

日记账直接按照会计分录的形式,记录每笔经济业务,它有两种通用格式,见图表10-1、图表10-2。

甲、乙两式日记账都设:日期、凭证号码、借贷账户名称、摘要、分类账页号码及金额等栏。甲式日记账和乙式日记账不同之处,是在于前者设借、贷方两个金额栏,后者只设一个金额栏。根据"有借有贷,借贷相等"的原则,借方、贷方金额本应相等,设立一个金额栏可以节省账簿地位,有其好处。但是乙式遇有一个借项两个贷项(或相反)的会计事项,就要拆成两个一借一贷。所以两式都可以采用。

一切经济业务必须随时立即记入日记账

设置按经济业务发生次序记账的日记账后,经济业务发生时,应注意立即入账,至少当日账目必须当日记完,这样可以将记账中的错误、遗漏减至最少限度。缺乏记账工作基本训练的会计人员,往往将已发生的会计事项迟不入账,或将某些所谓"临时账项"(如约定迅速归还的零星预支款)保存单据,不予入账,这在小单位兼任现金出纳的会计人员中尤为常见。"临时账项"迟不入账,必致"账外有账",这又是会计人员违反财政纪律、营私舞弊行为的常见手段,会计人员必须引为深戒。

图表 10-1　日记账甲式

单位：元

日期		凭证种类	凭证号码	借方及贷方账户	摘要	分类账页数	借方金额		贷方金额	
	8	付	8	间接生产费用——房租 管理费用——房租 银行结算户存款	付本月房租,支票第6号		127 22	50 50	150	00

图表 10-2　日记账乙式

单位：元

日期		凭证种类	凭证号码	借方账户	分类账页数	贷方账户	摘要	金额	
	8	付	8	间接生产费用——房租		银行结算户存款	付本月房租,支票第6号	127	50
	8	付	8	管理费用——房租		银行结算户存款	付本月房租,支票第6号	22	50

过账

日记账内的会计分录,要逐项过入分类账各相应账户。过账的时间间隔不能过长,一般情形下,日记账的记录应该当日过账;迟不过账,分类账各账户就不能及时反映客观情况。

过账时应在日记账及分类账各户内互注页数(日记账内注明分类账页数,分类账内注明日记账页数),以便查考。日记账各笔会计分录已填注分类账页数的,又是这笔账"已经过账"的标记。有时因为分类账各户有一定排列顺序,日记账又标明日期,所以互填页数的办法可以省略为填注"√"号,或用小角章"过讫"盖在日记账相应行次中,作为已经过账的标志。

明细分类账和控制账户的平行过账

凡设有明细分类账及总分类账中的控制账户的,遇有某一笔会计分录的借方账户或贷方账户应过入明细分类账某账户时,必定应该同时过入相应控制账户的同一方向,这种方法称为"平行过账法"。次章举例,不设明细分类账及控制账户,所以不必应用这种方法。事实上凡设有明细分类账及控制账户的,必定采用日记账的专栏或其他办法,汇集后借入或贷入控制账户,参见第九章及以下各章。

各账户本期发生额对照表

过账完毕后,应在分类账各账户的账页内计算这一次过账的借方记录总数,贷方记录总数,这一个账户过账后的借方余额及贷方余额,然后将各账户的借、贷记录金额及借、贷余额,一一誊入一张汇集所有账户借、贷总额及借、贷余额的"对照表",加算所有账户借、贷总额及借、贷余额的总和,验证这些总和是否借、贷相等。这张对照表的名称是"各账户本期发生额对照表"。格式见第十一章。

各账户本期发生额对照表的时间间距(每日一次,每 5 日一次或每旬一次),随企业规模大小及会计事务繁简程度不同而异。大规模企业每天的会计记录次数很多,总分类账过账完毕后必须立即验证借贷是否平衡,又可利用发生额对照表了解经济活动的大概情况,应该尽可能每天编制一次。小规模企业每天会计记录不多,日记账必须随时记录,往往不能每天把日记账的记录如数过入分类账,也不必每天观察经济活动的大概状况,可以每5日、每旬编制一次。次章举例中的朝阳胶水厂是一个小厂,举例中每半月编制一次发生额对照表。

发生额对照表是验证记账、过账计算有无错误、遗漏的工具

发生额对照表有多种作用。首先,借助于账户体系自行平衡的机制,它是验证记账、过账及计算有无错误、遗漏的一个重要工具。这就是说,如果发生额对照表内借、贷两方总和不能平衡,必定是因为记账、过账有错有漏,或错算各账户借、贷方总额及余额。发现不能平衡时,必须逐笔查对,直到"平衡"为止。

发生额对照表即使平衡也不能说过账没有错漏,因为像下列各项错误就是发生额对照表所无法发现的:

(1) 某项经济业务遗漏未记入日记账。
(2) 某项经济业务已记入日记账,但借、贷两方账户都遗漏未过分类账。
(3) 某项经济业务借、贷两方金额都错,但数额相同。
(4) 某项经济业务过入分类账时,借、贷两方都过错了,但数额相同。
(5) 某项经济业务重复记账或重复过账。

发生额对照表所反映的日常经济活动情况

由第六章,读者已知,倘使各账户发生额对照表是在① 费用账户均已转入在产品账户。② 本期产成品均已算出成本,转入产成品账户。③ 本期售出产成品的销售成本均已自产成品账户转入销售成本账户。④ 销售收益与成本已两相对销,转入利润账户。那么各账户发生额对照表中各费用、收益、成本账户均已不留余额,凡留有余额的账户,仅限于资产、负债、基金各账户。这时候,发生额对照表的内容事实上将和经营资金平衡表完全一样。但本书第六章在讨论① 原材料、直接人工、间接成本何时转入在产品账户。② 完工入库产品成本何时转入产成品账户。③ 售出产品成本何时转入销售成本账户等问题时,又曾指出产品成本一般只能每月计算一次。既如此,凡每日、每 5 日或每旬编制的各账户发生额对照表中,各费用、成本、收益账户都不是不留余额而是留有余额的。这一点,从次章举例中 1 月 15 日及 1 月 31 日的发生额对照表中可以看得十分清楚。

由此可知,在月末计算每月产品成本以前所编成的各账户发生额对照表,又有第二个作用,即可据以观察当时的资产、负债、基金各账户的余额,虽然其中许多账户的余额(固定资产折旧、在产品、产成品等账户),不足以反映编表这一天的实际情形;又,其中各费用、收益账户的余额可以反映截至编表时为止已入账的费用及收益额,虽然有些费用,如固定资产折旧要月末算出入账,所以也不足以反映全部的费用、收益发生额。只要读表的人知道这些特点,月末前编成的各账户发生额对照表,实质上还可以起某种不完全的会计报表的作用。

但是发生额对照表的上述作用,不能估计过高。因为第一,发生额对照表反映全部账户体系的逐日发生额,不能突出其中重要的经济指标。因此,凡货币资金收支、业务收入数额(这对零售商业、服务业、交通运输业是十分重要的)、生产状况、成本升降等重要经济指标,如果必须逐日报告,必要另行制订表式,不能直接利用发生额对照表。第二,有些经济指标,发生额对照表不能详细反映或无法反映。例如,货币资金收支在发生额对照表中只反映一个总数,没有反映收支分类;生产状况在发生额对照表中无法反映,必须根据业务记录另编逐日报告等。虽然如此,因为发生额对照表能够反映整个账户体系的逐期变动,至少在反映企业的整个经济活动方面还是具有一定作用的。

会计凭证

以上各节所介绍的日常经济业务的记账程序,即:① 记入序时账簿。② 过入分类账簿。③ 编成各账户发生额对照表以验证记账、过账是否错误,也就是记账员的日常工作。这里还有一个必须讨论的问题。记账员的工作开始于将经济业务记入序时账簿,但记账员本人并不直接经办这些经济业务。一般说来,他也不应该直接经办经济业务,那么为了明确经济责任,应记录入账的各项经济业务，必须取得合法的书面凭证作为记账依据。

会计员在记录这些经济业务时，业务凭证就是他记账的根据。所以从会计工作的角度看来，业务凭证就是会计凭证。

业务凭证种类繁多。一般说来，凡发生对外经济关系的业务，必有发票，收据，结算凭证等合法凭证。其中有的是供应单位或收款人向本单位开出的，有的是本单位向购买单位或付款人开出的。在后面的情况下，发票及收据的存根，既是业务凭证，又是会计凭证。银行结算户存款往来的支票存根等，也是兼具业务凭证和会计凭证双重性质的文件。至于不发生对外经济关系的业务，如领料、退料、产品入库等，为明确经办人员的经济责任起见，一般应由经办人员填具领料单、退料单、入库单等凭证，这些业务凭证，也应作为会计凭证看待。

各类凭证是处理外部经济关系及检查内部经济责任的书面根据，所以应该分类存档，务必做到可以随时取出查阅。日记账及分类账内则应注明这些凭证的编号，以便于检查账簿的记录。

凭证及账簿体系的设置

小规模企业的凭证一般比较简单，采用上面所说的方法，会计人员大致上已能做到使会计记录都有凭证的根据。中等以上规模的企业，凭证体系的设置既和企业内部经济业务的分工制度和管理制度有关，账簿体系也和凭证体系密切交织在一起，第十四至第十六章，将详细讨论这个问题。

账簿的日常记录

以上各节所说明的记账程序，仅限于日常经济业务的记录入账。参照第六章的讨论，可知日常经济业务记录入账后，分类账内各账户已经记入的有如下一些事项：

（1）一切对外发生经济关系的购买、销售、支付等业务都已记录入账。

（2）库存原材料的领用及退回已经入账，各个生产账户内已经反映直接原材料成本及直接人工成本。

而下列各事项则都还没有记录入账：

(1) 固定资产的折旧。

(2) 待摊费用。

(3) 还未接到供应单位通知的应付账款。

(4) 一切间接成本尚未计算分摊到相应的生产账户中去。

(5) 月末在产品价值还未算出。

(6) 本期制成入库的产成品单位成本还未算出；因此，已制成入库的产成品，还没有按照它们的成本从相应的生产账户转入产成品账户。

(7) 本期已售出的产成品的成本尚未算出并转入销售成本账户。

(8) 本期利润还未算出。

以上各点，从次章举例中都可以看得很清楚。

结账

可见，根据会计凭证将日常经济业务记入账户体系内，不过做了会计工作的一部分。为了在账户体系内完成成本、利润的计算，为了正确反映月末、季末在产品和产成品的成本价值，还有一个重要的工作步骤，即结账。

结账，是① 根据和成本、利润计算有关的一些重要的、预定的计算标准（如折旧率、间接成本分摊的标准等），补充、调整已经记入了日常经济业务的账户体系的记录。② 按成本、利润计算的要求，计算产品成本、销售成本及利润。③ 结束一切费用及收益账户，使之不留余额。使账户体系内留下余额，结转下期的诸账户，只限于反映截至结账日的资产、负债、基金等结转的账户。所有这些工作，都已经不是记录具体经济业务，而是对整个生产经营过程作综合性质的经济计算，并且通过这种计算，将账户体系的内容划分段落，结束一个时期，开始另一个新时期了。

国家规定，除农业企业外，一切企业每月应该结账一次。农业企业则因作物生长以一年为一个周期，每年结账一次。每月结账称为月结，季末结账称为季结，年末结账称为年结。季末结账要求比月末结账做得更为精细，年末结账则要求更高一些。实际上无论月结、季结、年结所做的工作大体是一样的，具体的差别只在月结的会计报表种类较少，季结、年结会计报表种类比较完整。此外如上交利润的批准确定,流动资金计划和实绩的比较等,都在年结后进行,一般说来,这已经不是记账工作的问题。

结账时应做的工作

会计员在结账时应做的工作,并不仅仅是记账,而且有大量的计算工作。全部计算工作及账簿记录,本书第四至六章实际上已经举了例子,为使读者对此获得明确的概念起见,不厌重复,撮要复述于下:

(1) 将固定资产折旧及待摊费用等计算入账。

(2) 检查是否还有未入账的费用如应计工资等,并记录入账。

(3) 检查已记入各个生产账户的原材料成本及直接工资是否正确,有没有应作更正或调整的项目,并记录入账。

(4) 计算间接成本的分摊,并将各费用账户转入生产账户。

(5) 计算月末在产品的成本;计算本期完工入库成品的成本,并记录入账。

(6) 计算本期售出产品的销售成本,并记录入账。

(7) 结束一切收益及成本账户,计算本期利润或亏损。

一般说来,一个企业会计部门的工作量,相当大量集中于月末,读者自次章举例中,可以看到这一点。

会计报表

结账后应编制会计报表。主要的会计报表有经营资金平衡表及利润计算表两种,按照国家统一会计制度的要求,还有其他许多种类的会计报表应在结账后填报,其中包括产品成本、财务收支、基金变动等的报表。次章举例中所举的会计报表,暂以经营资金平衡表及利润计算表两种为限。

会计报表应由会计人员提交本企业领导人(厂长、经理或其他负责人员),领导者凭借会计报表可以了解并分析本企业经营资金构成的变化,经营资金有效利用的程度、产品生产及销售的情形、成本的升降等。简言之,凡是企业在执行并贯彻经济核算制中所要求计算分析的大部分数据,都要依据会计报表来反映,所以会计报表又是企业经济活动分析的重要根据。

会计报表应由企业领导人签署后报送上级管理机关、开户银行及监交利润的财政机关，有时也应报送当地统计机关及其他部门。企业党委及行政领导人向职工代表大会报告企业经营成果和财务情况，也以会计报表为根据。

账簿、记账程序、结账及会计报表的编制，在次章举一个比较完整的例子，可以和本章对照阅读。

第十一章 举 例

举例的目的

本例的目的,是要比较完整地表明:① 日常经济业务的记账程序。② 运用账户体系于成本、利润计算的具体方法。③ 各项经济业务的分类计算,怎样和有关经营资金的循环的记录和计算密切结合地进行。为了达到以上三个目的,采用大型或中型规模企业的资料是不适合的。这不仅因为大型、中型规模企业的经济业务次数频繁,无法包罗在短短一章的篇幅之内,也因为大型、中型企业业务复杂,用它们的资料来说明账户体系和账簿体系的运用方法,不易使读者获得基本的概念。小型企业"麻雀虽小,五脏俱全",用它们的资料来说明账户体系和账簿体系的结构,比较方便。了解小型企业会计的情形之后,再把它们的基本结构拆成各个环节,可以进一步讨论它们在中型、大型企业的发展形态。

利用小型企业的资料也有它的缺点,即有些情况不具有代表性。本章举例中的朝阳胶水厂全系手工操作,没有动力传动的机械设备,这类企业,在我国都是手工业合作社或人民公社企业。我们为方便起见,假定它是一个国营企业。为简化设例内容,我们又假定它不交纳销售税金,它的固定资产除极少数项目外单位价值都不超过 200 元。

成本、利润计算的内容

举例中的成本、利润计算,力求切合具体情形,正因为如此,它提出了实际成本计算中一系列具体问题。例内朝阳胶水厂的产品只有葫芦瓶装胶水及大瓶装胶水两种,两种胶水包装用瓶不一样,瓶内所装的胶水却是完全一样的。

即在这样一个产品种类和工艺流程极其简单的小型企业,只要成本的记录、转移、分摊力求比较精确,举例中的计算过程看来就已比较复杂。产品成本计算是社会主义企业会计的中心任务。通过小型企业实践的举例,读者可以由此获得十分有用的实践工作体验和对一般概念的了解,为系统地研究成本管理打好基础。

账户体系和账簿体系

例内不采用控制账户,一切子目都在总分类账内立户,或在总分类账以外设备查簿登记。序时账簿只用最通用的日记账一种。这几点,实践上都不会这样做,我们采用这种和实践上不符合的办法,是为了在此后各章中(第十二、第十三、第十六各章)运用这个举例来表明账户体系和账簿体系的发展。

为节省篇幅起见,本例不将全部账簿一一印出,尤其是分类账各账户,除为举例所必要的印出一小部分外,其余概略。读者如果要知道账簿的全貌,不妨自己把它们补充完整起来。

生产业务状况及组织状况

本例所举的是一个假设的小型工厂,即朝阳胶水厂。这个工厂专门生产粘纸张用的胶水,所用原料是阿拉伯树胶、甲醛(防腐剂)、硫酸铝三种。胶水包装分两种,一种是供办公室用的"葫芦瓶装"胶水,每瓶容量2两,用橡皮瓶塞封瓶口,使用者在瓶塞上剪开一条缝,就可直接在纸上擦胶,擦完后自动封闭。一种是供粘贴票证,照片用的1斤装瓶装胶水,由用户自备小帚擦胶,瓶盖是用塑料制的,瓶式和普通墨水瓶一样。阿拉伯树胶、甲醛和硫酸铝由北京市化工原料公司供应,两种玻璃瓶由南口玻璃厂供应,橡皮瓶塞由黄土岗化工厂供应,塑料瓶塞由北京塑料公司供应,胶水瓶上的商标纸由崇文印刷厂供应,装瓶纸盒(1盒12瓶)由东华纸盒厂供应,装箱板材由煤建公司供应,其他零星材料由供销员零星采购,无固定供应关系。产品全部由北京市文化用品公司包销。

生产工序分:① 用凉水泡阿拉伯树胶,同时加入防腐剂,不必加热,泡胶期需 3 星期,泡胶过程中需不时用人力搅拌。② 过滤去杂质,同时加入稠黏剂,然后沉淀,为期 10 天。③ 注瓶、加盖、粘贴商标、装盒、装箱。这个厂的成品销售,已与文化用品公司订有长期合同,规定产品成批交货,公司要货时,交货前 10 天通知厂方。每批成品可以陆续交货,交齐后一次付款。据此,厂方决定未装瓶的胶水要有足够的备品,但制成胶水的注瓶包装,在接到要货通知时组织,平时"不做存货",即不储备装瓶、装盒、装箱的成品。

朝阳胶水厂既系手工操作,生产设备只有下列各项:① 泡胶及沉淀用的大缸。② 过滤及注瓶用的镀锌铁皮桶。③ 手工操作的捻按橡皮瓶塞的加盖器。此外的固定资产只有生产操作用的操作台,及管理上、生活上用的器具。生产操作中用的搅拌板、胶皮管等一概列为低值易耗品。

朝阳胶水厂全厂职工 35 人。属于管理人员的计厂长 1 人,会计员 1 人,保管员兼事务员 1 人,供销员 1 人,这 4 个人的工资总额为 255 元,其余全系生产工人。生产工人分为 3 个组,第一组为男工,专做劳动强度较高的搅拌、过滤、搬运、装箱等工作。第二、第三两组为女工,专做注瓶、加盖、粘贴商标等工作。除泡制、过滤、装箱专由第一组负责外,其余工作不作严格划分。生产工人工资最高 70 元,最低 25 元,每月工资总额 1 485 元。其中第一组 6 人,平均工资每人为 55 元,其他两组平均工资每人 36 元。直接工资加入产品时,按劳动时间及平均工资计算,不作细密划分。工资附加费 13%,于每月发工资时悉数交本厂工会,厂方不负管理责任。

会计科目及账簿的设置

(1) 朝阳胶水厂对固定资产设有"生产设备"及"其他设备"两个科目,备有固定资产目录,不按详细品目分立账户。

(2) 生产账户按胶水汁及"葫芦瓶胶"、"大瓶胶"等分批设立账户,分别记录两种产品的 4 个工序。因为注瓶装箱的成品立即送交购买单位,所以该厂不设立"产成品"账户,销售成本在"葫芦瓶胶"、"大瓶胶"两个生产账户内直接计算。泡胶、滤胶、注瓶、包装都可以分批,所以"胶水汁"及两种包装的瓶胶都按批立户,并加以标号,标号"63/24",指 1963 年第 24 批制品,"64/1"指 1964 年第一批制品,产品成本分批单独计算。每道工序间的在产品转移,也按前一道工序实际成本转账。在产品成本:原材料于发生时转账,直接工资于每半月发工资时转账,间接成本于月末转账。在产品在各道工序间的转移,及产成交货的成品成本,也在月末一次转账。

(3) 3个生产组的逐日劳动消耗,由每组组长负责登记,会计员备有工时统计表每日汇总,半个月转账一次;一切间接成本均按各种产品的直接工资额分摊,每月分摊一次。

(4) 费用科目,原材料消耗及直接工资、直接工资附加费直接加入在产品,不另设账户,此外设间接生产费用、管理费用及销售费用3个科目,3个科目的子目如下。

间接生产费:辅助材料、工具费、劳动保护费、生产设备折旧、房租、照明费、水费、取暖费。

管理费用:管理人员工资、管理人员工资附加费、其他设备折旧、房租、办公费、邮电费、照明费、取暖费、差旅费、其他费用。

销售费用:销售运费、其他销售费。

全厂房租、取暖费、照明费以85%列入生产费用,15%列入管理费用。水费主要系生产用水,生活用水不计。

销售费用由销售产品负担。低值易耗品购入时即折半摊销,损毁废弃时将其余半数转为费用。

(5) 除应收购买单位款及应付供应单位款两科目外,另设预付及暂付款科目,记录职工工资预支及其他暂付款项。

(6) 账簿,有日记账、总分类账两种。生产、原材料的分类账用专用格式,另册装订,但不在总分类账内设控制账户。固定资产另设目录,其他各账户均用余额式账页。应收购买单位款及应付供应单位款均在总分类账内直接设户,预付暂付款只在总分类账内设立一个账户,另立备查簿分户登记。

期初的经营资金平衡表

朝阳胶水厂1964年1月1日的经营资金平衡表如图表11-1所示。

图表 11-1   经营资金平衡表
1964年1月1日   单位：元

固定资产			国家基金	15 000.00
生产设备	1 200.00		应付供应单位款	515.00
减：已提折旧	185.00	1 015.00	未交利润	2 370.30
其他设备	1 415.00			
减：已提折旧	217.00	1 198.00		
小　计		2 213.00		
流动资产				
原材料		6 266.80		
在产品		3 724.70		
低值易耗品	500.00			
减：摊销	250.00	250.00		
应收购买单位款		2 300.00		
预付暂付款		254.00		
现　金		524.50		
银行结算户存款		2 352.30		
小　计		15 672.30		
合　计		17 885.30		17 885.30

固定资产不按户立账，固定资产目录簿长期保存（见图表11-2）。原材料按户立账，一月一日库存原材料明细表见图表11-3。

图表 11-2   固定资产目录

品　名	数量	单价（元）	原值（元）	每月折旧（按原值）	1963年底止已提折旧（元）
生产设备					
泡胶用缸	40只	5.00	200.00	1‰	30.00
滤胶用缸	10只	8.00	80.00	1	15.00
滤胶用镀锌铁筒	5只	20.00	100.00	3	30.00
注胶用镀锌铁筒	6只	10.00	60.00	3	20.00
操作台	5只	100.00	500.00	1	50.00
操作凳	20只	3.00	60.00	1	10.00
加盖器	1台	200.00	200.00	1.5	30.00
合　计			1 200.00		185.00

第十一章　举　例

(续表)

品　　名	数量	单价(元)	原值(元)		每月折旧(按原值)	1963年底止已提折旧(元)	
其他设备							
办公桌	5	30.00	150	00	0.5	15	00
办公椅	5	5.00	25	00	1	2	00
仓库货架	2	100.00	200	00	0.5	20	00
火　炉	8	80.00	640	00	1	100	00
照明设备	—		400	00	2	80	00
			1 415	00		217	00

图表 11-3　　　　　库存原材料明细表

品　　名	单位	数　量	单价(元)	金　额(元)	
阿拉伯树胶	公斤	2 105	2.16	4 546	80
甲　醛	公斤	15	2.16	32	40
硫酸铝	公斤	208	0.45	93	60
葫芦瓶	只	10 000	0.039	390	00
橡皮瓶塞	个	12 000	0.026	312	00
大　瓶	只	2 000	0.06	120	00
塑料瓶盖	个	1 500	0.04	60	00
小纸盒	个	1 000	0.12	120	00
大纸盒	个	300	0.30	90	00
商标纸	张	20 000	0.003	60	00
板　材	m²	100	4.20	420	00
钢　皮	公斤	20	0.60	12	00
铁　钉	公斤	10	1.00	10	00
				6 266	80

　　低值易耗品是生产中使用的工具如搅拌棍、胶皮管等，及少量办公用具，该厂也立册登记，并规定专责使用保管人员，为节省篇幅起见，本例中不再重印它的详细清册。预付暂付款全系职工借支，明细表见图表 11-4。

　　应收购买单位款只文化用品公司一户，所欠货款是上年年底最后一批交货，来不及办理付款手续的数额。应付供应单位款明细表见图表 11-5。

图表 11－4　　　　　　　　预付暂付款明细表

借支人	借支原因	尚欠额(元)	约定归还方法
李银根	结婚	35 00	每月从工资中扣 10 元
刘大邦	丧母	60 00	每月从工资中扣 10 元
张再兴	去浙江订购国产树胶预支旅费	100 00	回来报销
陶一朱	重病住院代垫住院费	59 00	未定
		254 00	

注：职工借款根据规定应由职工自行举办的互助储金会解决，这里的举例与现行规定不完全相符，主要是为了让读者对记账程序和记账方法有所了解，在其他方面就不详细说明了，请读者注意。

图表 11－5　　　　　　　　应付供应单位款明细表

单　位	项　目	金　额（元）
北京市化工原料公司	原材料贷款	463 00
北京市电话局	1963/12 月份电话费	12 00
北京市供电局	1963/12 月份照明费	25 00
北京市自来水公司	1963/12 月份水费	15 00
		515 00

在产品分批立账，上年未结束账页本年继续沿用，内容见图表 11－6。

1964 年 1 月上半月的经济业务

1964 年 1 月份逐日发生的经济业务如下。

1 月 3 日：

（1）买进取暖用煤 2 吨，价款 90 元，开出银行支票第 1 号付款，作为原材料入账（付款单第 1 号）。

（2）文化用品公司通知（订货单第 1 号）买葫芦瓶装胶水 3 000 打，其中不装木箱的 1560 打，每打 2.10 元，装木箱的 1440 打（每箱 96 打，分装 15 箱），每打 2.30 元。每交货满 500 打时即可以收货款。即通知由第二组负责生产，批号 64/1。（订货在分类账页内备考，交货付款再入账）

第二组领取下列原材料：葫芦瓶 5 000 个，橡皮瓶塞 5 000 个，商标纸 5 000 张，纸盒 300 个。（领料单第 1 号）

图表 11－6   生产明细

产品名称：胶水　　　泡胶日期：63/11/25　　　预计成品量：装瓶胶
批　　号：63/22　　滤胶日期：63/12/19—22　　负责工长：张四成

原材料成本								人工成		
日期		领料单号码	材料名称	单位	数量	单价（元）	金额	日期		工资单号码	工数
11	24	15	阿拉伯树胶	公斤	440	2.16	950 40	11	30	2	6
	24	15	甲醛	公斤	4.4	1.08	4 75				工资附加费
11	30		成本总计								
12	19	12	硫酸铝		44	0.45	19 80	12	15	1	8
											工资附加费
								12	31	2	40
											工资附加费
12	31		成本总计								

产品名称：胶水　　　泡胶日期：63/12/2　　　预计成品量：4 000 斤
批　　号：63/23　　滤胶月期：63/12/23—26　　负责工长：张四成

原材料成本								人工成		
日期		领料单号码	材料名称	单位	数量	单价（元）	金额	日期		工资计算单号码	工数
12	2	2	阿拉伯树胶	公斤	440	2.16	950 40	12	15	1	7
		2	甲醛	公斤	4.4	1.08	4 75		31	2	工资附加费 50
	23	25	硫酸铝	公斤	44	0.45	19 80				工资附加费
12	31		成本总计								

产品名称：胶水　　　泡胶日期：63/12/16　　　预计成品量：5 000 斤
批　　号：63/24　　滤胶日期：　　　　　　　负责工长：张四成

原材料成本								人工成		
日期		领料单号码	材料名称	单位	数量	单价（元）	金额	日期		工资计算单号码	工数
12	16	10	阿拉伯树胶	公斤	550	2.16	1 188 00	12	31	2	15
		10	甲醛	公斤	5.5	1.08	5 94				工资附加费
12	31		成本总计								

分类账

水 4 000 斤

本		间 接 成 本			成本合计		发 出 及 盘 存			
金	额	日期	凭证号码	金	额		日期	摘要	数量	金额
11	15	11	30	45	13	86				
1	45									
					981	61				
14	87									
1	93	12	31	70	120	96				
74	34									
9	66									
					1 223	17				

本		间 接 成 本			成本合计		发 出 及 盘 存			
金	额	日期	凭证号码	金	额		日期	摘要	数量	金额
13	00	12	31	70	143	64				
1	70									
92	92									
12	08									
					1 238	29				

本		间 接 成 本			成本合计		发 出 及 盘 存			
金	额	日期	凭证号码	金	额		日期	摘要	数量	金额
27	88	12	31	70	37	80				
3	62									
					1 263	24				

第十一章 举 例

(3) 发出下列订货单(货未到时暂不入账)：

南口玻璃瓶厂　　　　　　　　　　葫芦瓶 30 000 个

黄土岗化工厂　　　　　　　　　　橡皮瓶塞 30 000 个

崇文印刷厂　　　　　　　　　　　商标纸 50 000 张

东华纸盒厂　　　　　　　　　　　小纸盒 2 500 个

1月5日：

(1) 又接文化用品公司第 2 号订货单通知，要 1 斤装胶水 200 打，一律装木箱，每打价格 7.50 元。即通知第三组负责生产，批号 64/1。

第三组领取下列原材料，领料单第 2 号：大瓶 1 000 只，塑料盖 1 000 只，商标纸 1 000 张，大盒 100 只。

(2) 第二组又领取葫芦瓶胶 64/1 用下列原材料，领料单第 3 号：葫芦瓶 5 000 个，橡皮瓶塞 5 000 个，商标纸 5 000 张，小纸盒 600 个。

(3) 向南口玻璃厂定一斤装瓶 1 500 个，北京塑料厂定塑料瓶盖 1 500 个。

1月8日：

(1) 收文化用品公司上年所欠货款 2 300 元，存入银行(收据第 1 号)。

(2) 付上月电话费 12.00 元(付款单据第 2 号，支票第 2 号)，上月照明费 25.00 元(付款单据第 3 号，支票第 3 号)，上月水费 15 元(付款单据第 4 号，支票第 4 号)，所欠化工原料公司货款 463 元(付款单据第 5 号，支票第 5 号)。

(3) 上年利润 2 370.30 元，其中 90% 上交预算，10% 作为本厂企业基金，转入企业基金科目。

(4) 文化用品公司订货单第 1 号订货，今天交货(不装箱的)500 打，每打价 2.10 元，发票第 1 号。三轮车货车三辆运货，用现款付运费 15 元(付款单据第 6 号)。

(5) 第一组开始泡胶水 5 000 斤，批号 64/1，领取阿拉伯树胶 550 公斤，甲醛 5.5 公斤(领料单第 4 号)。

(6) 胶水批号 63/24 开始滤胶，领取硫酸铝 55 公斤(领料单第 5 号)。

1月10日：

(1) 下列原材料订货验收入库，价格没有变动。

南口玻璃厂	葫芦瓶	30 000 个	（收料单 1 号）
黄土岗化工厂	橡皮瓶塞	30 000 个	（收料单 2 号）
崇文印刷厂	商标纸	20 000 张	（收料单 3 号）
东华纸盒厂	小纸盒	2 500 个	（收料单 4 号）

（2）付本月份房租 150 元（支票第 6 号，付款单据第 7 号）。

（3）用现款购买粘贴商标纸用抹胶帚 2 元（辅助材料），工人洗涤用肥皂（劳动保护费）3.50 元，拭手布（劳动保护）3 元，扫地用扫把等费用 5 元（其他费用），（付款单据第 8 号）。

（4）买入注水用胶管 50 米，价款 100 元，（支票第 7 号，付款单据第 9 号）胶管记入低值易耗品，立即折半摊销。

（5）供销员报销市内交通费 3.25 元，付现金（付款单据第 10 号）。

（6）张再兴报销去浙江差旅费，计预支 100 元，实支 89.35 元，其余部分于发工资扣回（付款单据第 11 号）。

（7）第一组领葫芦瓶（64/1 批）用下列材料：葫芦瓶 15 000 个，橡皮瓶塞 15 000 个，商标纸 18 000 张，小纸盒 1 200 个（领料单第 6 号）。

（8）注瓶用搪瓷盘二个报废，原值共 10 元，未摊销部分 5 元，及时转账。

（9）第一组领取下列装箱用材料，批号葫芦瓶胶（64/1），板材 59 m²，钢皮 1.5 公斤，铁钉 1 公斤（领料单第 7 号）。

1 月 15 日：

（1）接文化用品公司订货单第 3 号，葫芦瓶胶水（不装箱）3 000 打，下月 10 日前交货。由第二组负责生产批号 64/2。

（2）收文化用品公司不装箱葫芦瓶 500 打，货款计 1 050 元，存入银行（收据第 2 号）。

（3）根据生产组的报告，胶水批号 63/22，已全部用于注瓶，计第二组葫芦瓶（64/1 批）用 3 600 斤，第二组大瓶（64/1 批）用 425 斤，比预定产量多 25 斤，即按该批胶水成本转账。

（4）根据每日工时统计，上半月各生产组工时消耗如图表 11－7 所示（依工日计算）。

图表 11-7　　　　　上半月各生产组工时消耗表

组别	人数（人）	泡胶滤胶 63/24	泡胶滤胶 63/24	葫芦瓶胶 64/1	大瓶胶 64/1	销售运输搬运	非生产劳动	旷工	合计工数（工时）
第一组	6	40	15	5		2	10	—	72
第二组	15			170			5	5	180
第三组	10			90	24			6	120
合　计	31	40	15	265	24	2	15	11	372

（5）发本月上半月工资。半个月工资总额 742.50 元，本月职工旷工 11 工，应扣发工资 13.34 元。扣张再兴暂欠款 10.65 元，李银根、刘大邦暂欠款各 5 元，实付现金 708.51 元（开银行支票第 8 号）。

半月工资总额	742.50
扣旷工工资	13.34
应发工资	729.16
扣暂欠款	20.65
实发工资	708.51

工资摊入成本，本月上半月第一组每工按 2.30 元计算，第二组及第三组每工按 1.51 元计算。据此编成本月份工资分析单见图表 11-8。

图表 11-8　　　　　工资分析单

生产及费用账户	工数（工时）	每工工资（元）	工资额（元）	工资附加费（元）
胶水（63/24）	40	2.30	92.00	11.96
胶水（64/1）	15	2.30	34.50	4.49
葫芦瓶胶（64/1）	5	2.30	11.50	1.45
	260	1.51	392.60	51.04
大瓶胶（64/1）	24	1.51	36.24	4.70
销售费用——其他销售费	2	2.31	4.62	0.60
管理费用——其他费用	10	2.30	23.00	2.99
管理费用——其他费用工资	5	1.51	7.55	0.98
管理费用——管理人员工资			127.50	16.58
合　计			729.51	94.79

图表 11-9

日 记 账

单位：元

日期		凭证种类	凭证号码	借方及贷方账户	摘要	过账	借方金额	贷方金额
1	3	付	1	原材料——煤 银行结算户存款	取暖用煤，支票第1号	√ √	90 00	90 00
	5	领	1	生产——葫芦瓶胶(64/1) 原材料——葫芦瓶 原材料——橡皮瓶塞 原材料——商标纸 原材料——小纸盒	文化用品公司定货，3 000打，第二生产组负责生产，本日发料	√ √ √ √ √	376 00	195 00 130 00 15 00 36 00
		领	2	生产——大瓶瓶胶(64/1) 原材料——大瓶 原材料——塑料盖 原材料——商标纸 原材料——大纸盒	文化用品公司定货，200打，第二生产组负责生产，本日发料	√ √ √ √ √	133 00	60 00 40 00 3 00 30 00
		领	3	生产——葫芦瓶胶(64/1) 原材料——葫芦瓶 原材料——橡皮瓶塞 原材料——商标纸 原材料——小纸盒	第二生产组领料	√ √ √ √ √	412 00	195 00 130 00 15 00 72 00
	8	收	1	银行结算户存款 应付供应单位款——文化用品公司	收到上年末所欠货款	√ √	2 300 00	2 300 00
	8	付	2	应付供应单位款——北京市电话局	付上月电话费，支票第2号	√	12 00	12 00
		付	3	银行结算户存款	付上月电费，支票第3号	√	25 00	25 00
		付	4	应付供应单位款——北京自来水公司	付上月水费，支票第4号	√	15 00	15 00
		付	5	应付供应单位款——北京化工公司	付上月货款，支票第5号	√	463 00	

第十一章 举 例

（续表）

日期	凭证种类	凭证号码	借方及贷方账户	摘要	过账	借方金额	贷方金额
			银行结算户存款	上年利润按规定上交预算	√		463 00
	发		未交利润		√	2 133 27	
			银行结算户存款	上年利润10%，留本厂作为企业基金	√	237 03	
			未交利润		√		2 133 27
			企业基金		√		237 03
	付	1	应收购买单位款——文化用品公司	交葫芦瓶胶水500打	√	1 050 00	
			销售		√		1 050 00
	付	6	销售费用——销售运费	交货三轮板车运费	√	15 00	
			现金		√		15 00
8	领	4	生产——胶水(64/1)——阿拉伯树胶	开始泡胶水5 000斤，第一生产组领料	√	1 199 88	
			原材料——甲醛		√		1 188 00
			原材料——胶水(63/24)——硫酸铝		√		11 88
10	领	5	生产——胶水(63/24)滤胶用料，第一生产组		√	24 75	
			原材料——葫芦瓶		√		24 75
	收料	1	原材料——葫芦瓶	验收来料30 000个	√	1 170 00	
			应付供应单位款——南口玻璃		√		1 170 00
	收料	2	原材料——橡皮瓶塞	验收来料30 000个	√	780 00	
			应付供应单位款——黄土岗化工		√		780 00
	收料	3	原材料——商标纸	验收来料20 000张	√	60 00	
			应付供应单位款——崇文印刷		√		60 00
	收料	4	原材料——小纸盒	验收来料2 500个	√	300 00	
			应付供应单位款——东华纸盒厂		√		300 00
	付	7	间接生产费用——房租	付本月房租，支票第6号	√	127 50	
			管理费用——房租		√	22 50	
			银行结算户存款		√		150 00
	付	8	间接生产费用——辅助材料	购买零星用品，付现款	√	2 00	

（续表）

日期		凭证种类	凭证号码	借方及贷方账户	摘要	过账	借方金额	贷方金额
	10	付	9	间接生产费用——劳动保护费	买入胶皮管50米,支票第7号	√	6 50	
				管理费用——其他费用		√	5 00	
				现金		√		13 50
				低值易耗品		√	100 00	
				银行结算户存款		√		100 00
	10	付	10	间接生产费用——工具费	胶皮管50米,折半摊销	√	50 00	
				低值易耗品摊销		√		50 00
	11	付	11	管理费用——差旅费	市内交通费	√	3 25	
				现金		√		3 25
				管理费用——差旅费	张再兴报销去浙江旅费	√	89 35	
				预付暂付款——张再兴		√		89 35
1		领	6	生产——葫芦瓶胶(64/1)	第二生产组领料	√	1 173 00	
				原材料——葫芦瓶		√		585 00
				原材料——橡皮瓶塞		√		390 00
				原材料——商标纸		√		54 00
				原材料——小纸盒		√		144 00
	10			间接生产费用——工具费	报废搪瓷盘2个	√	5 00	
				低值易耗品摊销		√	5 00	
				低值易耗品		√		10 00
	15	领	7	生产——葫芦瓶胶(64/1)	第一生产组装箱用料	√	249 90	
				原材料——板材		√		248 00
				原材料——钢皮		√		90
				原材料——铁钉		√		1 00
	15	收	2	银行结算户存款	收货款500打	√	1 050 00	
				应收购买单位款——文化用品公司		√		1 050 00
				生产——葫芦瓶胶(64/1)	胶水(63/22)已用完,按实际成本转账,	√	1 094 03	

第十一章 举 例

(续表)

日期	凭证种类	凭证号码	借方及贷方账户	摘　要	过账	借方金额	贷方金额
			生产——大瓶胶(64/1)	葫芦瓶胶应摊 $\frac{3\,600}{4\,025} \times 1\,223.17 =$ 1 094.03(元)	√	129 14	
			生产——胶水(63/22)	大瓶胶 $\frac{425}{4\,025} \times 1\,223.17 = 129.14$(元)	√		1 223 17
			生产——葫芦瓶胶(64/1)	将本月工资记录入账,见上半月工资分析单	√	403 75	
			生产——大瓶胶(64/1)		√	36 24	
			生产——胶水(63/24)		√	92 00	
			生产——胶水(64/1)		√	34 50	
			销售费用——其他销售费用		√	4 62	
			管理费用——其他销售费用		√	30 55	
			管理费用——管理人员工资		√	127 50	
			应付工资		√		729 16
			生产——葫芦瓶胶(64/1)	将本月工资附加费记录入账,见上半月工资分析单	√	52 49	
			生产——大瓶胶(64/1)		√	4 70	
			生产——胶水(63/24)		√	11 96	
			生产——胶水(64/1)		√	4 49	
			销售费用——其他销售费用		√	60	
			管理费用——其他销售费用		√	3 97	
			管理费用——管理人员工资附加费		√	16 58	
			应付工资附加费		√		94 79
15			应付工资	实发本月份工资,扣李银根、刘大邦各 5元,张再兴10.65元,支票第7号	√	729 16	
			预付暂付款		√		20 65
			银行结算户存款		√		708 51
			应付工资附加费	付工会,支票第8号	√	94 79	
			银行结算户存款		√		94 79

(6) 本月工资附加费 94.79 元,开银行结算户存款支票第 2 号,付给工会。

1 月上半月的日记账

1 月上半月的会计事项记入日记账(用日记账的甲式)见图表 11-9。

1 月上半月的日记账过入分类账

为节省篇幅起见,1 月上半月会计事项过入总分类账后各账户的记录,只为示例起见,列示下列各账户,其余就都省略了。

(1) 在现金、银行结算存款户、国家基金、未交利润、企业基金等账户中,仅列示银行结算存款户一户,其余从略。参见图表 11-10 至图表 11-14。

图表 11-10　　　　　　银行结算户存款　　　　　　单位:元

日期		支票号码	摘　要	借　方		贷　方		借或贷	金　额	
1	1		上年结余	2 352	30			借	2 352	30
	3	1	买煤			90	00		2 262	30
	8		文化用品公司货款	2 300	00				4 562	30
		2	电话局			12	00			
		3	供电局			25	00			
		4	自来水公司			15	00			
		5	化工公司			463				
			上交利润,银行转账			2 133	27	借	1 914	03
	10	6	房租			150	00			
		7	胶皮管			100	00		1 664	03
	15		文化用品公司货款	1 050	00					
		8	本月工资			708	51			
		9	本月工资附加费			94	79	借	1 910	73

(2) 在应收应付款各账户中,仅列文化用品公司及南口玻璃厂两个账户。参见图表 11-11、图表 11-12。

(3) 在各项原材料账户中,仅列"葫芦瓶"一个账户。参见图表 11-13。

(4) 在生产费用、管理费用、销售费用各账户中,列管理费用一户。参见图表 11-14。

(5) 生产科目各个子目的账户,在葫芦瓶胶 64/1 一户。参考图表 11-25。

图表 11-11 应收购买单位款——北京市文化用品公司

日期	凭证号码	摘要	借方(元)	贷方(元)	借或贷	金额(元)	定货交货备考			
							日期	摘要	定货数量(打)	交货数量
1	1	上年欠货款	2 300 00		借	2 300 00	3	葫芦不装箱	1 560	
8	收1	收上年货款		2 300 00			5	葫芦装箱	1 440	
8	发1	交葫芦不装箱500打	1 050 00		借	1 050 00	8	大瓶胶	200	
15	收2	收货款		1 050 00			15	交葫芦不装箱	300	500打

图表 11-12 应付供应单位款——南口玻璃厂

日期	凭证号码	摘要	借方(元)	贷方(元)	借或贷	金额(元)	定货交货备考			
							日期	摘要	定货数量(个)	交货数量
1	10	收1	验收葫芦瓶30 000个		1 170 00	贷	1 170 00	3	葫芦瓶	30 000	30 000
							5	大瓶	1 500	
							10	葫芦瓶		

图表 11－13　原材料分类账

品名：葫芦瓶　　数量单位：个

日期		凭证号码	摘要	收入			发出			库存		
				数量	单价（元）	金额（元）	数量	单价（元）	金额（元）	数量	单价（元）	金额（元）
1	1		年初盘存							10 000	0.039	390 00
	3	领 1	葫芦瓶胶(64/1)				5 000		195 00	5 000	0.039	195 00
	5	领 3	葫芦瓶胶(64/1)				5 000		195 00			
	10	收 1	南口玻璃厂来货	30 000	0.039	1 170 00				30 000		1 170 00
		领 6	葫芦瓶胶(64/1)				15 000	0.039	585 00	15 000		585 00

图表 11－14　管理费用

单位：元

日期		凭证号码	摘要	科目金额	子目金额							
					管理人员工资	管理人员工资附加费	其他设备折旧	房租	办公费	邮电费	照明费	取暖费	差旅费	其他费用
1	10	付 7	本月房租	22 50				22 50						
		8	零星用品	5 00										5 00
		10	市内交通费	3 25									3 25	
		11	张再兴浙江旅费	89 35									89 35	
	15		工资分析单	158 05	127 50	16 58								
			工资附加费	20 55										30 55 3 97

图表 11-15

各账户发生额对照表

1964年1月1日至15日止

单位：元

账　户　名　称	1/1余额 借方	1/1余额 贷方	本期发生额 借方	本期发生额 贷方	1/15余额 借方	1/15余额 贷方
生产设备	1 200 00				1 200 00	
生产设备折旧		185 00				185 00
其他设备	1 415 00				1 415 00	
其他设备折旧		217 00				217 00
原材料——阿拉伯树胶	4 546 80			1 188 00	3 358 80	
——甲醛	32 40			11 88	20 52	
——硫酸铝	93 60			24 75	68 85	
——葫芦瓶	390 00		1 170 00	975 00	585 00	
——橡皮瓶塞	312 00		780 00	650 00	442 00	
——大瓶	120 00			60 00	60 00	
——塑料盖	60 00			40 00	20 00	
——小纸盒	120 00		300 00	252 00	168 00	
——大纸盒	90 00			30 00	60 00	
——商标纸	60 00		60 00	87 00	33 00	
——板　材	420 00			248 00	172 00	
——钢　皮	12 00			90	11 10	
——铁钉	10 00			1 00	9 00	
——煤			90 00		90 00	
生产——胶水(63/22)	1 223 17			1 223 17		
——胶水(63/23)	1 238 29		128 71		1 238 29	
——胶水(63/24)	1 263 24		1 238 87		1 391 95	
——胶水(64/1)			1 238 87		1 238 87	
——葫芦瓶胶(64/1)			3 761 17		3 761 17	

(续表)

账户名称	1/1余额 借方	1/1余额 贷方	本期发生额 借方	本期发生额 贷方	1/15余额 借方	1/15余额 贷方
低值易耗品	500 00		303 08		303 08	
——大瓶胶(64/1)						
低值易耗品摊销		250 00	100 00	10 00	590 00	295 00
现　　金	524 50		5 00	31 75	492 75	
银行结算户存款	2 352 30		3 350 00	3 791 57	1 910 73	
应收购买单位款——文化用品公司	2 300 00		1 050 00	3 350 00		
预付暂付款	254 00			110 00	144 00	
应付供应单位款——化工原料公司		463 00	463 00			
——电话局		12 00	12 00			
——供电局		25 00	25 00			
——自来水公司		15 00	15 00			
——南口玻璃厂				1 170 00		1 170 00
——黄土岗化工厂				780 00		780 00
——崇文印刷厂				60 00		60 00
——东华纸盒厂				300 00		300 00
应付工资			729 16	729 16		
应付工资附加费			94 79	94 79		
国家基金		15 000 00				15 000 00
企业基金		2 370 30	2 370 30	237 03		237 03
未交利润				1 050 00		1 050 00
销　　售						
间接生产费用			191 00		191 00	
管理费用			298 70		298 70	
销售费用			20 22		20 22	
合　计	18 537 30	18 537 30	16 556 00	16 556 00	19 294 03	19 294 03

1月15日的各账户发生额对照表

1月15日的各账户发生额对照表,详列各账户期初余额,本期借方、贷方发生额及1月15日的余额见图表11-15。

1月下半月的经济业务

为节省篇幅起见,1月下半月的经济业务不再依发生时间次序逐项列举,不再列举凭证号码,用汇总方法表列于下。

(1) 原材料到货验收汇总如下。逐次验收原材料都是提早发出订货单,订货单应记入供应单位分户账备查,仅列示其到货验收的数量单价及价额,见图表11-16。

图表11-16　　　　　原材料验收汇总表

供应单位名称	原材料名称	单位	数量	单价(元)	金额(元)	
崇文印刷厂	商标纸	张	30 000	0.003	90	00
南口玻璃厂	大瓶	个	1 500	0.06	90	00
北京塑料厂	塑料盖	个	1 500	0.04	60	00
南口玻璃厂	葫芦瓶	个	15 000	0.039	585	00
黄土岗化工厂	橡皮瓶塞	个	15 000	0.026	390	00
合　　计					1 215	00

(2) 各生产组领料汇总,见图表11-17。

图表11-17　　　　　领料汇总表

组别	产品名称	批号	原材料名称	单位	数量	单价(元)	金额(元)	
第一生产组	胶水	64/1	硫酸铝	公斤	55	0.45	24	75
第二生产组	葫芦瓶胶	64/1	葫芦瓶	个	11 100	0.039	432	90
	葫芦瓶胶	64/1	橡皮瓶塞	个	11 050	0.026	287	30
	葫芦瓶胶	64/1	商标纸	张	11 300	0.003	33	90
	葫芦瓶胶	64/1	小纸盒	个	920	0.12	110	40
	葫芦瓶胶	64/2	葫芦瓶	个	5 000	0.039	195	00
	葫芦瓶胶	64/2	橡皮瓶塞	个	5 000	0.026	130	00
	葫芦瓶胶	64/2	商标纸	张	5 000	0.003	15	00
	葫芦瓶胶	64/2	小纸盒	个	300	0.12	36	00

（续表）

组　别	产品名称	批号	原材料名称	单位	数　量	单价(元)	金额(元)
第三生产组	大瓶胶	64/1	大瓶	个	1 420	0.06	85 20
	大瓶胶	64/1	塑料盖	个	1 410	0.04	56 40
	大瓶胶	64/1	商标纸	个	1 630	0.003	4 89
	大瓶胶	64/1	大盒	个	105	0.30	31 50
第一生产组	胶水	64/2	阿拉伯树胶	公斤	440	2.16	950 40
	胶水	64/2	甲醛	公斤	2.2	2.16	4 75
合　计							2 398 39

（3）前后发货给文化用品公司计：

葫芦瓶胶　　　　　　1 060 打　　　每打 2.10 元　　金额 2 226.00

葫芦瓶胶（装箱）　　1 440 打　　　2.30　　　　　3 312.00

大瓶胶　　　　　　　200　　　　　7.50　　　　　1 500.00

合计　　　　　　　　　　　　　　　　　　　　　7 038.00（元）

（4）下半月工时统计及工资分析如图表 11-18、图表 11-19 所示。

图表 11-18　　　　工日统计表

组别	人数(人)	泡胶滤胶 64/1	泡胶滤胶 64/2	葫芦瓶 64/1	葫芦瓶 64/2	大瓶 64/1	销售运输搬运	非生产劳动	旷工	合计工数(工时)
第一组	6	50	10	10			5	15		90
第二组	15			180	30			5	10	225
第三组	10			85	30	30			5	150
合　计	31	50	10	275	60	30	5	20	15	465

图表 11-19　　　　工资分析单

生产及费用账户	工数(工时)	每工工资(元)	工资额(元)	工资附加费(元)
胶　水　64/1	50	1.83	91.55	11.90
胶　水　64/2	10	1.83	18.33	2.38
	10	1.83	18.33	2.38
葫芦瓶胶　64/1				
	265	1.20	318.00	41.34

(续表)

生产及费用账户	工数(工时)	每工工资(元)	工资额(元)	工资附加费(元)
葫芦瓶胶 64/2	60	1.20	72.00	9.36
大瓶胶 64/1	30	1.20	36.00	4.68
销售费用——其他销售费用	5	1.83	18.33	2.38
管理费用——其他费用	15	1.83	27.50	3.58
	5	1.20	6.00	0.78
管理费用——管理人员工资			127.50	16.58
合　　计			733.54	95.36

(5) 下半月付款如图表 11-20 所示。

图表 11-20　　　　下半月付款汇总表

科　目	单　位	摘　要	支票支付(元)		现金支付(元)	
应付供应单位款	南口玻璃厂	葫芦瓶款	1 170	00		
	南口玻璃厂	葫芦瓶款	585	00		
	南口玻璃厂	大瓶款	90	00		
	黄土岗化工厂	橡皮瓶塞款	780	00		
	崇文印刷厂		60	00		
	崇文印刷厂	商标纸款	90	00		
	东华纸盒厂	纸盒款	300	00		
	北京塑料厂	塑料盖款	60	00		
应付工资 (扣回预付暂付款10元)			723	54		
应付工资附加费			95	36		
销售费用	销售运费	运货货款			40	58
管理费用	办公费	文具纸张表格			15	21
管理费用	邮电费	买邮票			2	50
间接生产费用	辅助材料	擦洗玻璃瓶用材料			8	90
合　　计			3 953	90	67	19

(6) 下半月收款两笔，均系文化用品货款，全部存入银行结算户存款。

葫芦瓶胶水　（不装箱）　　　　1 060 打　　　　2 226.00

葫芦瓶胶水　（装箱）　　　　　1 440 打　　　　3 312.00

合计　　　　　　　　　　　　　　　　　　　　　5 538.00(元)

下半月经济业务的入账

下半月经济业务的入账,当然应该按照会计事项发生次序逐笔记入日记账,并过入分类账各账户。为简略起见,仅列以上六类会计事项的会计分录格式。会计分录只列科目名称,子目请读者自行填列。

(1) 记录原材料购买。

借:原材料	1 215.00
贷:应付供应单位款	1 215.00

(2) 各生产组合用原材料。

借:生产	2 398.39
贷:原材料	2 398.39

(3) 发货给文化用品公司。

借:应收购买单位款	7 038.00
贷:销售	7 038.00

(4) 记录应付工资及应付工资附加费。

借:生产	554.21
销售费用	18.33
管理费用	161.00
贷:应付工资	733.54
借:生产	72.04
销售费用	2.38
管理费用	20.94
贷:应付工资附加费	95.36

(5) 记录现金支出。

借:应付供应单位款	3 135.00
应付工资	723.54
应付工资附加费	95.36
贷:银行结算户存款	3 953.90
借:应付工资	10.00
贷:预付暂付款	10.00
借:销售费用	40.58
管理费用	17.71
间接生产费用	8.90
贷:现金	67.19

(6) 记录货款收入。

借:银行结算户存款	5 538.00
贷:应收购买单位款	5 538.00

1月底的各账户发生额对照表

1月底的各账户发生额对照表如下。其中本期发生额是1月1日至1月31日的发生额。请读者自己逐一设立分类账户,逐一根据1月份全部会计事项的记录(其中下半月应补入各子目的借贷记录)过账,并验证表内的本期发生额及期末余额。见图表11-21。

结账——应计费用及待摊费用的转账

1月底结账时,首先将应计折旧及应计费用入账。

(1) 固定资产折旧,计生产设备16元,其他设备16.4元(可查阅固定资产目录)。

(2) 查电表水表,本月按耗用电度应付照明费35元,应付水费15元。照明费按85:15分摊到间接生产费用及管理费用户内,水费全计入间接生产费用。

(3) 电话费按规定月费计12元。

(4) 买入供取暖用煤,逐日烧煤未办领料手续,计烧去1.8吨,共费72元。

图表 11－21

各账户发生额对照表

1964年1月1日至1月31日

单位：元

账户名称	1/1 余额 借方	1/1 余额 贷方	1/1—1/31 发生额 借方	1/1—1/31 发生额 贷方	1/31 余额 借方	1/31 余额 贷方
生产设备	1 200 00				1 200 00	
生产设备折旧		185 00				185 00
其他设备	1 415 00				1 415 00	
其他设备折旧		217 00				217 00
原材料——阿拉伯树胶	4 546 80			2 138 40	2 408 40	
——甲醛	32 40			16 63	15 77	
——硫酸铝	93 60			49 50	44 10	
——葫芦瓶	390 00		1 755 00	1 602 90	542 10	
——橡皮瓶塞	312 00		1 170 00	1 067 30	414 70	
——大瓶	120 00		90 00	145 20	64 80	
——塑料盖	60 00		60 00	96 40	23 60	
——小纸盒	120 00		300 00	398 40	21 60	
——大纸盒	90 00			61 50	28 50	
——商标纸	60 00		150 00	140 79	69 21	
——板材	420 00			248 00	172 00	
——钢皮	12 00			90	11 10	
——铁钉	10 00			1 00	9 00	
——煤			90 00		90 00	
生产——胶水(63/22)	1 223 17			1 223 17		
——胶水(63/23)	1 238 29				1 238 29	
——胶水(63/24)	1 263 24		128 71		1 391 95	
——胶水(64/1)			1 367 07		1 367 07	
——胶水(64/2)			975 86		975 86	
——葫芦瓶胶(64/1)			5 005 72		5 005 72	
——葫芦瓶胶(64/2)			457 36		457 36	

(续表)

账户名称	1/1余额 借方	1/1余额 贷方	1/1—1/31发生额 借方	1/1—1/31发生额 贷方	1/31余额 借方	1/31余额 贷方
——大瓶胶(64/1)			521 75		521 75	
低值易耗品	500 00		100 00	10 00	590 00	
低值易耗品摊销		250 00	5 00	50 00		295 00
现　金	524 50		8 888 00	8 987 94	425 56	
银行结算户存款	2 352 30		8 888 00	7 745 47	3 494 83	
应收购买单位款	2 300 00			8 888 00		
预付暂付款	254 00		8 088 00	120 00	1 500 00	
应付供应单位款		463 00	463 00		134 00	
——化工原料公司		12 00	12 00			
——电话局		25 00	25 00			
——供电局		15 00	15 00			
——自来水公司			1 845 00	1 845 00		
——南口玻璃厂			780 00	1 170 00		390 00
——黄土岗化工厂			150 00	150 00		
——崇文印刷			300 00	300 00		
——东华纸盒厂			60 00	60 00		
——北京塑料厂			1 462 70	1 462 70		
应付工资			190 15	190 15		
应付工资附加费						
国家基金		15 000 00				15 000 00
企业基金		2 370 30	2 370 30	237 03		237 03
未交利润						
销　售				8 088 00		8 088 00
间接生产费用			199 90		199 90	
管理费用			498 35		498 35	
销售费用			81 51		81 51	
合　计	18 537 30	18 537 30	37 605 38	37 605 38	24 412 03	24 412 03

其中半数计入待摊费用。应加入本期成本的取暖费 36 元,按 85∶15 的比例摊入间接生产费用及管理费用。

以上各项,应作下列会计分录:

(1) 固定资产折旧入账。

  借:间接生产费用——折旧费   16.00
    贷:生产设备折旧   16.00
  借:管理费用——折旧费   16.40
    贷:其他设备折旧   16.40

(2) 电费、水费入账。

  借:间接生产费用——照明费   29.75
    管理费用——照明费   5.25
    贷:应付供应单位款——北京供电局   35.00
  借:间接生产费用——水费   15.00
    贷:应付供应单位款——北京自来水公司   15.00

(3) 电话费入账。

  借:管理费用——邮电费   12.00
    贷:应付供应单位款——北京电话局   12.00

(4) 取暖费入账。

  借:间接生产费用——取暖费   30.60
    管理费用——取暖费   5.40
    待摊费用   36.00
    贷:原材料——煤   72.00

结账——间接成本的分摊

经上列记录后,本月实际发生的费用,除原材料消耗及直接工资已经直接记入各有关生产账户外,数额如下(单位:元):

第十一章 举 例

间接生产费用
　　房租　　　　　　　　　　　　127.50
　　辅助材料　　　　　　　　　　 10.90
　　劳动保护费　　　　　　　　　　6.50
　　工具费　　　　　　　　　　　 55.00
　　生产设备折旧　　　　　　　　 16.00
　　照明费　　　　　　　　　　　 29.75
　　水费　　　　　　　　　　　　 15.00
　　取暖费　　　　　　　　　　　 30.60
　　　　　　　　　　　　　　　　291.25

管理费用
　　管理人员工资　　　　　　　　255.00
　　管理人员工资附加费　　　　　 33.16
　　其他设备折旧　　　　　　　　 16.40
　　房租　　　　　　　　　　　　 22.50
　　办公费　　　　　　　　　　　 15.21
　　邮电费　　　　　　　　　　　 14.50
　　照明费　　　　　　　　　　　　5.25
　　取暖费　　　　　　　　　　　　5.40
　　差旅费　　　　　　　　　　　 92.60
　　其他费用　　　　　　　　　　 77.38
　　　　　　　　　　　　　　　　537.40

销售费用
　　销售运费　　　　　　　　　　 55.58
　　其他销售费用　　　　　　　　 25.93
　　　　　　　　　　　　　　　　 81.51

以上三项费用中，销售费用直接用于销售交货，不应摊入生产成本，而应作为销售收入的减项，间接生产费用及管理费用则应摊入生产成本。分摊系按各批产品直接工资计算,如图表 11-22 所示。

图表 11-22　　　　　费 用 分 摊 表　　　　　单位:元

	直接工资	分摊率	直接生产费用	管理费用	合　计
胶　　　水(63/24)	92 00	8.21	23 91	44 12	68 03
胶　　　水(64/1)	126 05	11.25	32 77	60 46	93 23
葫芦瓶胶(64/1)	740 08	66.04	192 34	354 90	547 24
葫芦瓶胶(64/2)	72 00	6.42	18 68	34 50	53 18
大　瓶　胶(64/1)	72 24	6.44	18 77	34 61	53 38
胶　　　水(64/2)	18 33	1.64	4 78	8 81	13 59
合　　　计	1 120 70	100.00	291 25	537 40	828 65

根据以上分摊计算,将间接生产费用及管理费用转入各生产账户的会计分录如下:

　　借:生产——胶水(63/24)　　　　　　　　　　　23.91
　　　　生产——胶水(64/1)　　　　　　　　　　　32.77
　　　　生产——胶水(64/2)　　　　　　　　　　　4.78
　　　　生产——葫芦瓶胶(64/1)　　　　　　　　　192.34
　　　　生产——葫芦瓶胶(64/2)　　　　　　　　　18.68
　　　　生产——大瓶胶(64/1)　　　　　　　　　　18.77
　　　贷:间接生产费用　　　　　　　　　　　　　291.25
　　借:生产——胶水(63/24)　　　　　　　　　　　44.12
　　　　生产——胶水(64/1)　　　　　　　　　　　60.46
　　　　生产——胶水(64/2)　　　　　　　　　　　8.81
　　　　生产——葫芦瓶胶(64/1)　　　　　　　　　354.90
　　　　生产——葫芦瓶胶(64/2)　　　　　　　　　34.50
　　　　生产——大瓶胶(64/1)　　　　　　　　　　34.61
　　　贷:管理费用　　　　　　　　　　　　　　　537.40

结账——在产品在各工序之间的转移和期末在产品的盘存

胶水 63/22,用于装瓶,已在 1 月 15 日前转账。胶水 63/23 及胶水 63/24 用于装瓶,尚未转账。根据各生产组的报告,这两批胶水用于装瓶的数量如图表 11-23 所示。

图表 11-23　　　　　　　胶水装瓶数量汇总表

	葫芦瓶胶 64/1	葫芦瓶胶 64/2	大瓶胶 64/1	预期产量	盈　亏
胶水 63/23	3 000 斤		980 斤	4 000 斤	亏 20 斤
胶水 63/24	600 斤	200 斤	995 斤	5 000 斤	未　盘
	3 600 斤	200 斤	1 975 斤		

胶水 63/23 已发完，其实际成本为 1 238.29 元，应按实发斤数分摊。胶水 63/24 尚未发完，实发数和预期生产数差额尚不知道，它的实际成本为 1 459.98 元，即按预期产量比例分摊，每斤胶水成本如图表 11-24 所示。

图表 11-24　　　　　　　单位胶水成本计算表

	实际成本	实发或预期产量	每斤成本
胶水 63/23	1 238.29	3 980 斤	0.311 13
胶水 63/24	1 459.98	5 000 斤	0.292

摊入几宗装瓶胶的胶水成本如下：

葫芦瓶胶 64/1　　　　　　　　　　　　　　3 000×0.311 13＝933.37

　　　　　　　　　　　　　　　　　　　　　600×0.292＝<u>175.20</u>

小计　　　　　　　　　　　　　　　　　　　　　　　　1 108.57（元）

葫芦瓶胶 64/2　　　　　　　　　　　　　　200×0.292＝58.40

大瓶胶 64/1　　　　　　　　　　　　　　　980×0.311 13＝304.92

　　　　　　　　　　　　　　　　　　　　　995×0.292＝<u>290.54</u>

小计　　　　　　　　　　　　　　　　　　　　　　　　653.86（元）

根据以上计算，作下列会计分录入账：

借：生产——葫芦瓶胶(64/1)　　　　　　　　　　　　　933.37
　　生产——大瓶胶(64/1)　　　　　　　　　　　　　　304.92
　贷：生产——胶水(63/23)　　　　　　　　　　　　　1 238.29
借：生产——葫芦瓶胶(64/1)　　　　　　　　　　　　　175.20
　　生产——葫芦瓶胶(64/2)　　　　　　　　　　　　　58.40
　　生产——大瓶胶(64/1)　　　　　　　　　　　　　　290.54
　贷：生产——胶水(63/24)　　　　　　　　　　　　　　524.14

经以上记录,本月间接成本全已摊入各生产账户,用于装瓶的胶水亦已自胶水户转入相应的装瓶胶账户,这时候,各生产账户的余额(单位:元)如下(胶水 63/22,63/23 两批已无余额)。

胶水 63/24　　　　　　　　　　　　　　　　　　　　935.84
胶水 64/1　　　　　　　　　　　　　　　　　　　　1 460.30
胶水 64/2　　　　　　　　　　　　　　　　　　　　　989.45
葫芦瓶胶 64/1　　　　　　　　　　　　　　　　　　6 661.53
大瓶胶 64/1　　　　　　　　　　　　　　　　　　　1 170.59
葫芦瓶胶 64/2　　　　　　　　　　　　　　　　　　　568.94

销售成本的计算和转账

已知葫芦瓶胶 64/1 及大瓶胶 64/1 两批全已发货,这二户余额已是销售成本,应即转入销售成本账户。葫芦瓶胶 64/2 尚未发货,无论这批订货包装完毕的有多少,可以全部留作在产品存货。倘使这批订货中已经发出一部分,发出部分的销货成本也应转账,这时候就要发生在产品存货的估价问题。因为在我们的生产账户记录中虽然已经分批分工序(泡胶、滤胶、装瓶装箱)立户,但究竟期末在产品中多少已装瓶,多少已贴商标纸,多少已装纸盒,还是无法做十分详细的记录,在产品价值的决定,还不得不用盘估方法。

转入销售成本的会计分录如下。

借:销售成本　　　　　　　　　　　　　　　　　　7 832.12
　贷:生产——葫芦瓶胶 64/1　　　　　　　　　　　6 661.53
　　　生产——大瓶胶　　　　　　　　　　　　　　1 170.59

转账后留作 1 月 31 日在产品的计有胶水 63/24、64/1、64/2 及葫芦瓶胶 64/2 四户共值 3 954.53 元。

成本利润的对比

对比成本及利润,尚须加上销售费用一项因素。倘销售费用按销售收入比

例分摊到两种产品中去,则:

葫芦瓶胶销售	6 588	应摊销售费	66.39
大瓶胶销售	1 500	应摊销售费	15.12
小　　计	8 088(元)	小　　计	81.51(元)

两种产品的盈亏如图表 11-25 所示。

图表 11-25　　　　两种产品盈亏计算表　　　　单位:元

	葫芦胶	大瓶胶	合　计
销　　售	6 588.00	1 500.00	8 088.00
减销售费用	66.39	15.12	81.51
小　　计	6 521.61	1 484.88	8 006.49
成　　本	6 661.53	1 170.59	7 832.12
盈　　亏	-139.92	314.29	174.37

结束以上账户,应作会计分录如下:

```
借:利润                                7 913.63
   贷:销售成本                              7 832.12
      销售费用                                81.51
借:销售                                8 088.00
   贷:利润                                 8 088.00
```

单项产品的成本计算表

由本例,可知比较精密的成本、利润计算,不仅可以比较正确地确定全厂利润、亏损数额,也可以比较各种产品的盈亏。本例中大瓶胶价格每打 7.50 元,葫芦瓶胶每打 2.10 元仅及大瓶胶价的 29%,销售量远低于葫芦瓶胶,但却是获利产品,而葫芦瓶胶销售量大,却是亏损产品。在工厂经营管理上必须努力把这种主要产品反亏为盈,这就需要分析这种产品生产过程的成本构成。

各项产品的成本构成记录在各个生产账户中。本例中葫芦瓶胶(64/1)一户的记录见图表 11-27 所示。综合这一户的记录,(64/1)批葫芦瓶胶的成本构成如下:

原材料成本

胶　　水	7 200 斤	2 202.60
葫芦瓶	36 100 个	1 407.90
橡皮瓶塞	36 050 个	937.30
商标纸	39 300 张	117.90
小纸盒	3 020 个	362.40
板　　材	59 m²	248.00
钢　　皮	1.5 公斤	0.90
铁　　钉	1 公斤	1.00　　5 278.00
直接工资		740.08
直接工资附加费		96.21
间接成本		547.24
共　　计		6 661.53（元）

图表 11-27 中胶水是本厂"产品",实际上是生产的上一道工序中的"料工费"成本的总和。分析本产品成本时应该追溯到胶水(63/22)(63/23)(63/24)这三批产品的生产账户。从这三个生产账户,查悉其成本中的料工费构成情形,如图表 11-26 所示。

图表 11-26　　　　　　胶水料工费构成表　　　　　　单位：元

	63/22		63/23		63/24	
直接原材料：						
阿拉伯树胶	440 公斤	950.40	440 公斤	950.40	550 公斤	1 188.00
甲　　醛	4.4 公斤	4.75	4.4	4.75	5.5	5.94
硫酸铝	44 公斤	19.80	44	19.80	55	24.75
小　计		974.95		974.95		1 218.69
直接工资	54 工	100.36	57 工	105.92	55 工	119.88
直接工资附加费		13.04		13.78		15.58
间接成本		134.82		143.64		105.83
合　计		1 223.17		1 238.29		1 459.98
葫芦瓶胶						
64/1 所用比例		3 600 / 4 025		3 000 / 3 980		600 / 5 000

第十一章　举　例

图表 11-27　　　　　　　　　　　　　　　　　　　　　　　产品成本

产品名称：葫芦瓶胶　　　订货数量：3 000 打（其中装箱 1 440 打）
批　　号：64/1　　　　　交货日期：1/31

日期	日期	领料单号码	材料名称	单位	数量	单价（元）	金额（元）		日期	工资分析单号码	工数（工时）	金额（元）	
1	3	1	葫芦瓶	个	5 000	0.039	195	00	1	15	1	265	403	75
			橡皮瓶塞	个	5 000	0.026	130	00			附加费	52	49
			商标纸	张	5 000	0.003	15	00		31		275	336	33
			小纸盒	个	300	0.12	36	00			附加费	43	72
	5	2	葫芦瓶	个	5 000	0.039	195	00
			橡皮瓶塞	个	5 000	0.039	130	00
			商标纸	张	5 000	0.003	15	00
			小纸盒	个	600	0.12	72	00
	10	6	葫芦瓶	个	15 000	0.039	585	00
			橡皮瓶塞	个	15 000	0.026	390	00
			商标纸	张	18 000	0.003	54	00
			小纸盒	个	1 200	0.12	144	00
	11	7	板材	m²	59	4.20	248	00
			钢皮	公斤	1.5	0.60		90
			铁钉	公斤	1	1.00	1	00
	15	—	胶水	斤	3 600		1 094	03
	16—31		葫芦瓶	个	11 100	0.039	432	90
			橡皮瓶塞	个	11 050	0.026	287	30
			商标纸	张	11 300	0.003	33	90
			小纸盒	个	9 207	0.12	110	40
			胶水	斤	3 600		1 108	57
1	31		成本合计				5 278	00					836	29

构成明细表

负责工长：何英娥

间接成本			成本合计	发出及盘存			
日期	凭证号码	金额（元）		日期	摘要	数量	金额（元）
1　31		547　24		1　1—31	不装箱 装箱	1 560 打 1 440 打	6 661　53
		547　24	6 661　53				6 661　53

按照这三批胶水耗料耗工,及葫芦瓶胶(64/1)耗用比例,把三批胶水的成本还原①换算为料工费消耗如图表 11-28 所示。

图表 11-28 成本还原计算表 单位:元

	63/22		63/23		63/24		合 计	
直接原材料								
阿拉伯树胶	393.54 公斤	850.05	331.61 公斤	716.38	66 142.56 公斤		791.15 公斤	1 708.99
甲　醛	3.93 公斤	4.25	3.31 公斤	3.59	0.66 公斤	0.71	7.90 公斤	8.55
硫酸铝	39.35 公斤	17.71	33.16 公斤	14.92	6.6 公斤	2.97	79.11 公斤	35.60
		872.01		734.89		146.24		1 753.14
直接工资	48.3 工	89.76	43 工	79.84	6.6 工	14.39	98 工	183.99
直接工资附加费		11.67		10.38		1.87		23.92
间接成本		120.59		108.26		12.70		241.55
		1 094.03		933.37		175.20		2 202.60

代入图表 11-26,编成单项产品成本计算表如图表 11-29 所示。

图表 11-29 产品成本计算表

产品名称:葫芦瓶胶　　1964 年 1 月份　　本期产量　　3 000 打
　　　　　　　　　　　　　　　　　　　　其中装箱　　1 440 打
　　　　　　　　　　　　　　　　　　　　金额单位:元

原材料成本:			
阿拉伯树胶	791.15 公斤	1 708.99	
甲　醛	7.90 公斤	8.55	
硫酸铝	79.11 公斤	35.60	
葫芦瓶	36 100 个	1 407.90	
橡皮瓶塞	36 050 个	937.30	
商标纸	39 300 张	117.90	
小纸盒	3 020 个	362.40	
板　材	59 平方米	248.00	
钢　皮	1.5 公斤	0.90	
铁　钉	1 公斤	1.00	4 828.54

---

① 计算上一道工序的自制半成品的料工费消耗,代入产品成本计算表中,会计工作人员通称之为"成本还原"。

(续表)

直接工资	638 工		924.07
直接工资附加费			120.13
间接成本			788.79
合　计			6 661.53

　　这批产品的单位（可以每打计）原材料消耗，单位工资及间接成本都是容易计算的。要区分装木箱的和不装木箱的两种产品的成本也并不困难，因为装箱材料（板材等）及装箱工资都容易和不装箱的分开，计算方法不再详细列示。

　　根据不同时期及不同产品的成本资料，可作同产品各期成本升降的比较分析。本例因资料不全，从略。

经营资金平衡表

　　根据结账后各资产、负债、基金账户余额，可编成 1 月 31 日的经营资金平衡表如图表 11-30 所示。原材料，在产品，应付供应单位款等明细表，不另列示。

图表 11-30　　朝阳胶水厂经营资金平衡表
1964 年 1 月 31 日　　　　　　　　　　　　单位：元

固定资产			国家基金	15 000.00
生产设备	1 200.00		企业基金	237.03
已提折旧	201.00	999.00	应付供应单位款	452.00
其他设备	1 415.00		本期利润	174.37
已提折旧	233.40	1 181.60		
小　计		2 180.60		
流动资产				
原材料		3 842.88		
在产品		3 954.53		
低值易耗品	590.00			
已提摊销	295.00	295.00		
待摊费用		36.00		
应收购买单位款		1 500.00		
预付暂付款		134.00		
银行结算户存款		3 494.83		
现金		425.56		
小　计		13 682.80		
		15 863.40		15 863.40

利润计算表

反映全企业费用、成本、利润的利润计算表,采用本例内的费用科目,即:
(1) 将耗用原材料直接借入生产账户,不设"原材料消耗"科目。
(2) 将生产工人工资及工资附加费直接借入生产账户及有关费用账户。
(3) 各项直接成本及间接成本按工序先后转分摊。

因此,账户体系内没有表现费用发生额的完整的费用账户体系,利润计算表无法根据分类账各账户的余额,将费用发生额列入表内,只能编成以下内容极为简单的利润计算表如图表 11-31 所示。

图表 11-31　　　　　朝阳胶水厂利润计算表
1964年1月份　　　　　　　　　　　　　　　单位:元

销售收入		8 088.00
销售成本	7 832.12	
销售费用	81.51	7 913.63
本期利润		174.37

但各项费用的实际发生额在经济分析上有很大用处,解决这个问题有以下各种方法:

(1) 在利润计算表之外,另行编制间接生产费用明细表,管理费用明细表,销售费用明细表等,作为会计报表的组成部分。本例内这些明细表内容,参见前节。

(2) 从分类账中的原材料、应付工资、应付工资附加费等账户中直接计算本期原材料耗用及工资支付数额,这个办法很繁杂,读者可自己试做,不例示。

(3) 用棋盘式总账,查明各项费用发生的数额,见第十六章。

(4) 另用其他方法解决。

第十二章　日记账的专栏

前章举例中的序时账簿和分类账簿

由本书第九章,我们已经知道一个科目包罗许多子目,可以在总分类账中设立控制账户,子目账户则分设明细分类账。但前章举例中我们把一切子目账户都设立在一本总分类账簿内。采取这种办法,不发生明细分类账户和控制账户的"平行过账"的麻烦,因此,序时记录可以采取最普通形式的日记账。但读者由前章举例,必能察觉这种账簿体系有以下两个严重的缺点:

(1) 分类账中某几个科目(原材料、生产、应付供应单位款)的账户过多,这些子目账户在各账户发生额对照表中占去了很大的篇幅,以致发生额对照表过分繁琐,不能集中表现各科目的发生额及余额。

(2) 日记账中相同类型的会计分录很多,可以设法分类汇总,以便解决设立控制账户后"平行过账"的麻烦,进一步还可利用分类汇总方法,节省记账和过账的劳力。

前章举例,对于以上两个问题概未解决,目的是希望读者首先熟悉:① 一个企业的账户体系的基本结构。② 利用账户体系记录经济业务,对经济业务作分类计算的基本方法。③ 利用账户体系对全部经济业务作综合计算的基本方法。为了这个目的,首先利用一些"笨办法"是必要的。事实上会计方法必定要求精确地记账,同时又要求用最节省劳力的方法记账。一个企业凭证、账簿体系的设置,必须同时满足这两个要求。本章至第十六章的各章,即拟结合一个企业经济业务及经济核算的分工制度讨论凭证及账簿体系设置中诸问题,本章则首先讨论其中最简单的一种方法,即在单一的日记账上,为总分类账中已设控制账户的各科目设立专栏的方法。

日记账的专栏和控制账户的应用

小规模企业,由一个会计员负责全部记账工作,在日记账中设立专栏,可以解决控制账户及明细分类账"平行过账"的麻烦,也可以节省某些进出频繁的账户的过账手续。

日记账中的专栏,即是把日记账中的"借方金额"及"贷方金额"按科目分设金额栏。某一科目的专栏,只记录这个科目的借方发生额或贷方发生额,其他科目的发生额一概不得记入这个专栏。设立控制账户的各科目,在日记账中特设专栏以后,就可以把逐笔会计事项的发生额过入明细分类账各相应的账户,而以这个专栏的总额过入总分类账的控制账户。第九章中已经指出总分类账内控制明细分类账的控制账户,只要求它起一个作用,即它的借贷方总额及余额和明细分类账各户借贷方总额及余额的总和相等,却并不要求它反映逐笔会计事项及逐个子目账户的细节。在日记账中为控制账户设立专栏,以专栏的总额过入控制账户,而以逐笔会计事项的发生额过入明细分类账内相应的各个账户,既能节省逐笔"平行过账"的时间,又可使控制账户发挥其控制的作用,所以是一个良好的方法。我们在下面还要看到,在账簿设置中,这是一个广泛应用的原则。

举例

前章举例中朝阳胶水厂1月上半月的日记账中,原材料、生产及应付供应单位款3个科目都有不少子目。现在我们把这3个科目的各子目从总分类账中划出,设立明细分类账,又在总分类账为这3个科目设立控制账户,同时又将日记账改为专栏式的日记账,并将其"借方金额"及"贷方金额"栏各分出3个专栏,并规定:① 明细分类账各户记录应立即过账。② 控制账户以各专栏总额过账,每半个月过账一次。这时候,日记账的格式及记录内容将如图表12-1所示。

1月上半月,这3个科目所控制的明细分类账各户的记录,如上章举例中所示的完全相同。总分类账中3个控制账户的借方、贷方仅根据半个月日记账

图表 12-1

日 记 账　　　　　　　　　　　　　　　　　　　单位：元

日期	凭证种类	凭证号码	借方及贷方账户	摘要	过账	借方金额 其他	借方金额 应付供应单位款	借方金额 原材料	借方金额 生产	贷方金额 其他	贷方金额 应付供应单位款	贷方金额 原材料	贷方金额 生产
1	付	1	原材料——煤	略				90 00		90 00			
	领	1	生产——葫芦瓶胶(64/1)						376 00				
√			原材料——葫芦瓶									195 00	
			原材料——橡皮瓶塞									130 00	
			原材料——商标纸									15 00	
			原材料——小纸盒									36 00	
5	领		生产——大瓶胶						133 00				
			原材料——大瓶									60 00	
			原材料——塑料盖									40 00	
			原材料——商标纸									3 00	
5	领	2	生产——葫芦瓶胶(64/1)						412 00			30 00	
			原材料——葫芦瓶									195 00	
			原材料——橡皮瓶塞									130 00	
			原材料——商标纸									15 00	
			原材料——小纸盒									72 00	
8	收	1	银行结算户存款			2 300 00							
			应收购买单位款——文化用品公司							2 300 00			
8	付	2	应付供应单位款——电话局				12 00						
			银行结算户存款							12 00			
8	付	3	应付供应单位款——供电局				25 00						
			银行结算户存款							25 00			

(续表)

借方金额				日期	凭证种类	凭证号码	借方及贷方账户	摘要过账	贷方金额			
生产	原材料	应付供应单位款	其他						其他	应付供应单位款	原材料	生产
		15 00		8	付	4	应付供应单位款—自来水公司		15 00			
		463 00		8	付	5	应付供应单位款—化工公司		463 00			
			2 133 27				银行结算户存款					
		515 00	4 433 27				银行结算户存款		2 133 27			
							未交利润		5 038 27		921 00	
			237 03	8	发	1	未交利润					
							企业基金		237 03			
			1 050 00	8	付	6	应收购买单位款—文化用品公司					
				8	领	4	销售		1 050 00			
			15 00	8	付	5	销售费用—销售运费					
							现金		15 00			
1 199 88				8			生产—胶水(64/1)					
							原材料—阿拉伯树胶				1 188 00	
							原材料—甲醛				11 88	
24 75	1 170 00			10	收料	1	生产—胶水(63/24)					
							原材料—硫酸铝				24 75	
							原材料—葫芦瓶					

（续表）

借方 金额				日期	凭证种类	凭证号码	借方及贷方账户	摘要	过账	贷方 金额			
生产	原材料	应付供应单位款	其他							其他	应付供应单位款	原材料	生产
				10	收料	2	应付供应单位款——南口玻璃厂				1 170 00		
	780 00						原材料——橡皮瓶塞						
				10	收料	3	应付供应单位款——土岗化工厂				780 00		
	60 00						原材料——商标纸						
				10	收料	4	应付供应单位款——崇文印刷厂				60 00		
	300 00						原材料——小纸盒						
				10	付	7	应付供应单位款——华纸盒厂				300 00		
			127 50				间接生产费用——房租			150 00			
			22 50				管理费用——房租						
				10	付	8	银行结算户存款						
			2 00				间接生产费用——辅助材料						
			6 50				间接生产费用——劳动保护费			13 50			
			5 00				管理费用——其他费用						
				10	付	9	现金						
		515 00	100 00				低值易耗品			100 00			
							银行结算户存款						
2 145 63	2 400 00	515 00	5 998 80							6 603 80	2 310 00	2 145 63	

（续表）

借方金额				日期	凭证种类	凭证号码	借方及贷方账户	摘要过账	贷方金额			
生产	原材料	应付供应单位款	其他						其他	应付供应单位款	原材料	生产
			50 00	10/1	付	10	间接生产费用——工具费 低值易耗品摊销		50 00			
			3 25	10/10	付	11	管理费用——差旅费 现金		3 25			
			89 35	10/10	付		管理费用——差旅费 预付暂付款——张再兴		89 35			
1 173 00				10/10	领	6	生产——葫芦瓶胶(64/1) 原材料——葫芦瓶 原材料——橡皮瓶塞 原材料——商标纸 原材料——小纸盒				585 00 390 00 54 00 144 00	
			5 00 5 00	10/10	领	7	间接生产费用——工具费 低值易耗品摊销		10 00			
249 90				10/15	收	2	生产——葫芦瓶胶(64/1) 原材料——板材 原材料——钢皮 原材料——铁钉				248 00 1 00	
			1 050 00				银行结算户存款 应收赊购买单位款——文化用品公司		1 050 00			
1 094 03 129 14	2 400 00	515 00	7 201 40				生产——葫芦瓶胶(64/1) 生产——大瓶胶(64/1) 生产——胶水(63/22)		7 806 40	2 310 00	3 568 53	1 223 17 1 223 17
4 791 70												

(续表)

借方金额				日期	凭证种类	凭证号码	借方及贷方账户	摘要	过账	贷方金额			
生产	原材料	应付供应单位款	其他							其他	应付供应单位款	原材料	生产
403 75				1 15			生产——葫芦瓶胶(64/1)						
36 24							生产——大瓶胶(64/1)						
92 00							生产——胶水(63/24)						
34 50			4 62				销售费用——胶水(64/1)						
			30 55				管理费用——其他销售费用						
			127 50				管理费用——其他管理费用						
							应付工资——管理人员工资			729 16			
52 49			60	15			生产——葫芦瓶胶(64/1)						
4 70			3 97				生产——瓶胶(64/1)						
11 96			16 58				生产——胶水(63/24)						
4 49							生产——胶水(64/1)						
			729 16				销售费用——其他销售费用						
							管理费用——管理人员工资附加费			94 79			
							应付工资附加费						
							预付暂付款			20 65			
			94 79				银行结算户存款			708 51			
							应付工资附加费			94 79			
							银行结算户存款						
5 431 83	2 400 00	515 00	8 209 17				合计			9 454 30	2 310 00	3 568 53	1 223 71

第十二章　日记账的专栏

专栏的总数,各过账一次,而这个总数和明细分类账各户借贷方总额显然是相等的。总分类账3个控制账户的记录,用简单账户格式表示如下。

生　产

1/1　上期转来	3 724.70	1/15 日记账	1 223.17
1/15 日记账	5 431.83		

原　材　料

1/1　上期转来	6 266.80	1/15 日记账	3 568.53
1/15 日记账	2 400.00		

应付供应单位款

1/15 日记账	515.00	1/1　上期转来	515.00
		1/15 日记账	2 310.00

应用控制账户后,1月15日的各账户发生额对照表的内容要简略得多,现列示如图表12-2所示。

图表12-2　　各账户发生额对照表

1964年1月1日至1月15日　　　　　　　　　　单位:元

会计科目	1/1余额 借方	1/1余额 贷方	本期发生额 借方	本期发生额 贷方	1/15余额 借方	1/15余额 贷方
生产设备	1 200.00				1 200.00	
生产设备折旧		185.00				185.00
其他设备	1 415.00				1 415.00	
其他设备折旧		217.00				217.00
原材料	6 266.80		2 400.00	3 568.53	5 098.27	
生　产	3 724.70		5 431.83	1 223.17	7 933.36	
低值易耗品	500.00		100.00	10.00	590.00	
低值易耗品摊销		250.00	5.00	50.00		295.00
现　金	524.50			31.75	492.75	
银行结算户存款	2 352.30		3 350.00	3 791.57	1 910.73	
应收购买单位款	2 300.00		1 050.00	3 350.00		

(续表)

会计科目	1/1余额		本期发生额		1/15余额	
	借方	贷方	借方	贷方	借方	贷方
预付暂付款	254 00			110 00	144 00	
应付供应单位款		515 00	515 00	2 310 00		2 310 00
应付工资			729 16	729 16		
应付工资附加费			94 79	94 79		
国家基金		15 000 00				15 000 00
企业基金				237 03		237 03
未交利润		2 370 30	2 370 30			
销 售				1 050 00		1 050 00
间接生产费用			191 00		191 00	
管理费用			298 70		298 70	
销售费用			20 22		20 22	
	18 537 30	18 537 30	16 556 00	16 556 00	19 294 03	19 294 03

为进出频繁的科目设立专栏

上例中日记账的专栏限于分设明细分类账的各科目,容易了解。可以设立专栏的科目,并不以这个科目是否为控制账户为唯一条件。现金、银行结算户存款等科目,进出频繁,而且会计员必须随时了解这两个科目的借、贷方发生额,用以随时计算它们的借方余额,用来核对库存现金和可用银行存款的数额。为了满足这个要求,我们也可以在日记账的借、贷两方,各添设"现金"及"银行结算户存款"两个专栏,以简化过账手续。

(1) 逐笔细数可以一概不必过账。

(2) 以专栏的借方、贷方总数,一次过入现金及银行结算户存款两个科目的相应方向,这样,过账的劳力也可以得到若干节省。为简化起见,不再举例。

总分类账的结构

举例中应用控制账户的科目,只限于"原材料","生产","应付供应单位款"3个科目。这3个科目分设明细分类账,并在总分类账内设立控制账户后,总

第十二章 日记账的专栏

分类账本身各账户，还代表了借、贷总和能够自行平衡的账户体系。但是：

（1）凡代表已经设立明细分类账的各个控制账户，只记录"控制性质"的金额，不反映具体经济业务的状况。具体经济业务的反映，已经反映在明细分类账的各账户内。

（2）凡不是控制账户的各账户，既反映这个科目的综合情况，又反映具体经济业务的情况。例内的朝阳胶水厂"应收购买单位款"科目只有1个账户，总分类账设立的账户名称，仍可称为"应收购买单位款——北京文化用品公司"，这个账户既反映了全企业"应收购买单位款"的总额，又反映这个厂和北京市文化用品公司的账款往来的日期、发票号数，北京市文化用品公司的随时欠款余额及其他细节。如果这个胶水厂的销售单位又增加一个，总分类账内只要再添设一户"应收购买单位款——×××公司"，不必另设明细分类账。又如，这个厂的固定资产既已另设固定资产目录簿，总分类账的"生产设备"及"其他设备"两科目可以不必逐笔记录业务具体状况；这个厂的"间接生产费用"、"管理费用"、"销售费用"3个账户虽各有好几个子目，因为应用了多栏式账页，这些账页尽可插在总分类账夹之内，不必在总分类账以外另设几本"费用明细分类账"。

我国会计实践中很少应用单一的专栏式日记账

本章介绍的设有少数专栏的单一的日记账，在我国会计实践中事实上很少应用。这是因为单一的日记账不便于随时计算现金及银行结算户存款的余额，利用这种日记账常常觉得很不方便。我国传统的会计观念往往把全部会计记录归结为收付的记录，习惯上不允许没有一种直接按收付记录经济业务的序时记录。但专栏式的日记账，又确实是会计账簿发展中的一个阶段，了解这个阶段，事实上有其必要，本章的举例，目的也不过如此而已。

第十三章　日记账的分割

日记账的分割

观察日记账内的记录，不难发现其中许多会计分录的借方科目、贷方科目，或借贷两方的科目是一致的。例如，前章中1月1日至1月15日，付出现金或贷入银行结算存款户的会计分录共发生了13次，这些会计分录的贷方科目是现金或银行结算存款户；又，同一时期内生产领料共发生了7次，这些会计分录的借方科目全是"生产"，贷方科目全是"原材料"；材料购买共发生了5次，其借方科目全系原材料，贷方科目则是应付供应单位款或现金。其实，读者从第十一章举例中已能察觉日记账中的会计分录具有这种性质。第十一章举例中，我们没有按照它们发生的次序逐项列举1月下旬的经济业务，却采取了分录汇总的方法。我们当时已经知道，同类经济业务，由于其借方科目或贷方科目是相同的，所以，可以用一个会计分录集中多次经济业务的记录。利用这个原理，我们可以把一本无所不包的日记账，分割成为几本日记账。

特种日记账

从日记账中分割出来的，记录同类经济业务的日记账，称为特种日记账。特种日记账是集中记录类型相同的会计分录的序时记录，每种特种日记账所记载的会计事项，或借方科目相同，或贷方科目相同，或借、贷两方科目全部相同。按照这个原则，第十一章举例中的朝阳胶水厂可以设立下列各种特种日记账：

（1）领料日记账，集中记录一切材料的领用。一切材料领用业务的贷方科目全系"原材料"，借方科目则绝大多数是"生产"，但偶然也有少量材料领用应借入费用科目或其他科目,如1月31日所记的煤炭消耗应借入"管理费用""间接生产费用"及待摊费用科目。

（2）购买日记账,集中记录一切材料购买。一切材料购买的借方科目全系原材料,它的贷方科目在多数情形下是"应付供应单位款",有时也有应贷入"现金"科目的会计事项,如1月3日的买煤。

（3）现金付出日记账,集中记录一切现金支付。一切现金支付的贷方科目全系现金,借方科目大部分是费用,但也有其他科目。

（4）银行结算户存款付出日记账,集中记录一切用支票支付的款项。这些会计事项的贷方科目全系银行结算户存款,借方科目有应付供应单位款,也有其他科目。

以上(3)、(4)两种特种日记账又可以合并起来,称为"现金及银行存款付出日记账",因为这两种经济业务事实上全系现金支付。利用设立专栏的办法,可以很清楚地将贷入"现金"及贷入"银行存款"的会计事项划分开来。

设立特种日记账后,仍应保留普通格式的日记账。因为类型相同的会计分录虽然已经划分出去,总还留有不能记入特种日记账的、类型各不相同的会计分录,仍应记入"普通日记账"内。

日记账分割后,明细分类账及总分类账各账户应根据几本日记账分头过账,不再只从一本无所不包的日记账过入。至于控制账户和明细分类账"平行过账"的问题,仍可利用设立专栏的方法来解决。下例"领料日记账"中借方账户栏内的"生产"一栏的总数,即是应借入"生产"控制账户的总数;贷方账户栏的总数显然是贷入"原材料"控制账户的总数。

日记账分割后,普通日记账即可不必再设专栏,这样可以节省账簿的篇幅。如果普通日记账及各特种日记账内的某些会计分录,应借应贷的是控制账户,又未设有专栏,应该用"平行过账法"同时过入明细分类账各账户及相应的控制账户。

举例

即以上例1月1日至15日的日记账,分割出三本特种日记账,仍保留一本普通日记账,说明日记账的分割如图表 13－1 至图表 13－4 所示。

图表 13－1　　　　领料日记账　　　　　　　　金额单位:元

日期	领料单号数	借方账户	贷方账户	单位	数量	单价	借方 生产		借方 其他		贷方（原材料）	
1	3	葫芦瓶胶 (64/1)	葫芦瓶	个	5 000	0.039	195	00			195	00
			橡皮瓶塞	个	5 000	0.026	130	00			130	00
			商标纸	张	5 000	0.003	15	00			15	00
			小纸盒	个	300	0.12	36	00			36	00
5	2	大瓶胶 (64/1)	大瓶	个	1 000	0.06	60	00			60	00
			塑料盖	个	1 000	0.04	40	00			40	00
			商标纸	张	1 000	0.003	3	00			3	00
			大纸盒	个	100	0.30	30	00			30	00
5	3	葫芦瓶胶 (64/1)	葫芦瓶	个	5 000	0.039	195	00			195	00
			橡皮瓶塞	个	5 000	0.026	130	00			130	00
			商标纸	张	5 000	0.003	15	00			15	00
			小纸盒	个	600	0.12	72	00			72	00
8	4	胶水 (64/1)	阿拉伯树胶	公斤	550	2.16	1 188	00			1 188	00
			甲醛	公斤	5.5	2.16	11	88			11	88
8	5	胶水 (63/24)	硫酸铝	公斤	55	0.45	24	75			24	75
10	6	葫芦瓶胶 (64/1)	葫芦瓶	个	15 000	0.039	585	00			585	00
			橡皮瓶塞	个	15 000	0.026	390	00			390	00
			商标纸	个	18 000	0.003	54	00			54	00
			小纸盒	个	1 200	0.12	144	00			144	00
10	7	葫芦瓶胶 (64/1)	板材	m²	59	4.20	248	00			248	00
			钢皮	公斤	1.5	0.60				90		90
			铁钉	公斤	1	1.00			1	00	1	00
		生产科目 (借方)	原材料科目 (贷方)				3 568	53			3 568	53

第十三章　日记账的分割

图表 13-2　　　　　购 买 日 记 账　　　　　　　金额单位：元

日期		收料单号数	贷方账户	借方账户	单位	数量	单价	借方（原材料）		贷方			
										应付供应单位款		其他	
1	3	—	银行结算户存款	煤	吨	2	45.00	90	00			90	00
	10	1	南口玻璃厂	葫芦瓶	个	30 000	0.039	1 170	00	1 170	00		
	10	2	黄土岗化工厂	橡皮瓶塞	个	30 000	0.026	780	00	780	00		
	10	3	崇文印刷厂	商标纸	张	20 000	0.003	60	00	60	00		
	10	4	东华纸盒厂	小纸盒	个	2 500	0.12	300	00	300	00		
				原材料（借方）				2 400	00				
				应付供应单位款（贷方）						2 310	00		
				银行结算户存款，已记入现金及银行付出日记账								90	00

图表 13-3　　　现金及银行存款付出日记账　　　　　　单位：元

日期		付款单据号数	支票号数	借方账户	摘要	过账	借方				贷方			
							应付供应单位款		其他		现金		银行结算户存款	
1	3	1	1	原材料——煤	略	√			90	00			90	00
	8	2	2	北京电话局			12	00					12	00
	8	3	3	北京供电局			25	00					25	00
	8	4	4	北京自来水公司			15	00					15	00
	8	5	5	北京化工公司			463	00					463	00
	8	—		未交利润					2 133	27			2 133	27
	8	6		销售费用——销售运费					15	00	15	00		
	10	7	6	间接生产费用——房租					127	50			150	00
				管理费用——房租					22	50				
	10	8		间接生产费用——辅助材料					2	00	2	00		
				间接生产费用——劳动保护费					6	50	6	50		
				管理费用——其他费用					5	00	5	00		

(续表)

日期	付款单据号数	支票号数	借方账户	摘要	过账	借方 应付供应单位款	借方 其他	贷方 现金	贷方 银行结算户存款
11	9	7	低值易耗品				100 00		100 00
11	10		管理费用——差旅费				3 25	3 25	
15		8	应付工资				708 51		708 51
15		9	应付工资附加费				94 79		94 79
			应付供应单位款(借方)			515 00			
			其他各科目(借方)				3 308 32		
			现金(贷方)					31 75	
			银行结算户存款(贷方)						3 791 57

说明：

(1) 凡已设有专栏，又在总分类账中设有科目的控制账户的记录，应借、应贷账户可以仅记子目名称，科目名称可以省去。例如，领料日记账借方账户栏内仅记"葫芦瓶胶64/1"，"生产"这个科目名称可以略去。又如，现金及银行存款付出日记账的借方账户栏内，凡属应付供应单位款各户，可仅记"北京电话局"，"应付供应单位款"这个科目名称可以略去。

(2) 一笔会计分录，它的借方科目及贷方科目都设有特种日记账的，应同时记入两本特种日记账。本例中1月3日买煤，即付支票，同时记入了购买日记账及现金银行存款付出日记账。但我们应规定，原材料明细分类账各户的借方(在这笔会计事项中，即"煤"账的借方)，一律根据购买日记账过账，而购买日记账的总数，过入总分类账原材料科目借方的，当然已经包括购买煤的90元在内。所以现金及银行存款日记账中，"原材料——煤"这一项既不必过入总分类账原材料账的借方，也不必过入原材料明细分类账的借方；同样，购买日记账这笔账的贷方科目是银行结算户存款，因为已记入现金及银行存款付出日记账，所以也不必过账。

图表13-4　　　　　普通日记账　　　　　单位：元

日期	凭证种类	凭证号数	借方及贷方账户	摘要	过账	借方金额	贷方金额
1	8		银行结算户存款	(略)		2 300 00	
	8		应收购买单位款——文化用品公司				2 300 00
			未交利润			237 03	
			企业基金				237 03
	8	发 1	应收购买单位款——文化用品公司			1 050 00	
			销　售				1 050 00

第十三章　日记账的分割

(续表)

日期	凭证种类	凭证号数	借方及贷方账户	摘要	过账	借方金额		贷方金额	
10			间接生产费用——工具费			50	00		
			低值易耗品摊销					50	00
10	付	11	管理费用——差旅费			89	35		
			预付暂付款					89	35
10			间接生产费用——工具费			5	00		
			低值易耗品摊销			5	00		
			低值易耗品					10	00
15			生产——葫芦瓶胶(64/1)			1 094	03		
			生产——大瓶胶(64/1)			129	14		
			生产——胶水(63/22)					1 223	17
			生产——葫芦瓶胶(64/1)			403	75		
			生产——大瓶胶(64/1)			36	24		
			生产——胶水(63/24)			92	00		
			生产——胶水(64/1)			34	50		
			销售费用——其他销售费用			4	62		
			管理费用——其他管理费用			30	55		
			管理费用——管理人员工资			127	50		
			应付工资					729	16
15			生产——葫芦瓶胶(64/1)			52	49		
			生产——大瓶胶(64/1)			4	70		
			生产——胶水(63/24)			11	96		
			生产——胶水(64/1)			4	49		
			销售费用——其他销售费用				60		
			管理费用——其他管理费用			3	97		
			管理费用——管理人员工资附加费			16	58		
			应付工资附加费					94	79
15			应付工资			20	65		
			预付暂付款					20	65

说明：因为普通日记账内未设"生产"专栏，所以应过入"生产"明细分类账相应账户的各笔会计分录，同时又应逐笔过入总分类账"生产"科目的控制账户。

每一本特种日记账是一批"有借有贷,借贷相等"的会计分录的集合

由上例,可知每一本特种日记账是一批类型相同的会计分录的集合。特种日记账的账簿格式可以有多种变化,但无论哪种特种日记账集合这些会计分录的结果,必须符合"有借有贷,借贷相等"的原则。在满足"有借有贷,借贷相等"的要求的条件下,特种日记账可以根据所集合经济业务性质的不同,添设记录各种具体业务内容的专栏。例如,购买日记账及领料日记账可以添设"单位"、"数量"、"单价"等栏;现金及银行日记账可以添设"付款单据号数"、"支票号数"等栏,这些专栏的设立,在反映各类经济业务的具体情况方面大有用处,但从账户体系的自行平衡控制方面看来,只居于从属的地位。

设置特种日记账的原则

暂时不去考虑会计事务的分工问题,特种日记账的设置,应注意以下各点:

(1) 凡多次反复发生的同类型的会计事项,可以设立特种日记账。上例,朝阳胶水厂的原材料购买是反复发生的,集合一切有关购买业务的"购买日记账"是合适的。同时,该厂的产品是由一家商业公司包销的,销售业务发生次数较少,所以未设销售日记账。如果某个企业的销售业务也是反复发生,次数频繁,也可以设立销售日记账。同样,朝阳胶水厂因销售业务发生次数较少,现金收款业务次数也少,所以未设立现金及银行存款收入日记账。如果收款业务也频繁发生,当然也可设立现金及银行存款收入日记账。

(2) 特种日记账的设立,所以限于反复发生的经济业务;而对发生次数不多的经济业务,仍以记入普通日记账为妥。这是因为,如果我们专为1年发生次数不过一二十次的经济业务设立一本特种日记账,这本专用账簿的使用效率不高,而所节省的记账劳力则十分有限,所以是不经济的。

(3) 设计无论哪一种特种日记账时,必须注意,使集合的会计分录,过入总分类账及明细分类账的有关账户后,仍能保持这些会计分录的"有借有贷,借贷相等"。

以上三个条件如能满足,特种日记账的设置并无限制。各类企业的经济业

图表 13-5　　　　　　　　　　　　　　　　　　　　　　　现金及银行
收方

日期	收据号数	送款单号数	贷方账户	摘　要	过账	现金（借方）	银行结算户存款（借方）
1　8			应收购买单位款——文化用品公司				2 300 00
15		收2	应收购买单位款——文化用品公司				1 050 00
				上半月收入总计			3 350 00
				上期结存		524 50	2 352 30
1　15				合　　计		524 50	5 702 30
1　16				上期结存		492 75	1 910 73

说明：

① 总分类账不设"现金"及"银行结算户存款"两账户，所以现金及银行收入及付出总数不

② 比较这里的账簿格式，及上节所示"现金及银行付出日记账"的格式，可知这个"现金及银一栏实际上是可以省掉的，因为只要过账以后整个账户体系能够平衡，实在可以不必在每本特种

存款日记账

付方

日期		付款单号数	支票号数	借方账户	摘要	过账	应付供应单位款（借方）		现金（贷方）		银行结算户存款（贷方）	
1	3	1	1	原材料——煤							90	00
	8	2	2	北京电话局			12	00			12	00
	8	3	3	北京供电局			25	00			25	00
	8	4	4	北京自来水公司			15	00			15	00
	8	5	5	北京化工公司			463	00			463	00
	8			未交利润							2 133	27
	8	6		销售费用——销售运费					15	00		
	10	7	6	间接生产费用——房租							127	50
				管理费用——房租							22	50
	10	8		间接生产费用——辅助材料					2	00		
				间接生产费用——劳动保护费					6	50		
				管理费用——其他费用					5	00		
	11	9	7	低值易耗品							100	00
	11	10		管理费用——差旅费					3	25		
	15		8	应付工资							708	51
	15		9	应付工资附加费							94	79
				应付供应单位款借方			515	00				
					上半月支出总计				31	75	3 791	57
					本月结存				492	75	1 910	73
					合计				524	50	5 702	30

必再过账。

行日记账",除了为控制账户特设专栏外,设有控制账户的对方账户,不再设立"其他"一栏,"其他"种日记账上表明会计分录的借贷平衡的关系。

第十三章 日记账的分割

务，就其根本性质而言是大体相同的，但各种类型经济业务发生的"频率"则各不相同。特种日记账的设置，应与各类经济业务发生的"频率"相适应，规定某个一成不变的原则，要求一切企业照办，当然是不妥当的。

现金日记账的特殊作用

上面说明的原则，着重在为频繁发生的各种类型经济业务设立专用的特种日记账。对于现金及银行存款收付业务而言，又往往要考虑另外一个问题：负责出纳的会计人员，愿意把现金及银行收付业务集中记录在一本完整的日记账中。因为这样的日记账，不仅可以作为正规的序时记录的组成部分，又可以① 验证他所经办的收付业务的经济责任。② 可以随时根据现金日记账的记录核对"应存"现金和"实存"现金是否相符；计算银行存款余额若干，随时匡计可用的数额，而不必等待过账以后，再从分类账上现金及银行存款两账户的记录，查明上述急需知道的数据。在这种情形下，即使像上例中现金收入业务发生次数很少，也应该把现金及银行存款收付两方的业务集中为一本现金日记账或现金及银行存款日记账，同时，在总分类账中，现金科目及银行结算户存款科目，可以省略不再立账，即以现金及银行存款日记账代用。

上例朝阳胶水厂如设立这样的现金及银行存款日记账，1月上半月这本日记账的记录如图表13-5所示。

专设现金及银行存款日记账的必要性

按照我国会计实践的要求，不论企业规模大小，不论现金及银行存款收付业务发生"频率"高低，专设一本现金及银行存款日记账往往有其必要。这是因为我国传统观念，会计员必须首先处理为"收付"的记录。倘使没有一本集中记录现金及银行结算户存款的序时账簿，库存现金多少，必定要等过账后在总分类账的库存现金及银行结算户存款账户中计算出来，这是很难被人们容忍的拙劣的办法，此其一。其次，记账工作和现金出纳由一个人兼管，不免会给某些人的徇私舞弊行为创造条件。因此任何企业，只要人员状况允许，必定首先要把现金出纳和记账工作分别由两个人负责，避免兼理现金出纳事务。这时候，出纳员必须有一本随时记录他所经办的现金收付业务的"流水账"（序时账簿）。于是不论现金收付及银行结算户存款收付是否十分频繁，单独设立现金及银行存款收付日记账就是必不可少的了。

第十四章　经济业务的管理和凭证、账簿的设置

会计和企业管理

前四章(第十至第十三章)介绍了一个企业如何设计账簿,如何将各项经济业务,记入日记账、总分类账及明细分类账,如何利用账户分类汇集和反映经济业务的动态并据以编制经营资金平衡表,利润计算表及成本计算表。读者从这四章的讨论中可以知道:会计就是记录和计算经济业务的基本方法。由于任何企业的经济业务,都实行分工管理和责任制度,会计员或财务会计部门也是整个企业管理制度中的一个环节。学习会计,不能仅仅学习如何记账,如何编表,而必须懂得会计在整个企业管理工作中的地位,懂得会计制度如何同整个企业的管理制度紧密结合,如何使会计成为企业经济管理中的重要工具。

工业企业经济业务管理中的分工制度

从以前几章的说明,我们已经知道会计工作的首要任务是记录企业的经济业务,从第十一章的说明,我们又知道像朝阳胶水厂这样一个小厂,各项经济业务也实行了下列的分工管理:① 产品生产由3个工长领导3个生产组负责进行,全部生产过程由厂长直接指挥。② 原材料购买及产品销售由供销员负责。③ 原材料保管由保管员负责;倘使该厂产品是制成存库待售的,存库成品也可以由保管员负责。④ 职工劳动工资管理,由厂长直接负责。⑤ 财务工作,包括工资支付在内,由会计员负责。除此以外,会计员还负责全厂的会计工作,即记录各种账簿,计算成本、利润,编制会计报表等等。企业全体职工

在这个分工制度下对自己分工的工作各负有一定的责任,全部工作则由厂长统一领导。会计员的职责,则是① 经管财务收支。② 通过账户及账簿记录全厂经济业务,定期编制会计报表,向厂长报告全厂的成本、利润及经营资金的循环和利用状况。

任何企业,不论规模大小,全部经济业务的进行,必定实行分工制度和责任制度,在党委领导下,由厂长分工负责总管全厂工作。不过小厂业务较为简单,分工较粗一些,大厂业务复杂,分工更为精细。虽然如此,由于近代化的工业企业拥有精密复杂的机械装备,通过缜密制订的工艺流程实行产品的大量生产,产品前后各道工序之间的联系十分紧密,生产工人组织在班组及车间中,各各担负一定岗位的生产责任;与此同时,还要组织一系列技术准备、技术管理、作业计划、生产调度、质量检查等工作。为了保证高速度、大规模、多品种的生产,物质技术供应、产品销售、劳动工资管理、职工生活供应及福利工作也日趋复杂,各项经济业务的分工管理,如何统筹安排,如何建立各项工作中的严格责任制度,如何组织各种业务的协作、联系及统一领导,也就成了一门专门的科学。企业会计是组成整个企业管理制度中的一个环节,学习会计的人,必须熟悉企业管理中的许多重要问题,不能认为只要懂得最初步的经济业务分工原则,就能够解决会计和管理问题之间的关系。

生产班组、车间和职能科室

中等规模及大规模企业中经济业务的分工制度及责任制度,不属于本书范围,不能详细介绍,这里只说明一下企业内部组织的一般情形:

(1) 生产工人根据生产技术过程,组成生产班组;较大工厂,要集合一些生产班组组成车间。

(2) 全厂生产中的生产计划、技术管理、生产调度、质量检验等工作,由总工程师负责领导,生产科(组)、技术科(组)等科室,则在总工程师领导下负责日常的生产技术管理工作。

(3) 物资技术供应工作,由供应科(组)负责;产品销售工作由销售科(组)负责。有的企业,则由供销科(组)统一负责整个供应及销售工作。

（4）原材料及产成品的仓储保管工作，在供销部门下专设仓库负责。大企业又分设许多个仓库，分别负责不同品种物资的仓储保管工作。

（5）全部机械动力设备的维护、修理、检查等由机械动力科（组）负责。厂房及其他建筑物，有时也由机械动力科（组）负责，大厂则专设建筑科（组）。

（6）职工劳动工资管理，由劳动工资科（组）负责。

（7）职工生活福利，由行政科（组）或福利科（组）负责。

以上各科（组），通常称为职能科室。除上述专责管理一定经济业务的科（组）而外，财务会计、计划统计两科（组），则是综合全厂各项经济活动，制订统一计划，或通过会计实行综合计算，进行监督控制的职能科室。

财务会计部门的职责

财务会计部门（财务会计处、科、组，小规模企业未设财务会计组的，则为会计员）分工负责的工作，原则上可以分为下列两类：

（1）直接办理各项财务工作，即货币资金的收支、债权、债务的清理、银行信贷及偿还，利润、折旧的上交，其他预算拨款、交款及特种基金的管理等。

（2）运用会计这个工具，记录一切经济业务（包括财务业务在内）并对之作综合的和分类的计算。

财务会计部门既然担负起以上两种职责，这就使它处于反映和监督企业全部经济活动的地位。财务收支本身当然也是企业经济的一部分，但财务会计部门既不直接处理销售、购买等业务，财务收支就不过是因为这类经济业务而发生的对外经济关系的清算（结算）。举例来说，购买原材料由采购员负责，因购买而应该支付供应单位的货款是发生在这项经济业务中的两个社会主义企业之间的经济关系，付款（清偿货款）则是结清这种经济关系的手段。财务会计部门有责任通过付款的机会，审查这次购买是否必要，价格是否合理，从而可以发挥它的控制监督的作用。其他一切现金收支情形也大体类似。

财务会计部门固然可以通过财务收支来监督其他各项经济业务，财务收支本身终究也是一种经济业务。会计这个工具，则纯粹是处在具体经济业务之外的一种反映和监督的工具。为此,除非企业规模过小,只能有一个会计员兼办财务和会计工作而外,一般企业,至少有一个会计员和一个出纳员分别办理会计和现金出纳事务,至于设立了财务会计科(组)的企业,科内(或组内)的分工,更必须遵守会计和出纳分工的原则。会计既不管出纳,会计这个工具,也就能够成为反映和监督财务收支业务的工具了。

业务凭证和凭证的审查

财务会计部门的主要职责既是通过会计的综合计算和分类计算来反映和监督企业的一切经济活动,所以,在通常情形下,账簿都要集中在会计部门,其他各部门经办的一切经济业务,通过业务凭证的传递通知会计部门,会计部门则根据凭证将各项经济业务记入账簿。业务凭证是会计部门和其他部门联系的工具,也是会计记录的合法根据。这一点,适用于购买、销售、生产等业务,也适用于货币资金收支等属于财务范围的业务。因为财务收支虽是财务会计部门直接经办的业务,但会计人员记录财务收支,也必须以出纳人员提供的凭证为根据,并无例外。

一般说来,任何经济业务都有凭证可据。现金支付,出纳员必须取得经收款单位或收款人签章的收据,借以证明这笔款项确已支出;原材料购买,供应单位要出具发票、仓库要签具验收单,发票及验收单即是购买业务的凭证;生产班组领取原材料要签具领料单,产品产成入库要有入库单,推而至于银行往来中的支票(存根)、送款单(回单)、销售时的发货单和发票(存根)、收入款项时的收据(存根)等等,都是足以证明这些经济业务的凭证。经济业务中的各类凭证,对于确定各个社会主义企业间的经济关系,企业对职工的劳动报酬的支付,企业内部各类人员在办理各项业务中的经济责任,都有十分重要的作用。这些业务凭证既是证明经济业务确已发生,说明经济业务内容的书面根据,所以,它们也是会计记录的根据。

业务凭证是会计员记账的根据,会计员又有责任"检查凭证的内容是否合理合法,防止凭证错乱不全"(参见《会计人员职权条例》),在审查中,如果发现有违反国家政策、法令、制度的行为,出纳人员应拒绝付款,会计人员应拒绝接

第十四章 经济业务的管理和凭证、账簿的设置

受,并报告企业领导及总会计师处理。对于手续不完备,数字不正确,以及不符合实际情况的原始凭证,应该退回有关部门或人员补办手续或进行更正。上面说过,会计在企业经济管理中应充分发挥控制监督作用,而凭证则是证明经济业务内容的唯一根据,倘使会计人员不在记账之先,检查凭证是否合理合法,甚至接受伪造或涂改的凭证,那么会计工作在一开始就没有尽到监督检查的责任,会计账簿的记录也将因凭证的虚伪而变成虚伪的记录了。

没有业务凭证的会计记录

会计部门应该入账的会计记录,有一部分不是实际的经济业务,而是进行综合计算所必需的记录。例如,固定资产的折旧,纯属企业内部计算,一般由会计部门根据预定的折旧率算出每个月的应计折旧,直接入账。又如,一般费用的支付总会取得业务凭证的,但将一部分已经支付入账的费用转作待摊费用,则是内部计算问题,无法取得任何业务凭证。这类会计记录虽然不发生什么对外经济关系,也不像领料退料那样在经办人员间发生经济责任问题,但它们对月、季、年的利润的决定则要发生很大的影响,所以为了明确责任起见,对这类会计记录仍应由记账员(或会计员)自行填制凭证,注明事由、计算根据、计算方法、应借及应贷科目,请财务会计科(组)长、总会计师或厂长经理签证,然后凭以入账。读者倘复查本书第十一章举例,可以发现其中关于折旧、待摊费用、未交利润转为企业基金、应付工资的计算等等,都无凭证可据,举例中也未注明凭证号码。事实上这些会计记录都必须由记账员自行填制凭证,取得有关人员的签证,然后凭以入账。于是,记入账簿的任何记录都有凭证可据,记账员的责任,也就是根据合法凭证记账。账簿及报表,则成为反映、控制、监督一切经济活动的根据。

实地盘存制会计下的凭证

实地盘存制会计,限于记录发生对外关系的经济业务如购买、销售、支付等等。凡对外不发生经济关系的业务,如领料、退料、产品入库、生产车间半成品的转移等等,一概不记入账户内。在这种情形下,作为会计记录根据的凭证,也以购买单位、销售单位、银行、职工(工资及暂支①)等和企业间经济往来的业务凭证为限。领料、退料、成品入库等等，涉及企业内部各经办人员间的经济责任，按照实地盘存制会计的原则，概不记入账簿。所以，即使为了明确经办人员间的经济责任，也要填具领料单、退料单等凭证，这些凭证也不再成为会计记录的根据。

第七章曾指出，小规模企业尤其是农村生产队，可以应用实地盘存制会计，但仍可以另设关于实物数量的账册，作为账户之外的备查账簿，记载各类实物收发数量，以便随时盘查实存量和应存量是否相符。在这种情形下，实物领发还应该填具凭证，以明确责任，杜绝遗漏。于是这种凭证，对于备查账簿而言，仍然是记账和检查的根据，仓库保管员应妥为保存，以备随时考查之用。

外部凭证及内部凭证

区分外部凭证及内部凭证有两种不同的区分的标准：一种标准是，这种凭证所能证明的经济业务，是否涉及对外经济关系，也就是实地盘存制会计所用的区分标准。另一种标准是，这种凭证还是"自企业外部取得的"，还是"企业自行编制的"，而不问是否涉及对外经济关系。后一种区分标准，在较大规模企业的会计实践上有重要的作用，财政部制定的《国营企业凭证、账簿的格式和使用方法》(参见第十三章)即以这一点为区分的标准。

较大规模的企业，内部分工细密，各个工作环节各规定了明确的经济责任，即使对外发生经济关系的业务，也要经过不同岗位的工作人员层层验证。举例来说，原材料购买由采购员接洽，但所购原材料到货时，仓库要负责验收，验收的结果，又往往和供应单位发票所列数量不尽符合(短缺、损坏、次品等等)。于是财务部门支付这笔货款，必须兼具发票和验收单二者，不能仅以供应单位的发票为凭，会计部门记录这笔购买业务，也应以发票和验收单两者为根据。又如工资的支付，虽然是企业和职工间的经济关系，因为工资的计算和确定，往往

---

① 职工个人的工资及暂借款，是企业支付职工劳动报酬中所发生的经济关系。职工本人在企业范围内的生产劳动、业务工作，以及由此发生的领用材料、交库产品等等，只发生企业内部工作上的经济责任问题，已经不能看做企业的对外经济关系了。

要经过车间、班组负责人的签证,从工资计算到填制工资收据,要经过一系列的过程,工资收据也由企业统一制定,数字都预先填好,职工个人作为工资收受人,只要查对数字是否相符,签章证明收到就行。于是工资收据及应付工资清单,也就成为一种内部凭证了。企业规模愈大,发生对外经济关系的业务中,由企业内部自行制订填写的凭证愈多。大规模企业的内部经济业务(领退料、成品入库、半成品转移等)比重本来很大,许多对外经济业务要在外来凭证上附上自制凭证,如购买的例子或本来就要用企业自定的统计凭证(如验收单和销售发票等),于是自制凭证在数量上就占了压倒的优势,纯粹的外部凭证仅占很小比例了。

内部凭证制度

就凭证之作为会计记录的根据而言,内部凭证和外部凭证的作用是完全相同的。但是内部凭证并不仅仅用为记账根据,它又是各个经办业务部门间工作联系和确定责任的根据。举例来说,上面所说的购买验收单,是会计部门记账(如"借:原材料,贷:应付供应单位款")的根据,但验收单又是仓库负责验收的书面证明,验收以后原材料的次缺残损应由仓库负责,不能再归咎于供应单位。验收单也可利用为仓库通知供应科(组)"货已收到"的书面报告,因为供应科(组)既有责任保证供应,组织采购,当然也要随时知道已经订购的货物已否送到,仓库验收后的报告,也是必要的。

业务凭证同各部门间的分工、联系和责任制度既有密切关系,内部凭证制度,包括凭证格式、份数、传递路线等等的制订,就必须统筹考虑各类业务的分工制度、责任制度加以郑重决定。各个业务部门的凭证应该有哪些递交财务会计部门,这些凭证应于何时送到,哪些凭证应由财务会计部门负责填制,事实上都不过是企业内部凭证制度的一部分。这一点,也证明了财务会计部门的工作,和整个业务管理制度是密切交织在一起的。离开整个业务管理,只把凭证看做会计记录的合法根据显然是不够的。事实上,财务会计部门还必须积极参与内部凭证制度的制订和修正工作,在很多情况下,财务会计部门还必须在其中起主要的作用。

内部凭证制度的设立和凭证的套写

小规模企业内业务凭证的传递路线很单纯,需要保存凭证的部门又往往以财务会计部门为限。这时候,许多凭证如领料单等应用单张式就够了,不必一式复制几份;对外发票和收据等等,则除应送交对方的一份而外,另外要有一份存根备查。

大规模企业分工严密,内部工作制度及责任制度又因工艺流程、科组设置各有不同,内部凭证往往要结合本企业特点自行设计,向印刷厂定制。又为适应不同部门工作的需要,各类凭证往往一式多份,使有关部门可以各自保管凭证中的一份,以节省业务记录的时间,这就是套写凭证。举例来说,前举购买业务中仓库签署的验收单,就可以一式套写三份,其中一份由仓库留底,一份连同供应单位开具的发票递交财务会计部门,一份递交采购部门,借以通知货已到,以免采购部门继续催货。有的企业更利用凭证的套写,把这笔经济业务几个工作步骤中所需的凭证账卡一次套写出来,如上海机床厂的验收单一次套写六份,把仓库、采购员,供应科的计划组、财务部门、会计员等五个方面所用凭证账卡等都一次套写出来,即其一例。

套写凭证在大中型企业中应用极为普遍。凭证中一式共几联,其中每一联的用途、送交单位、起什么作用,都在事先结合分工制度、责任制度和会计制度的要求详细规定,各份凭证留下准备套写的地位是一致的,但各联的命名、收受人及用途则各不相同。例如,上海机床厂的套写验收单的第一联及第六联(第一联由采购员保管,第六联为会计科"客户清算账卡"的正式账卡),第二至四联为"器材验收入库单",第五联为支款凭证(参见次章)。各联的名称不同,传递路线不同,用途不同,均在凭证右边说明。研究这些凭证的名称、用途、及传递路线,可以推知原材料供应工作的各个环节间的分工制度和责任制度。反过来,这个例子又可以证明,内部凭证制度的制定和业务分工责任制度及会计制度三者都是密切结合的。

内部凭证可以代用为序时账簿

在本书第十一章的举例内,朝阳胶水厂的一切经济业务,一律通过日记账过入分类账,第十二及十三两章,又介绍了如何应用日记账的专栏和特种日记账,把同一科目下的子目账户,划出另设明细分类账的方法。但在这三章的举例中,凡是要记入总分类账和明细分类账各账户的会计记录,总是先要记入某种序时账簿(日记账或特种日记账),然后才根据序时账簿"过入"分类账簿(总分类账或明细分类账)的。现在我们又知道,较大规模企业的内部业务凭证制度是一种经过缜密设计制订的制度,分工负责某项业务的一切经办人员都要在凭证上签名或盖章,凭证要统一编号,凭证的一式几联是分属几个部门保管的,除非有关经办人员非法串联一气,凭证的非法涂改和销毁的可能性是不大的。那么,凡是具有这种凭证的经济业务,是否可以利用凭证来代替一部分序时账簿的作用,以节省记账员的重复劳动,就是一个大可研究的问题了。

已经指出,凡具有内部凭证的经济业务,又可以分为发生对外经济关系和不发生对外经济关系两类,前者如原材料的购买(填制的内部凭证是验收单),后者如原材料领发(填制的内部凭证是领料单)。一方面,所有发生对外经济关系的业务,时常要引起一些对外交涉,它们最后又都要用现金或通过银行结算。另一方面,财务会计部门内部,出纳和记账虽然也有严格的分工,财务收支业务总是财务会计部门直接经办的业务,所以购买、销售、现金收支等等业务,尽管也有制度严密的内部凭证,一般说来,它们还是要逐笔记入序时账簿,不能让凭证代替序时账簿的作用。凡不发生对外经济关系的业务,如领料业务,有严密编号的领料单可备事后查考,又不会引起对外交涉,它们的数量又多,逐笔根据领料单记入第十二章举例中的"领料日记账"要耗费极大的工作量,为此,会计处理上对此通常采用如下的简略办法:

(1)领料单应记入的借方子目("生产"科目下的某一个子目,如第十一章举例中的某批胶水)及贷方子目(原材料科目下面的某种材料),一律随时根据领料单直接过入相应的明细分类账户。

(2)领料单不再逐笔记入"领料日记账"。在实践上,不论在大中小企业其实都是不设立"领料日记账"这种序时账簿的。

(3)每三天、五天,至迟月底,把这个期间中的全部领料单汇集起来,加出总数,填制一张"领料汇总单",并且把它作为一张借"生产"科目,贷"原材料"科目的记账凭证,经过日记账过入总分类账。

(4) 因为逐张领料单已随时过入生产科目及原材料科目下各相应的子目,所以,除非汇总(加算)错误,汇总借入总分类账生产科目及贷入原材料科目的总数,必定和明细分类账各账户的借、贷方发生额是一致的。

上述办法,实际上意味着,领料单这种凭证现在代替了"领料日记账"这种序时记录的作用,于是凭证起了账簿的作用。这种办法,事实上在各类企业应用得都很普遍,除原材料领发外,凡厂内半成品的转移,成本的分摊,应付工资的入账和工资的支付[①]等等,都利用内部凭证记入明细分类账,利用汇总单记入总分类账科目。它们节省了很多记账的工作量,而对于企业的分工制度、责任制度并无损害,也不会妨碍整个会计记录的反映、控制和监督的作用,所以是一种可行的办法。以上引自财政部制订的《国营工业会计凭证、账簿的格式和使用办法草案》第十三条,也明确许可了这种办法的应用。

套写的明细分类账卡

利用套写凭证,又可以同时完成某些明细分类账账户的记录,这样,连过账的工作也可以节省一部分。上举上海机床厂验收单第六联"客户清算账卡"就是应付供应单位款这个科目的明细分类账户,不过采用了卡片账的格式。填制验收单时已可确定这笔购买业务应贷入应付供应单位款科目下的哪一个子目账户(供应单位账户),一次把第六联的账卡套写出来,传递给会计科,会计科把这份账卡编号列入卡片箱中,于是会计科的客户账的过账工作也节省掉了。至于第一联"客户清算账卡"标题上标明为副联,右边又说明应传递给经办的采购员,那是供经办采购员查考他经手购买的原材料款,在账户体系中不占什么位置,不过是便利工作查考的记录而已。

但是套写凭证中一次做成的明细分类账卡,通常仅限于应付供应单位款的

[①] 读者注意,本书第十一章举例中的工资分析单,事实上是根据每个工人的工时利用记录汇总起来的汇总单,应付工资这个科目,事实上可以按每个职工设立子目账户,并建立一本工资明细分类账的;同时,在实际支付工资时,每个工人要签署一张工资收据,如果我们严格要求每笔经济业务记入序时账簿的话,要将每张收据记入日记账。现在我们只记一笔总数,这已经是将三五十张工资收据汇总起来记账的了。

贷方记录及应收购买单位款的借方记录,或应用于其他债权、债务账户发生的时候。其他各科目明细分类账的记录一般不能在套写凭证时同时完成,这一点可以用列举方式略加说明:

(1) 原材料科目的子目账户,要将逐笔原材料的购买及领用分户入账,并随时计算各种原材料的余额。各个供应单位及购买单位的货款则是逐笔结算的,一次购买的货款在支付现金或银行存款之后,随即结清,不再存余额,所以客户明细账内债权、债务的发生额可以利用套写方法同时完成。原材料科目则不能应用套写账卡,仍旧要逐笔过账。在产品、产成品及各项固定资产明细分类账的情形和原材料明细分类账是一样的。所以也不能套写账卡。

(2) 供应单位客户账的贷方记录,可以在填制验收单时同时完成。支付这笔账款时,要开出支票,这时候,客户账卡已经存在,出纳员付讫款项,会计员要根据支款凭证借入早已立户的客户账,当然不能用套写方法同时完成过账手续。购买单位客户账的情形相同,不过付款变为收款而已。

(3) 各项费用、成本及收益,要随时计算它们的累计余额。倘使利用套写账卡,将要变成一笔账一张账卡,不便于计算累计余额,所以仍要用普通的过账方法记账。

在利用记账机器的情形下,用机器套写明细分类账内的借、贷方记录,范围可以大为扩大。在利用分类统计机器及穿孔数码账卡情形下,费用、成本、收益账户也不好一笔记录用一张账卡,而用机器来加算各明细分类账户的累计余额。但是,我国应用这种机器的范围极小,故不详细介绍。

原始凭证和记账凭证

以上各节,说明了业务凭证何以是会计记录的根据,内部凭证制度和业务分工制度、责任制度及会计制度的关系。但是,以上的说明,还没有联系记账凭证制度问题,所以是不完全的。事实上在我国会计实践中,广泛采用了统一的记账凭证制度,按照这种制度,账簿中的任何记录并不是直接根据业务凭证记账的,一切业务凭证,先要记入记账凭证,然后再根据记账凭证记入账簿。相对于记账凭证而言,一切业务凭证都称为原始凭证,记账凭证及原始凭证两者合起来，总称为会计凭证。又因为记账凭证实际上是单页的序时记录，所以在记账凭证制度下的账簿结构，又会发生一系列变化。以下两章我们准备介绍记账凭证制度的方法和内容，以及记账凭证制度下的序时账簿和分类账簿。已经指出，记账凭证制度是我国会计实践中广泛使用的制度，所以，学者必须在熟悉这两章以后，对于我国企业会计中的凭证、账簿体系问题，才能获得初步的完整的了解。

第十五章 记账凭证制度

概说

财政部制订的《国营企业会计凭证、账簿的格式和使用方法(草案)》规定：企业进行每一项经济业务都应该取得或者填制原始凭证，根据原始凭证填制记账凭证，登记账簿。按照这个规定，一切国营企业都应一律采用记账凭证制度，事实上我国一般国营企业也几乎无例外地采用了这种制度。本书第十一至十三章举例中的记账程序中，序时账簿都是直接根据原始凭证登账，记账凭证都省略未用，事实上这和我国企业会计实践并不符合。我们之所以要在这几章中省略记账凭证，是为了便于读者了解序时账簿的设置和会计分录的关系，也因为特种日记账及特种日记账的专栏代表了会计技术的一个重要方面，学习会计的人懂得运用这种技术，完全是必要的。记账凭证制度代表了会计账簿设置技术的另一个方面，本章将介绍这种制度下的序时账簿和分类账簿的设置原则及其记账程序，因为这是我国企业会计普遍应用的方法，读者必须反复练习，以期熟悉这种方法。

记账凭证的种类

记账凭证通常分为：① 收款凭证。② 付款凭证。③ 转账凭证等三种。后附凭证格式是上海机床厂等实际使用中的记账凭证格式。工厂的记账凭证格式及名称基本一致，略有出入，读者可自行比较。

收款凭证及付款凭证记录货币资金的收入、付出业务，因为银行存款可以视同现金，所以直接收入银行存款的、或开出支票及通过银行代付的各项经济业务，也视同现金收付业务，一律使用收款凭证及付款凭证。

转账凭证记录转账业务。转账业务指和库存现金及银行存款收支无关的一切业务。按照这个定义，并未即时付款的购买，并未即时收款的销售都是转账业务，领料、退料是转账业务，甲生产账户转入乙生产账户（前道工序的在产品转入后道工序）也是转账业务。有许多客观上并非经济业务，而是企业内部综合计算所必要的会计分录，例如，把间接成本分摊到各项在产品成本上去的会计分录等，虽用词上不够精确，也可以称之为转账业务，一律记入转账凭证。

记账凭证的使用方法

记账凭证的使用，原则上应该一笔业务，记入一张凭证，但经过内部业务凭证汇总，可以在一张凭证上记入多次经济业务的汇总数字。每张记账凭证应记明日期、事由、关系人、应借、应贷科目及明细账户名称、金额等内容，和第十一章举例中登记日记账的内容是一样的。通过内部凭证汇总填制的记账凭证，可根据内部凭证过入明细账户，原始凭证的号码及张数，也应在记账凭证内注明。

记账凭证一般应由财务会计部门编制，并由有关人员签章。凭证格式下方，留下了经办业务人员签名盖章的空白位置。例如，上海机床厂的"支款凭证"下方一共留下六个签章位置，后面三个位置（"部门主管"、"组长"、"制单"），是准备给请求支款的业务部门人员签章的，前面三个位置（"财会科长"、"组长"、"财会科审核"）则是准备支款凭证送到财会科后，财会科审查清款要求及科长签证支付时签章用的。读者细细比较两组凭证下方所留签章位置的不同，可知收款、付款、转账业务所需签章人员各有不同，也可以知道财务会计部门对现金支付的审查监督是特别严格的。

现金收付凭证和银行收付凭证

收款凭证及付款凭证两者，都同时用于库存现金的收付及银行存款的收付，这就是说：① 凡是"借：库存现金，贷：×××"，和"借：银行结算户存款，贷：×××"这两类会计分录，都应该填制收款凭证。② 凡是"借：×××，贷：库存现金"和"借：×××，贷：银行结算户存款"这两类会计分录，都应该填制付款凭证。收款凭证的主要位置是用以记录应贷账户的，凭证右方的"应借账户"一栏,则用以标明,这笔收款究应借入库存现金科目还是银行结算户存款科目。付款凭证的主要位置是用以记录应借账户的,右方也留有位置准备区分这笔业务的贷方科目究是现金还是银行存款。

遇有库存现金与银行存款之间的划转,即以现款存入银行,或自存款中提取少量现款备出纳零星支付之用,按规定应一律只填付款凭证,不填收款凭证。将现款存入银行时,付款凭证的借方账户栏内填"银行结算户存款",右端应贷账户栏内填库存现金。从银行提款时,科目方向相反。

单一的记账凭证

有些企业单位的记账凭证只有上面所举的转账凭证一种格式,而把收款凭证和付款凭证这两种格式省略不用,并且径直把这种凭证称为"记账凭证"[①],这种凭证的使用方法当然是容易了解的,即任何经济业务,不论其是否和现金及银行收付有关,一律按照应借、应贷账户编成会计分录,记入这种统一格式的凭证就行了。

单一记账凭证制度中,现金收付业务的凭证和转账业务的凭证容易混淆,不利于出纳和会计的分工。上举《国营企业会计凭证、账簿的格式和使用办法(草案)》没有规定国营企业可以应用这种凭证,在非国营企业如手工业合作社等,则还有不少单位应用这种凭证。

代用记账凭证

按照记账凭证制度的一般原则,任何经济业务都应填制记账凭证,账簿的记录只能以记账凭证为根据,凡是各类经济业务经办人员所填制的业务凭证,相对于记账凭证而言都不过是原始凭证,这些凭证或者① 分类而在记账凭证上注明它们的号码。或者② 直接贴于记账凭证之后,作为记账凭证的附件。但是这个一般原则倘使无条件贯彻,有许多经济业务,本来会产生完备的业务

[①] 苏联介绍过来的记账凭证,就只有一种,不分现金或转账,参见马卡洛夫、别洛乌索夫合著《会计核算原理》第267页,王立才译,财政出版社,1957年版。

凭证的，也要逐笔另填记账凭证，同样会造成工作量的大量浪费。为此，上引《国营企业会计凭证、账簿的格式和使用办法（草案）》第十三条规定：企业自行编制的原始凭证和原始凭证汇总表可以代替记账凭证，作为记账的根据。但由企业外部取得的原始凭证一律不得代替记账凭证。按照这个规定，上章《内部凭证可以代用为序时账簿》一节中所指出的领料单、工资收据、工资汇总单、厂内半成品转移凭证等等，也就是可以代用为记账凭证的原始凭证。从外部取得的原始凭证，如发票、收据等，则仍应填制记账凭证，不得以原始凭证代用为记账凭证。

外部凭证之所以不得代用为记账凭证，就是因为这些凭证在入账之前，必须由经办业务人员及会计人员作以下三项极为重要的补充：① 审查凭证内容，其中如购买单位送来的发票必须由仓库员验收，零星物品应由使用人员直接签收等。② 凡零星购买，由零售商店开出的发票，内容往往过于简略，必须作一些附注式的说明。③ 决定这项业务应该记入哪些会计科目、哪些明细账户，而这又是必须由企业自行决定的。（例如，十一章举例中的支付房租业务，房产管理局开出的是一张房租收据，朝阳胶水厂则应以 85％借入"间接生产费用"，以 15％借入"管理费用"。）为了要做成这几项补充，并在做成这些补充后交由有关人员签证，就必须另行填制记账凭证，而无法利用原始凭证；反之，内部凭证印制的时候，凡和分工制度、责任制度、会计制度有关的内容和签证，事先已经考虑周到完整地载明在凭证之上；套写凭证制度的应用，还可以预定其中的一联作为记账凭证（前章验收单的第五联，预定用为支款凭证，应借、应贷科目的账号，已经在凭证上印明）之用。代用记账凭证限于内部凭证，外部凭证不得代用，原因就在于此。

记账凭证是单张式的序时账簿

由上所述，可知每一张记账凭证，实际上包括了一笔经济业务的会计分录或一批借贷方科目相同的经济业务的汇总会计分录，集合某一时期的全部记账凭证，实际上是序时账簿，不过不是订本式的而是单张式的。既然根据记账凭证记入总分类账及明细分类账，而所有应该记入明细分类账又应该记入总分类账的会计分录，一律采用平行过账法过账；那么凡是应该记入总分类账及明细分类账的记录同订本式序时账一样丝毫不会缺漏,各账户内发生额的总和及余额的总和,也一定借贷平衡,并且可以根据分类账编成本书第十一章及十二章举例中的发生额对照表。

记账凭证制度下最简单的记账程序

在记账凭证制度下,确实也有一些会计单位采用了上面所说的那种记账程序①,说得更确定一点,这些单位的账簿结构及记账程序是:

(1) 除记账凭证而外,不再设立任何形式的序时记录。

(2) 一切明细分类账的过账,一律以记账凭证为根据。

(3) 总分类账各账户的记录,也以记账凭证为根据。总分类账内各个控制账户的过账,则一律采取平行过账法:即凡已经过入明细分类账内的账项,逐笔重复过入相应的总分类账户内②。

(4) 出纳员经办库存现金及银行存款的收付,当然应该随时记入现金收付账及银行存款收付账,倘使没有这两本账簿,出纳员势必无法随时计算库存现金及银行存款的余额。这两本账簿,就其按业务发生次序来记账而言,可以说是序时账簿。但这两本账簿是① 根据记账凭证登记的。② 它们本身并不是分类账簿过账的根据,由此看来,这两本账簿其实是总分类账内的现金账户和银行存款账户的账簿(事实上会计员在总分类账内也可以把这两个账户省略掉,

---

① 马卡洛夫在《会计核算原理》一书中所介绍的"记账凭证形式",实际上就是这里所介绍的这种最简单的记账程序。但是,马卡洛夫"记账凭单形式"中的总分类账各账户内,都要用多栏方式统计借、贷方发生额的对应科目的分类总数,这就是为什么控制账户必须采用平行过账法逐笔过账,而不能用比较简单的方法,汇计同一科目借、贷方发生额一次过入总分类账的理由。分类汇计各科目借、贷方发生额的对应科目的总数,在会计实践上是有其必要的,但可以用别种方法代替(参见次章)。我国会计实践中则有另外一种传统,即根据记账凭证直接汇计总分类账科目的发生额,极力避免平行过账法,以期节省过账的劳力。这种办法,显然优于所谓"记账凭单形式"。见以次两节的介绍。

② 采用平行过账法时,凡是并非控制账户性质的总分类账账户,在总分类账内设立户后,其实已经不必另行重复设置明细分类账户,如第十二章举例所示。马卡洛夫在《会计核算原理》一书中介绍的"记账凭单形式",则要求任何账户都必须既在总分类账设立账户,同时,又必须重复设立明细分类账户。原因是,总分类账各账户的作用是统计借、贷方发生额的对应科目的分类总数(所以总分类账又称为"借贷对照表"),明细分类账户则记录和经济业务管理有关诸具体事项。我国会计实践中,从未应用过总分类账账户来统计借、贷方发生额的对应科目的分类总数,所以在本节所介绍的这种记账程序下,非控制账户性质的账户,在总分类账内及明细分类账内重复立户,是绝对不必要的。

不再设置），而不是序时账簿。但是，习惯上这两本账簿还是叫做现金日记账及银行存款日记账。

科目汇总表

上节介绍的记账程序中，最大的缺点是总分类账中的控制账户用平行过账法过账，而不是汇集成为一笔总数过账，因此总分类账的过账工作中重复劳动很多。事实上，记账凭证既是单张式的序时账簿，我们很容易把一天或一个时期属于相同科目的借方或贷方的记账凭证归集在一起，直接加出这个科目借方及贷方发生额的总和。如果我们将这个发生额总和过入总分类账该账户，过账工作的重复劳动即可完全避免。

《国营企业会计凭证、账簿的格式和编制说明（草案）》规定，中小型企业可以应用上述方法解决总分类账的过账问题，并规定这类企业可用"科目汇总表"（格式见后）作为记账凭证和总分类账两者的中介。具体程序如下：

（1）明细分类账的过账，必须在填制记账凭证后，随时根据凭证过账。

（2）每天，或每几天（一般根据凭证多少确定，最多不要超过 5 天）的记账凭证汇集登记总分类账时，应将全部记账凭证按照相同的科目归类，直接加算各科目借、贷方发生额，分别填入科目汇总表内。

（3）一张记账凭证，有两个以上科目的借、贷方发生额的，应按科目的不同，进行两次以上的归类，分别加算不同科目的发生额，不能算了一个，漏了另一个。

（4）库存现金及银行存款科目的借贷方发生额，可以根据现金日记账内这一天或这几天的收入、支出总额填列，不必再度直接根据收款凭证及付款凭证加算。

（5）所有总分类账科目的借、贷方发生额全部填入科目汇总表以后，科目汇总表发生额栏的借、贷两方总和应该相等。如果不等，必定汇总有错误或记账凭证做错，应逐笔复查，直到相等而后已。

（6）汇总完毕后，各科目的本期借方发生额和贷方发生额应逐笔过入总账内各该科目的借方和贷方。

仍以朝阳胶水厂举例，说明科目汇总表的格式如图表 15-1 所示。

图表 15-1 朝阳胶水厂科目汇总表

1964 年 1 月 15 日　　　　　　　　　　　　　　　　　单位：元

会计科目	账页	本日发生额 借方	本日发生额 贷方	记账凭证起讫号数
生产设备				
生产设备折旧				
其他设备				
其他设备折旧				
原材料		2 400 00	3 568 53	
生　产		5 431 83	1 223 17	
低值易耗品		100 00	10 00	
低值易耗品摊销		5 00	50 00	
现　金			31 75	
银行结算户存款		3 350 00	3 791 57	
应收购买单位款		1 050 00	3 350 00	
预付暂付款			110 00	
应付供应单位款		515 00	2 310 00	
应付工资		729 16	729 16	
应付工资附加费		94 79	94 79	
国家基金				
企业基金			237 03	
未交利润		2 370 30		
销　售			1 050 00	
间接生产费用		191 00		
管理费用		298 70		
销售费用		20 22		
		16 556 00	16 556 00	

总分类账和明细分类账的结构

读者容易察觉，采用上述办法，总分类账各账户的记录既然要从科目汇总表过入，而科目汇总表内，任何科目只有一个本期借方发生额总数和贷方发生额总数，其他如事由、经办人和具体业务有关的数量、价格等等是一概没有的。这种情形，就总分类账内各控制账户而言是没有什么缺陷的，因为具体业务记录已经根据记账凭证过入总分类账所控制的明细分类账各账户,控制账户的作用,原来不过是用借、贷方发生额和余额来控制所属明细分类账。但是,这种情形,对于原来并非控制账户的总分类账账户则是一个极大的缺陷,因为缺乏具体业务的记录,会计上的反映和控制作用势必不复存在。这种缺点,必须设法补救。

补救的办法是,一切总分类账科目,不论它是否是控制账户,即不论它是否要管一批明细分类账户,一律在总分类账之外设立明细分类账户。事实上,任何总分类账科目,至少是可以设立一个明细分类账户的。举例来说,总分类账内的国家基金科目(假定它下面没有二级科目)现在只记它的发生额,毫无详细说明。既然如此,我们就可以在总分类账的国家基金账户之外,另设一本国家基金明细分类账,这本明细分类账内只有一个账户,这个账户名称还是"国家基金"。但明细分类账中国家基金账户内,逐笔详细记载事由、凭证号码、经办人、有关文件报告的内容等等,以备随时查考国家基金增减的经过。这样一来,上面所说的困难就可以得到解决了。

上面这种办法,为我国一切企业所普遍应用。应用这种办法后,总分类账和明细分类账就截然分开。因为总分类账的任何账户都只记发生额而没有具体业务记录,所有具体业务记录都记入了明细分类账。与此同时,全部明细分类账簿中,除一个科目所控制的、有专门名称的明细分类账,如原材料明细分类账、应付供应单位款明细分类账等等而外,必定还有一本是综合性质的明细分类账,即把所有一个科目"控制"一个明细分类账户,或一个科目控制二三个二级科目账户的明细分类账页集合在一起的明细分类账簿。有了这样的明细分类账簿,总分类账和明细分类账两者就截然划分开来了。

科目汇总表、总分类账和各账户发生额对照表三者是否互相重复?

应用科目汇总表,并将总分类账和明细分类账两者截然划分以后,总分类账的作用仅限于下列两点:

(1)记录借、贷方发生额,计算一个时期(月、季、年)借、贷方发生额总数。

(2)随时计算该科目的余额,并据以编制附有余额的各科目发生额对照表。

除此而外,一切具体业务记录都记入各种明细分类账。

总分类账既然仅有借贷方发生额及余额,一切具体业务记录内容都已被"抽象"掉了,那么:

(1) 它的内容和科目汇总表一样,只有抽象的发生额。不同的是,科目汇总表1天(或5天)一张,在其中,一个科目只占一行,不像总分类账那样分户设账,连续记录。

(2) 它的内容又和附有余额的各科目发生额对照表一样。不同之处,也只在于分户设账与否。

(3) 同样,科目汇总表的内容和各科目发生额对照表又是完全重复的。

联合日记账总账

各科目汇总表、总分类账和各科目发生额对照表三者内容既互相重复,那么,如果干脆只保存各科目发生额对照表,而把科目汇总表、订本分户式的总分类账两者废除不用,每天(或每5天)将根据记账凭证汇总所得各科目借贷方发生额直接填入各科目发生额对照表的本期发生额栏内,然后在表上把本日发生额和上日余额相加减,得出本日余额,填入本日余额栏内,这就等于:

(1) 填制科目汇总表。

(2) 根据科目汇总表逐笔过入总分类账各账户。

(3) 在总分类账各账户内计算余额。

(4) 根据总分类账各账户,编制各科目发生额对照表。

这四个步骤并成一个步骤,从而必可简化总分类账的记账手续,加速编成发生额对照表的过程。

在上述情形下,各科目发生额对照表同时起了三种作用:① 将单张式的日记账即记账凭证,汇集成为总日记账。② 代替了订本式的总分类账。③ 它本身直接就是各科目发生额对照表。因为它既起了总日记账的作用,又起了总分类账的作用,所以称之为联合日记账总账。后附格式,是青岛手工业局所属第一靴鞋社1964年实际应用的联合日记账及总账,但他们则称之为"汇总记账凭单"(见图表15-2)。

图表 15－2　　　　　第一靴鞋厂汇总记账凭单

196　年　月　日至　日记账凭单自　号至　号　　　单位:元

编号	科目	上期余额		本期发生额		本期余额	
		借方	贷方	借方	贷方	借方	贷方
1	固定资产						
1甲	固定资产折旧						
2	基本建设购置及大修理						
3	提出资产						
4	固定资产清理						
5	原材料						
6	辅助材料						
7	燃料						
8	低值及易耗品						
8甲	低值及易耗品摊销						
9	在产品						
10	半成品						
11	一般费用						
12	企业管理费						
13	产成品						
14	门市部商品						
15	待摊费用						
16	银行存款						
17	库存现金						
18	暂付款项						
19	应收款项						
20	内部往来						
21	联社基金						
22	折旧基金						
23	企业基金						
24	专用拨款						
25	联社拨补亏损						
26	长期借款						
27	银行短期借款						
28	暂收款项						
29	应付款项						
30	销售						
31	本年损益						
32	上年损益						
	合计						

会计　　　　　　　　　　复核　　　　　　　　　　制表

联合日记账总账适用于不必计算总分类账各科目借、贷方发生额的对应科目分类总数的非国营企业,国营企业如有妥善办法解决上述问题,也可应用这种方法,事实上我国小型企业中确实也有应用这个办法的。但应用这种办法必须注意对联合日记账总账的严格编号,妥善保存。

记账凭证制度下的记账程序,并不限于上述三种,还有其他程序和办法,这些方法,主要是和上面所说的,计算总分类账各科目借、贷方发生额的对应科目分类总数有关,见次章。

第十六章 棋盘式总账

棋盘式总账和矩阵

棋盘式总账在我国会计实践中应用得很广泛,它是数学上矩阵的具体应用。矩阵何以能应用于账户体系,必须先做一些说明。

如果我们规定① 矩阵的每一行代表一个科目,它的每一列也代表一个科目,而且,每一个科目必须占有一行和一列,于是一个账户体系若有 20 个总分类账科目,我们就得到了 20×20 的一个方矩阵。矩阵的行数列数并无限制,所以,不论总分类账科目多少,都可以将这个科目体系列成一个 $n \times n$ 的方矩阵。② 规定每个科目的行代表它的借方记录,每个列代表它的贷方记录,于是矩阵中的每个元素既表现为某一科目的借方记录,又表现为它的对应科目的贷方记录。③ 同样,每个科目的行的总数即它的借方总数,每个科目的列的总数即它的贷方总数。利用这种关系,每个科目的借贷方记录就可以同时区分它对应科目的数额及其总和两者。

为说明这一点,我们把账户体系简化为两个科目,并以 A 和 B 代表这两个科目的名称。这个 2×2 的方矩阵如图表 16-1 所示。矩阵中用 BA 标示的元素,代表"借入 B,贷入 A"的会计分录,AB 标示的元素,代表"借入 A,贷入 B"的

图表 16-1　　　　　　　　2×2 矩阵图

科　　目	A	B	∑
A	AA	AB	
B	BA	BB	
∑			

会计分录。在会计分录中要标明"借××",并且要写明两个金额数字在矩阵中每一个元素是行和列的交叉点,它既表示了借方科目(即这一行所标示的科目),当然用不到写明两个金额数字。按照这样的方法,逐项将各种类型的会计分录加成总数,填入矩阵,我们就得到了棋盘式总账。至于各科目借、贷方发生额合计,只要分别按行加算(得出各科目借方总数)按列加算(得出各科目贷方总数)即得。

棋盘式总账可以表示各科目借贷方发生额按对应科目分类的总数

棋盘式总账的一个最大的优点,是可以表示各科目借、贷方发生额的对应科目的分类总和。上例,生产科目借方发生额为 5 431.83 元,在订本式总账及上章所示的联合日记账总账中只能知道这笔借方发生额,至于这笔借方发生额的各对应科目的贷方发生额为若干,除非另作分析统计,无法表现出来。棋盘式总账内每一个科目的借方发生额必定同时是另一个科目的贷方发生额(因为矩阵的每一个元素都处在某一行和某一列的交叉点上),所以,任何科目的借、贷方发生额,都可以找到它的对应科目的相反方向发生额的分类统计。

按对应科目分类计算各科目借贷方发生额,可以大大便利费用和成本的计算

由本书第六章的讨论及第十一章的举例,读者已知:① 一般工业企业的本期实际耗费的费用,和它的生产成本及销售成本是不一致的。本书第十一章的举例,表明了朝阳胶水厂1月份售出产品的成本中,分明包括了大量上期耗费的费用。至于本期耗费的费用,则有相当部分滞留在在产品中,并未成为本期产品的成本。② 日常记账中所用的费用科目,要经过转账分摊,才归集为产品成本,而费用科目的设置标准,如果迁就了成本的分类,常使费用的"自然"性质无法表现。例如,1月份朝阳胶水厂共支付工资 1 462.70 元,但这些工资有的记入了"生产"账,有的记入了"管理费用"账,账户体系中没有一个费用科目足以反映工资总额。事实上企业实际支付的工资数,构成它的"工资基金"额,工

资基金在社会经济统计中有特殊重要的地位,则是众所周知的。

以上两个问题,利用棋盘式总账,能够得到适当的解决。不过,为了充分反映这些内容,我们必须观察一份结账分录完全记入账户体系后的棋盘式发生额对照表。为此,我们将第十一章朝阳胶水厂举例中的结账分录全部入账后的总分类账各科目的1月31日余额,表示为棋盘式总账如图表16-2所示①。

实际耗费的费用

由本书第三章及第五章,读者已知发生费用不外① 原材料的领用。② 固定资产的折旧,低值易耗品的摊销和固定资产折旧性质相同,也可归入这一类。③ 付出现金(包括银行存款);发生费用时尚未付款,因而发生债务,待以后支付现金或银行存款的,也可归入这一类。我们既然知道了费用发生的途径,编成棋盘式发生额对照表后,只需在表内检查下列有关科目贷方记录的对应科目,就可以计算各项费用的实际发生额。

在本例内有关科目有以下几个:① 原材料。② 固定资产折旧。③ 低值易耗品。④ 低值易耗品摊销。⑤ 现金。⑥ 银行结算户存款。⑦ 应付工资。⑧ 应付工资附加费。⑨ 应付供应单位款。⑩ 预付暂付款。

以上各科目贷方记录的对应科目中,凡属于偿还债务,购买原材料的,当然和费用发生无关。凡对应科目是下列几个科目的,则都是实际发生的费用:

(1) 生产:因为直接原材料及直接人工,按我们讨论过的方法,是直接借入生产账户的。

(2) 待摊费用:因为凡借入待摊费用的,必定是本月发生费用留待以后各期摊销的。

(3) 各个费用科目。

把这些相对应的项目从表中特别提出来,我们可以得到的子矩阵,见图表16-3。

本期实际耗费的费用为8 179.46元,按其自然发生的途径分类,得:

---

① 原著中此图表缺失。

图表 16－3　　各费用科目

单位：元

贷方科目 借方科目	原材料	固定资产折旧	低值易耗品	低值易耗品摊销	现金	银行结算户存款	应付工资	应付工资附加费	应付供应单位款	预付暂付款	借方合计
生　产	5 966.92						1 120.70	145.68			7 233.30
待摊费用	36.00										36.00
间接生产费用	30.60	16.00	5.00	50.00	17.40	127.50	319.05	41.49	44.75		291.25
管理费用		16.40			25.96	22.50	319.05	41.49	17.25	89.35	537.40
销售费用	5.40				55.58		22.95	2.98			81.51
贷方合计	6 038.92	32.40	5.00	50.00	98.94	150.00	1 462.70	190.15	62.00	89.35	8 179.46

原材料消耗	6 038.92	（原材料科目的列的总数）
固定资产折旧	32.40	（固定资产折旧的列的总数）
低值易耗品消耗	55.00	（低值易耗品及低值易耗品摊销两科目的列的总数）
工　资	1 462.70	（应付工资科目的列的总数）
工资附加费	190.15	（应付工资附加费科目的列的总数）
其他支付	400.29	（现金、银行结算户存款、应付供应单位款、预付暂付款四科目的列的总数）
	8 179.46	（元）

"其他支付"一项，是现金、银行结算户存款、应付供应单位款、预付暂付款四项合计所得的数字。这四项合在一起显然是合理的，因为所有这四个科目的贷方，总是要支付或预见已经支付现金的项目。工资及工资附加费也是用现金支付的项目，上面已经指出，这和工资基金的统计有关，所以单项列示。

实际发生的费用为 8 179.46 元，但本期销售成本为 7 832.12 元，加上销售费用则为 7 913.63 元，两者相差数为 265.83 元，而这也是容易找出原因来的。本期生产账户的借方总数为 11 047.55 元，贷方总数为 10 817.72 元，借方超过贷方 229.83 元，这就是本期期末在产品超过期初在产品的数额，加上待摊费用 36.00 元，即等于 265.83 元。

有了以上数据，第十一章章末的利润计算表内容就可以大加扩充，使之既表示出本期按自然发生途径的实际耗费的费用，又表示出本期成本的数额如图表 16-4 所示。

图表 16-4　　　　　　　　　**朝阳胶水厂利润计算表**
　　　　　　　　　　　　　　　1964 年 1 月份　　　　　　　　　　　单位：元

销　售	8 088.00
销售成本及销售费用	
本期费用	
原材料消耗	6 038.92
工　资	1 462.70
工资附加费	190.15

第十六章　棋盘式总账

(续表)

固定资产折旧	32.40	
低值易耗品消耗	55.00	
其他支付	400.29	
小　计	8 179.46	
待摊费用	36.00	
本期实际耗费费用	8 143.46	
本期期末在产品差额	229.83	7 913.63
利　润		174.37

以成本项目表现的费用

利用上列矩阵内的数据，我们又可以将全部费用按成本项目列示为：

直接原材料　　　　5 966.92（原材料及生产科目交叉点上数额）

直接工资　　　　　1 120.70（应付工资及生产科目交叉点上的数额）

直接工资附加费　　　145.68（应付工资附加费及生产科目交叉点上的
　　　　　　　　　　　　　　数额）

直接成本小计　　　7 233.30

间接生产费用　　　　291.25（间接生产费用的行的总数）

管理费用　　　　　　537.40（管理费用的行的总数）

销售费用　　　　　　81.51（销售费用的行的总数）

全部成本　　　　　8 143.46（元）

倘使不用棋盘式发生额对照表，直接原材料及直接工资等数据，要从有关会计分录中逐笔加算，或从各个生产账户分别加算，也有一定困难。

读者当能发现，以上两种费用成本的分类方法各有其用途，未可偏废①。棋盘式总账由于分别表现了各科目借、贷方发生额对应科目的分类总数，所以可以在总分类账已有的科目之外，按费用的自然发生途径表现费用数额，这就是它的主要优点之一。

---

① 这就是关于"生产费用表"的编制问题。

在费用成本科目之外，利用对应科目的分类总数，对于特种基金的支用也可以做一些比较详细的计算。

棋盘式总账和凭证、账簿体系

以上所论，都是关于棋盘式总账的内容和用途方面一些问题。棋盘式总账在会计实践上既有极大用处，现在我们应该来讨论，凭证、账簿体系应该怎样设置，才能便利棋盘式总账的填制。棋盘式总账的特点，既是按对应科目分类计算各科目的借、贷方发生额，那么，不论我们是否应用记账凭证，也不论序时账簿如何设置，只要总分类账内每一个科目的账页，借、贷两方除记录发生额而外又各按对应科目分设专栏，我们就能计算每一个科目借、贷方发生额按对应科目分类的数额。按照这种方法总分类账页篇幅很大。我们可将第十一章举例内原材料科目的总分类账账页的记录填入作为例子，读者可逐笔和第十一章举例对照阅读。

应用这种方法，凭证、账簿体系的设置，必须满足下列各条件：

（1）总分类账和明细分类账必须截然划分。因为总分类账账页现在主要用于按对应科目分类统计每一个科目的借、贷方发生额，凡有关具体业务的记录，必须由另一本账簿反映。为此，不论总分类账科目是否是控制账户，都要在总分类账和明细分类账两本账簿内同时设立账户。大体说来，这和记账凭证制度下应用科目汇总表以后的总分类账和明细分类账的关系相同（参见第十五章）。

（2）不仅如此，由于总分类账记录的目的，在于按对应科目分类统计各科目的借、贷方发生额，所以总分类账内的控制账户的过账，必须采用平行过账法逐笔过账，不能利用科目汇总表汇总它们的借、贷方发生额总和。科目汇总表汇总所得的各科目借、贷方发生额，并未按对应科目分类计算，这显然不适合于棋盘式总账的要求。

由于以上两个原因，在应用记账凭证制度的情形下，要使凭证、账簿体系适应于填制棋盘式总账，最原始的办法是：① 把总分类账和明细分类账截然分开。② 每一张记账凭证，应用平行过账法逐笔重复过入总分类账及明细分类账。③ 总分类账任何账户的借、贷两方既各有按对应科目计算的分类数字，就容易根据总分类账各账户的记录来填制棋盘式总账了。

当然，在这种情形下，棋盘式总账其实不是活页式的总分类账，而是棋盘式发生额对照表。

以贷方科目为主的汇总记账凭证

上述办法中的最大缺点，是每一张记账凭证都要过账两次，记账工作的工作量十分浩大。解决这个问题其实并不困难，只要① 废除订本式的总分类账，棋盘式发生额对照表改变名称，称之为棋盘式总账。② 记账凭证本来是活页式的序时记录，可以任意分类归集，直接加算各科目借贷方发生额，也可以按对应科目加算出分类总数来。加算出来的数字，直接填入棋盘式总账。③ 又因为各科目的对应关系是交互错综的，所以，当我们计算甲科目的贷方发生额，并按对应科目算出分类总数的时候，我们实际上已计算了各个对应科目的一部分借方发生额。当我们把一切科目的贷方发生额都计算完毕，而且又按它们的对应科目分类计算完毕的时候，我们也已经把一切科目的借方科目都计算完毕了。④ 所以，按对应科目分类加算各科目发生额的时候，我们只要计算借方或贷方一个方面，用不到计算两个方面。我们通常应用的方法是以贷方为主的方法，这就是以棋盘式总账的各列为主加算对应科目的分类数字，各列填完了，各行自然也填完了。

上述加算工作的头绪较繁，为了避免错误起见，在加算过程中要应用以贷方为主的汇总记账凭证。例如，用前例中的原材料科目的贷方发生额，并且已按对应科目算出它们的借方发生额等。

汇总收款凭证、付款凭证及转账凭证

上面所介绍的汇总记账凭证只有一种，应用这种方法，所有收款凭证、付款凭证及转账凭证一律通过这种以贷方科目为主的汇总记账凭证填入棋盘式总账。但是，通用记账凭证既有三种，汇总记账凭证也可相应地分成汇总收款凭证、汇总付款凭证及汇总转账凭证三种，不过汇总记账凭证分成三种以后：

（1）每一时期的汇总收款凭证及汇总付款凭证不过两张（库存现金及银行存款），汇总转账凭证则张数很多（因为每一个总账科目都要填制一张）。

(2)汇总转账凭证一律以贷方为主。汇总付款凭证实际上也是以库存现金及银行存款两科目的贷方为主的汇总凭证,但汇总收款凭证则是以库存现金及银行存款两科目的借方为主的汇总凭证,和全部汇总凭证的体例并不一致。

为了使棋盘式总账每一格内只有一个数字,不要有两个数字起见,可以这样来解决体例不一致的问题:在汇总收款凭证编成后,把汇总收款凭证内各科目的贷方发生额,分别填入各该科目的汇总转账凭证内(我们当然记得它们都是以贷方发生额为主的),这一行的对应科目则填明为库存现金或银行存款。然后,根据全部汇总凭证(汇总收款凭证除外),按列填入棋盘式总账。

棋盘式总账和联合日记账总账的合并应用,订本总账的应用

在棋盘式总账内,各科目的借方发生额是它们的行上的总和,贷方发生额是它们的列上的总和,借、贷发生额并不靠拢在一起,因此,各科目的余额的计算也不方便。解决这个问题的办法是,在棋盘式发生额的右端,添设借、贷发生额及借、贷余额四栏,以便集中借贷方发生额在一行上;同时,连同上期各科目余额和本期发生额,直接计算本期余额。

应用棋盘式总账后,倘使仍要保留订本总账,当然是毫不困难的。这时候,总分类账的记录,可以① 根据汇总记账凭证过账。或② 根据棋盘式总账过账。但当总分类账和明细分类账已经截然划分,任何总分类账科目内的具体业务记录已在明细分类账内分户立账以后,总分类账的作用只限于抽象的数字统计,订本总账的内容和棋盘式总账实际上互相重复,可以省略。参见后章"以表代账"一节的讨论。

以贷方科目为主的转账日记账

上述方法,各科目贷方发生额及其对应科目的借方发生额,一律根据记账凭证直接加算。如果记账员加算的正确性是有保证的,并注意复算,不会有计算错误,各科目的汇总凭证和棋盘式总账也不会发生错误。但是,我们也应该注意,这种办法还留下了下列两个问题应加考虑。

(1)记账凭证虽然是序时记录,它究竟是单张式的序时记录。倘使事后要

了解某一笔会计分录对应两方的科目、事由等等,必须逐张翻阅订成一本的记账凭证,以便找出记录了这笔会计分录的记账凭证来。倘使记账凭证填制完毕,逐笔会计分录仍按时间发生次序记入某种账页式的"日记账"内,事后检查,必定比较便利。

(2) 对于现金及银行存款收付业务而言,上述账页式的序时记录本来必不可缺,这是因出纳员办理收付中,倘使不记现金日记账及银行存款日记账,无法随时了解现金及银行存款余额(参见上章"记账凭证制度下最简单的记账程序"一节)。现金日记账及银行存款日记账的性质,实质上固然不过是总分类账内现金及银行存款两个账户的独立设立的账簿,但是,它们是按业务发生次序记账的,所以,还是账页式的序时记录;和现金及银行存款收付无关的转账业务,也可以设立同样的、不作为过账根据的序时记录,使之起同样的检查和查阅作用。

前节,我们曾介绍过以贷方科目为主的汇总记账凭证,如果我们把这种记账凭证的方法扩大应用,设立以贷方科目为主的转账日记账,逐笔登记每一张转账凭证的会计分录,并利用专栏的方法,计算它们的对应科目的借方总数,那么,这种转账日记账也就成为不作为过账根据的序时记录,和现金及银行存款日记账相同。同时,这种转账日记账仍旧保持了汇总记账凭证的作用,因为从每一张以贷方科目为主的转账日记账上,可以加算出各科目的贷方发生额和它们的对应科目的借方发生额,可以据以填制棋盘式总账。

应用这种转账日记账以后,汇总记账凭证是用不到了。因为这种转账日记账实质上就是序时记录化了的汇总记账凭证。

在这种制度下,一切现金及银行存款的收款业务,应该分别计算它们对应贷方科目的总数,逐笔填入以贷方科目为主的转账日记账内,理由已见前节,不详论。

凭单日记账制度①

财政部制订的《国营企业会计凭证、账簿的格式和使用办法(草案)》(下称

---

① 这一节,不过为本章逻辑结构的完整而作,教学上可以删除不予讲解。

《办法》)规定的凭单日记账制度中的凭单日记账,原则上和上节所说的,以贷方科目为主的转账日记账是一致的,但《办法》中列举的13种凭单日记账,并非一律以贷方科目为主,而是结合了会计报表编制的要求,一般"按贷方科目分别设置,但是有的凭单日记账只登记一个科目的贷方发生额,有的可以登记几个性质相同或互有联系的科目的贷方发生额",其中生产费用凭单日记账(第五号)更为复杂。这里只简单指出一点,即应用棋盘式总账以后,各科目借、贷方发生额的对应科目数额既已不难查明,像生产费用表这样的会计报表也不难根据棋盘式总账编制,日记账的过分复杂化,不免会延迟结账的时间,似乎是并不必要的。

第十七章　凭证和账簿制度的讨论①

概说

第十章至第十六章，介绍了凭证和账簿制度②中的诸问题，其中除第十四章所论业务凭证制度设置的原则，通用于任何账簿制度而外，各章所介绍的记账凭证及账簿制度，实际上并不是遵循一条线索发展下来的东西，而是代表了几条不同的线索。弄清楚这几条线索在原则上的区别，对于晚近我国会计界所发生的几个重大问题的讨论，似乎不无帮助，对于企业会计制度设计中的几个重要原则，多少也可以有所澄清。

业务凭证、记账凭证和序时账簿、分类账簿

凭证、账簿体系中是否应用记账凭证，代表了两个不同的原则，决定了账簿体系的两条发展线索。

本书第十一至第十三章所介绍的凭证、账簿体系，直接根据业务凭证（原始凭证）登记序时账簿（日记账及特种日记账），不用单张式序时记录的记账凭证，只有无原始凭证的经济业务，才由记账员填制记账凭证，经签证后入账。在这种制度下：

（1）凡借方或贷方发生次数频繁的科目，不论是否是控制账户，一律经过

---

① 本章及第十八、十九章，供讨论及参考之用，教学中可删除不予讲解。
② 凭证及账簿制度，有些会计学家称之为"会计核算形式"。本书摘自财政部《国营企业会计凭证、账簿的格式和使用办法（草案）》内的用语，称为"凭证及账簿制度"。

特种日记账,或日记账的专栏汇集总数过账。反过来,因为特种日记账及专栏的设置,仅限于发生次数频繁的科目,发生次数并不频繁的科目,则仍逐笔记账,逐笔过账。所以,在这种制度下,总分类账和明细分类账不能截然划分,不用每一个科目都要在总分类账及明细分类账重复设户。

(2) 一切原始凭证,除领料单等纯系内部凭证,可以作为明细分类账过账的根据而外,其余一概不作为过账根据之用。总分类账及明细分类账的全部记录,原则上一律要根据序时账簿过账。

由此可知,凡是不用记账凭证的凭证、账簿体系,客观上形成了以下情况:① 必定要保有订本式的序时账簿。② 必定要保有订本式的总分类账。因为总分类账和明细分类账并不截然划分,所以,除控制账户而外,总分类账内各账户必定要记入具体业务记录。如违背以上两点,全部会计记录必将陷入无可收拾的混乱状态。对此我们必须予以充分注意。

本书第十五章介绍的记账凭证制度,是我国企业会计当前通用的一种制度①。按照这种制度,① 任何经济业务都先填制了记账凭证也就是单张式的序时记录,分类账簿及明细分类账簿的记录,现在是根据记账凭证过账的。② 有了这种单张式的序时账簿,客观上总有一种直接根据它加算总分类账科目发生额总数,借以节省总分类账过账工作的倾向。③ 由是,总要导致总分类账和明细分类账的截然划分。④ 达到了这一步,总分类账的内容,就变成为抽象的数字控制,于是订本式的总分类账实际上成为多余的东西,而要用联合日记账总账来代替它。在这里,关键之点在于记账凭证是单张式的序时记录,只要我们应用了记账凭证制度,序时账簿及分类账簿的结构总不免发生通盘的变化。在这种制度下要保持日记账、特种日记账制度下的序时账簿和分类账簿的结构原

---

① 我国企业会计通用记账凭证制度的历史原因有二,第一,我国开始应用"新式簿记"(这是 20 世纪 30 年代我国会计界的习惯用语,它一方面指复式簿记方法,一方面也指相对于用毛笔竖写的"旧式簿记",应用钢笔横写"洋纸"的账簿表报而言)的是银行,而我国银行会计制度则一开始就仿照明治维新后日本银行的会计,应用了记账凭证制度(当时称为"传票"制度)。我国民族资本主义工商业兴起较晚,应用"新式簿记"更晚。当民族资本主义企业开始采用"新式簿记"时,主要的学习对象是银行,结果,记账凭证制度也就盛行于工商企业。第二,中华人民共和国建国以后,有一个时期在会计上大力学习苏联,而苏联的会计实践中也普遍应用了记账凭证制度。长期的传统和会计法令的规定两者交互影响,记账凭证制度就成了一种极普遍的制度。

第十七章　凭证和账簿制度的讨论

则,事实上是不可能的。

当然在记账凭证制度下,可以在单张式的序时记录之外,设立现金日记账、银行存款日记账及转账日记账等账页式的序时账簿。但是,这种序时账簿已经不再是分类账簿过账的根据;分类账簿,至少明细分类账簿绝不根据这种序时账簿过账。总分类账各科目发生额总数,可以凭借这种序时账簿来汇总。但要做到这一点,必须按科目分设账页,还要广设专栏,事实上直接根据记账凭证加算要方便得多,用不着用这种十分繁复的办法来做这项工作。所以,在记账凭证制度下的序时账簿,不过为便于事后查考而设,它不再是分类账过账的根据。

"以单代账"问题

由此可知,记账凭证制度,在原则上是以单(记账凭单)代账(序时账簿)的制度。不过,记账凭证所能代替掉的,是账页式的,作为分类账簿过账根据的序时账簿,而这种代替是无害于会计记录的完整的,因为记账凭证本身就是单张式的序时账簿。应用记账凭证后,不用账页式的序时账簿,也有不方便处(不便事后查阅),所以仍可规定要有这种序时账簿,但客观上它总不再能够成为过账根据。

记账凭单制度决不能代替分类账簿。倘使只有记账凭单,连分类账簿也取消掉了,事实上也就没有了会计了。

由此可知,如果要在原则上不许以单代账(序时账簿),必须不用记账凭证制度,而要用日记账及特种日记账制度。我国旧式簿记的传统,着重账簿记录,不用记账凭证,甚至也不重视业务凭证。农村中这种传统还部分保存着,一个农业生产队的会计,也可能无法取得完整的业务凭证,更难要求一律应用记账凭证。在这种情形下,肯定账簿的作用,不许用凭证代替序时账簿,严格规定分类账簿要一律根据序时账簿过账,确实有其必要。我国会计法令规定,国营企业、机关事业单位必须应用记账凭证,但本书第十一至第十三章仍旧介绍了日记账及特种日记账制度,就是因为这种制度在我国仍有广泛应用的余地,学习会计的人仍有必要熟悉这种制度的原则,以期因地制宜,灵活应用。

"以表代账"问题

本书第十五章介绍的联合日记账总账,以全部总账科目的发生额及余额对照表,代替了订本式的、分户设账的总分类账,是不是违反了不得以表代账的原则,也是值得讨论的。

在这里,关键是:① 是否应用了记账凭证。② 从而一切总分类账科目,是否都已经在明细分类账设户登记了它们的具体业务记录,总分类账是否已经抽象化为纯粹的控制数字。我们知道,和具体业务有关的分类账簿,以明细分类账户为其基本单元。倘使一切科目都设立了明细分类账户,无论查考对外经济关系或对内经济责任,无论检查账实是否相符或账账是否相符,都可以各类明细分类账户为根据,总分类账各科目发生额及余额,只起控制作用和综合计算作用,表单式的总账恰恰毫无缺陷地起了这两种作用,所以订本式总账是可以废除的。

由上讨论,又可知,能够以表(表单式总账)代账(订本式总账)的账簿体系,必须① 应用记账凭证制度。② 总分类账和明细分类账截然划分。缺乏以上两个条件,总分类账不能限于"抽象"的控制数字,还留有一部分账户记录具体数字,这时候而要以表代账,必定要变成局部的"无账会计",而这显然是十分危险的。

反过来说,如果具备了上述条件,即使不以表单式总账代替订本总账,订本总账所起的作用和表单式总账完全相同,毫无增添。这时候,继续用订本总账,不过徒然耗费一些可以节省的劳动而已。

正确的"以单代账"或"以表代账",可以节省记账工作的工作量,可以减少不必要的重复劳动,可以节约人力,减少会计工作的成本。一个企业的会计人员或会计机构的主要工作,应该是综合分析企业的经济活动,检查监督账账相符、账实相符,通过会计这个工具做好增产节约的参谋工作,会计记录当然应力谋完整严密,但重复劳动于会计记录的完整严密实际上并无贡献,所以应力求避免。

但是,记账凭证制度或联合日记账总账制度要求较高的会计技术和比较严密的管理制度。小规模企业，尤其农村生产队等缺乏条件的，不宜使用。会计工作人员在制定或选用具体制度上，对此是不能不再三注意的。

棋盘式总账和凭单日记账制度

20 世纪 50 年代中期，由苏联介绍过来的凭证、账簿制度，贯通了另一条线索，即总分类账的借贷方发生额，要分类统计它的对应科目的数额，而这又是苏联式凭单日记账的渊源。说得具体一点，就是：

（1）苏联早期（1928～1930 年间形成的）"记账凭单形式"①的特点是：① 每一笔经济业务，填制一张记账凭证。② 总分类账的各账户是"监督对照表"，即要统计各账户借、贷方发生额按对应科目的分类数字。③ 明细分类账簿是具体业务记录。④ 任何记账凭证都要用平行过账法过入总分类账及明细分类账两者。

（2）苏联 20 世纪 50 年代大力提倡的"凭单日记账"，是① 根据原始凭证登记日记账（"累计明细表"），记账凭证是根据凭单日记账累计的数字编制的。② 凭单日记账所节省的劳力有两种，第一种是减少了记账凭证的编制；第二种是减少了总分类账的平行过账。在这种制度下，凭单日记账每一个月一次累计总数，凭以编成记账凭证，凭以过入订本式总账。③ 订本式总账原来要分别计算借贷方发生额的对应科目分类数额，凭单日记账，实际上是各种设有专栏的特种日记账，它不仅能直接反映这些数据，而且直接根据编制会计报表所要求的科目对应关系设立账册和专栏，所以订本式总账改得十分简略，实际上等于废除，而棋盘式发生额对照表也已不再需要。

由此看来，分类按对应科目统计总账各账户借、贷方发生额，是贯通凭单日记账的一条线索。按对应科目分类统计总账各账户的借、贷方发生额，凭以填制棋盘式总账，这是苏联会计实践中的有益因素，已为我国企业会计所吸收，成为凭证、账簿体系中的一个重要组成部分。但是，以上第一种制度下的平行过账法，和按对应科目设立专栏的总分类账账页格式，实际上我国会计实践中从

---

① 前引马卡洛夫等《会计核算原理》第四十七节。

未采用。第二种制度下的凭单日记账,财政部制定的《国营企业会计凭证、账簿的格式和使用办法(草案)》中的规定,比之苏联原制度已作了下列两点修改:

(1) 凭单日记账及其补助记录已大加简化。

(2) 凭单日记账已经不是根据原始记录登记的,而是根据记账凭证登记的。

但是,既然① 每一笔经济业务都要编制记账凭证,直接根据记账凭证,或间接根据以贷方科目为主的转账日记账加算按对应科目分类的各科目贷方发生额已不困难,结构繁复的凭单日记账其实已无必要。② 既然棋盘式发生额对照表根据记账凭证填制,我们完全可以改变它的性质使之成为棋盘式总账。棋盘式总账可以完整地反映一切科目借、贷方发生额按对应科目的分类总数,我们就不必从会计报表编制的方便出发来规定繁复的凭单日记账制度。吸收棋盘式总账,把棋盘式总账和记账凭证制度融合在一起的结果,实际上不能不排除凭单日记账制度。我国许多企业的会计人员事实上已经发展出来了这样一套制度。(见第十六章)

财政部制定的《国营企业会计凭证、账簿的格式和使用办法(草案)》,没有列入棋盘式总账,但比较详细地规定了凭单日记账制度。如何总结并提高我国会计实践中的经验,使之更条理化、系统化,并反映在会计法令中,似乎还有待会计领导机关的倡导和会计界人士的努力。

第十八章　复式记账法的数学解释

复式记账法是一种数学方法

本篇以前各章,在说明企业会计的账户体系、凭证、账簿体系时,前后虽一贯贯穿了复式记账法(也可称复式簿记),但对这种方法本身的性质,还没有加以系统的讨论。复式记账法渊源于中世纪西欧商人的记账、盘点存货、计算利润的实际经验,后来巴栖奥里在他的著作中加以叙述才开始成为系统化的方法,并随资本主义的发展而逐步完善。社会主义会计的基本方法也是复式记账法,和资本主义会计方法实质上毫无不同之处,我国许多会计学家曾作了很多努力,企图区别复式记账法中的阶级性和技术性两者[①]。实际上复式记账法是一种纯粹的数学方法,方法本身并不包含什么阶级性的因素在内。不仅如此,复式记账法固然起源于资本主义企业,在社会主义社会中,企业也是最重要的会计单位,不但可以而且应该运用会计这种工具的,决不限于企业。任何单位的经济内容虽各不相同,各类会计的基本方法则都是复式记账法。为了弄清楚复式记账法的实质,必须舍去不同单位的经济内容,使之还原成为纯粹的数学方法。反过来,认真弄清楚复式记账法这种数学方法,也必定有助于它之应用

---

① 马克思在《资本论》第三卷第四十九章曾指出,在社会主义社会内,"价值决定在这个意义上仍然有支配作用:劳动时间的调节和社会劳动在不同各类生产间的分配;而和这各种事项有关的簿记,会比以前任何时候更为重要"。马克思所说的簿记,即本书所称的会计。

本章所论,不是会计在社会主义经济中的重要性,关于这方面的讨论,已经分别详述于有关各章之中。本章所要证明的是,复式记账法,纯粹是一种数学方法。

于不同单位的不同的经济内容。

账户体系和矩阵

本书第十六章曾指出,棋盘式总账就是数学上的矩阵。读者在熟悉棋盘式总账的应用之后,容易了解:

(1) 任何单位的会计,不论其经济内容如何,它的根本结构是账户体系。

(2) 任何单位的会计,在一个时期内,全部账户的发生额,就是一个矩阵中的诸元素。账户体系中的每一个账户,各占这个矩阵的一行和一列,这个矩阵是 $n \times n$ 的方矩阵,n 的值,取决于账户的多少。

账户的基本单元是明细分类账户,总账科目已经是按明细分类账户的经济性质合并归类了的类别名称。就这点来说,由一个会计单位的账户组成的矩阵,可以是 50×50 的方矩阵,也可以是 $10\,000 \times 10\,000$ 的方矩阵,n 的值,并没有什么限制。但由已经分类归并的总分类账科目组成的矩阵,n 的值一般不会超过 200。

(3) 为了说明的方便起见,我们重复举例于后。

假设某个企业账户体系只有四个科目,棋盘式发生额对照表即矩阵的结构如图表 18-1 所示。

图表 18-1   棋盘式发生额对照表

	A	B	C	D	∑
A	(AA)	(AB)	(AC)	(AD)	
B	(BA)	(BB)	(BC)	(BD)	
C	(CA)	(CB)	(CC)	(CD)	
D	(DA)	(DB)	(DC)	(DD)	
∑					

每一个科目,ABCD 各占一行和一栏(列)。除 ∑ 代表每行每栏(列)的总数外,共有 16 个空格,每一个空格都是行与列的交叉点,可以填一个数字,我们称之为这个矩阵的元素,用(AA)(AB)……表示。我们对每一个元素所作的标记,把交叉点上代表这一行的科目列在前面,代表列的科目列在后面。

第十八章 复式记账法的数学解释

每一次经济业务的数值,就是矩阵中的一个元素。每一个元素都是行和列的交叉点,所以每一次经济业务必定涉及行上的一个科目和列上的一个科目,没有任何例外。

(4) 为了记账的前后一贯起见,我们应该规定每个科目的行和列记录什么内容。我们只要规定一个科目或一类科目的行和列记些什么,其他科目行和列的内容就容易推定。譬如,我们规定现金科目的行记收入或增加,列记付出或减少,可以由此推定原材料的行记增加,因为这是和现金的付出相对应的,由此推定原材料的列记减少,由此推定费用的行记增加,如此可以推定任何科目的行和列的内容。

(5) 因为① 每一个科目都占一行和一列,所以每一个科目都容易得到行的总和和列的总和,我们知道这就是每一个科目的本期发生额。② 因为每一行和每一列的总和都是根据同样诸元素加出来的,所以,各行和各列总和的合计数是自然相等的。

复式记账法的记账规则就是矩阵的规则

本书第三章说明复式记账法的基本规则是:① 每一次经济业务必须记入两个科目的相反两方。② 习惯上把这相反的两方称为"借方"和"贷方"。③ 全部账户的发生额总和应该相等。④ 全部账户的余额应该相等。我们当时对于两重(复式)记账法和恒等关系的解释,都推溯到经营资金平衡表左右两方的恒等关系,而经营资金平衡表则是企业特有的会计报表,企业以外的会计,就无所谓经营资金平衡表,所以这种解释,对于企业以外的各类会计是不适用的。现在我们知道,任何单位的会计,不论账户体系的经济内容如何,一定时期内全部账户的发生额无非就是矩阵中的诸元素,而矩阵中任何元素又一定是某一行和某一列的交叉点,从而一定构成为甲账户的行的总数和乙账户的列的总数的一部分,从而各行总数和各列总数的总和一定相等。这样看来,复式记账法的"有借必有贷,借贷必相等",不过是矩阵的规则,所谓"借"、"贷",不过是矩阵中的行与列的另外一种表述用语而已。于是,复式记账法,就其为纯粹的方法而言,并非某种经济计算所固有的方法,而是可以通用于不同经济内容的数学方法。

账户

任何会计，都要利用账户体系对全部经济活动作综合的计算，又要利用每个账户对各项经济业务作分类的计算。个别账户集合起来组成为账户体系，整个账户体系却不能代替个别账户的作用，两者各有功用，不可偏废。

从历史发展过程来说，分户立账这种方法，比复式记账法更为古老。我们知道，采用分户立账方法而不按复式记账法规则记账的簿记，在西欧称为单式记账法（或称单式簿记），我国的旧式簿记也是单式簿记（参见次章）。复式记账法吸收了分户立账的方法，它使个别账户内记账的方向，服从矩阵规则。但就个别账户本身而论，只有增加、减少及余额三者的平衡关系，这个平衡关系必须满足下列等式：

$$余额_1 + 增加 = 减少 + 余额_2$$

这里余额$_1$表示期初余额，余额$_2$表示期末余额，至于增加及减少记在左方或右方，完全是随意的。矩阵规则决定个别账户的增加及减少处在行上或列上（左方或右方；"借"方或"贷"方）。但就个别账户本身而论，有关系的还只是它的增减或余额，行或列，左方或右方（"借"方或"贷"方）不过是使它本身组织到账户体系中去所必要的，别无其他意义。

由此可知，个别账户内余额和增减间的平衡关系，是全部账户体系内左方和右方发生额的平衡关系以外的另一种关系，两者性质不同，不可混淆。

"借"、"贷"是记账符号

"借"、"贷"两字的最初起源，就是尚未形成复式记账法以前的分户立账中，用以标志各账户内增减项目记账方向的符号。借方，是指债权的增加，贷方，是指债务的增加。这时候，借贷两字和复式记账法中全部账户体系的左右平衡，还没有发生什么关系。这时候，"借"、"贷"两字虽已作为个别账户左右方的符号，整个簿记方法还是单式记账法。单式记账法发展为复式记账法，和人类历史上许多重大发明一样，是由实际经验逐步积累而成的，由此发展出来的规则带有极浓厚的经验记述性质（"一借一贷"、"借贷相等"），它无力区别整个账户体系发生额的平衡,和个别账户发生额和余额间的平衡的不同性质,而且把只适用于借主、贷主的用语推广到和借主、贷主全无关系的一切账户上去,变成指示矩阵内行和列的位置的符号。借助于矩阵代数的解释,我们才能严格区别这两者,指出它们的不同性质,而在了解这一点之后,我们也就能够肯定,现在复式记账法中所用的"借"、"贷"两字,不过是矩阵内行与列在会计中的应用,它本身不过是一种符号,除此而外,更无其他意义。

复式记账法的经验记述性质,使所谓"借贷理论"长期来带有半神秘的色彩。数百年来,直到本世纪初期为止,欧美资产阶级会计学者解释"借"、"贷",还用所谓"拟人理论",即把物质财富、货币资金、费用收益,一律解释为虚拟的债权人和债务人,把全部账户解释为实在的或虚拟的"人欠"、"欠人"账户,即使如此,这种理论在解释何以每笔会计记录必须借贷相等时,还只能出于牵强附会之一途。复式记账法实质上是一种纯粹数学方法,这一点之所以长期不为人所了解,这也是原因之一。

有余额结转下期的账户和无余额结转下期的账户

全部账户一般可分为:① 有余额须结转下期的账户。② 无余额毋须结转下期的账户两类。物质财富、货币资金、债权、债务等等都是有余额须结转下期的账户。会计要"管家务",要利用各个账户的余额监督账账相符、账实相符,所以,它总有一部分账户余额要结转下期。不发生余额结转下期的账户,是反映经济业务的过程的账户,这在企业为费用、成本和收益,在机关事业单位为经费支付,在总预算会计为预算收支,每一期末,这些账户都要结清,并把它的净余额归并到前一类(有余额结转下期的)账户中去。

由于矩阵内行和列的总和相等,结转下期的科目,必定由① 行的总和大于列的总和的科目。② 列的总和大于行的总和的科目,这两者所组成,而且两者必定恒等。用我们熟悉的用语来说,有余额结转的科目,一部分有借方余额,一部分有贷方余额。令 A 代表借方余额的总和,令 B 代表贷方余额的总和,则 A 恒等于 B:

$$A \equiv B$$

终结等式和原始等式

任何一类会计都有继续性,所以,上述恒等式既是某期期末的等式(终结等式),又是下期期初的原始等式。

原始等式不是本期发生额,矩阵只列本期发生额。凡有余额结转的诸账户的平衡公式中:

$$余额_1 + 增加 = 减少 + 余额_2$$

余额$_1$ 包括在原始等式中,增加及减少(发生额)包括在矩阵中,余额$_2$ 包括在终结等式中。所以,终结等式是合并原始等式和矩阵中这些账户的发生额两者而得到的等式。

正因为如此,任何种类的会计,倘使以前没有按复式记账法记账,现在开始要用复式记账法记账,必定要把一切有余额的科目,"凑成"这样一个恒等式。就这一点来说,这个恒等式可以说是两重记账方法(复式记账法)的原始根据(本书第二章,曾把经营资金平衡表左右两方的恒等关系作为复式记账法的原始根据)。但是,倘若我们追究为什么复式记账法必定要有一个原始等式作为它的出发点,我们还是一定要追究到矩阵规则上去。因为,倘使我们不按矩阵规则来构成全部记账规则,我们尽可以有期初余额的账户,却不一定要求这些账户之间保持恒等关系。但如果它们不保持恒等关系,相反方向互相平衡这个原则就没有完全贯彻。因为在这种情形下,全部账户体系的逐期发生额左右(借贷)方是恒等的,它们的余额却不是左右(借贷)恒等的。这种情形必须避免,所以终结等式的恒等关系(矩阵规则已经预定了这种关系),必须贯彻到原始等式中去。

复式记账法的三个要素

归纳以上所述,可知复式记账法是由下列三个要素构成的:

(1) 为每一个科目分户立账的账户,在矩阵中各占一行和一列。一切账户的本期发生额,都是这个矩阵中的元素。

(2) 个别账户的余额和发生额的关系,是一种单纯的增减关系。但个别账户的增减发生额在矩阵中是处在行或列的地位,取决于整个矩阵的规则。

(3) 集合有余额结转下期各账户余额的终结等式,这个终结等式也就是原始等式。任何终结等式是合并原始等式和本期发生额两者而得到的,但处在等式左右两方的恒等关系,则是由矩阵规则决定的。

在以上三个要素中,决定复式记账法的全部规则的是第一个要素,即矩阵。

复式记账法的通用性

以上三个要素,都具有纯粹数学的性质,和任何单位(企业、机关、事业单位、总预算等等)会计的经济内容毫无关系。反过来说,作为纯粹数学方法的复式记账法可以适用于具有不同经济内容的各类会计,会计家为各类会计设计账户体系,实际上就是在这套纯粹数学方法中"灌入"不同的经济内容,使它成为特定经济目的而作综合计算和分类计算的一个计算体系而已。

第十九章 收付记账法

讨论收付记账法的必要性

迄今为止,我们在介绍复式记账法中所用的符号,应用了"借贷"这一组名词,我们对于复式记账法的历史发展过程的介绍,也偏重于说明西欧的情形。我国有古老悠久的文明,会计的历史可以上溯到 2000 年以前,那时"借贷记账"尚未创立,我国皇室、地方府库及私人营业已经形成一套记账方法,因为这套方法来自府库收支账目,所以习用的记账符号是"收付"而不是"借贷"。现在,国营企业、机关、事业单位,各级总预算及银行系统的会计,记账符号虽然都已经用了"借贷"这一组符号,农村生产队的会计仍然习用"收付"符号,城乡广大群众对"借贷"这一组符号也还不免感觉生疏。因此,直到最近时期,我国会计界仍有废除"借贷",代以"收付"的主张。"借贷"、"收付"的区别,固然不外记账符号的区别,但"收付记账法"的最初渊源和以矩阵规则为基础的复式记账法既有不同,一般泛称为"收付记账法"的这种方法,也就不免包括:① 名词符号问题。② 方法的实质问题两者在内。学习会计的人,对于我国旧有的记账方法绝不应该茫然无知,而在会计制度中如何因地制宜地利用广大群众所熟悉的用语,也绝不是一个无关重要的问题。因此,本章准备自现金收支分类会计的介绍开始,说明"收付记账法"的内容,它和以矩阵规则为基础的复式记账法的共同之处,以及包括在"收付记账法"这个一般名词内各种不同的含义,同时也多少涉及"借贷"、"收付"这两组记账符号的讨论,以供读者参考。

收付记账法的渊源——收支分类会计

收付记账法的渊源,是封建皇室及地方府库的记账实践。这种记账实践的历史当然极为古老,现在我们所知道的,用数学公式来集中概括的方法始于宋代。宋代以来,府库收支报告称为四柱清册,四柱即"旧管"、"新收"、"开除"、"实在",列成数学公式,则为:

$$旧管+新收=开除+实在 \quad\cdots\cdots\cdots\cdots\cdots\cdots\cdots\cdots\cdots (1)$$

这个公式,和上章指出过的个别账户发生额和余额间的等式,即:

$$余额_1+增加=减少+余额_2 \quad\cdots\cdots\cdots\cdots\cdots\cdots\cdots\cdots\cdots (2)$$

是完全一致的。这个公式,在复式记账法中是个别账户的发生额和余额间的等式,而不是全部账户体系自行平衡的公式。但是,按照这个公式,我们仍然可以建立一个完整的科目、账表体系,在其中,我们可以:

(1) 设立一本现金日记账(旧称"银钱流水账")逐日记录收支业务。

(2) 设立一本分类账,按收支项目分类立户①。

(3) 月、季、年末,报告府库收支的会计报告("四柱清册")内容,仍然是公式(1)或(2)所表明的内容,不过"新收"、"开除"两项,已是各个收入分类科目及支出分类科目某一期间的发生额。令 B_1 代表"旧管",$\sum R_i (i=1, 2, 3, 4, \cdots, n$。下同)代表各个收入分类科目某一期间内发生额总和,$\sum D_i$ 代表各个支出分类科目某一期间发生额的总和,B_2 代表"实在",那么,四柱清册的全部内容可以下列公式代表:

$$B_1 + \sum R_i = \sum D_i + B_2 \quad\cdots\cdots\cdots\cdots\cdots\cdots\cdots\cdots\cdots (3)$$

可见,四柱清册这种会计报告的内容,仍然不出"个别账户"余额及发生额的范围。所以,收支分类会计,是以现金收支为中心,设立收支分类科目,并借以编成收支分类报告的一种会计。这种会计的报告是现金收支分类报告("四柱清册"),现金的期初、期末余额都要列入这份报告,然后这份报告才能达到平衡的结果。

---

① 读者试设想,个人或家庭如果要详细记录收入支出,以便比较每个月家庭收支情形时,怎样把收入分为工资收入,公债本息收入,其他收入;把开支分为食品、服装、房租、娱乐、子女教育费等科目,就可以设想府库收支分类科目如何设立。府库收支分类科目名称,当然是取决于当时的"典章、制度"的,因为和我们当前讨论的问题无关,不再引证史料加以说明。

现金收支分类会计转化为依矩阵规则立账的复式记账法体系

收支分类会计可以转化为矩阵,由下述举例,读者可知收支分类会计和以矩阵规则为基础的复式记账法的基本区别之点。

我们假定,在一个收支分类会计中收入科目只有两个(R_1、R_2),支出分类科目也只有两个(D_1、D_2),某一期间这两个科目的发生额如下列矩阵所列数字(见图表19-1)。

图表19-1　　　　　　收支科目发生额　　　　　　单位:元

	现金	R_1	R_2	D_1	D_2	$\sum$
现金	0	500	600	0	0	1 100
R_1	0					0
R_2	0					0
D_1	300					300
D_2	700					700
$\sum$	1 000	500	600	0	0	2 100

在上列矩阵中,每一笔现金收支仍然是某一行和某一列的交叉点,仅就这点而言,它是两重记账法无可怀疑。但是,我们必定又要注意,在上列矩阵内,现金科目只有本期发生额。在现金科目的本期发生额中:

收入 1 100－支出 1 000＝现金科目本期收支差额 100

这个数字既非"旧管",也非"实在",而是$\sum R_i$减除$\sum D_i$后的差数。"四柱清册"所列的数字,除$\sum R_i$及$\sum D_i$而外,则还必须加入"旧管",才能得出"实在"。就这一点来说,现金收支分类会计,和上章所说的同时包括了三个要素的复式记账法相比,显然缺少了一个终结等式及原始等式。

要把终结等式或原始等式加进上述会计体系中去,必须加设一个"收支剩余额"科目,每期期末将收支分类科目的发生额转入这个科目,这时候,上述矩阵将变为下式,见图表19-2。

第十九章　收付记账法

图表 19－2　　　　　　　　　　　　　　　　　　　　　　　　　　　单位：元

	现金	R_1	R_2	D_1	D_2	收支剩余	Σ
现金	0	500	600	0	0	0	1 100
R_1	0					500	500
R_2	0					600	600
D_1	300					0	300
D_2	700					0	700
收支剩余	0	0	0	300	700	0	1 000
Σ	1 000	500	600	300	700	1 100	4 200

在上列矩阵中，R_1、R_2、D_1、D_2 各科目行和列相等，没有余额结转下期，现金科目行大于列 100 元，收支剩余科目列大于行 100 元，两者恰恰相等，即：

$$现金科目本期收支差额 100 = 收支剩余 100$$

如果期初现金并无余额，上述等式就是下期期初的原始等式。如果期初现金有下列余额：

$$旧管 500 = 以前各期收支剩余 500$$

则终结等式必须合并原始等式及本期发生额两者，成为：

$$旧管 500 = 以前各期收支剩余 500$$
$$\underline{+本期现金收支差额 100 = 本期收支剩余 100}$$
$$结存 600 = 历期收支剩余 600$$

但是，按照上面的办法，收支分类会计的等式：

$$旧管 + 新收 = 开除 + 实在$$

已分解为以下三个公式：

$$旧管 = 前期收支剩余数 \cdots\cdots\cdots\cdots\cdots\cdots\cdots\cdots\cdots\cdots (1)$$

$$\Sigma R_i = \Sigma D_i + 本期收支剩余数 \cdots\cdots\cdots\cdots\cdots\cdots (2)$$

$$实在 = 前期收支剩余数 + 本期收支剩余数 \cdots\cdots\cdots (3)$$

合并简化上述三个公式中的(1)、(3)两式，得下列恒等式：

现金结存＝收支剩余数

前章我们曾指出,任何并非复式记账法的会计体系,要开始采用复式记账法,必须将实有物质财富、货币资金等等"凑成"一个原始等式。这件事何以是必不可少的,上例已经说明了它的原因。由此又可以知道,在复式记账下,收支过程是和"旧管"、"实在"分隔开来自求平衡的,"旧管"、"实在",则有赖于添设一个"收支剩余"科目(这是一个概括历来的收支剩余结转余额的科目),以便和当期的收支分隔开来自求平衡。把两者分隔开来各自求得平衡,而不是从个别账户(现金账户)余额和发生额间平衡关系的等式出发来建立整个账户体系之间的平衡关系,有一种极大的好处,即可以把"银钱收付"及各式各样的"实物收付"综合在一个账户体系之内,而这是收支分类会计所办不到的。

封建皇室及其地方府库,事实上不止一个现金府库,在现金府库之外,还有粮秣府库、绢帛府库、什物府库等等。收支分类会计方法,以及四柱清册式的会计报表,适用于现金府库,也适用于一切实物府库。但在这种情形下,报告实物府库收支的四柱清册中,计量单位是实物单位,现金收支报告和各种实物收支报告单位既然不一致,也用不到把各种收支综合表现在一个科目账表体系中[①],所以他们尽可以建立许多个收支分类会计,却用不到建立一个综合各类收支的复式记账法。但是这种方法,对于兴起于封建时代的早期商业资本而言,显然是不适用的。在商业资本循环中,既有"银钱收支",又有"实物收支",两者又必须统一以货币单位计量,才能计算成本利润。因此我国早期商业资本应用的旧式簿记,在形式上虽然袭用收付记账法,但在实质上和四柱清册式的收支分类簿记完全不同,这一点必须略加说明。

旧式商业簿记

旧式商业簿记的记账方法约略如下:① 旧式商业簿记的日记账("流水账")和分类账("清账"或"分清账")一律分为上下两方,上方记收,下方记付,

---

[①] 这当然是按封建时代的财政管理而言。资本主义的兴起,使财政中的实物征收和实物支付逐渐减少,结果总要过渡到以货币的统一计量单位国家预算。

第十九章　收付记账法

"收付"是通用的记账符号,和收支分类会计相同。② 旧式商业簿记是盘存制会计,它所记录的经济业务,限于银钱收付(记入"银钱流水账")和商品收付(记入"进货流水账"和"销货流水账"),在日记账内,即以现金收付或商品收付的方向记账。③ 分类账内分户立账的账户,最重要的部分是人欠(债权)、欠人(债务)的客户账户。旧时商家间经济往来很少以凭证为根据,客户清账是彼此算账的主要根据。在这些账户中,记账方向和日记账内的方向相同。按照借贷方向来辨别,则凡我们所称为借方的,一律列为付方;我们所称为贷方的,一律列为收方。④ 分类账内也可以设立非客户的账户,如固定资产账户,费用账户等等,其记账方向和客户账户相同。⑤ 分类账内也要设立资本账户,逐期营业盈亏,视同资本增值或损耗。记账方向和客户账户相同。

根据上面的简单说明,可见旧式商业簿记的记账方向虽和收支分类会计相同,实则两者间有极大的区别:

(1) 旧式商业簿记将银钱收付和实物(商品)收付记入一个账户体系中,以统一的货币单位计价,而不是将银钱收付及每一种实物收付分别建立几个不同的收支分类会计,并使它们各成一个互相独立的账户体系。

(2) 旧式商业簿记已设立"资本"账户,这个资本账户又是概括了某一期间的期初或期末的全部物质财富、货币资金及债权、债务的净数的,因此它已经有了复式记账法所要求的原始等式或终结等式。

(3) 因此,旧式商业簿记如果已经建立起一套严格的平衡记账规则,事实上已经是应用了复式记账法的盘存制会计。

上面所谓平衡记账规则,应该包括下列各点:

(1) 任何日记账内记录,即使和债权、债务无关(和债权、债务有关的,自然要过入客清账的,否则要有收不回的人欠,和无账可据的欠人),也一律要在分类账立户,并逐笔过账,不得有任何例外。

(2) 分类账内任何账户中金额的变动(例如收不回的坏账),即使和现款实际收支无关,也要在日记账中转账,并记入对应科目的相反方向。

(3) 现金日记账的余额即库存现金,在各账户发生额对照表内的位置,是在付方而不在收方。

(4) 进货流水账内,所进各货,记"收××客户来货"若干元,过入客户账户的收方,但进货总数在各账户发生额对照表内的位置则应在付方;反之,销货记入客户账的付方,但销货总数在各账户发生额对照表内的位置则应在收方。

实际上以上几点要求都不能满足。具体说来,即:① 分类账除客户账外,设户不全。② 分类账内个别账户金额的变动,可以任意作单方面的增减,不必一定经过转账记入对应科目的相反方向。③ 并不定期编制各账户发生额对照表,日记账内的现金收付总数及进货销货总数在整个账户体系内的位置不予确定。旧式商业簿记既没有建立起一套严格的平衡记账规则,所以它实质上是一种单式簿记(参见第七章"附注"一节)。

旧式商业簿记不是收支分类会计

由上所述,可知旧式商业簿记虽然用"收付"这一组记账方向的符号,它却绝不能拿现金一个科目,或商品一个科目的发生额、余额间的公式:

$$旧管 + \sum R_i = \sum D_i + 实在$$

编制一个收支分类报告,因为一切客户账的"收付",都是现金收付和实物收付两者的混杂体。事实上应用旧式商业簿记的商家,年终结算的首要目的是知道盈亏数字,计算盈亏的办法是盘点存货及财产,然后将盘点所得各项财产估定价值,编成一个期末资产负债表,在这个表内计算期末净资产数额,减去期初资本数,以其余额为盈亏数。其间关系如下式:

$$期末资产 - 期末负债 = 期末净资产$$
$$期末净资产 - 期初资本 = 本期盈亏$$

读者不难了解,如果我们采用收付记账方向,而又遵照上节所说的那几条严格的平衡记账规则,那么上面的本期盈亏数,和从费用、收益账户中计算出来的本期盈亏数可以取得一致,这时候,所谓旧式商业簿记,和第七章所介绍的盘存制会计就是完全一样的东西,差别只在于记账符号的不同而已。

可不可以用"收付"代替"借贷"

以上各节,介绍我国收付记账法之渊源于收支分类会计以及旧式商业簿记和收支分类会计的表面相同和实质不同之处，既缺乏文献考证，叙述亦过于简略。我们之所以要作这个十分不完全的介绍，目的是在于讨论：可不可以用"收付"这一组我国广大人民所熟悉的会计符号，来代替借贷这一组大家所不熟悉的符号。在这个讨论中，弄清楚收支分类会计和复式记账法的区别，是一个至关重要的问题。

（1）收支分类会计以一个科目的余额及发生额间的等式为基础，构成一个会计的科目、报表体系（由此形成的一个矩阵，只有一个科目既有行内的元素，又有列内的元素，其他各科目都只有行无列，或有列无行），由此将极大地限制它所能记录的经济业务的范围。一般的复式记账法则可以兼收并蓄无数个科目间纵横交错的关系在一套科目、报表体系之内，当然大大优于收支分类会计。所以，我们在讨论"收付"可否代替"借贷"的时候，首先应该肯定，我们决不应该后退到收支分类会计。我们所讨论的，只应限于，在以矩阵规则为基础的复式记账法范围内，表明行与列的方向的符号，能不能以"收付"代替"借贷"。

（2）仅仅把"收付"和"借贷"当做符号，矩阵中的行和列化为记账方向符号，可以用"借贷"，也可以用"收付"，甚至直接称为行列，上下，左右均无不可。只要我们有大家了解的约定的规则，一致遵守，不致发生误会和混乱就行。但其他符号事实上在会计实践中都没有使用过，使用过的符号只有"收付"及"借贷"两组，其中"收付"又为我国广大人民所熟悉，仅就这一点而言，"收付"显然优于"借贷"。

（3）但在应用收付这一组符号时，又必须注意：按矩阵规则，矩阵内每一个元素在两个科目的账户内占有相反的方向。所以，收销售收益500元，在现金或其他科目中如处于收的地位，在销售收益科目中必定处于付的地位。"两个科目在账户内占有相反方向"，在矩阵内是一条十分严格的规则，绝不能违反。我国传统的收付记账法渊源于收支分类会计，所要求的规则正好与此相反："收销售收益"是现金的收，分类账内销售账户是现金收入分类科目，所要表现的方向和现金的"收"是一致的而不是相反的。

（4）按照矩阵规则，如果销售收益表现为"收方"，现金科目的收入发生额在账户体系内应表现为"付方"。但我们容易设想，无论是谁，如果看到现金收入列现金科目的"付方",必定感觉到和常识相违背。反过来,如果现金收入列入现金科目的收方,销售收入必定要列入销售科目的付方。销售收入列入付方,同样令人感觉和常识相违背。追究这里所说的"常识"究竟意味着什么东西,我们只能肯定它就是收支分类会计的规律在人们意识中的反映。通常没有学过收支分类会计的人,却极容易把收支分类会计的原则据为自己的常识。理由是,他在处理个人或家庭的收入支出时,无形中已经熟悉了收支分类会计的原则。但是收支分类会计虽然可以适用于个人或家庭收支的会计,却不适用于此外任何一类的会计。所以,如果我们要求使用收支这一组符号的目的,是为了这组符号符合于每个人所熟悉的常识观念,那么,除非放弃以矩阵规则为基础的复式记账法,后退到收支分类会计上去,这一点实际上是办不到的。

（5）如果我们仔细分析我国旧式商业簿记的"收支记账法",我们可以发现,这种方法实质上离复式记账法不远,它之所以没有发展成为一套具有严密精确的复式记账法规则,原因虽然很多,它之袭用了收支分类会计的观念,而这个观念阻止它跃进到建立每一笔记录必须在"两个账户占有相反方向"的规则,显然又是一个十分重要的原因。如果这样的推论是正确的,那么,把"收付"当做记账符号,代替"借贷",必定不能迁就收支分类会计的观念,必定要说清楚以矩阵规则为基础的复式记账法,在此基础上,应用"收付"这一组符号。为要说清楚这一点,当然不必向初学会计的人谈论什么矩阵原则,但是,像"有借必有贷,借贷必相等"这个规则必须坚持,不过用词要改成"有收必有付,收付必相等"而已。

必须注意,通常关于收付的常识观念既是收支分类会计的观念,要说清楚"有收必有付、收付必相等"确实并不容易。因为按照收支分类会计,收就是收,付就是付,收付相抵,剩下结存,结存则是下期的"旧管",其间绝无"有收必有付,收付必相等"这个规则存在的余地。要说清楚这个规则,必须从多次反复实践中熟悉复式记账法的自行平衡的机制,如果认为只要把"借贷"改成"收付",就很容易解决问题,那就不免是误解了。

反其方向过账的收付复式记账法

在我国会计实践的历史上,适合传统习惯,用"收付"而不用"借贷",但又严格遵循复式记账原则的"收付记账法",曾经为早期银行会计所采用,其特点为"反其收付"过账,简略介绍于下。

(1)"反其收付过账"的收付记账法,把一切会计记录区分为现金收入、现金付出及转账三种,又规定序时账簿只有现金日记账一种,一切会计事项一律记入现金日记账。这本现金收付日记账按现金收付方向记账,但它的内容既包罗了现金收支业务的会计分录,又包罗了转账业务的会计分录,所以它实际上是一本总日记账,不过采用了现金收付记账形式而已。

(2)严格遵守复式记账法的规则。除实际现金收付业务而外,一切转账业务,必须"有收有付,收付相等"。

(3)分类账簿的左方称收方,右方称付方。所以现金日记账内一切会计事项,过入各分类账户时,必须"反其收付",而我国旧式簿记则是"顺其收付"过账的。

(4)现金日记账中现金收入总数及现金付出总数过入分类账的现金账户时,"顺其收付"过账。我国旧式簿记则根本不考虑在分类账中设立现金账户的问题,所以不发生这个科目过账时究竟应该"反其收付"或"顺其收付"过账的问题。

可见现金收付记账法严格遵循了复式记账法①,但这种方法避免应用"借贷"这一组大家不熟悉的名词,它和借贷记账法的区别只有下列两点,读者很容易看出,这两点都是形式上的区别而不是实质上的区别:

第一,凡实际现金收付业务,记入现金日记账时,因为现金日记账的收付总数本来还要过账,所以"收××科目",事实上就是"借现金,贷××";"付××科目",事实上就是"借××,贷现金"。至于一切转账项目,则等于在借贷分录中

---

① 这一套方法,是从明治维新后不久创办的日本银行中介绍过来的。福泽谕吉(日本近代重要的启蒙思想家)在他所译的《账合之法》(《簿记法》)一书的一个附注中,主张采用收付记账法以代替日本人不熟悉的借贷记账法。英国人亚历山大·亚伦·霞特(Alexander Allen Shand)在日本初办银行时代设计了十套会计制度,并著有《银行簿记精法》一书(1873 年由日本大藏省刊行日译本),日译者在翻译霞特这本书的时候,按照福泽谕吉的主张,把霞特书中的"借贷"改为"收付",这就是中国介绍过来的现金收付记账法的蓝本。参见西川小次郎《日本现金记账法的起源》(原书为英文 *Kogiro Nishikawa: Origin of Cash Method Bookkeeping*,日本学术会议经济商学部会经济丛书,东京 1956 年版)。

插入一个现金的借方,一个现金的贷方,把一个会计分录,拆成两个会计分录,令其中一个会计分录化为现金收入,一个会计分录化为现金付出,以便记入现金日记账。例如,下列的一笔会计分录:

  借:付出利息   ×××
   贷:定期存款   ×××

把现金科目插入,成为:

  借:付出利息   ×××
   贷:现金   ×××
  借:现金   ×××
   贷:定期存款   ×××

于是这笔会计分录变成下面的"转账"记录:

收　方		付　方	
定期存款	×××	付出利息	×××

也就是假定这笔利息还是用现金付给了存款人,存款人又把这笔现金存入原定期存款户,现金收付两相抵销,所以称为转账。

  第二,分类账各账户的借方、贷方,称为收方、付方。但是这个收方或付方和现金日记账的收方、付方方向相反。教科书的解释,则把它说成为:日记账的收付以我为主,分类账的收付以他人为主云云。这和早期借贷记账法的教科书解释中的"拟人说"有同样的缺点。但实质上这不过是把我国人不熟悉的借方、贷方,转成为我国人熟悉的收方、付方而已。正因为如此,所以分类账上的收方、付方,和我国传统的收付记账法中的收方、付方又是恰恰相反背的。

  上面这一套方法,曾经流行于银行以外(北洋政府时代的官厅会计,一部分民族资本主义工商业),流传颇广,现在国营企业会计制度中的记账凭证制度,和记账凭证之区分为收款凭证、付款凭证及转账凭证,还留下了它的部分痕迹。

  建国以来,国营企业、机关、事业单位及其他各类会计的统一制度逐步颁布,一致采用了"借贷"这一组名词,这种收付记账法也就全部摒除不用了。

有没有截然不同于"借贷记账法"的"收付记账法"

在分析了收支分类会计和复式记账法的实质区别，和追溯"收付记账法"的历史发展及其变化经过之后，我们还可以探讨一下，究竟有没有截然不同于"借贷记账法"的"收付记账法"。

这个问题的答案是不难作出的。

"收付记账法"如果是指收支分类会计的话，它当然是截然不同于复式记账法的一种方法。其实，不仅我国历史上长期存在过通用于府库收支的收支分类会计，即在复式记账法很早就发展起来的西欧各国，也有和我国收支分类会计内容相同的"官房簿记"，直至上世纪中期，这种官房簿记还通行于欧美许多国家的公共财政会计之中。反过来，如果所谓"收付记账法"，是指把"收"、"付"这一套记账符号，应用于上章所指出的、包括了① 账户体系发生额的矩阵。② 各个账户。③ 剩有余额各账式的原始—终结等式等三个要素的复式簿记的一种记账法，不论这种记账法的规则如何确立，理论上说，这种记账法总是可能的。那么这种记账法和应用"借"、"贷"符号的复式记账法实质上完全相同，区别只在于记账符号的不同。已经指出，复式记账法中应用"借"、"贷"这一组符号，完全是历史发展留下来的遗迹，和"借、贷"的本义（借主、贷主）完全无关。废除这一组符号，应用"收付"当然是可能的。但是，如果认为记账符号从"借贷"改为"收付"，就会在实质上改变复式记账的方法，这就完全是误解。如果认为，应用"收付"这一组符号代替"借贷"，方法的实质仍然不过是复式记账法，但做了这样一种"变革"之后，"收付记账法"就会截然不同于"借贷记账法"，那就更是极为有害的误解了。

第二十章 会计和企业的经济管理

会计是经济管理的工具

本章以前各章,说明了企业会计的账户体系和凭证、账簿体系的基本内容,通过举例和作业,力图使读者能够逐步掌握记账、算账、报账(编制会计报表)的方法。记账、算账、报账是会计的基本工作,但它们不是会计的目的,会计的目的在于利用账户、凭证、账表体系为经济管理服务。本章已经广泛涉及会计和经济管理的关系,但为帮助读者首先掌握会计的基本方法起见,本章各节举例及说明,都力求简略。

会计为什么能够成为经济管理的工具?这首先取决于会计方法的特点。本章以前各章,对于会计方法的特点,曾指明以下各项:

(1)会计的基本方法是分设账户,逐笔记账,凭账作表(第三章),根据整个账户体系的记录,会计可以对全企业的经济活动作综合的计算(第八章),会计报表就是集中反映这种综合计算结果的。会计报表为经济分析提供了资料,通过经济分析,能够检查执行计划的结果,总结生产经营的过程及其成果,找出改进工作的途径。

(2)账户体系对一切经济业务做了分类的登记,根据个别账户所记录的内容,可以对各类经济业务做分类的计算。通过个别账户的分类计算,可以检查各项业务经办人员及部门的经济责任,可以检查各项物质财富是否"账实相符",各账户相互间是否"账账相符"(见第九章)。

(3)账户体系的记录,以凭证为根据。一个企业的内部凭证体系,是统筹考虑各类业务的分工制度、责任制度而郑重决定的,这个凭证体系同时就是会计制度的组成部分。企业的会计制度,通过凭证体系和整个业务管理制度密切交织在一起(见第十四章),这就保证账户体系的综合计算和分类计算,都能正确反映经济活动的情形。

会计方法既然有以上各项特点,我们就可以根据经济管理的需要设置账户、凭证、账表体系,使会计尽可能为经济管理服务。反过来,企业规模愈大,经济业务愈繁,经济管理愈深入,会计工作的要求愈高,会计方法也愈丰富发展。大规模企业的复杂精密的会计制度,就它们的基本特点而言,固然还不外以上列举的几点,但具在体方法的发展上,则远远超出本章各节所介绍的范围,比较起来,本章各节,不过介绍了一些基本概念和方法而已。

"经济管理"的含义

广义说来,企业的一切生产业务活动都是经济活动。但是会计必须记录入账的生产业务活动,显然并不是企业一切生产业务活动。举例来说,一个企业的职工人数的增减,工艺规程的制订,生产中的技术计算(焦炉的热平衡,化工企业中的化学反应,棉纺工业的配棉比例等),实验室的技术数据,都不是会计所要记录和计算的对象。这也是容易理解的,整个社会再生产过程是人类通过各种科学技术手段,利用自然材料,并对自然材料进行加工,以利用它们的物质有用性,满足我们的生活需要的过程的总和。一切企业的生产业务活动,都是全社会再生产过程的组成部分,那么,在这些活动中,必定有许多技术业务的方面,并不包罗在作为会计对象的经济活动范围之内,就是理所当然的了。

但是,在另一方面,企业的一切技术业务活动,归根到底,又总不免和经济管理发生直接、间接的关系。职工人数的增减,影响工资基金的增减;工艺规程和技术计算影响产品质量和产品生产中物质生产资料和劳动时间的消耗,最终要影响产品成本;实验室的试验工作决定新产品的试制;而工资基金、产品成本、新产品的试制等等,显然又属于经济管理范围之内,并且是会计所要记录和计算的对象。由此可知,一个企业的一切业务技术活动,确实有些方面带有业务技术的性质,属于业务技术管理范围之内,由总工程师所领导的设计、技术、生产调度、质量检验等业务技术活动,以及由劳动工资、供应、销售、行政福利等科室分工负责的业务活动,但一切业务技术活动最终又都和经济管理要发生一定的关系。财务会计部门并不直接负责经济业务的处理,但财务会计工作在企业经济管理中又居于极重要的地位(见第十四章),原因即在于此。

以上举例,虽然列举了经济管理的几项内容,显然还没有确切说明经济管理的含义。所以,必须首先探讨经济管理的含义和内容。

已经指出,社会主义企业的生产和经营要服从国家计划,同时它们又是经济核算制的企业(见第一章)。经济核算制企业的主要特征是具有独立的经营资金,它们的一切经济活动集中表现为经营资金的循环。本书第二章曾以图解表示经营资金的循环过程,第二、第四、第五、第六各章又曾指出企业的账户体系,是按照经营资金的构成及其循环过程来设立的。这样看来,我们要探讨企业经济管理的涵义和内容,还应该从经营基金循环过程的分析开始。

经营资金循环过程的分析

第一,第二章关于经营资金循环的图解内,我们曾把经营资金分为:① 货币资金。② 原材料。③ 在产品。④ 产成品。⑤ 固定资产等五类。由第二章及其他各章的讨论和举例,我们又知道构成一个企业经营资金的项目,连同正项及负项在内,还有债权、债务、低值易耗品、待摊费用、预提费用等类。银行借款(借入基金)和国家基金两者则标志经营资金的来源,代表了经营资金的总额或减除负项后的净额。按照这样的分类,经营资金的构成似乎较图解更为繁复。其实,第二章"说明"一节所添加的项目,不过为会计处理方便而设,经营资金的基本内容仍然不外图解中列举的五类,原因如下:

(1) 债权、债务是由延期支付而发生的项目,它们都要通过货币收支来清偿,所以货币资金有其自己的循环过程,它们则不过是货币资金的暂记账目。

(2) 低值易耗品是价值小或使用期限短的固定资产,实际上属于固定资产的一部分。

(3) 待摊费用中的矿山准备费用是有效期较短的固定资产,其他零星项目则是为正确计算产品各期成本,对已发生费用所作的临时性调整,是在产品的暂记账目。

(4) 预提费用是数额尚未最后确定的债务,和一般债务具有相同的性质。

第二,观察第二章的图解,可知在五类经营资金中,货币资金、在产品及产成品三者,各成为一个完整的循环过程的起点和终点。这就是说,这个经营资金的总循环过程,是由以① 货币资金。② 在产品。③ 产成品为起点和终点的三个循环过程组成的,这三个循环过程各有不同的经济意义,决定了几个不同方面经济管理的内容。原材料及固定资产两项,表面上看来,也和以上三项一样,能够各自成为一个循环过程的起点和终点,实则它们的循环取决于产成品的循环,本身没有独立意义(参见下文)。

第三,经营资金的循环,以货币资金为起点和终点,表现为货币资金的循环(G……G)。按照这个循环,一切物质生产资料(原材料、固定资产)的购买,职工工资的支付,都是货币资金的垫支。产成品出售时收回了所垫支的货币资金,又因为产成品售价由成本价值及增加价值两者构成,收回的货币资金一般超过垫支货币资金,超过额为纯收入,纯收入中的税金是固定的,减去税金,即为利润,税金及利润都要上交国家预算。收回的货币资金中另一部分是固定资产的折旧,要单独提存(更新基金,即专款保管备用的货币资金),备固定资产更新之用。按照这个循环,企业的整个经营生产过程,表现为:① 货币资金的不断垫支,不断回收。② 回收货币资金中增加部分的上交预算。③ 固定资产折旧基金的积累和更新等三个过程的总和。

从货币资金循环的角度来观察企业各种业务技术活动,可知:① 这些活动虽然暂时都可以处于内部经济循环的阶段(领用存库备用的原材料,使用已经建成的生产设备,分配在册职工做各种生产劳动等),不必立即支出货币资金,但最终都要通过购买、支付,变成货币资金的垫支。② 企业的一切活动,归结为产品的生产、产品价值的实现,结果总表现为垫支货币资金的收回。③ 企业的生产、技术、财务计划,除了要规定完成一定品种、质量的产品生产计划而外,又要规定一定数量的利润、税金的计划,这个计划的完成,表现为收回垫支货币资金超过额的上交预算。收回资金中固定资产折旧部分,则应按国家规定专款处理。由此看来,虽然企业一切业务技术活动分散由各个业务部门分工管理,通过财务收支的监督(见第十四章),却可以直接间接促使这些活动符合计划的要求,促使经济核算制成为贯穿这些活动的一根红线。在这个范围内的经济管理,称为财务管理。

第四,以在产品为起点及终点,经营资金的循环,表现为物质生产资料及劳动的消耗和产品价值的形成及其实现的、不断反复的过程。第二章图解中,方框中的"原材料消耗"、"水电、运输、通讯及其他劳务"、"固定资产折旧"等三项是物质生产资料的消耗,"职工工资"是劳动力的消耗,四项合在一起,构成产品的成本价值[①]。当生产程序终了,在产品转化为产成品,通过销售实现了产成品的全部价值(包括成本价值及增加价值两者),除增加价值部分上交国家预算而外,收回的成本价值部分,用于补偿生产中的消耗,于是同样的过程又反复进行下去。在这个过程中,产品质量愈高,成本愈低,呆滞、废次品损失愈少,通过销售所实现的产品价值中的积累部分愈大。

从在产品循环的角度来观察企业的一切业务技术活动,可知这些活动一律表现为:① 物质生产资料及劳动时间的消耗。② 产品价值的形成等两个方面。而产品所能实现的价值的大小,又并不完全和它的消耗成比例,因为产品中的呆滞部分和废次品的单位消耗,往往和优质产品的单位消耗数字不相上下;同时,必须注意产品的生产及物质生产资料和劳动时间的消耗两者,原则上都处于内部经济循环的阶段。在这个阶段内,暂时无须支出货币资金,也不会收入货币资金,所以,财务管理(以货币资金的收支来监督一切生产业务活动)虽然可以间接影响产品质量的提高和成本的减低,但不能成为直接的管理手段。在这个阶段内,通过经济管理力求提高产品质量和减低成本,属于生产管理和成本管理的范围。

---

① 这里所说的生产过程中物质生产资料的消耗和劳动力的消耗,形成了"产品的成本价值",这和会计程序是一致的。因为会计处理上,必须在产品售出时才把已实现的"增加价值"(税金及利润)记入账内,在此以前,只计算成本,不计算利润。政治经济学的分析指出,"增加价值"是在生产过程中实现的。按照整个社会生产的客观过程而言,职工"为社会的劳动"当然是在生产过程中支出的。但是,在个别企业的经济计算中,职工"为社会的劳动"数量为若干,当产品未售出前无法确定,企业对生产中的经济管理,事实上只能采取成本管理和成本、利润对比的形式,按照这种形式,只能以实现的产品价值和实际消耗的成本,事后确定增加价值的数额。第二章图解和本章说明,都是就个别企业经济计算而言,望读者注意。

第五，在货币资金的循环和在产品的循环中，已经包括产成品的价值形成及实现两者在内。这样看来，在一个企业范围内，以产成品为起点和终点的循环，和以上两个循环互相重复，并无独立意义。但是，只要我们考虑产成品通过销售所进入的流通分配过程，我们就能发现，这个过程超过了个别企业的范围，构成了社会产品的生产、消耗、补偿消费以及积累的总过程（扩大的社会再生产过程），在这个过程中，一切企业的生产都要服从有计划按比例的社会总生产计划，个别企业的生产循环，也表现为社会再生产过程的组成部分。一切社会主义企业的产品生产，必须在品种、数量、价格上严格服从国家计划，它们的物资技术供应计划、固定资产的更新和建设计划、工资基金计划也必须符合国家计划的要求，其原因正在于此。

社会主义经济是计划经济，企业的生产经营过程是社会主义扩大再生产过程的一部分，从这点出发，决定了社会主义企业经济管理，目的不在于追求"资本增值"，而在于按计划生产，并在生产中实现计划所要求的纯收入上交任务。同样的特点，又使社会主义企业不把货币资金的垫支和垫支货币资金的带有增值的回收，看做经济管理的目的，并把经济管理的其他方面（成本管理、物资管理）都隶属于这个目的。社会主义企业的会计，要和国民经济计算发生多方面的联系（见第一章），原因即在于此。

第六，无论从财务管理的角度或从生产管理及成本管理的角度，企业的物资管理（产成品、原材料、固定资产、物质形态上的在产品及半成品，其他一切物质生产资料的管理）都是一个十分重要的环节。因为从货币资金循环的角度看来，一切物质财富都不过是垫支的货币资金，它们最终都要变成产成品，然后通过它的出售，收回垫支的货币资金；从生产管理和成本管理的角度看来，产成品及在产品以外的一切物质财富，都不过是最终要降低转化为产品成本的预付价值。为了节省垫支资金，降低产品成本，严格物资管理，不使有走漏、盗窃、损失、浪费或积压，对财务管理和成本管理而言都是十分重要的。由这点出发，物资管理是加强财务管理和成本管理的重要手段，由此，物资管理的会计，也有专门讨论的必要。除此而外，上面指出，在社会主义扩大再生产过程中，全部生产要服从社会总生产计划，各类产品要服从总的产供销平衡计划，个别企业的产品生产及物资技术供应倘使脱离这个计划,必定要导致社会经济和企业两方面的损失。从这一点出发,企业的物资管理除了是财务管理及生产、成本管理的不可缺少的环节而外,和国民经济计划之间也有直接的联系。物资管理的会计也是为这方面的需要提供必要资料的工具,从而也要影响会计科目、报表体系的设立。

由上分析可知,从经营资金循环的角度看来,企业的经济管理不外财务管理、成本管理和物资管理等三个方面,这三个方面各有独立的意义,而又互相依存,互相联系。当然,企业经济管理的涵义,也可以超过经营资金循环的范围来加以解释,国民经济生活包罗范围如此之广,企业经济管理当然也可以无所不包。由此,我们可以认为,企业职工人数的增减必定要影响城乡劳动力的比例,所以职工人数的管理,也属于经济管理的范围等。但这样的解释范围过宽,和企业的经济核算制距离过远,对于探讨会计在经济管理中的作用没有什么直接关系。所以,本书对经济管理的含义,暂时也以上面的解释为限。

财务管理的会计

企业的财务管理工作由财务会计部门负责(见第十四章)。财务会计部门执行财务管理的职能,要遵守国家的财政政策和法令,要编制年度财务计划(它是企业的生产、技术、财务计划的一个组成部分),要服从国家财政系统(财政部,省、市财政厅、局,及领导企业的部、局的财务司、处或科)的领导,接受中国人民银行和中国人民建设银行(在国营农业企业是中国农业银行)的监督。企业的财务管理通过这些途径而和国家财政预算和全国综合财政计划直接相联系。

财务管理的会计,分为以下几个方面:

(1) 记录货币资金的收支,以及和货币资金收支有关的一切经济业务。由本书以前各章,读者已知和货币资金收支有关的业务,决不仅限于货币资金收支的本身,事实上它们包括一切凡是发生对外经济关系的业务,如购买、支付、销售、上交利润、税金、信贷往来,其他预算拨款及交款等等。综合这些业务中的对外经济关系,不外是和① 购买单位。② 供应单位。③ 职工(劳动报酬)。

④ 国家预算。⑤ 信贷系统等五个方面的关系。财务管理的会计所要记录的，不仅是和这五个方面之间的货币收支，也包括和五个方面之间的债权、债务、财务计划所规定的支付义务（利润、税金的上交等）和它们的结算在内。

（2）企业会计并不是收支分类会计（见第十九章），企业按照经营资金的内容设立账户体系，并采取复式记账法记账。因此，即使企业采用盘存制会计（见第七章），它在记录债权、债务及货币资金收支的同时，必定记录了各类经营资金的变化和一部分收益及费用账目。不过盘存制会计仅以记录发生对外经济关系的业务为限，一切内部经济循环概不入账。所以盘存制会计是单纯财务管理的会计。在盘存制会计下，成本、利润的计算，要应用盘点存货及财产和倒轧成本的方法。国营企业的会计并非盘存制会计，凡是不发生对外经济关系的内部经济循环也要入账。从财务管理会计的立场来看，唯有通过内部经济循环的记录和计算，才能正确计算利润（收回货币资金超过垫支货币资金的部分）。但严格说来，一切内部经济循环的记录和计算，属于生产管理及成本管理的范围，财务会计当然要计算利润，但财务会计的计算利润，是依赖成本会计提供数据的。

（3）由此可知，财务管理会计的对象，首先是各类发生对外经济关系的业务。对外经济业务中的一般购买、支付及销售（和购买单位、供应单位和职工三个方面发生关系的业务），由供应、销售、劳动工资等部门负责，这类业务的进行要经历不同的阶段，而记入账簿，反映在账户体系中的，往往不是各类经济业务的一切阶段，不过是其中的某几个阶段。例如，购买业务中的计划、订货、洽购等阶段通例不记入账簿，记入账簿的是验收及付款这两个阶段。其他各个阶段虽不反映在账户体系中，因为和这项业务本身的管理有关，负责管理这个业务的部门，必定也要备有专门的记录。这些记录虽然和账户体系没有直接关系，在检查经济责任中往往成为直接的根据，成为所谓"备查账簿"的一部分。

（4）另一部分对外发生经济关系的业务，是和国家预算和信贷系统这两个方面间的经济往来。这一部分业务属于经营资金的增拨或上交，财务成果（利润、税金、利息）的再分配，货币资金集中由银行代管，由于资金调度而发生的信贷往来等等，都由财务部门自行负责办理。这类业务的管理和它们的会计处理，各有自己的特殊问题，本书暂不讨论。

（5）根据国家财政法令，企业一般营业收支列为经营资金的收支，其他如固定资产的折旧及大修理、零星基本建设，较大规模的扩建及新建，都列为专款专用的基金，不得和营业收支相混淆。此外如工资附加费中的职工福利基金，由利润中提存的企业基金，也列为专款专用的基金。所有这些专项基金的收支，都由财务部门负责办理。它们的会计，连同由此引起的一些特殊会计问题，例如，附设福利事业的会计、基本建设的会计等等，也暂不讨论。

（6）已经指出，企业的财务管理，是依据上级批准的财务计划，对日常财务收支所执行的管理。为此，财务管理的会计，要在记录日常收支的基础上，① 汇总计算财务收支的结果，作计划和实绩的对比。② 分析财务计划完成和不能完成的原因。③ 在计划执行过程中，随时作财务调度的计算，尤其要计算某一时期中可用的支付准备金（期初所有货币资金及该期内有把握的货币收入）是否足够抵充各项支出，以便采取适当的财务措施（组织收入，压缩支出，向银行贷款或归还贷款等等）。这些问题都不属于本书讨论的范围。

生产管理及成本管理的会计

生产管理及成本管理的会计的对象，是生产中物质生产资料和劳动时间的消耗，以及这种消耗的归集为产品（或收益）的成本的过程（由第二章的图解，可知这个过程）。由第二章的图解，可知这个过程纯粹属于企业内部经济循环，不发生任何对外经济关系。这是因为任何物质生产资料的购买（发生对外经济关系的业务），和它们在生产中的消耗（内部经济循环）是两回事；水费、电费等的支付（发生对外经济关系的业务）和水电的消耗（内部经济循环）也是划分得开的；而工资的支付（发生对外经济关系的业务）和各个生产业务环节中劳动时间及工资成本的计算（内部经济循环），性质也截然不同（参见第四章及第十一章）。生产管理和成本管理的会计以这个内部循环为对象，是为了解决以下各项计算和管理的目的：

（1）计算各个生产业务环节的成本（耗费），把这些环节的成本控制在计划之内，并力求一切环节的成本，相对于它们的生产活动和业务活动而言，能达到的最节约的结果。这里所说的各个生产业务的环节，包括：①"基本生产"即直接从事产品生产的车间、班组。②"辅助生产",即为产品生产所必不可缺,但并非直接从事产品生产的车间、班组。例如,动力车间、机修车间、房屋及建筑修理部门等等。③ 服务部门,如技术设计、质量检验、试验研究、物资技术供应等直接为生产服务的部门,行政、福利、食堂、医疗机构等为职工生活服务的部门等。④ 管理部门,如生产管理、劳动工资管理、财务会计、计划统计等部门,以及企业领导机构(厂长、党委)。

(2) 把各个生产业务环节的成本,归集为产品或其零部件的每道工序(作业)的成本,进一步直接归集为每批产品的成本,或直接将各生产业务环节的成本归集为每批产品的成本,并按照产品的数量计算每单位产品的成本。成本的计算过程,同时就是成本的管理及控制的过程,目的是要控制产品的成本,① 不断地找差距、挖潜力,通过物质生产资料及劳动消耗的不断降低,来不断降低产品成本。② 提高产品质量,不断降低废次品的损失。

(3) 生产管理和成本管理的会计,和一切生产业务环节,特别是基本生产及辅助生产的车间、班组的生产技术记录、业务记录、技术计算是密切交织在一起的。冶金企业的每座高炉,经过仪表、自动化记录器和技工人员的观察,详细记录了高炉的运行过程,成本计算的基本数据如加料、出铁、焦比等,是这个记录内容的一部分,它们就是成本会计的原始数据。机械工业企业精加工(金属切削)中的工作路线单、工票(发给工人证明做完多少定额工时的单据)、合格品的验收单,是生产管理中的原始凭证,其中有关生产资料和劳动消耗的数据,也就是成本会计的原始数据。总起来说,生产管理和成本管理的会计,是以生产技术管理的记录和计算为基础,截取其中和产品的品种、质量等级、数量及产品成本有关数据做成的会计。这种会计的原始凭证(见第十四章)就是生产记录、技术记录及生产管理中的必要的凭证。

此外,生产管理及成本管理的会计,必须反映实际产量的实际成本,但它的目的又不能限于消极的反映,还必须利用它来挖掘降低成本的潜力,不断降低成本。产品成本的降低,必须通过实际的技术组织措施才能做到,这当然不是成本会计所能完成的工作。但是成本会计能够反映成本的升降,分析成本增减的原因,而这是大有助于技工人员对症下药地采取降低成本的措施的。

由于上述两种原因,生产管理及成本管理的会计,并不单纯是会计人员的工作,而是必须由工程技术人员,广大的职工群众,和会计人员三方面共同合作进行的一种工作。已经指出,成本计算的正确和精密的程度,首先取决于原始记录的正确和精密与否,而原始记录则是由工人、技术员、工程师、生产业务人员登记的,不是由会计人员登记的。倘使我们认为生产中的原始记录和会计无关,认为账户体系就是一个无所不包的体系,这显然是极大的误解。至于怎样才能使成本会计真正成为降低成本的技术组织措施的指示器,又必须使成本会计的内容切合实际,能够针对各个时期的生产关键问题提出分析资料。为此,凡关于生产工序和产品批号的划分,间接成本分摊的标准,消耗定额的规定等等,都需要具有工程知识的会计人员和懂得经济核算的技术人员共同协作。

(4) 按照经济核算制的原则,成本、利润计算是企业会计的基本对象之一(见第四至第六章)。小规模企业的成本、利润计算,是由财务会计部门集中进行的(见第十一、第十四章)。大规模企业有许多生产车间及班组,倘使成本、利润计算由财务会计部门孤立地进行,不把某些指标下放到车间及班组,就不能动员全部职工为降低成本,减少废次品,增产优质产品而努力,企业的经济核算制也就不能贯彻到生产基层。为此,大规模企业一般都实行基层(车间及班组)经济核算,尤其着重于车间一级的经济核算,办法是在车间内设立材料员、工资员、成本员以及其他和成本计算有关的职能人员,下达车间产品(就全企业范围而言,车间产品往往是自制半成品)的成本指标,计算实际成本,并和成本指标相比较。有些企业更进一步实行班组经济核算。班组经济核算大都仅以计算班组本身能够控制的物质生产资料(主要原材料、燃料、动力等,按实物量计算)及劳动消耗量(按劳动时间量计算)为限,有的则把指标范围加以扩大。

实行分级经济核算制度,会计账簿中有关生产管理和成本管理的部分,将不再全部集中在财务会计部门,而趋向于分散管理。但是,分级核算绝不会改变这样的事实,即一个经济核算制的企业本身是一个完整的核算单位,所以财务会计部门是全企业经济核算的中心。分级核算是为了加强全厂核算,绝不能削弱全厂核算。举例来说,为了加强车间对产品成本的责任,产品成本的记录和计算可以放在车间内进行,但是车间本身控制得了的成本限于本车间范围内的物质生产资料消耗及劳动消耗的成本。整个产品的成本升降,还有全厂一切业务部门和负责其他工序车间的成本等项因素,而能够综合产品的全部成本,观察它的整个升降趋势,分析它的原因的,只有厂部的财务会计部门。每个车间的精密的成本管理,当然是改进全厂成本管理的基础,但它终究是构成整体的局部。局部不能代替整体,局部的改进应以整体的改进为其目标,不应以削弱整体为其目标。一切分级核算和全厂核算的关系,必须以这个原则为其准绳。为此会计工作无论分散到什么程度,财务会计部门必定仍然是企业经济核算的中心和财务工作的中心。

(5)大多数工业企业在生产管理中,对于主要原材料和劳动耗费事先都规定定额,纱厂的每件棉纱的原棉耗用量,炼铁工业每吨生铁耗用的焦炭量,机床厂每台机床的用工量等等,就是要在生产管理中力图达到,不得超过的定额。消耗定额是一个企业编制成本计划的根据,产品的计划成本,就是以消耗定额为基础计算出来的定额成本,不过这种定额成本还相当粗略,还没有把它分解、落实为每道工序,每个零部件,每个班组、车间、业务部门的定额成本,所以它不能成为日常的成本管理中的标准。经济核算工作做得精细的企业,把计划成本落实为每道工序、每个零部件、每个班组、车间及业务部门的成本定额和费用定额,以此为标准来控制全部费用或成本,这就是所谓定额管理,与此相应的会计,就是定额成本会计。

定额成本会计对于在产品、自制半成品及产成品在各个班、组、车间及成品仓库间的转移,可以按定额成本立即转账,所以是完整的永续盘存制会计(第六章)。它着重分析产品实际成本和定额成本间的差异,因为这个差异实质上就是产品成本的计划和实际的差异,所以这种分析工作更易找出超过计划或未能完成计划的原因,对于改进生产、降低消耗能够作出积极有效的贡献。

(6)以上讲的是生产管理和成本管理的会计中五个方面的问题。与此有关的另一个问题是"生产费用"的计算,即不是按照部门成本和产品成本的要求计算企业一切物质生产资料及劳动的消耗,而是按照政治经济学上的各部门经济联系、劳动报酬,通过国家地方预算,信贷系统及其他渠道再分配的国民收入分析产品价值(包括成本价值及增加价值两者)的形成,以便为国民经济统计系统计算净产值及编制国民经济平衡表提供资料的那种计算。由本书第十一章及第十六章的举例，读者已经初步了解到，这种计算所要求的费用和收益的分类标准，和产品的成本计算所要求的分类标准是截然不同的。

物资管理的会计

用分户立账的方法，从数量及价值两个方面分类记录一切物质财富的增减变动，利用数量及价值两个方面的账户余额，控制一切物质财富的应存量及其价值，检查一切物质财富是否账实相符，并正确计算一切内部经济循环（见第八章及第十一章），这是物资管理会计的基本方法。在这个基础上发展起来的比较精密的物资管理会计，大部分和财务管理及生产管理、成本会计的要求有关，一部分和全国各类物资的供、产、销平衡有关，也有一些它本身特有的问题，如定期盘点、清产核资、无形损耗等等。

企业会计的任务和对象

财务管理的会计、生产管理及成本管理的会计、物资管理的会计三者，合起来构成作为经济管理工具的会计。它的任务，是在经济上反映、控制、分析企业的一切生产业务活动，使企业的各级领导人和上级领导机关能够及时得到有关企业经济活动的正确的情报，及时采取有效的措施改进工作，逐步地、不断地提高企业的经营管理水平，以期在获得最大经济效果的要求下，最好地完成生产计划任务，这就是国家要求企业会计完成的任务[①]。

企业会计在完成这个任务中所要记录、计算、报告、分析的对象，就是企业会计的对象，会计报表的内容和账户体系的设立都要取决于这个对象。本书第二章、第八章指出企业的账户体系是按照企业经营资金的结构来设立的，有关成本、利润计算诸账户都可以归入经营资金循环过程的某个环节，但因为它在

---

① "国营企业会计核算的基本任务是正确、全面、及时地记录、反映企业各项财产和资金的增减变动情况，成本和费用的开支和升降情况，利润的形成和分配情况；严格监督财产、资金的妥善管理和合理使用；认真地检查和分析企业财务、成本计划的执行情况，并为编制国家计划提供确实可靠的会计资料"。见《国营企业会计核算工作规程（草案）》第二条。

企业经济核算制中有突出的地位,所以要在账户体系中占有特殊的位置。从本章以前各节的分析,我们又知道,企业会计作为经济管理的工具,它的一切对象仍然不出经营资金循环及成本、利润计算的范围。由此可知,如果我们要根据企业会计的任务规定企业会计的对象,并以此作为设立科目、账表体系的根据的话,我们显然应该以经营资金的循环和成本、利润的计算两者,规定为企业会计的对象。

经营资金的循环和成本、利润计算贯穿在财务管理、生产及成本管理、物资管理三者之中,它们同时又引起综合计算和综合分析中的一系列问题。会计的综合计算和综合分析,和企业本身贯彻经济核算制有关,又和国民经济计算有关①,反过来也会影响账户、账表体系的设立。

总会计师制度

综合以上所论可知,企业会计在经济管理上的作用,是从经济方面反映、监督、控制、分析各项生产业务活动,为企业各级领导人及上级领导机关提供经济情报,充当经济参谋,作为企业的经济领导工作的助手。但是,会计要积极发挥这种职能,决不能把自己的工作限制在单纯的记账工作范围之内,而会要求各科室、车间的工作,能够贯彻经济核算制的要求,实行严密的经济管理,也会要求各科室、车间关于业务和技术的记录和计算(原始记录、业务凭证、业务报表等)与会计凭证和账簿体系密切结合。这样,会计工作就不仅是会计部门的工作,一切科室、车间的工作中,都有同会计工作密切有关的部分,甚至有些科室、车间,还直接分担了会计工作的一部分。此外,我们已经知道,财务会计部门不是单纯管账的部门,它也是管钱的部门。财务会计部门把住财务收支的关口,对于发挥它在生产成本管理及物资管理中的作用当然是大有帮助的。但是这样做,也要求财务会计部门的总负责人,不仅懂得财会业务,而且也要熟悉全企业各项生产业务,能够统筹考虑各方面的要求,从最大经济效果的角度安排财务收支计划,供厂长或厂务会议选择施行。为此,国家规定,所有国营工业、交

---

① 请参阅第一章。

通企业都应设置总会计师，作为厂长在经济工作方面的助手，在厂长领导下负责建立和健全企业的经济责任制，加强企业的经济核算，严格实行财务、会计监督；同时各科室车间在经济核算和财务会计工作上都要服从总会计师的业务领导（参见《国家经济委员会、财政部关于国营工业交通企业设置总会计师的几项规定（草案）》第一、第三及第五条）。财务会计部门是总会计师执行以上职责中的直接工作机构，会计作为经济管理工具的作用，则通过总会计师制度贯彻在企业的全部管理工作之中。

财务会计部门的组织和分工

财务会计部门的组织和分工，也体现了会计工作的以上各个方面。

大规模企业的财务会计部门称为财务会计处，其下设科；大中型企业设财务会计科，其下设组。科组分工，大体上作如下划分：

（1）通过整个账户体系综合全企业经济活动，负责编制主要会计报表的科（组），称为综合科（组）或总账科（组）。

（2）管理全企业财务工作，办理出纳业务，管理专用基金的科（组），称为财务科（组）或资金科（组）。

较小规模的企业，有时把以上二项工作合并起来由一个科（组）负责，它的名称往往即称为财务科（组）。

（3）企业有较大规模的扩建工程的，基建拨款的财务和会计设独立的科（组）负责，称为基建财务科（组）。

（4）核算各部门的费用及产品成本的科（组）为成本科（组）。车间设成本员的，由这个科负责领导车间的成本会计工作，班组经济核算也由这个科通过车间成本员领导。

（5）物资管理的会计，分工组织的形式比较不固定。其中材料会计通例设有独立的料账科（组），它和供应部门、仓库和财务会计部门的关系又各有不同的方式。固定资产有的由综合组或财务组负责，有的设独立的工作部门。低值易耗品等的会计组织，形式更不固定，在产品及自制半成品的会计，随成本会计的具体方法也有不同。

(6) 工资的计算和支付,是工作量很大,又必须有严格制度的一种工作。为使这一项工作有专职机构,可以在财务会计部门设立工资科(组),我国企业则往往没有这个专职的工作部门,这是一个值得讨论的问题。

(7)《国营企业会计核算工作规程(草案)》第三十一条规定:"企业应该建立查账制度,指派专人定期查账"。按照这一规定,中型企业应设置专职的查账人员,大规模企业可以设立查账科或检查科,定期检查各科室、车间及附属机构的账目。会计检查工作是目前我国会计实践中的一个薄弱环节,各企业很少设立专职查账人员和检查机构的。因为这已不属本书范围,不作专门的讨论。

社会主义会计的几个理论问题

整 理 前 记

顾准同志的这部遗著,是他于1964年6月,在同年1月提交中国科学院经济研究所学术汇报会议讨论的第二稿的基础上,并经广泛征求各方面意见后修改而成的第三稿。在完成了第三稿后,作者又准备进一步修改。据遗稿所附修改计划,他准备从原来的九章,修改为十一章。其内容和顺序是:1. 什么是社会主义会计,社会主义会计的阶级性。2. 主体和单位。3. 任务和对象。4. 计算体系和管理工具。5. 会计和国民经济计算的关系。6. 企业会计(原第五章)。7. 职责分工(原第六章)。8. 再论社会主义会计的主体、对象和任务——评马卡洛夫和阿发那西也夫的会计理论。9. 论借贷和收付。10. 论会计的阶级性和技术性。11. 论会计学科的性质。

就我们现在所搜集到的手稿看,顾准同志生前已在第三稿的基础上着手整理,有些地方并经他剪裁而致残缺。可惜的是,在"十年内乱"中,他备遭摧残,因而所志未遂,不获使我们读到其原所设想的定稿。尽管如此,他所遗留给我们的第三稿,仍闪烁着他在会计学术领域里值得人们钦佩的才华。他的有独创性的见解,对探索真理一丝不苟的精神,都是值得我们珍视和学习的。

第三稿的第一、第二、第三章,曾于上海市会计学会主编的《会计通讯》(现改名《上海会计》)1979年第二、第三、第四期上发表,获得读者们的普遍重视。鉴于作者对第三稿已有所删改和剪裁,为了尊重作者生前的最新观点,上海市会计学会特委托我们:以第三稿为基础,参酌作者已变动的地方,做必要的整理,并在可能范围内力求将残缺部分充实或复原。我们才疏学浅,只能就有限水平,勉强承乏其事。

在整理中,我们使用【 】符号表示:在符号内的文字是我们所加注的;使用〔 〕符号表示:在符号内的文字是作者第三稿原有而经他自己剪裁去的部分,就我们的水平,加以推敲,有的就在原地位,有的则在其前或其后,予以复原或调整的。现在姑以此整理稿付梓。整理中有谬讹之处,望海内外方家,不吝指正,以便不致使作者原意湮没不彰。

上海市会计学会会员　诸尚一　夏高波
1980 年 11 月

第三稿说明

　　本稿第二稿曾在1964年1月份中国科学院经济研究所的学术汇报会议上讨论，会外也承机关和学校的许多同志提出过不少批评意见。第三稿是根据这些批评意见改写第二稿而成的。第三稿内容，除小部分照第二稿未加改动外，大部分都改写了，章节次序也有很大变动。

　　第二稿中有不少观点看来是有问题的，如：（一）会计和国民经济计算的关系，倾向于把两者等同起来，而不是既指明它们的联系，又指明它们的区别；（二）强调成本计算，而对成本科目及成本报表未加讨论；（三）什么叫做会计，前后论点自相矛盾；（四）关于科目矩阵的解释，意义含糊，目的不明；以及其他等等。这些错误和缺点，经同志们指出，第三稿写作时努力改正，但限于水平，错误缺点还多得很，仍望会计学界及经济学界指正。

　　本稿涉及许多争论问题。作者坦率提出这些问题的看法，或者进行争辩，无非是本着学术问题百家争鸣的宗旨，表明个人意见，在讨论过程中，准备随时修正错误。有时候行文语气比较肯定，这在学术争论中很难完全避免，倘因此造成一种坚持己见的印象，这就确实不是作者的本意了。

　　本稿写作过程中，承骆耕漠、赵帛、赵玉珉、王德陞、阎达五、葛家澍、厦门大学财务会计教研组、娄尔行、潘兆申、管锦康、殷宗骕、王鹤松、胡文镐、曹伯岩、乌家培、何振一、王庆龄等诸同志提了不少批评意见，本年1月份讨论会上，又承到会诸同志提了许多批评，谨此致谢。

顾　准

中国科学院经济研究所

北京　1964年6月25日

第一章　会计和国民经济计算的关系

社会主义会计是社会主义企业、机关、事业、信贷系统和各级总预算等单位，利用科目账表体系及统一的货币单位，对于所要计算的对象，作系统、连续的记录和计算的一种记账、算账、报账的方法。社会主义会计的职能并不限于经济计算①，但它首先是一种经济计算体系。社会主义会计的计量单位并不限于货币量，也包括实物量和劳动时间量；但一般说来②，它是以货币为统一的记账和计算单位的自行平衡的科目体系，并利用这个科目体系来制驭包罗一切有关实物量和劳动时间量的记录的。同时，以货币量做统一记账单位的会计，有时也需要某种平行的实物单位的会计作为辅助。例如：食堂会计可以在货币量计算之外，平行设立"粮食账"；农业生产队的会计，可以单独设立实物平衡账目，年终决分时再把它并入总的科目体系内（参见第 414 页注①）；等等。不过比较来说，这是例外情形。所以本书除说明特殊情形而外，一般地把会计体系看作用统一的经济（货币）量制驭包罗一切有关实物量和劳动时间量的计算体系。

社会主义会计是社会主义国民经济计算的组成部分，从讨论社会主义会计

---

① "经济计算"往往也被称为"经济核算"。在我国，习惯上把具有独立的经营（生产）基金作独立盈亏计算的企业，称作"经济核算制"的企业，进一步把企业精打细算、节约成本、节约基金（即节约投资，也可称为节约"资本"，见第 413 页注①）的努力称作"贯彻经济核算制"。为避免混淆起见，本文把"经济核算"这个名词专用于企业的经济核算制，对于一般的"经济计算"不用"经济核算"这个名词。

② 其实，不以货币单位为记账单位的会计体系也是有的。例如，主管全国某种重要物资平衡的机关，如果可以不计较这种物资的不同品种规格使用价值的不同，可以用统一的重量、体积或其他实物单位为统一的记账单位，设立科目，系统地连续地记录、计算它的不同来源及不同用途，以便服务于这种物资平衡的管理，这种会计也许可以称之为物资平衡会计。

和社会主义国民经济计算的关系开始,也许有助于探讨社会主义会计的某些理论问题。本章以下各节,就准备先对国民经济计算本身作概略的观察,接着讨论会计和国民经济计算的具体联系,以便由此来探讨社会主义会计的性质。

第一节 国民经济计算的内容

(1) 社会主义国民经济计算的内容极为广泛,难于列举完全,也可以有各式各样的分类方法。为了我们讨论的方便起见,姑且把它分为以下四个部分:第一,关于社会扩大再生产过程中各类产品的供产销平衡,亦即整个再生产过程中物资替换的平衡的计算,包括各类产品的产量品种指标,各类产品生产、消耗、储备间平衡的计算等等;第二,关于社会扩大再生产过程中"价值补偿"的平衡计算,包括整个国民经济平衡表体系;第三,关于劳动力再生产的各项指标,例如人口、各级学校入学人数和毕业人数等等;第四,关于以上三项内容的个别指标,或和其中任何两项相互有关的各种指标的计算,例如产值指标、劳动生产率指标、成本及利润指标、预算及信贷指标,以及各个经济部门的技术经济指标等等。

会计和以上各项计算直接或间接都有关系,但和上述第二项国民经济平衡表体系间有更为密切的关系,所以,我们要稍为具体地观察一下国民经济平衡表体系的内容。

(2) 一般说来,国民经济平衡表体系以下列三种表式为其基本构成部分:

第一,关于社会产品的 CVM 构成,以及各部门产品供他部门补偿生产中的消耗(即各部门经济联系),和供直接消费或积累之用,这两者间的价值平衡的综合计算①。这是以马克思的再生产理论及再生产图式(《资本论》第二卷第

---

① 参见索波里:《国民经济平衡表问题概论》(一禾等译,三联书店1962年版)第一表及第三表。索波里的"国民经济综合平衡表"内包括劳动力资源平衡及期初期末国民财富统计,但各部门经济联系则过于简略。就其综合劳动力及国民财富而论,超过了社会产品及国民收入间的平衡的范围;但这个表的主要内容,实质也还是关于社会产品和国民收入间的平衡。近年来国民经济平衡表体系中的社会产品和国民收入间的平衡部门有很大发展,索波里的综合平衡表已经改变成为"扩大再生产模型"的国民经济平衡表。参阅乌家培:《经济数学模型与平衡表式》,《光明日报》1963年8月12日。

三篇)和国民收入分配再分配的理论和图式(《哥达纲领批判》)为基础,应用于社会主义扩大再生产过程的综合平衡计算体系。它不同于个别计划指标的计算,因为它把有关"指标"组织在一个数学模型内,揭示各个指标的相反关系。它不同于以不变价格为基础的总产值的计算,因为它是以当年产品转移的实际价格为基础的计算。它不同于商品产值指标的计算,因为商品产值限于出售为目的的一切产品或作业;所以工业企业非以出售为目的,或非工业性作业的价值,不得加入商品产值;商业运输及建筑包工企业则无所谓商品产值。它包罗社会的全部物质生产过程,计算生产、生产中物质消耗的补偿、消费及积累之间的平衡。

第二,关于国民收入的分配(例如企业的发放工资)及再分配(例如通过预算及信贷收支所作的国民收入再分配),以及由于社会产品流转和国民收入分配和再分配而引起的社会货币资金的流转的综合平衡计算。这种表式,索波里又称之为财政平衡表[1]。

如果说国民经济综合平衡表(甲项)直接反映社会产品及国民收入间的平衡的话,财政平衡表除具体反映国民收入的分配再分配过程而外,又反映了社会再生产过程中的货币流转过程及综合财政平衡,包括预算平衡、信贷平衡以及其他财政金融项目的平衡在内。

第三,关于国民财富及其变动等的计算[2]。这里所说的国民财富,不包括未经开发的自然资源,所以直接指再生产赖以进行的劳动工具、劳动对象以及全社会的消费品储备等而言。由于社会主义社会基本上不存在生产资料的私有制,所以,倘若国民财富统计表不包括居民的消费性财产,而又有可能网罗全部全民所有制及集体所有制企业的经营基金,以及非企业的公共财产的话,它可以列示全国的土地(按生荒地开垦为熟地的劳动耗费计算)、房屋、生产设备、原材料、中间产品及消费品储存、金银准备、国外资产等全部项目;同时也可以把居民的储蓄,在居民间流通的人民币发行(不包括企业及机关,因为这可以和

---

[1] 参见索波里:《国民经济平衡表问题概论》第五表。
[2] 参见索波里:《国民经济平衡表问题概论》第一表附表及第七表。

银行账上的发行额相抵销)列为表内的负债。所以,这个表是用来反映"社会基金"①及其变动的动态的。

国民经济平衡表的起源虽然极早,只在最近30年内才形成了系统的实际应用的方法。在我国,国家统计局编制国民经济平衡表已经多年,我国经济学界、统计学界对于国民经济平衡表的理论问题和方法问题的研究,也正在迅速展开之中。目前它的实际应用虽然还只限于事后的统计计算,但在国民经济的计划平衡中正在起着越来越大的作用。又因为它总括了企业、机关事业单位及居民的一切生产、分配、消费活动,也总括了国家预算、信贷系统和其他一切方面的财政活动,所以它除了无法包括劳动力的再生产而外,对整个社会扩大再生产过程作了总括的反映。由于各类会计正是系统地反映企业、机关事业单位等经济活动的计算体系,我们在讨论会计和国民经济计算的关系的时候,特别注意会计和国民经济平衡表的关系是必要的。

第二节 企业会计、机关事业单位会计和国民经济计算的关系

(1) 各类全民所有制及集体所有制的社会主义企业(农林业、采掘采伐及

---

① 在我们的政治经济学名词中,一般不在社会主义经济中使用"资本"这个名词。如果我们把资本主义的剥削的意义从"资本"这个名词中除去,这里所说的"社会基金",可以称为"社会资本"。注意这里所称的"社会资本"是长期生产过程的积累,又是任何瞬间再生产过程赖以进行的物质基础,当然不同于伴随当年产品的生产和流转而引起的货币资金流转,或财政、信贷资金收支的"资金"。称作"基金",也容易和财政学上指定专门用途的预算拨款,或为专门目的的积存的现金资金(大修理基金、企业基金)相混淆。也可以考虑避免用"资金"、"基金"等意义不确切的名词,干脆称之为"国民财富"。但是"国民财富"这个名词,通常用来指物质财富的具体有用性,又不适宜于表明它们在再生产过程的一般作用。如果我们能够使用"社会资本"或"资本"这个名词,使之表明以上的特质,使之表明它和"资金"及"基金"的不同含义,似乎比较方便。我国经济学界一般不把"资本"这个名词使用在社会主义经济范围之内,有时用"资金"有时用"基金"这个名词来表明上述"资本"的含义。这样做,有一个好处,即我们可以不至于把"资本"这个名词的资本主义的意义来混淆社会主义经济中社会基金的性质。但是要这样做,最好要规定有关名词的确切含义,必要时,还得加上几个字作为区别不同含义的标志。

本书也避免用"资本"一词。但有时为行文简便起见,偶然也加上引号用"资本"一词。

建议经济学界对"资金"、"基金"、"资本"等名词含义作一次广泛的讨论,最好能够作一个大家能够一致同意的规定。

加工工业、商业、交通运输业、建筑包工企业），除农业生产队有其自身的特点①而外，都是经济核算制的企业。经济核算制的基本内容是具有独立的经营基金，作独立盈亏的计算。这些企业要按照国家计划完成产品的产量、品种、质量的生产任务，同时要以最大的经济效果完成生产任务。"经济效果"的意义虽然比较广泛，就企业经济核算制的具体任务而言，则不外节约"资本"（节约经营基金，不论是流动基金或固定资金）和节约成本两者，两者又都可以归结为劳动消耗的节约。在产品价格一定的条件下，节约成本就是增加利润，而利润则是社会主义积累的唯一来源（税金，在这个意义上和利润具有相同的性质）。有时候，产品质量提高而产品价格不变，于是成本节约不反映为利润的增加，但是考虑到价格水平本来会随着劳动生产率的提高而不断降低，那么这种情形并不改变经济核算制的企业要以力争降低成本、增加利润为其重要的任务。

企业会计的科目体系，就其基本结构而言，综合了经营基金循环和成本利润计算两者，而这正适合于企业经济核算制的特点。企业会计要从经济效果的观点，尽可能对企业一切经济活动作出经济估价，要网罗一切有关的实物量和劳动时间在自己的体系之下，并发展成为一种极重要的经济管理工具（参见第二章），在这个意义上说，企业会计是经济会计。但是企业会计同时也是财务会计，因为它负责管理日常的货币资金收支，而从经营基金循环和成本利润计算出发，也容易拟定精确的财务计划，作出精确的财务计算（参见第五章第六节）。

---

① 作为基层核算单位的农业生产队原则上也可以看做一个集体所有制企业，可是：① 它不为社员规定固定的工资率，而采取劳动记分、事后分配劳动报酬的办法；② 劳动报酬的分配，包括实物及现金两部分。实物，即生产队自己的产品；现金，是产品出售部分所得价款，扣除现金支出的生产成本、固定资产购置及其他准备基金的余额。这样，农业生产队的会计记录，可以分为如下几条线：

甲、它的生产基金，包括固定基金、流动基金及货币资金的循环；

乙、劳动工分，这在决算分配以前不能折成货币额；

丙、产品的实物收支。出售的产品是甲项中现金收入的来源，但分配给社员的产品及直接用作种子饲料的产品和货币资金收支无关。

以上这几条线当然都可以归并到甲项，并以甲项为生产队会计的根本，因为要把乙、丙两项一切数量折成以货币为单位的经济量，可以国家农产品收购价格为根据。这样，劳动工分以实物分配的部分，和以实物产品抵充产品成本的部分，也都表现为价值量，会计结构和一般企业就没有什么不同之处了。但就生产队本身经济计算的目的而论，并不是以固定工资率为基础的成本利润计算，而是收益、支付（不包括"工资"在内的成本，及用作积累的资产购买支出）分配的计算。因此，虽然这种计算，也可以翻译成为成本利润计算，但是各生产队之间的劳动报酬率既不一致，成本额也就缺乏可比性。

国民经济平衡表体系内财政平衡表和综合平衡表间的关系一样。

（2）就企业会计科目体系的结构而论，它所反映的"资金、成本、利润"等指标直接构成国民经济计算中有关的指标。所谓"资金"，可以包括因流动资金的增减以及因其他经营基金的增减而发生的预算拨款、交款及信贷收支；成本和利润则本来是企业会计直接反映的内容。除此而外，倘若我们承认产品的产量、品种及原材料、水电气等物质生产资料的消耗数量也包括在企业会计体系之内，那么进入国民经济计算的实物量也有赖于会计记录提供资料。此外，如工资基金、劳动生产率等指标，直接或间接也都和会计有关。

会计和国民经济计算中的各个个别指标保有广泛的联系，许多指标都有赖于会计记录提供原始数据，会计所提供的数据，经过统计，汇集为国民经济中的汇总指标。除此而外，必须注意，会计和国民经济平衡表还在下列这点上有特别密切的关系：会计的特色原是利用科目体系作系统连续的记录和计算，各科目间保有相互联系、相互制约的关系，科目体系本身，实质上就是一种"经济数学模型"，而国民经济计算中除表面上互不联系的指标体系之外，也有构成一个完整"模型"的综合计算体系，这就是国民经济平衡表体系。利用完整的模型来反映企业的经营生产过程（会计）或反映国民经济整体的扩大再生产过程（国民经济平衡表体系），这是两者的第一个类似之点。

其次，因为企业会计本身就是一个自行平衡的科目体系，所以它要利用统一的计量单位。这个统一的计量单位和国民经济平衡表是一致的，它们都是货币量，都是以现行价格和工资率统一折换各项实物量和劳动时间量而成的数量。如果说国民经济平衡表因此是一个价值计算体系，那么会计也是一个价值计算体系，会计中的货币量，并不仅仅是货币量，而且是价值量。

企业会计和国民经济平衡表既然有以上两种相同的特质，我们就应该进一步考察它们之间的具体联系。

一开始我们可以发现，虽然"企业"是国民经济平衡表所要汇总的第一项内容，而且是特别重要的一项内容，但是这种汇总不是企业会计报表的简单的汇总；原因是，两者的科目结构（"模型"）是不一致的。国民经济平衡表要分析社会产品的 CVM 构成，这种分类标准不同于直接成本、间接成本及利润税金等分类标准。国民经济平衡表要分析各经济部门的产品,如何① 分配给其他经济部门用以补偿生产中的消耗,② 用于消费和③ 用于积累;企业会计却照例只登记总销售额和购买额,不对销售去路或购买来源作分部门的分析,因为这种分析对于成本、利润计算是没有用处的。这样看来,国民经济平衡表和企业会计两者因为计算目的不同、科目构成不同,所以两者虽有相同的特质,却是联系不起来的。事情是不是如此呢?

稍为详细地分析,可以看出,两者在基本上联系得起来;略为改进,可以联系得更为紧密。当然,上面所举的各部门经济联系,会计体系中虽保有可靠的原始资料,按预定的经济部门分类作出适合于国民经济平衡表要求的分析,却是一种统计工作,原则上已不属于会计的范围。但是,例如在会计体系中精确反映企业产品的 CVM 构成,是会计所做得到的;现行会计制度中的生产费用表就专为此种目的而设;略加改善,可以得到更为精确的数据(参见第四章第三节)。又如国民经济平衡表体系的财政平衡表所要求的数据,即企业所实现的国民收入,国民收入在企业中的初次分配,通过国家预算、信贷收支、企业基金等实现的再分配,以及通过再分配而实现的企业内部的积累,资料来源只能取自企业会计(参见第五章第六节)。至于国民财富统计表,显然更要直接依据企业的经营基金平衡表。

但是,会计和国民经济平衡表之间的具体联系,并不表现为两者间科目结构(模型)间的一致,因为后者是国民经济整体(大范围)的经济计算,前者表现为企业范围(小范围)内的经济计算,两者目的不同,所以它们的结构(模型)无法一致。成本利润等指标是小范围经济计算所要求的指标,汇集同类企业的成本利润,可以得出这类企业(例如工业)的平均利润或平均成本的指标。但在国民经济综合平衡中,税金和利润属于同一性质(纯收入),而一部分税金又包括在成本之内(参见第四章第三节),因而成本利润指标本身不能进入国民经济综合平衡之中。国民经济综合平衡计算的"科目体系"的结构,以再生产理论和财政学为其理论基础;企业会计科目体系的结构,以经济核算理论为其理论基础。因此,从会计到国民经济平衡表,要以统计为中介来对会计资料重行分类、整理和加工。只有经过分类、整理和加工,才能把会计的科目结构改组为国民经济平衡表的"科目结构"。

（3）机关事业单位会计也表现出它和国民经济平衡表之间的基础的一致，和结构的不一致。机关事业单位会计反映和控制它的财产和经费收支①，它们的经费来自预算拨款，它们的业务收入要直接交入预算，它们不实行"经济核算制"，但是也要作严格的经济计算，力求所占用财产的有效利用并以最大限度的经费节约完成事业计划。因为它们不实行"经济核算制"，所以它们对社会主义扩大再生产过程所作的贡献，不像企业产品那样要作经济估价。这样，它们的会计就以记录经费领支，及所占财产的增减变动为目的，不像企业那样作经营基金循环和成本利润计算。

机关事业单位会计也和企业会计一样同国民经济计算有多种联系，但因为它并不对本机关单位的各种经济活动作全面经济估价，所以各种个别指标的统计，和会计的关系要少得多。例如，一个大学的会计，基本上既以记录经费领支和占用财产为限，大学的会计虽也可以比较历年每名毕业生耗用国家经费的数额，但它不会建立以每名毕业生为单位的成本会计，从而关于学生人数、毕业人数、学术活动等等的统计，原则上不进入学校会计的体系；这类指标和会计就几乎没有关系。但是机关事业单位的科目结构，和国民经济平衡表的科目结构有其一致之处。因为按照《哥达纲领批判》的国民收入再分配的表式，机关事业单位原是有消费而无生产，有购买而无销售，所以，① 它们的经费领支直接进入财政平衡表；② 它们的经费支用额分别为工资和购买两类，进入扩大再生产模型的平衡表，其中购买一项按国民经济各部门的分析，也和企业一样，需要对会计资料进行分类整理才能统计出来；③ 它们占用的财产要进入国民财富统计表。所以，机关事业单位的会计同样和国民经济平衡表保持极为密切的关系。

---

① 顺便说说，"单位预算会计"这个名词，承袭了旧政府会计的传统。旧政府会计只记录预算资金收支，不记录财产。资本主义政府预算中没有企业的利润、折旧上交和对企业的投资；企业是私人资本主义企业，和政府预算无关；政府经费只是政府机关的经费；所以它把一切由预算拨款支付经费的机关看做总预算会计的分支；于是相对于"总预算会计"而言，机关事业单位会计就成为"单位预算会计"。以上这两种性质，看来都未必符合于社会主义的预算（参见本章第三节），因此作者怀疑，把机关事业单位的会计称作"单位预算会计"是否妥当。

第一章　会计和国民经济计算的关系

(4) 在向国家预算直接报领经费的机关事业单位之外,还有由企业产品成本开支经费,或者由企业基金开支经费的机关事业单位。企业附设的医院、诊疗所、职工业余学校、职工子弟小学和其他职工福利事业等的经费,有的由工资附加费开支,有的直接作为职工福利费用或干部培养费用进入成本,有的由企业基金开支。就这些机关事业单位本身的会计而论,它们的科目结构和直接向预算报领经费的机关事业单位并无不同,只是它们进入国民经济平衡表的途径迂回一些(经过企业会计)而已。

企业和机关事业单位的基本建设会计,就其经费开支、物资消耗、支付工资这个方面而论和机关事业单位会计也没有什么区别,不过,① 建设的工程的全部价值,要列入国民经济平衡表的积累项下;② 建设工程验收以后要加入企业的经营(生产)基金,或者加入机关事业单位的固定资产项下。这就再次证明,各种经济计算的目的不同,科目结构不同,所以同一事项在不同计算体系内要服从不同的分类标准。

(5) 居民的收入及开支、消费和储蓄,同样也应纳入国民经济计算范围之内。居民记录本身经济活动的"家计会计",理论上和其他各类会计一样同国民经济计算保持同样的关系。统计工作,可以对家计经济作抽样调查,如果被调查的家庭,有"家计会计"的记录,调查就可以大为方便。不过家计经济内容简略,所以实践上总是把家计经济的会计排除在社会主义会计范围之外。

第三节 预算会计、信贷会计和国民经济计算

企业、机关事业单位和居民三者,构成社会扩大再生产过程中生产、分配、产品流转和消费的主体,国民经济计算既以社会整个扩大再生产过程为其对象,这些主体的会计就组成为国民经济计算的"基层"。除此而外,社会主义会计还包括并非直接进行生产、产品流转和消费活动,而在国民收入的再分配中起重大作用的某些"主体"的会计,其间最主要的即是预算会计和信贷系统会计两者。

（1）先讨论预算会计。让我们把领导和组织国家预算的财政机关本身的经费领支列入机关事业单位的范围（实践上确实也是这样办的），那么预算会计就是关于预算资金的征集、支领的会计。预算资金的征集、支领本身不是生产，它不创造国民收入而是国民收入的再分配；它本身不是消费，消费是在机关事业单位、企业（生产的消费）及居民那里实现的；所支付的预算资金并不完全是消费资金，其中很大部分用于积累（基本建设及企业流动基金拨款）。但是财政机关对于预算资金的收支显然也需要利用科目体系，系统地、连续地予以记录和计算，以便对计划和实绩作以比较，并考核预算资金的支用上的节约和合理。预算会计要以预算资金收支计算的这种目的来决定它的科目结构。

预算会计本身在国民经济整体的经济计算中有它特殊重要的作用，犹如国家预算在整个国民经济计划中有它特殊重要的作用一样。这是因为国家预算集中了全部国民收入的很大部分，预算结构直接体现了国家的政治、经济、文化的方向和政策。但是我们不能夸大这种作用，认为国家预算会计可以汇总并制驭全部社会主义会计。理由有四：

第一，国家预算只汇集全年预算资金收支，无法汇集全部国民财富（企业的经营基金和机关事业单位的财产）。

第二，国家预算在国民经济综合财政计划中虽占极大的比重，但不是全部，所以它无法汇集经过信贷、企业基金、人民团体等所进行的全部国民收入再分配。

第三，国家预算只能汇集经过预算所进行的国民收入再分配，它不能汇集在企业中实行的国民收入初次分配。

第四，国家预算只是扩大再生产过程的财政方面的反映，它无法综合反映扩大再生产过程本身。

由于以上四项理由，国家预算的指标，作为独立的指标，在国民经济计算中虽占十分重要的地位，但在国民经济平衡表体系中，它只在财政平衡表中同信贷资金及其他资金处于相同的位置；同样，国家预算的科目结构就其概括国民经济各个方面进入预算和从预算支领的资金而言，它比任何一类会计的科目结构更为宽广；就其仅限于预算资金收支，不涉及再生产过程及国民财富而言，又是比较狭隘的。

（2）信贷系统的经济活动甚至比预算资金的范围更为宽广，因为它包括居民的储蓄、企业的存款和贷款、外汇业务，也包括国库存款和人民币发行，它集中了全社会的货币流转，所以，信贷系统的会计可以起某种"社会簿记"的作用；同时，基层银行因为有它自己的贷款利息和其他业务收入，有它的存款利息和各项经费，所以，初初看来，某一级基层银行也可以仿照企业的办法，实行一种以收抵支、独立计算盈亏的经济核算制度；信贷系统的会计，就应该适合各自经济计算的特殊目的，设定自己的科目体系。存款、贷款、储蓄、人民币发行等等指标，也各自直接进入国民经济计算的指标体系。

但是，从信贷系统会计和国民经济平衡表的关系看来，它和预算会计有其类似之处，因为信贷资金的收支，也属于国民收入再分配的性质，不过是暂时性质的国民收入再分配。例如：居民的储蓄就其暂时不消费，集中起来供国民经济建设投资之用而言，它和进入预算的税金有相同的性质。不过储蓄是有来有往的，所以在某一段时间内，只有储蓄的净增加起了投资的作用；如果这一段时间中储蓄有净减少，就不仅不是投资，而是积累基金拨还消费基金。一切存款都可以作同样的解释；同样，利息是国民收入的再分配，并不是物质财富的创造或消费，所以它和一般企业的收益、成本也是截然二事。这样看来，不管基层银行是否采取以收抵支的"经济核算制"，在国民经济平衡表体系内，信贷和总预算处于相同地位。信贷系统本身的全部经费，也应该当做机关事业单位经费看待。

信贷系统的会计对于全部社会主义会计也并不处于提纲挈领的位置。就信贷系统汇集了一切企业、机关、居民，以至国库资金收支而言，信贷收支动态灵敏地但却是间接地反映了社会经济的动态，因此说信贷系统可以起某种社会簿记的作用当然是正确的。但是信贷系统的会计也和预算收支一样只能从一个侧面反映社会扩大再生产过程，所以它也不过是社会主义会计的一个特殊的类别，虽然它本身有很大的重要性。

（3）像预算会计和信贷系统会计一样，在国民收入的再分配中起作用的会计单位还有企业基金，由企业工资附加费构成的企业福利基金，工会和青年团等人民团体，以及其他的机构。所有这些机构照例和预算（不包括财政机关本身的经费)会计有这样的区别,即它们既实行了纯粹的国民收入再分配,它们自己也直接有一部分消费。以工会为例,工会的会费收入是国民收入再分配的一条具体途径,和国家预算中的税金收入有其类似之处。但是工会的经费中既包括对会员的直接现金支付,也包括工会机关本身的经费;而国家预算中所支付的机关事业单位经费,则一律通过机关事业单位来实现;所以,人民团体的会计,兼具预算会计和机关事业单位会计两者的性质。

像人民团体、企业基金等类在国民收入的再分配中起作用的机构的会计,都必须根据自己经济活动的特点,建立自己的科目体系;各个机构的会计科目体系有或大或小的差别,它们的数据进入国民经济计算,都要按照国家经济平衡表的要求,经过统计作分类整理。但是,它们和国民经济平衡表体系之间具有密切的关系,则又一如其他各类社会主义会计。

第四节 会计、统计和国民经济计算

(1) 根据以上两节的分析,可见社会主义会计可以分为:① 在社会再生产过程中直接进行生产、分配、产品流转和消费的各类主体的会计,即企业、机关事业单位会计及家计会计,其中又以企业最为重要;② 在国民收入的再分配中起作用的某些主体的会计,即预算会计、信贷系统的会计、人民团体的会计等等,其中除预算会计而外,其他各类又都并不单纯进行国民收入再分配的活动,兼有一部分直接的消费活动。所有各类会计都有这个会计主体本身的特殊的经济计算的对象和任务;各类会计的科目体系的设定,必须以这种对象和任务为根据,因此各类会计的科目结构彼此不同。

各类会计各有特殊的对象、任务和科目结构,但各类会计和国民经济计算又有密切关系,这种关系可以归结为两种形式:第一,提供个别指标的数据;第二,由整个科目体系提供互相制约、互相联系的一系列数据,供国民经济综合平衡之用。后者之所以可能,是因为会计的计算基础和科目体系的结构原则,同国民经济平衡表是一致的。

各类会计依本身目的计算小范围(例如企业)内的经济效果,国民经济整体的经济效果不是会计计算的目的。因为国民经济整体的经济效果涉及的因素更多,计算的方面更广①,而且在很多情况下,经济政策的决定要以政治、文化等不可能用经济量来衡量的考虑为根据。由国民经济平衡表体系出发,可以推导出按照不同目的来计算国民经济效果的数学模型②,但这已经不是小范围经济计算体系的会计所能及的了。虽然如此,我们在这里要肯定一件事,即小范围的节约、小范围的经济效果和国民经济整体的经济效果诚然不是同一件事,小范围的经济效果,除非"因小失大",或者只顾局部利益而损害了全体利益,总会构成国民经济整体的经济效果。在这个限度内,小范围的经济效果,就是国民经济整体的效果。

(2) 根据社会主义计划经济的本质,作为经济个体(小范围)的经济计算体系的会计,自然是国民经济计算的组成部分。但两者的联系则一律要经过统计。因此我们还需要对会计、统计两者和国民经济计算之间的关系,作比较具体的分析。

首先,一切会计数据进入国民经济计算,一律要经过统计。会计数据都不过是个体的数据,数据的汇集自然要经过统计。国民经济平衡表和会计虽然都是价值计算的科目体系,但因"模型"不同,也需要经过统计对会计数据作分类整理,才能使会计数据进入国民经济计算。

其次,会计不能提供国民经济计算所需的一切数据,有一部分数据要用统计方法从各项生产、技术、业务记录中直接汇集。已经指出,企业会计对企业的经营生产过程力图作完整的经济估价。因此,企业会计所包罗制驭的生产、技术、业务记录,比较机关事业单位会计要完整得多,企业会计体系所能提供的数据也比机关事业单位会计为多。这样,企业内部的生产、技术、业务记录和会

---

① 国民经济范围内的经济效果的含义究竟如何,这是我国经济学界争论未决的问题。李必强等同志在《论工业生产专业化、技术进步和经济效果》一文中由工业生产专业化这个具体问题出发,论及国民经济效果的内容,大致归纳为:① 需要的满足,② 节约投资,③ 节约成本等三个方面,似颇可参考。见《经济研究》1964 年第 2 期。

② 参见乌家培:《在经济研究和计划工作中运用数学方法》,《经济研究》1964 年第 2 期。

计、统计的关系,就需要作特别的考察(参见第四章第二节(3)、第六章第二节及第七章第二节)。

再次,会计和国民经济平衡表具有相同的基础,但具有不同的"模型",又决定了社会主义会计的两个极为重要的方面:

我们所说的"基础"的相同,是指两者都是价值计算体系而言。但是要使两者计算基础相同,不仅要依现行价格和工资率折算一切实物量和劳动量,各企业的折旧也必须按统一标准计算,存货按统一标准估价,才能使一切财产有同一的计价标准,使产品成本的计算标准一致。计价标准的一致,是社会主义会计不同于资本主义会计的地方。因此,在资本主义会计学中成为连篇累牍的讨论对象的估价问题,被排除在社会主义会计学研究范围之外。这当然不是说计价标准或折旧率等问题是完全无须讨论的,它们的研究应该属于政治经济学的范围。

最后,各类会计的科目结构虽然各以自身计算目的而定,但在设定科目的时候应该力求适合国民经济计算的各个方面的需要。以企业会计为例,虽然企业会计的科目结构应该服从经济核算制的需要,但同时也应该设立专门的关于预算拨款交款的科目,科目报表体系也应该尽可能满足国民经济平衡表的需要。社会主义会计固然是经济个体的经济计算体系,但是既然各个经济个体是整个国民经济的有机组成部分,各类社会主义会计的科目体系就既有其个别性和特殊性,同时,也有很大的一致性。

第一章 会计和国民经济计算的关系

第二章 会计主体和会计单位

第一节 会计主体

由前章，我们已经知道，社会主义会计是社会主义经济中各类基层单位(企业、机关等)及综合单位(总预算、信贷体系)用来记录计算它自己的经济活动的一种系统的方法。运用会计方法的基层单位或综合单位，是会计的主体。不存在没有主体的会计，也不存在以国民经济整体为其主体的会计。各类会计都要按照它的主体的要求，决定所要记录和计算的经济活动的范围和目的，并由此制订它的科目账表体系。

从会计方法的特点而论，这一点也是容易肯定的。会计工作的第一步是记账，会计员所要记入账户体系内的经济活动一定是它所属的主体的经济活动，会计员一定是这个主体的会计员。这也正是会计和统计的不同之处。统计工作以统计机关为其主体，但是统计机关可以根据不同的目的任意选定所要统计的对象。统计的对象又不一定必须是统计机关自身的经济活动。会计则不然，任何会计都是记录它的主体的经济活动的会计，会计不能任意选定它的对象。

社会主义经济是计划经济，整个社会主义经济是一个有机的整体，这一点并不能改变会计的上述特质。这不仅因为经济活动的记录必须附属于各类基层单位或综合单位机构之内，也因为计划经济决不取消各个基层单位的相对独立性。企业的经营生产活动是由国民经济计划决定的，但是企业又是一个相对独立的经济个体，依照计划，对外发生销售、购买、支付等行为，有独立的经营基金，要作独立的盈亏计算。一切基层单位都不能光是机械地完成计划，在完成计划中都负有增产节约的经济责任，例如企业要力争更大的经济效果，机关事业单位要力求节约经费,力求对所占用的国家财产作有效的利用等等。利用会计来记录它们的经济活动,并作严格的经济计算,是任何会计主体都必须进行的工作。

第二节 会 计 单 位

会计主体既然是国民经济的各基层单位或综合单位,因此,在一般情形下,每一个会计主体形成一个会计单位。例如,一级总预算是一个会计主体,也是一个会计单位;一个机关事业单位是一个会计主体,也是一个会计单位;一个独立经济核算的企业是一个会计主体,也是一个会计单位等等。但因为总预算的执行、机关间的隶属关系、企业的经营管理等等,都是复杂的组织问题,所以,在许多情形下,会计主体和会计单位两者,各有不同的意义。

(1) 已经指出,总预算会计不能包罗所有一切"单位预算会计",机关事业单位和企业的会计,各有独立的内容,并不组成总预算会计的一部分。但是,一切经征税款(如税务系统的各局所)、经办预算拨款及交款的机关(如各部局对所属机关及企业的拨款交款的会计)除关于本身的机关经费构成机关事业单位会计而外,经办预算交款及拨款的这一部分会计却并没有独立的意义,只不过是总预算会计的分支。由此看来,总预算会计本身是一个完整的会计单位,各机关经办预算拨款及交款的会计,虽以经办机关为会计主体,它们却不是一个会计单位。

(2) 同样,一个独立经济核算的企业是一个会计主体,也是一个会计单位。商业系统的"报账单位",就其记账算账而言,仍是会计主体,就其不作独立经济核算而言,却不是会计单位。企业的一切附属机构,有许多是机关事业单位性质,有些是不作独立经济核算的分厂,都是会计主体而不是会计单位。一个联合企业所属的生产单位,可以独立对外发生买卖关系,也可以独立计划自己的盈亏,但是,无论哪一个联合企业所属的生产单位,绝不是独立的经济核算单位。这些生产单位可以独立计算盈亏,但是发生在这些单位范围内的产品的成本是不完全的成本,联合企业本部及各附属服务部门的费用也构成产品成本的一部分,所以所属生产单位的成本和盈亏计算都是"假计算",最终应以联合企业汇总计算的结果为准。这样说来,不论联合企业和各生产单位在供销、成本、基金分配等事务上其职权的分散集中程度如何,联合企业的经营基金循环和成本利润计算,只能由联合企业的企业报表做统一而完整的表现。一切统计指标也一样。所以,联合企业是一个会计单位,所属生产单位则是会计主体而不是会计单位[①]。

主管企业的部局和联合企业的性质不一样,所以它不能综合所属机关及企业的会计,成为一个会计单位。这一点,在会计学家中间是有争论的,而且问题的性质又较为复杂,所以将在下节专门加以讨论。

(3)机关事业单位之间有复杂的相互隶属关系。一个部所属的机关可以很多,所属机关之间又可以辗转隶属(如武装部队的军师团营系统),下级机关的经费会计又要报送上级机关汇总等等。但是,要在机关事业单位会计之间,确定哪一级是会计单位,一般说来,意义是不大的。因为任何上级机关的经费,用不到像联合企业那样辗转分摊为产品成本。所以,除了不独立记账的报账单位而外,机关的任何一级都可以确定为会计单位。

(4)信贷系统的会计有两方面的情形。就信贷系统内部的"经济核算制"而论,因为高级管理机构的经费,不由基层银行分摊,所以,任何一级作独立盈亏计算的银行都可以成为一个会计单位,它所属的报账单位则不是一个会计单位;就各个银行系统分别执行国家信贷政策这一点来说,那么只有各个总行才是一个会计单位,所属分支机构都不是会计单位。

总之,各类主体会计计算的目的不同,所以在各经济部门中会计主体和会计单位的含义也有所不同。区别的标准是:凡按照这一类会计计算的要求,能够作全面计算的这一级是会计单位;不能够作全面计算的,则不成为一级会计单位。

[①] 联合企业所属的不独立核算的企业,有时不属于同一产业部门,利用会计资料于国民经济平衡表的编制中(尤其在部门经济联系分析中),应该加以区分。例如,联合企业附属的建筑安装公司,又如机械制造厂和冶金企业附属的火电厂,都是一个联合企业管辖不同经济部门的工厂的例子。编制国民经济平衡表的分类标准不同于经济核算制的分类标准。但这样的问题技术上不难处理。因为这已涉及经济统计问题,所以这里不作讨论。

第三节　部局是不是一个会计单位

有些会计学家认为主管企业的部局也是一个会计单位。作者认为，这样的看法，和会计是小范围经济计算体系的命题不相容，所以值得专门做一些考察。

部局①本身是行政机构，它们领导监督所属各独立核算的基层企业；但是，不论它们对所属企业的生产和经营作了何等重大的贡献，它们的行政经费和事业经费并不构成企业的成本。它们可以对所属企业的产品、人员、设备、资金作一定程度的调度，但是并不影响所属企业作为独立核算的单位。部局本身的行政经费，以及部局拨发所属事业单位的事业经费，部局对所属企业经营基金的拨款或调度构成两个会计主体，即：① 部局本身行政经费的会计，由总务部门或行政部门管理；② 部局经营的所属单位（包括部局本身行政经费，所属事业及企业的拨款或资金的调度在内）的财务收支（由财务会计部门管理）。前者是机关事业单位会计，后者则是部局经管的总预算收支的一部分，其中既包括拨款，也可以包括一部分预算收入。它本身不要求收支平衡，它不过是收支平衡的总预算的一个局部。所以，它是会计主体，却不足以构成一个会计单位。

部局的财务会计工作，除执行以上各项职能而外，当然要对所属企业的经营基金是否合理运用、生产和经营的经济效果如何作总的分析观察，并且也要把所属企业的会计报表合并成为汇总的报表。会计学家有时根据这一点认定部局会计是企业会计的上一级，犹如联合企业的会计是所属生产单位的上一级一样；因此，认为部局是包括所属一切企业事业单位的高一级的会计单位。可是，无论从综合财政，从社会再生产过程，从企业的全民所有制的性质来看，事情都不是这样的。

从综合财政的角度来看，部局的财务收支并不是一级总预算，它不过是代理总预算收支的一部分。从社会再生产过程的角度来看，直接作为国民经济再

---

① 我国有很多工业企业称为局，例如，矿务局、供电局等等，它们是企业或联合企业，所以不能把它们和管理各个独立核算企业的部局相混淆。我国还有一些管理独立核算的中小型企业的机构称为公司，它们的性质却和这里所说的部局相同，也不能和企业相混淆。

生产基层单位的是企业,部局本身并不以生产机构的资格参与再生产过程。从企业的全民所有制角度来看,企业是全民所有制的企业,部局受国家委托管理所属企业,部局管辖范围可以随时变化,企业却始终是一个完整的机体,换一个部局(不管是中央的或地方的)来管这个企业,丝毫不影响企业的性质。全民所有制的企业绝不是"部局所有制"的企业。部局就所属企业编制合并的会计报表,并不是像资本主义世界的持股公司合并它所控制的(即持有多数股权的)公司那样,把名义上的诸法人按实际的所有权关系合并为一个整体。它不过是企业的会计决算的技术上的继续。部局汇编企业的会计决算,并受国家的委托批准企业的会计决算,连同对企业日常会计工作的监督领导和检查,构成部局会计部门的实际工作内容,但不能因此认为部局是一级会计单位,部局只是一个中介机构,它既非基层,又非整体。

交通运输事业的业务和工业企业有一点不同之处,即它的业务范围和固定设备是在一条线或许多线上,所以它的核算单位的确定,要把线划分为段。例如,铁路的核算单位即会计单位是各个铁路管理局,航运划分为长江航运局或海运局等等。在这些会计单位之下的一切机构(铁路的处、段、站,航运局的海港、船只、仓库等)是它的分支机构。虽然如此,各"段"之间的相互服务如何清算,仍然是一个不同于工、商、农各类企业的问题,需要有特别的处理方法,并且会影响部局与企业之间的关系。交通运输事业中的邮电部门是一个特例,因为邮电价格全国一律,没有地区差价,所以业务密度高、业务成本相对低的地区或城市可以获得很高的利润,业务密度低、业务成本相对高的地区会出现亏损,而在亏损地区还是应该大力发展邮路,架设电线,使邮电服务能够遍及广大城乡。换句话说,邮电事业以全国作为一个统一核算单位来计算业务盈亏和经营基金的使用效率,却不能在每一个地区范围内都要求以收抵支,或者要求每一个地区的邮电业务固定基金使用效率都达到一致的水平;同时,投递邮件或收报的局所如果要从发寄邮件或发报的局所(即收入资费的局所)要求补偿投寄或收报及投递电报的成本,又因收发局所之间的组合十分纷繁,内部结算业务将所得不偿所费。这样,虽然邮电部当然要规定省、市、县邮电局在经济核算方面的责任,却可以由邮电部自身直接构成一个独立的经济核算单位,从而成为一个会计单位。一般说来，这样的原则是不适用于其他管理企业的部门的。

第四节 有没有国民经济总会计

由上各节，我们又容易肯定：会计是各类主体的会计；各类主体可以集合成为某些会计单位；在社会主义经济下最大的会计单位有：联合企业的会计，国家预算的会计，国家信贷系统的会计等等，但是不可能有国民经济的会计。原因有二：

第一，会计的科目报表体系，是根据各个会计主体的经济计算和经济分析图式制订的，这些经济计算和分析的图式原来就服从国民经济计算的要求，但其"模型"和国民经济计算的模型并不一致，而且范围也有很大的局限性。国民经济计算有多种目的和多种要求，它要经过统计从一切会计和业务技术记录汇集它所需要的各种数据，不受各类会计的科目报表体系的局限。国民经济平衡表的"模型"和会计有很大的类似性，计算基础也互相一致，但各类会计还不能直接构成国民经济平衡表。国民经济平衡表虽然是国民经济计算中比较重要的一项，但除此而外，国民经济计算还有极为广泛的内容。所以会计方法永远是小范围内的经济计算方法，不适用于国民经济整体。

第二，会计总是以一定的科目报表体系，从具体记录经济行为开始，来积累数据的经济计算体系，所以，能够利用会计这种工具的，必定是直接的经济行为的主体。国民经济整体由各个基层单位和财政系统、信贷系统等综合单位构成，它并非是直接的经济行为的主体，所以国民经济整体范围内的经济计算，总是利用统计方法从一切"单位"中汇总数据才能进行，无法利用会计方法来进行。

国民经济整体范围内无所谓会计，各个经济部门（农业、工业，或纺织工业、冶金工业）范围内也无所谓会计。这是因为会计所作的经济计算服从一个主体的计算目的，而且这种经济计算又是和一定的经济管理任务分不开的。联合企业作为一个会计单位，必须以它本身的经营基金及成本利润任务为根据，一个经济部门的领导机关有监督所属联合企业完成这些任务的责任，但它本身并不直接担负起这样的任务。经济部门的领导机关审查所属企业的会计报表,利用这些会计报表分析所属企业完成计划的状况,实现了会计报表本来要起的"报账"的作用。所谓"报账",正是会计主体对国家对职工群众应尽的责任;但是阅读、审查、分析会计报表的第三者,总是会计主体以外的第三者。这样看来,各经济部门的领导机关尽管可以利用同类企业的会计报表编成各式各样的统计,某些统计还可以完全利用会计报表的形式,但这已经是统计而不是会计了。

第三章 会计的任务和对象

第一节 概 说

由前二章,可知各类会计所要记录和计算的对象,或它们所要"反映和监督"的对象①,必定是:① 它的主体的经济活动;② 但是会计所要记录和计算的对象,不可能是它的主体的全部经济活动,只能是经济活动的一部分;③ 选定哪一部分经济活动作为会计的对象,对于所选定的经济活动作什么样的分类计算和综合计算,则取决于主体的要求。当然,主体的要求绝不是任意的,主体的要求,一般由国家赋予主体的经济任务决定,而为了更好完成这一经济任务,又可以根据"经济工作愈做愈细"的原则,不断加以提高和发展。

主体的要求,就是会计的任务。各类会计的对象并不是一成不变的,而是随着会计任务的变化而变化的,近几年我国会计工作发展的历史充分证明了这一点。举例来说,机关事业单位的会计本来仅以经费收支为其对象,现在,财产及物资的收发保管也已列为这一类会计的对象,并且收到了巨大的节约的效果。更重要的变化是在企业会计方面。从前,企业会计一般是财务会计,现在,为了把经济核算制深入贯彻到一切生产和业务的环节中去,成本利润计算就处于特别重要的地位。任务的变化决定对象的变化。任何种类会计的科目报表

---

① 这里对于会计对象这个名词的含义的解释,和最近出版的几本重要会计著作是一致的,如高等财经院校会计教材编写组编著的《会计原理》一书,指出"会计的对象是指会计所要反映和监督的内容"(中国财政经济出版社1963年版,第10页);厦门大学经济系财务会计教研组编著的《会计学原理》一书中,也使用"会计反映和监督的对象","职工工资、缴国家的税金和利润……,都是社会主义会计的对象"等语句(上海财政经济出版社1962年版,第7~8页),都可以理解为和本书所指的会计对象的含义是一致的。

体系取决于会计的对象和任务，对象和任务的变化必定要影响科目报表体系。

有些同志不同意上述解释。他们认为任何学科的对象是某种客观实在的事物或某种客观现象，因此说会计对象取决于会计任务是荒唐的。作者以为不然。说某种学科的对象是客观实在的事物或客观现象，限于这种学科是所谓"实质性科学"，这种科学以研究客观事物或现象的规律性为其任务。我们现在讨论的不是会计学的对象（本书第九章将讨论这个问题）。我们现在讨论的是各类会计所要"反映和监督的内容"。会计既是记录和计算经济活动的一种系统的方法，那么，经济工作愈做愈细，会计所要反映和监督的内容显然不能一成不变，也必定要"愈做愈细"的。当然，所谓愈做愈细有一个客观的限制，即不能细到要包罗客观上不存在的东西，同时也要不超过当时的主观条件的可能，并且不要弄到所得不偿所失。在这些限度内，会计对象是随会计任务的变化而变化的。与此相反，凡强调会计对象的客观性的，实质上是强调现在各类会计所反映和监督的内容的不变性，而这是作者所不敢赞同的。

【原稿在此段下加注：〔"经济活动"，燃素说，不能据以决定科目账表体系〕，似乎是准备修订前的摘记。】

第二节　企业的经济核算制和企业会计的对象

各类会计所反映和监督的内容，应不应该随任务的变化而变化？这个问题的争论，集中在企业会计范围内。

本书第一章指出，企业会计的任务，是按照企业经济核算制的要求，从经济效果的观点尽可能对企业经营生产过程中一切经济活动作出经济估价，综合经营基金的循环和成本利润计算两者的企业会计的科目体系，正好适合这样的要求。这样来解释企业会计的任务和对象，作者认为符合于当前党和国家对会计的要求。当前党和国家正是要求会计走出单纯管钱的圈子，成为贯彻企业经济核算制，贯彻在一切方面勤俭办事业的有效工具，而广大会计工作人员则正在热烈响应党的号召，作出了并且继续在作出巨大的成绩。但是有些会计学家认为社会主义会计的对象是资金运动，企业会计的对象则是经营资金的运动。他们对经济核算制也有不同于本书的解释。他们认为，社会主义的社会再生产过程中，要在实物平衡之外求得财政平衡，企业的以收抵支，并完成上交任务，是取得财政平衡的一种手段，而这就是经济核算制的实质。他们认为，强调企业的成本利润计算，强调经济效果，这是因袭了资本主义企业会计的概念，而这是不符合社会主义企业的性质的。

作者认为，资本主义企业和社会主义企业的所有制是不同的；又前者从属于自由的商品市场和资本市场，后者从属于社会主义的计划经济。但是这两种区别，并不决定社会主义企业可以不要经济核算，不要在完成计划规定的生产任务的同时，力争最大的经济效果，力争节约"资本"和节约成本，不要对每一项经济活动作出经济估价，并且按照节约"资本"和节约成本的观点，控制全部经济活动。考虑到最迅速地发展国民经济和完成社会主义建设，特别有赖于在各方面贯彻勤俭建国的原则，而企业的节约"资本"和节约成本又是最根本的节约方法，那么在理论上确认企业会计的这个特征，就格外具有严肃的意义。

也有人以为，贯彻经济核算制，力争最大的经济效果，确实是社会主义企业的恒久的任务，但这是"经济核算"的任务。经济核算的任务并不能决定会计的对象，因为作为会计对象的资金运动，是社会主义经济中一种客观的运动，会计对象则决不能离开这种客观的运动。这个命题并不仅仅是会计对象的问题，它广泛地涉及会计主体、任务和方法，所以将在本书第七章加以讨论。但是，所谓企业的"资金运动"和本书所称的经营基金循环又有很多关系，所以我们要在下节说明一下经营基金的循环和成本利润计算的关系如何，和企业的生产经营过程及经济核算制的关系如何。

第三节　经营基金循环和成本利润计算

（1）企业经营基金的循环，可以用图解（见次页）来说明。图解中固定资产的折旧基金（更新基金）并没有按照现行制度表示它要上交预算，假定它留在企业或联合企业内作更新之用。这样的图示，可以把现行制度下的大修理基金、四项拨款、固定资产变价收入等复杂关系加以简化。图解中的经营基金不作频繁的上交或下拨，这也已经根据"五定"的精神，简化了现行制度下的国家基金变更频繁的情形。

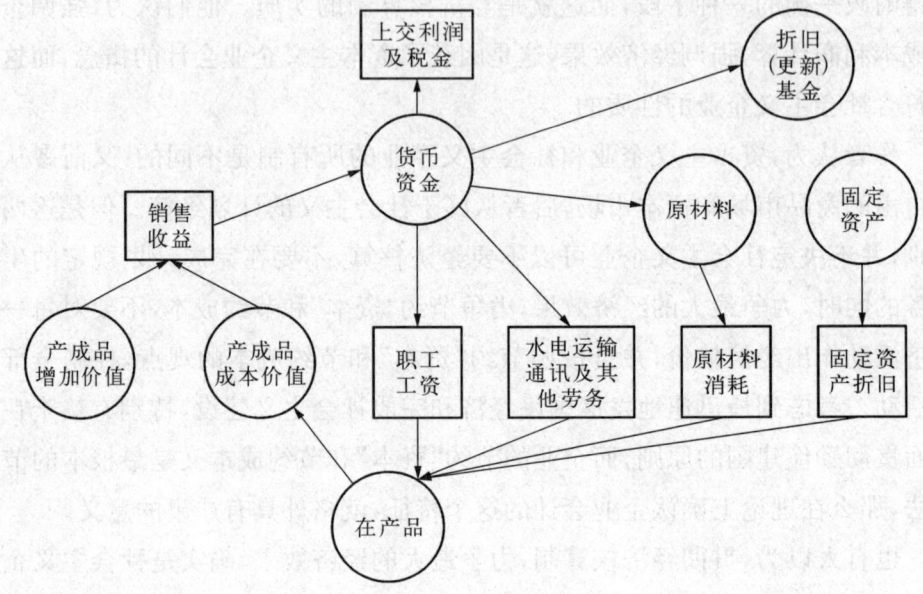

说明：
① 图中各圆圈内的项目是经营基金，方框内的项目是成本、收益及利润。
② 产成品的增加价值，按照会计处理的原则，在出售时（产成品价值实现时）加入循环，不在生产过程中加入循环。

（2）由图解可知货币资金、在产品及产成品三者，各构成一个完整的循环，这综合于《资本论》第二卷第一篇分析资本主义下个别资本的循环过程中，货币资本、生产资本及商品资本的循环过程。《资本论》第二卷第一篇为简化计，不把固定资产列入循环的分析，事实上固定资产的循环周期和货币资金、在产品及产成品的循环周期也确实不同，和原材料储备的循环周期也不一致①，所以可以分别

---

① 马卡洛夫和别洛乌索夫在《会计核算原理》（王立才译，财政出版社1957年版，第45页）上所作图解，① 供应仅限于"劳动对象"，不考虑固定资产的购置更新；② 工资的支付未列入循环过程。所以该书的"增加后的货币资金"中，包括利润、税金、工资、折旧四项，而这是不符合于实际情形的。他们所以忽略固定资产，这是和财政监督集中于流动资金的监督，企业财务仅以流动资金的管理为其任务有关的。所以，他们的"经营资金的循环"的性质，其实和本书所说的"经营基金的循环"并不相同（参见本书第七章第六节）

处理。但《资本论》的其他篇章则对固定资产问题作了极其详尽的分析和指示。我们现在讨论的是企业会计所反映的经营基金的循环,所以作了完整的图解。

由图解,可知经营基金的循环,可以取货币资金的循环的起点和终点,也可以取在产品和产成品作为循环的起点或终点。从会计的角度看来,取货币资金的循环的起点或终点,就产生了企业财务管理中一系列会计问题;取在产品为循环的起点或终点,就产生了生产管理和成本管理中的一系列会计问题。我们也可取产成品为循环的起点和终点,但产成品的循环,涉及各工业企业之间及工商两大部门之间的一系列业务过程。在个别企业看来,按计划调出产品,产品价值即已实现,所以问题倒是十分简单的。不过产品生产过程是一个物质替换过程,这个物质替换过程在个别企业内反映为各项物资(原材料、固定资产、低值易耗品以及产成品本身)的管理问题,从而也会发生物质财富管理中的一系列会计问题。我们过去的会计理论和会计实践过分强调资金运动,把生产管理、成本管理、物资管理的会计一律还原为资金的会计,其实这三者各有其自己的独特内容,而且同等重要,不可偏废。

(3) 从个别企业经营循环的过程来看,无论货币资金的收支,成本利润的计算,都不过是经营基金循环过程中的一个环节①。个别企业经营基金循环过

---

① 当我们把成本利润计算当做经营基金循环的一个环节看待时,产品成本无非是生产这个产品所消耗的经营基金。但是,我们决不可以把这一点作不恰当的夸大,认为成本除了这个意义而外,更无别的意义。因为,第一,就社会产品的流通的机制来看,个别企业的成本是决定价格的重大因素之一;第二,就个别企业的经济核算而言,成本是决定它的经济效果的基本因素之一。【企业会计完全有必要分析对比每种产品的成本、收益和利润,也可以说,要把企业的一切成本和收益配比起来,以资改善经营管理,力争最大的经济效果。对此,】有的同志说,这和美国会计学家派登所主张的"成本配合收益"的理论没有什么区别。我们觉得,即使没有区别也没有什么关系。派登主张成本配合收益是为资本家效劳,难道社会主义企业会计通过"成本配合收益",弄清楚哪些是亏损产品,寻求怎样降低成本的道路,是为资本家效劳吗? 会计是一种方法,一种工具。它为无产阶级所掌握的时候,可以为无产阶级和人民群众谋福利。如果以为社会主义会计在某些具体方法上和资本主义会计有类似之处,就是一件荒唐的事情,那是在会计技术上的固步自封,不利于社会主义会计的发展(参见本书第九章第一节)。〕
强调成本不过是经营基金的耗费,是企图把成本这个因素完全归结为个别企业经营基金循环中的一个环节,目的是:① 要在理论上否认经济效果这个概念,所以主张这些理论的同志,当听到利润这个名词时,总认为这是一个不折不扣的资本主义经济的范畴,必定要摒除到社会主义经济及社会主义会计的大门之外;② 要在理论上否认成本在价格决定中的作用,认为计划价格可以无条件脱离成本这个因素。这两点,显然完全背离实践,也不符合中央的方针政策。

第三章 会计的任务和对象

程,即是每个企业的经营生产过程。但是个别企业的经营基金循环过程本身,各各构成一个封闭的圆圈,无法汇总成为社会再生产过程。能够汇总成为社会再生产过程的是个别企业产品的销售、原材料的购买、工资的支付、利润的上交等等①。用会计和国民经济计算的关系来说明这一点,这就是说个别企业的资金平衡表无法汇集成为国民经济平衡表。要汇集编制国民经济平衡表,必须有利润计算表和生产费用表。

(4) 从个别企业会计的任务和对象来说,对经营基金的循环作精密的分类计算和综合计算,① 可以检查账实是否相符,借以保卫社会主义财产;② 可以综合计算经营基金的有效利用程度,借以寻求节约"资本"的途径;③ 在会计技术上,它又是组织财务管理的会计、生产管理和成本管理的会计、物资管理的会计在一个平衡账户体系内的提纲挈领的东西,因为正如上面指出的,货币收支、物资出纳、成本利润等等,都不外是经营基金循环过程的一个环节。虽然如此,从贯彻企业经济核算制的要求来说,必须把成本利润计算突出地作为企业会计的中心之一。

(5) 由图解,可见从个别企业经营基金循环的角度来看,每个企业在任何瞬间的经营基金总额都是相对稳定的,不能作大幅度的减少,除非生产任务增加,也不必作大幅度的增加。企业经营基金之所以可以列入"五定",理由就在于此。当然,在贯彻经济核算制过程中,企业经营基金可以力求减低其绝对量(多余上交)或相对量(生产任务增加而不增加经营基金),但即便是这种节约,也总占经营基金总额的相对不大的部分。因为同样的原因,企业的货币资金虽在作不绝的循环,但企业货币资金收支中和国家预算有联系的部分(上交利润、折旧、流动基金的上交下拨等)也总占相对不大的部分。所以,不能认为企业的经营基金和机关事业单位的经费资金一样,同预算保有同样的联系。这一点,对于本书第七章的讨论有很大的用处。

(6) 综合以上各节,可见企业会计的对象,是经营基金的循环和成本利润

---

① 请比较《资本论》第二卷第一篇及第三篇。第一篇讨论个别资本的循环,第三篇讨论社会总资本的再生产和流通。社会总资本的再生产和流通,并不等于个别资本循环的简单加总。

计算。与货币资金密切联系的企业财务的会计和物资管理的会计,都是经营基金循环中的特定环节,所以可以包括在"经营基金循环"之中。成本利润计算本来也是经营基金循环的一个环节,但因为它在企业的经济核算制和国民经济计算中有突出的重要性,所以应该特别着重地提出来,当做一项独立的对象或任务看待。

第四节 各类社会主义会计有没有共同的对象

按照本章对于"会计对象"这个名词含义的解释,各类社会主义会计显然没有共同的对象可言。然而各类社会主义会计究竟有没有共同的对象,还涉及小范围经济计算和大范围经济计算中所使用的经济范畴的差别性,所以还值得在这里专门加以讨论。

小范围如企业的经济计算,和大范围如国民经济平衡表这个计算体系,由于对象不同,目的不同,所以虽然取同项的素材,用同样的计量单位,计算中所用的经济范畴是并不一样的。举例来说,按照经济核算制的要求计算成本利润,使用销售、成本、税金、利润等范畴;按照国民经济平衡表的要求,计算整个国民经济的再生产过程,使用社会产品、CVM等范畴。同样是工资,在成本利润计算中有的进入直接成本,有的进入间接成本的各种科目,但在国民经济平衡表中,一切工资都列入国民收入初步分配的 V 项下。同样是税金,在成本利润计算中有的列入成本,有的列为销售的减项,在国民经济平衡表中一律列为待再分配的国民收入。我们如果勉强要小范围的经济计算采用大范围经济计算的范畴,小范围本身计算的目的就要无法达成,也要使大范围的计算受到损害。小范围的经济计算和大范围的经济计算间的关系是辩证的相互依存关系,不是直线的相互一致关系。社会主义经济整体和基层单位间的经济关系是这样,两者间经济计算的关系也是这样。

会计学家在实践上是完全懂得这一点的。企业的成本科目有原材料、燃料、直接工资、管理费、车间经费,却没有国民收入及CVM,理由显然因为大范围和小范围经济计算中所用的经济范畴不能勉强使之相同。企业会计报表中的生产费用表,目的是要沟通两者,使用的科目还是用会计上习见的科目,不过分类标准规定得容易换算为大范围的经济范畴而已。那么,根据同样的理由,我们为什么不应该分别规定各类会计的对象,同时指出各类会计的对象如何进入国民经济计算,而不去勉强规定各类会计的统一对象呢？勉强规定这样一个对象,无论你规定什么内容,总会无法适合各类会计的"具体对象"。譬如说,我们认为社会主义会计的对象是资金运动这个定义不合适,于是我们来规定社会主义会计的对象是社会主义的扩大再生产过程。社会主义扩大再生产过程诚然是某种国民经济计算体系,通过汇集各类会计的资料来反映的对象,可是就各类会计所反映和监督的对象而言,却是经营基金循环的过程,是经营生产的过程,预算经费领支的过程,以及其他等等。小范围经济计算体系汇集起来诚然构成了大范围的经济计算体系,但两者并不是直线地一致的,而且各类会计所反映和监督的内容又有巨大的差异。把大范围的对象直接规定为小范围的对象,在理论上忽略了差别性和复杂性,在实践上又毫无好处,似乎还以避免为妥。

第四章　作为经济计算体系的会计和作为经济管理工具的会计

第一节　作为经济计算体系的会计

（1）会计，作为各类会计主体的经济计算体系，要设立科目，用复式记账法作日常记录，以积累数据，达到一定的计算目的。各类会计制度中最重要部分也是它的科目体系，因为决定科目体系等于决定了会计报表的内容，应该使用哪些账簿也就不难决定了。

每一类会计现用的科目体系，是长期间会计实践的结果。初初看来，不容易弄清楚，究竟是科目体系决定报表内容，还是报表内容决定科目体系。其实，稍加考虑就可以知道，凡实际使用中的科目体系，虽然总是在长期实践中对先前已在使用中的科目体系作不断修正的结果，科目体系却总是服从于它的"主体"的要求，经过选定会计对象，确定经济计算和分析的目的，然后才能作出决定。为要使科目体系能够满足经济计算和分析的目的，我们总要：① 根据预期的目的，设计出一个经济计算或经济分析的图式；② 考虑怎样运用复式记账法把这个图式转化为科目体系，使科目体系记录日常会计事项的结果，能够得出计算和分析图式所需要的精确数据；③ 在实践中验证这个科目体系能否达到原定的要求。无论我们是考虑修改现行会计制度，或是设计一种新的会计制度，总不免要经过这样的程序。会计报表就是表式化了的经济计算或分析的图式。所以，从记账程序上看，科目体系决定会计报表的内容。从科目设置的客观依据而言,会计报表的内容决定会计科目的结构。

(2) 复式记账法要求每一笔会计事项的记录必须一借一贷,借贷平衡,但也不得超过一借一贷,所以会计记录的内容,原则上只限于"两度空间"。两度空间的复式簿记具有自行平衡的机制,但两度空间也限制了会计记录的范围。借助于科目设置的技术,例如在主要的一组自行平衡的科目之外,加设一组独立平衡科目,或在某一个科目之下分设分类标准不同的两套子目等方法①,可以在某种程度上扩大会计体系的记录范围。但是两度空间的特质,总使会计记录的范围受到预定科目体系的约束,所以不能将同一素材反复按不同分类标准计算多种不同的结果。就这一点来说,会计方面在系统性方面虽大大超过了统计方法,但在多样性方面远不如统计方法。所以,即在经济个体范围内,统计方法常常被用以补充会计方法的不足。

(3) 社会主义会计具有高度的统一性。这不仅表现为各类会计除满足个体经济计算的目的而外,又是国民经济计算的组成部分;同时,为了进行同部门各单位的对比(部门经济分析),为了服从国家的财务管理,都要求同类单位、同一部门各企业,全部或部分地应用统一的科目体系和统一的会计报表,而统一会计制度也具有法令的性质。但我们不能把统一会计制度误解为科目和报表体系的原始根据。科目和报表体系的原始根据是:① 各类会计的客观对象;② 对此所作经济计算的任务与目的。统一会计制度的制订,本身就必须研究各类会计的对象,确定计算的目的,制订计算和分析的图式,然后才能规定出切合实际的统一报表和统一科目。统一报表和统一科目规定以后,又因为经济工作愈做愈细,经济分析的要求愈来愈深入,必须随客观要求作不断的补充和修正。

(4) 经济计算和分析的要求,在个体部门和国民经济,各有不同。以企业为例,企业会计固然是适合企业经济核算制的要求建立起来的科目体系,但是,① 企业所属部门的经济领导机关,经过所属企业的会计报表作比较分析,借以

---

① 前者的例子,如企业会计除经营基金循环和成本利润计算这一组自行平衡的科目而外,加设一组关于特种基金或拨款的自行平衡的科目。后者的例子,如企业的销售科目分设两套明细分类账,一套区分为原材料销售、成套机器销售、标准零部件销售等子目,用以计算不同产品物资的销售比例并对比它们的成本利润,另一套按销售对象的国民经济部门划分,以便利经济统计等。

找差距,挖潜力,推进"比、学、赶、帮"运动,有时所要求的分析数据不同于企业本身;② 财政和信贷系统要求提供的数据也有其特殊侧重的方面;③ 国民经济计算也有特殊的要求,企业会计要设法用一个完整的科目体系同时满足不同方面的要求,而又简便易行,不致增加太多的会计工作量。统一会计制度的制订,要统筹兼顾各种因素,不宜偏重一方,忽略另一方。

第二节 作为经济管理工具的会计

（1）一般说来,作为经济计算体系的会计,必定同时是作为经济管理工具的会计。因为会计计算的结果（会计报表）本身并不是目的,它不过为经济分析提供分析资料的工具,只有经济分析,才能检查经济计划执行的结果,才能对经营生产过程作出总结,才能找出改进工作的途径。但我们所说的会计作为经济管理工具的作用,还远远超过这个范围。

如前所述,会计的特点是系统地、连续地作日常记录,它的每一个科目及每一个子目都设立了账户,每一个科目和子目都随时可以计算余额。账户记录不限于价值量,一切有关实物量及技术数据都可以分设专栏作系统的记载,于是我们起码可以要求会计做到"账账相符,账实相符",使会计起某种"管好家务"的作用——债权债务不能漏记,以便到期收回或清偿;一切材料、半成品及设备工具要有物有账,有账有物,以便凭账点物,杜绝贪污盗窃等等。利用同样的方法,还可以进一步要求会计控制生产过程的动态,即控制生产中一切物质消耗和劳动消耗,控制在产品和半成品在各个环节间的转移,控制每单位产品的成本。如果这一点能够做到,经营生产过程的每一个环节都隶属在一个自行平衡的计算体系之下,就可以使这些环节的数据相互联系起来,相互间也就起了制约的作用。科目体系既包罗制驭了有关的实物量和劳动时间量,会计这个价值计算体系,就可以把种类繁多的业务技术数据归集到一幅以价值量为统一单位的完整的画面中去,这样,会计就起了马克思所指示的"过程的控制和观念总结"的作用。

当然,会计方法不过是在经济上控制了经营生产过程,而经营生产过程本身,同时又是一个物质生产的技术过程,是各式各样的专门业务(供销、仓储、运输、劳动组织、职工福利等等)的综合,因此,企业的经营生产过程的记录计算,并不仅仅表现为经济计算,它同时也是生产的技术业务的记录和计算。

经济记录和经济计算不能代替技术、业务的记录和计算,它是在所有技术、业务的记录和计算的基础上,把其中有关经济的部分统一组织在经济计算的基础上形成的体系。举例来说,材料供应是材料部门的任务,材料部门对及时供应材料、妥善保管材料、不使库存材料积压负有任务,为此材料部门应该有完善的材料记录。但是材料的购买、耗用、库存又有它的重要的经济意义,所以要把材料账目组织得既满足材料业务的要求,又成为会计体系的组成部分。又如,冶金企业的每一座高炉运行要有完整的技术记录,技术记录中的出铁、加料、焦比、耗电耗水、设备利用系数等又是重要的经济数据,所以又构成经济计算体系的一部分。诸如此类。

从经济角度来控制经营生产过程既然涉及一切生产、技术和业务,所以要使会计真正成为管理经济的工具,会计工作人员就必须对本企业的生产、技术和各项专门业务都有足够的知识;而工程技术人员、一切专门业务人员和广大职工,又必须都有深刻的经济核算的思想认识;并且必须多方面通力合作,才能真正把经济核算制贯彻到一切生产、业务、技术环节中去。

(2) 从经济上控制整个生产过程,不能限于事后计算,还要做到事前控制,才能真正达到系统地、细大不捐地节约"资本",节约成本,力争最大的经济效果。以产品成本为例,每一种产品、每一种生产作业(基本作业和一切辅助作业)的实际成本,是事后计算出来的,经过分析,可以找出许多成本节约的途径。节约成本涉及许多技术组织措施。经济计算当然解决不了技术问题和组织问题本身,但经济计算可以衡量技术组织措施的经济效果。结合经济计算和技术组织措施两者,事前制订出合理的消耗定额,综合这些消耗定额制订出成本定额,使消耗定额和成本定额成为每个班组、每种生产作业、每一个辅助部门努力要达成的目标,使会计成为比较定额(计划)和实际消耗,定额和实际成本的计算中心。这样,企业会计就可以不必等候月终或年终计算全企业的实际成本,而可以逐日逐周地比较每个基层作业单位完成定额的情况,并综合全企业逐日逐周的成本升降趋势,随时分析定额差异和成本升降的原因,找出改善的途径,企业的经济核算制也就可以贯彻到一切基层环节中去了。同样的原则也可以应用到设备管理、存货管理、生产周期的控制和其他各种业务上去,不过具体方法不一样而已。

利用定额成本会计制度等方法,系统地结合经济计算和经济管理两者,是大规模企业贯彻经济核算制的有力工具。我国有许多企业已经部分地或完整地采用这样的方法,并在改善经营管理、消灭亏损、力争更多的利润、节约"资本"方面,取得很大的效果。中央和各地经济领导机关非常重视这些成就。总结这些经验,有步骤地加以推广,似乎是当前迫切的任务。可是应用这种方法也必然要增大会计技术的复杂程度(添设科目,添加内部报表,广泛利用各种分析方法等),而且未必可以无条件适用于一切企业。比如说,职工人数不过三五十人的小企业,上下左右之间彼此情况都易了解,那么虽然各种工作记录决不可缺,但因为有关成本升降、资金运用的因素既不复杂,不难用比较简单的方法在日常工作中深入贯彻经济核算,而会计制度的复杂化却会所得不偿所失。又如果某些大中型企业会计工作现有水平不高,那么虽然应该力求会计在贯彻经济核算制中发挥应有的作用,也必须经过一个逐步提高的过程,才能由简入繁,由不精确逐步达到精确化等等。

(3) 但是社会主义企业的会计能不能成为管理的工具,在原则上并不是没有争论的。有人认为,既然一个企业的一切生产和业务环节,都必须有专门的业务技术记录和业务技术计算,其中凡和经济管理有关的数据,又可以利用统计方法作定期的汇总,那么在企业内部,统计也是一种用经济计算的方法来执行经济管理工具的任务的方法,未必应该以会计作为中心。会计的任务,一般又理解为管理财务的工具。会计为了反映成本、利润等指标,诚然也要计算产品成本,但它尽可以利用业务和技术记录,利用企业内部的统计数据来计算成本,用不到处于制驭包罗一切和经济计算有关的业务技术记录,并处于控制生产过程的地位。至于说要用会计来"在观念上总结生产过程",因为社会主义企业不像资本主义那样以谋取最大限度利润为目标,所以利用会计这个成本利润计算体系来担当这个任务,又是完全不妥当的。类似等等看法,都值得郑重讨论。

企业会计是管理财务的工具,这当然是没有争论的。问题在于怎样才能真正管好企业财务。客观的事实证明,企业的财务成果(上交利润、节约流动基金等)不外是节约成本、节约"资本"的结果。财务成果其实是经济成果,所以,一个企业愈是深入贯彻经济核算制,就愈能够争得更大的财务成果。企业的会计部门倘若不深入一切生产、技术、业务环节,和工程技术人员、各种专门工作人员及广大职工在思想一致的基础上通力合作加强经济管理,只懂得消极地把住少花钱的关口,显然无法完成财务管理的任务。另一方面,企业如果在一切环节上加强经济核算,而没有衡量一切措施的经济效果,从经济效果的角度对全企业的一切经济活动作综合计算和集中管理,那么局部的节约很可能成为全企业的浪费,甲部门的节约很可能因乙部门的消耗增大而抵消,结局不是表现为全企业较好的财务成果而是更坏的财务成果。会计体系本来是综合经营基金和成本利润计算的计算体系,它之所以能够成为财务管理的工具是从它结构上的这个特点形成的。所以,要从经济效果方面综合全企业一切经济活动并加以控制,只有经过会计,别无其他更适合的途径。

统计不能代替会计。已经指出,会计的多样性和灵活性不如统计,因为统计可以按照个别指标的要求选定材料,直接、迅速地算出所要的数据。然而统计本身不是一个以一定的科目体系为基础的综合计算体系,所以它可以为既定的指标统计出所需的数据,却不可能利用一个科目体系对经济活动作系统的日常的计算和反映。会计的数据诚然有其局限性,比如说,设备利用效率,在会计的科目体系中无法表现,而要用统计方法从相关的技术业务记录中去计算出来。但是仅仅设备利用效率一个个别指标,虽然可以成为说明成本增减的一个因素,却不足以综合反映整个经济效果。表现为成本节约和"资本"节约,是多种因素的综合结果,这只能由会计表现。在企业内部能够从经济效果这个角度综合反映的是会计,会计的局限性可以由统计来补足,但统计只能补足会计,统计本身不能作综合反映。至于各种生产、技术、业务数据,虽然从技术和专门业务的管理上各各反映了生产过程的一个侧面,却不足以在经济上综合反映全部经营生产过程,这更是不言而喻的了。

前章已经指出,社会主义企业的经济管理服从经济核算制的要求,这和资本主义所有制的企业之谋求最大限度利润有本质上的不同。服从社会主义计划经济的社会主义企业又是经济核算制的企业，因此，不能认为以经营基金循环和成本利润计算为其内容的企业会计，和资本主义企业具有必然的联系。此外，前章又指出过企业会计和国民经济平衡表体系虽"模式"不同，其基础却是共同的，因此，企业会计各项综合数据另加整理，就可以汇总成为国民经济的综合平衡计算。这也就是说，企业会计在某种意义上是国民经济平衡表的直接组成部分，用会计这个综合价值计算体系来包罗制驭企业内一切有关的业务技术记录，又是在国民经济整体范围内用价值计算来总括整个社会再生产过程的一种局部表现形式。所以，除非我们根本否认用价值计算来总括社会再生产过程的必要性和可能性，会计不能不就是企业的经济计算中心和经济管理中心。

（4）高度发挥会计作为经济管理工具的作用，主要限于企业会计，因为企业的经济核算制要求对几乎每一项经济活动作经济估价。机关事业单位不同于企业。一个大学的学生人数、上课时数、教学质量、学术活动并不进入会计计算，会计员只是记录学校经费。所以，广义说来，各类会计或多或少都起着管理经济的作用，但各类会计在经济管理方面的具体任务则随本身的会计对象和任务而有所不同，不可以一概而论。

第三节　会计和企业的经济情报体系

会计作为经济管理的工具，丰富并加深了它的经济计算的内容。因为经济核算制既贯彻到每一个生产业务的环节，会计就不能限于整个企业的经营基金循环和成本利润计算，而要计算并反映每个部门、车间、班组的生产业务的经济成果。部门、车间、班组并不是独立计算盈亏的会计单位，所以它们的生产业务的经济成果，用部门实际费用、作业成本、半成品成本，或者甚至直接用不以货币表现的消耗定额来计算和反映。部门、车间或班组没有独立的会计工作机构，它们即或分担一部分会计工作，也是全企业会计体系的直接组成部分。全企业的会计体系，为了分别计算各部门、车间和班组的直接费用、作业成本、半成品成本，为了把各个生产业务环节的成本精确地归属为产品成本，为了分析定额和实际的差异，需要作繁复的计算、分析和转辗分摊。所有这些，都会使科目、账表体系愈益复杂。

尤其重要的是，在这种情形下，"会计凭证"的内容发生了根本的变化。中小企业的会计记录限于销售、购买、支付等对外有关的会计事项，机关事业单位的会计记录尤其限于经费的支付，所以会计体系开始于取得发货收款等凭证，然后凭以入账，然后凭账编表，全部会计工作可以概括为"会计凭证—会计账簿—会计报表"的过程。换句话说，会计员的职责始于取得并审查销售、购买、支付等对外事项的合法凭证，终于根据账簿编成会计报表。现在，作为经济计算体系的会计固然还要记录对外会计事项，但有关企业内部生产过程的会计事项在数量上占了压倒的优势。这些会计事项，也必须要有合法的凭证来源。可是，既然会计所要记录的是全部生产过程的动态，"合法的凭证来源"就必定牵涉到材料的领退，半成品在各车间之间的流转，工人完成工作及其质量的证明，每台机床、每个工作岗位、每一种辅助生产作业的记录，各个技术、生产、业务部门汇集基层记录做成的报告等等。于是，会计记录的最终根据不再限于取自企业以外第三者的"合法凭证"，全部生产过程中的基层原始记录却成为绝大部分会计记录的原始根据了。

全部生产业务的基层原始记录，以及以基层原始记录为基础的内部表报系统，是生产技术和专门业务的统计观察的根据，但就其涉及经济计算或经济管理的方面而言，又构成了企业内部的经济情报体系。产量统计、质量统计及其他重要的技术经济指标统计，需要直接报告部门经济领导机关及国家统计系统，所以一切业务技术记录是各种统计报表的依据。但是全部经济情报体系现在又构成会计记录的原始根据，因为所有这些数据，直接间接都要进入经济效果的计算体系之中，也是控制生产过程所不可缺少的。所以，如果要充分发挥作为经济计算体系和经济管理工具的作用，会计也应该是企业内部经济体系的中心。这就是说，企业会计制度的设计，应该包括基层原始记录、内部表报、表报传递经路及汇总程序的设计。其中凡涉及生产技术管理、各项专门业务管理之处，则由会计师和工程师合作制订，使整个情报体系既能满足各项生产业务的需要，又能密切适合会计的需要。

使一切生产、技术、业务记录及内部表报以会计为中心统一组成企业内部的经济情报体系，必然会发生这样一个问题，即这些记录和表报固然是会计的依据，同时也是企业要对外发送的统计表报的依据。按现行制度，企业的会计原则上隶属于统计，所以，以会计为企业内部情报体系的中心和现行制度是抵触的。这一点，涉及总会计师制度建立后企业内部计划统计工作和会计工作的关系，我们准备留在第六章再加讨论。

附带应该说明，会计作为经济情报体系的中心，对于有些企业以外的会计并不完全适用。机关事业单位各项业务统计和会计的关系不如企业那样密切，用"会计凭证—会计账簿—会计报表"来概括这种会计的全部内容大体上还是适当的。其他各类会计也各有特殊情形，这里不再一一讨论。

第五章　企业会计的具体任务及其报表科目体系

以上几章,已经对社会主义会计的主体、对象、任务和方法作了一般的讨论,其中有许多争论问题,将在第七章进一步讨论。本章准备根据以上几章的原则,讨论企业会计的具体任务,怎样根据这些任务制订企业的报表科目体系,并对现行企业会计制度大胆提出一些意见。

为简单起见,本章的讨论以全民所有制的工业企业为限。

第一节　企业会计的具体任务

根据前二章的讨论,可知企业会计对外对上应该同时完成下列几项任务:

甲、按照经济核算制原则提供关于经营基金、成本、利润和一切其他基金、拨款等的会计决算;

乙、为经济领导机关提供关于同部门各企业间成本、收益利润及基金使用效果方面的经济分析的数据;

丙、为国家财政系统提供企业财务计划,及企业财务计划执行结果的报告;

丁、为国民经济计算提供有关社会扩大再生产过程的个别指标和综合数据的资料。

在企业内部,会计应该起下列各项作用:

甲、做到"账账相符,账实相符",管好"家务";

乙、成为在一切生产业务环节中贯彻经济核算制的重要工具,为此,会计应成为企业内部经济计算和经济管理的中心;

丙、组织企业内部的经济情报体系,成为这个情报体系的中心;

丁、做好企业财务管理工作。财务管理工作本来是经济管理工作的一个侧面,做好经济管理工作,自然而然会得到良好的财务成果。除此而外,财务管理工作还包括保证遵守国家财务制度和法令,按计划如期上交利润、税金、折旧,非经批准拨款不得进行基本建设或添置固定资产,不得将固定资产的添置列入产品成本以致减少当年利润的上交,各项拨款(基本建设、技、新、劳、零)的专款专用,固定资产变价收入的如期上交,不得在核定的定额流动资金之外作超定额的储备等等。

会计在企业内部所起的作用,无论在大中型企业或小企业,原则上完全一样。不过小企业组织简单,企业领导人和全体职工容易熟悉情况,所以不必设置成文的内部情报和复杂的内部核算,所用会计制度也比较简单。大中型企业无论在生产管理、各项业务管理和经济管理方面都要有科学的管理制度,企业会计的任务繁重,怎样组织会计工作也就成为一个复杂的问题。晚近国家经济委员会和财政部规定,要在大中型国营工业交通企业中建立总会计师制度,协助厂长统一领导经济核算和财务会计工作,就是为了完满地解决这个问题。

第二节 会计报表的结构

(1)企业会计报表可以分为主要报表和附属报表两类。主要会计报表,首先包括经营基金平衡表和利润计算表两种,这是经济核算制企业的会计决算的主要内容。又因为企业财务直接要受国家的监督,所以要汇集基本业务及其他一切基金拨款的财务收支,以与国家预算及综合财政计划相联系。企业财务中的业务收支部分要根据经营基金平衡表和利润计算表两者经过一番分析工作编成,其他基金及拨款部分则从基金拨款等科目及附属单位的会计汇总编成,因为它有独立的内容,也可以列为主要会计报表,我们称之为资金来源及运用表也是主要会计报表的一种。其他各类会计报表,在技术上都受这三种报表的制驭,可以称之为附属会计报表。当然,这是仅就会计报表的技术构成而言,不能以此为标准来衡量各种会计报表的经济重要性。例如,对全部商品产品成本表及主要商品产品成本表进行部门经济分析,在挖潜力、找差距方面,有极为重要的作用，但因其中的数据已包括在利润计算表内，在技术上受利润计算表的制驭，所以称之为附属会计报表。

（2）为了满足部门和国民经济计算及分析的要求，企业会计报表及科目应尽可能全国一致或部门一致。但统一会计制度的全国一致应该不至于抹杀部门的特殊性；部门一致所达到的程度，也应该不至于使各个企业实际应用的制度不克适合精密程度不等的经济核算水平。在讨论各类会计报表具体内容之前，这一点必须略加申论。

研究各类报表内容，我们首先可以发现经营基金的报表和科目的一致性和特殊性的矛盾是一种性质，成本利润报表和科目的一致性和特殊性的矛盾又是一种性质，两者解决的办法并不相同。

各类企业的经营基金的构成虽然千差万别，但是各项资产科目可以列举穷尽，负债基金科目更是一切企业全都一致的。即或某些具体项目具有高度差异性，例如，牧场的基本畜群这种固定资产，不见于冶金企业，但只要全国统一编号的会计科目编列得很完整，没有这类项目的企业，空着这个科目不用，就可以完全不妨碍特殊性而达到高度统一性。但是各类企业的成本构成的差异，以及因为经济核算精密程度不同而设置的不同的成本科目的相互区别，则是另一种性质，不能用列举的方式加以解决。例如，一切种类的工业成本，若予以粗略区分，固然不外是料、工、费三项，但是同样的料、工、费既可以按照技术作业划分，又可以按照车间部门划分，一切部门成本和作业成本还要归集为产品成本。不同的划分方法的对象是同样的对象，然而分类的标准不一，就会得出不同的结果。不同的经济分析恰恰要求不同的分类标准，所以，要求全国一致、部门一致，而对于个体分析所用的科目则是无法一致的。

由此可知，企业会计报表可以作全国一致规定的，限于下列三项：

甲、可以用列举方法解决各类企业科目内容不同的经营基金平衡表；

乙、适合于国民经济平衡表体系的，参照CVM分类标准的利润计算表；

丙、适合于国家预算和编制综合财政计划的报表，即资金来源及运用表。

成本报表和成本科目是部门经济领导机关据以作成本分析，据以找差距、挖潜力的主要工具。成本科目是难于做统一规定的。适合这个特点，工业中各行业的成本报表和成本科目似乎应该由各行业的领导机关，在所属企业的参与下加以制定。但是成本计划也是国民经济计划的重要内容，由各行业制定内容互不一致的成本科目，是不是会妨碍全国成本计划的统一编制和各类企业间成本的比较？这是一个有待解决的问题，当在下面第五节加以讨论。

（3）第四章第二节曾指出，企业会计作为管理经济的工具，要在对上对外发送的会计报表而外，编制许多不必对外发送的内部表报。例如，逐日逐旬逐月末的货币资金收支报告，定期轮流清查原材料、半成品、产成品的报告，债权清理的报告，重要辅助作业的仓储、修理、工具等成本报告。在全面实行定额成本和预算控制的企业，要确定各职能部门、各车间对每个成本项目的经济责任，要分别计算这些部门和车间各项费用的计划和实绩，要把材料代用之类应归全厂负责的成本增减和各部门、各车间之间经济责任划分清楚，要确定每个班组的成本指标（不必一定全用金额表示，主要原材料和水、电、气可用实物定额），要定期作计划和实绩的对比。所有这些贯彻经济核算制的措施，全都要求把群众核算和专业核算两者结合起来。因此，企业会计随所实行的经济核算制的精密程度不同，要对部门、作业、产品成本作精密程度不等的成本分析，从而成本报表和科目的内容也会各不相同。但是不管这类报表、科目如何精细，只要这些报表和科目都在主要会计报表和主要会计科目的制驭之下，成为主要会计报表和主要会计科目的细节上的补充，当然不会扰乱整个会计体系，只能表现为这个会计体系的精密度。会计计算的精密化是整个企业管理水平逐步提高的结果。在某一个特定时间来看，当时各企业会计体系的精密程度必定是极端参差不齐的。所以，全国一致的和部门一致的会计报表和科目的规定，应该为精密化程度各不一致的各类企业留下宽阔的活动余地，使精密化走得早一些快一些的企业不受到机械的一致性规定的拘束，使走得晚一些慢一些的企业能够逐步赶上先进企业。统一会计制度的制订，对此似应作通盘的照顾。

（4）企业会计的报表结构如果能够通盘照顾一致性、特殊性和个别的特点，并以此为根据设定科目体系，那么要企业会计同时完成前节列举的八项任务是并不困难的。我国现行企业会计制度是沿袭苏联1940年标准账户计划制订的，自1954年颁行以来，虽然经过好几次的修正，基本结构并未改变。这个统一会计制度偏重于财务管理,偏重于全国的一致性,未能充分适应部门经济分析和国民经济平衡表的要求,也没有充分考虑各个企业经济管理上的要求,所以还有不少可以商榷之处。

第三节 经营基金平衡表

(1) 经营基金平衡表是一种按照资产、负债、基金间的恒等式[①]编成的简约形式的财产目录。它可以:① 检证企业会计是否做到了"账账相符,账实相符";② 反映经营基金及其来源的构成;③ 和利润计算表相联系计算经营基金循环周期,借以比较各期经营基金的使用效果。倘若要追溯期初期末各项经营基金及其来源的变化的原因,需要分别汇集:(甲) 本期业务收支;(乙) 本期"资本"损益;(丙) 本期国家基金的拨款和交还等三者。就经营基金平衡表总是表现某个特定日期的财产、债权、债务、基金的余额而言,它只是一份特定日期经营基金现状的清单,不足以说明和经营生产过程相联系的经营基金的循环过程。足以说明经营基金循环过程的是资金来源及运用表、"资本"损益明细表或国家基金增减明细表。现行会计制度的报表体系内有国家基金增减明细表,其中包括"资本"损益和基金增拨或交还等项目,但没有资金来源及运用表。作者觉得,增加资金来源及运用表,用以表明业务收支、信贷收支和流动基金的增拨或交还,是必要的(参见本章第六节)。

(2) 现行会计制度的经营基金平衡表包括以下各项内容,因此这个表的内容繁杂异常。

甲、各项资产负债、基金的期初期末余额;

乙、折旧基金应交预算、已交预算、年初欠交、年末欠交数;

丙、固定资产变价收入发生数、已交数、期初及期末欠交数;

丁、利润及亏损额,处理及分配的具体项目,欠交预算利润额;

戊、流动资产的定额及年末实际数额的比较,包括抵交定额流动基金的定

[①] 参见第八章第二节。

额负债的计算。

以上各项,除各项资产、负债、基金的期初期末余额而外,其余都为便于财政机关对企业的财务监督而设。如果我们把乙、丙、丁三项移入资金来源及运用表,戊项关于定额流动基金的计算及流动基金计划及实绩的比较,移入现行制度的"流动资金周转率计算表"内,经营基金平衡表的篇幅可以大为节省,而它所要反映的内容,也就可以一目了然,用于经济分析也可以更为方便了。

(3) 现行制度十分侧重流动基金使用的监督,因此经营基金平衡表内的流动基金的科目过于繁琐,超过了经济分析和财务管理所要求的程度。而固定资产仅列一个总数,连"房屋"、"建筑物"、"动力设备"、"传导设备"这样的固定资产的综合科目,也列为二级科目,编入"固定资产及折旧明细表",作为"资金平衡表"的附表。其实工业企业的固定基金占全部经营(生产)基金中的极大比例(全国工业企业不低于总基金额的 50%,铁路占总基金的 90% 以上),固定基金使用效率的提高对于增产节约有极大的作用,忽视它是不对的。另一方面,监督流动基金使用的节约,首先应该分析流动基金周转的动态,不厌其详地列举流动基金和债务科目,对反映上述动态不见得有什么太大的帮助。如何使这个表的结构更为匀称简洁,便于阅读,似乎还值得研究。

(4) 现行会计制度称经营基金平衡表为"资金平衡表",如实地反映了现行会计制度在理论上确认经营基金属于财政资金的范畴(参见第七章)。但是经营基金和财政资金是两个截然不同的概念,仅仅名词上的改变,无法改变事情的实质。比如说,现行会计制度把关于国家对流动基金的增拨或收回、利润、折旧的上交,一概列入经营基金平衡表,但是这些项目既不能成为这个表的有机组成部分,也不能完整地表明企业全部货币资金的收支状况。这些项目在这个表内只处于"附注"的地位,与全表的基本结构是格格不入的。这个表的内容既然并非资金来源及资金运用,又为避免和资金来源及运用表名词重复,似以改称经营基金平衡表或资产负债表[1]为妥。

---

[1] 1964 年起实行的《单位预算会计制度》,已把机关事业单位的平衡表称为资产负债表。新会计制度规定机关事业单位要记财产账,所以资产负债表由① 财产及基金和② 经费领支两个部门组成。据此,企业的平衡表继续称为资金平衡表,理由似乎更为不足。

第五章　企业会计的具体任务及其报表科目体系

第四节 利润计算表

（1）现行工业企业统一会计制度把"商品产品成本计算表"列在利润计算表之前，似乎把这个表看做解释"资金平衡表"的起点，不把它看做利润计算表的组成部分。现行制度中的"生产费用表"和"利润计算表"也是不相联系的。因此，现行制度中没有哪一种报表完整反映经营生产过程中的成本收益和利润，也没有哪一种报表完整反映产品及其 CVM 的构成，既不利于国民经济平衡表的编制，也难以观察经营生产过程的经济效果。

前面已经指出过，各类企业的成本科目极难全国一致，按照 CVM 的构成规定一种具有高度统一性的、反映各企业经营生产过程的会计报表则是可能的。为做到这一点，现行会计制度中的利润计算表和生产费用表两者似乎可以合并，初步考虑成为下面的表式。表内科目名称也许不妥当，并且是主要考虑工业企业的情形拟定的，未必适用于工业以外的一切企业，不过参照 CVM 的分类而设立费用收益科目的通用程度很高，略加改变，也许也能适用于其他各类企业。至于各企业成本计算表的项目既难彼此一致，可以作部门的统一规定，并当作利润计算表的附表，作为表内的第Ⅲ项按另外一种标准分类编排的结果。有关各类企业的标准成本科目和主要产品成本表的科目问题，见次节。

利润计算表
19　年　月至　月

Ⅰ　商品产品销售收入	
Ⅱ　商品产品销售税金	
Ⅲ　商品产品销售成本，内计：	
（甲）本期实际耗费生产费用：	
1. 原材料及外购半成品消耗	
（附本期原材料及外购半成品数额）	
2. 运输、电力、电讯、固定资产租赁费等外购劳务	
3. 固定资产折旧	
4. 工资（包括临时工工资）	
5. 工资附加费	

（续表）

6. 职工福利事业津贴	
7. 非销售税金（土地使用费、车辆牌照税及其他进入成本的税金）	
（乙）待摊费用、低值易耗品、预提费用期初期末余额相差数	
（丙）本期应计生产费用（甲－乙）	
（丁）期初期末在产品余额相差数	
（戊）本期制成产品总成本（丙－丁）	
（己）期初期末产成品余额相差数	
（庚）商品产品销售成本（戊－己）	
IV 利息费用或利息收入	
V 不计入成本的营业外损益	
（不包括经上级批准直接增减基金的损益）	
VI 本期利润或亏损净额	

此外，盈亏拨补和"资本"损益也可以附在利润计算表内。要这样做，还要添加下列各项目：

VII 盈亏拨补

    上交预算或预算拨入

    企业基金提成

    其他

VIII 直接增减基金的损益

    固定资产废弃或清理

    存货盘盈盘亏

    呆滞次货报废或削价

    坏账损失

    自然灾害损失：固定资产

          存货

（2）上表I—VI项的CVM的划分说明如下：① 原材料及外购半成品消耗，和运输、电力、电讯等外购劳务，属于部门经济联系C。② 固定资产折旧是不经过部门经济联系的C。如果我们把大修理基金支出和设备更新看做国民收入再分配于积累的话，我们也可以把固定资产折旧看做M。③ 工资为V。

④ 销售、非销售税金及上交利润为 M。⑤ 附加工资实质上也是 V，但要通过利润基金的支用报表，再分解成为发给职工个人的补助费 V 及外购劳务或物资 C。既然它要经过一次再分配，从而也可以看成 M。⑥ 职工福利事业津贴指不由职工附加工资及企业基金支出直接进入成本的食堂、职工住宅、公共交通以至职工子弟小学等的亏损拨补或津贴，这一项和工资附加费的性质是相同的。⑦ 低值易耗品从原材料储存领用，或自行制造，它的发生数已包括在实际耗费各项生产费用内，它的未摊销部分，和待摊费用作相同处理。⑧ 利息收入或支出都属于国民收入再分配性质，现行制度规定利息收益冲减管理费用，利息支出加入管理费用是未必妥当的。⑨ 要使实际耗费的生产费用直接和销售成本数一致，还要把乙、丁、己三项调整数净额，就 1～7 各项数字，根据它们和（甲）之间的比例加以调整。如果要计算本期产品或入库成品的生产费用，或计算本期所作全部生产作业（即本期未完成品的成本也计入产值之内）的生产费用，可直接根据丙、戊两项数字比例调整 1～7 各项数额。

应该注意，M 并非不进入企业成本。进入企业成本的 M 项目是很多的。

固定资产购买、大修理基金的使用、四项拨款的使用，都不包括在这个表内。只要本企业提供的产品及劳务一律通过销售科目（向其他企业的购买当然已经列入其他企业的销售科目），凡一切增加固定资产的开支，在国民经济平衡表内就可以一方面列入积累项下，一方面找到所积累的物质财富的生产来源了。这些项目和国民经济平衡表的联系，要经过资金来源及运用表（见本章第六节）。

（3）还有几点需加说明：

第一，表内"本期实际耗费生产费用"，把销售费和非企业责任开支两项都包括进去了。所谓"非企业责任开支"，包括现行制度"营业外损益明细表"中的援外技术人员和外国实习人员支出、停工损失、职工子弟学校经费、新产品试制费损失等项，即在国民经济平衡表中应该一律分解为 CVM 的那些部分。这些损失，就考核企业成本计划执行情况而论，诚然不应列入，但它们确实构成了企业的生产费用，影响利润上交数，计算社会产品的成本不应该忽略不计。至于销售费一项，在产品成本构成的理论上，本来不应该排除在成本之外。在企业内部的成本分类上，销售费固然不同于生产或制造成本，却没有理由不计入成本,更没有理由不统一分解为CVM。

第二,外购商品销售及材料销售原则上可以并入商品产品销售额,它的成本也统一在实际耗费的生产费用内计算,必要时可以另外立表单独表明它们的数字。因为商业企业的收益和流通费既然也列入国民收入计算,这一部分收益成本和利润自然可以并在一起。分开计算也有好处,即可以单独计算"商品产值",可以使"产品销售"和"非产品销售"分开来,但在计算全企业损益和国民收入的时候,分不分是无所谓的。

同样,现行制度规定非工业性作业不应把它们的生产费用计入"生产费用表",这也许是因为考虑到生产费用表用以计算净产值,而净产值加上C必须与生产计划中的"商品产值"严格一致。实际上在国民经济平衡表体系中,主要要计算的是国民收入,计算"商品产值"这个独立的指标,不见得有什么意义。所以,把生产费用表和利润计算表合并起来以后,分解CVM各项目的生产费用,不必单独把"非工业性作业"排除在外。

第三,上面说过,这样的利润计算表普遍适用于一切企业,这是因为一切企业的生产及其CVM的构成,都要进入国民经济平衡表体系。现行制度中工业企业有生产费用表,建筑安装企业及许多部类的企业不设生产费用表,也许还是因为现行制度把生产费用表和工农业总产值和商品产值计算联系在一起,没有充分考虑一切企业都要计算国民收入的缘故。要使会计和国民经济平衡表相联系,不论各部类企业成本结构如何不同,规定全部生产费用最终还原为上表所列诸项就是必要的。

第四,把全部生产费用最终还原为CVM,对于所属单位实行半独立核算的联合企业不会有什么困难。因为只要规定一切单位的销售账目都应该把内部销售和对外销售区分开来,联合企业在合并全企业利润计算表的时候,就可以把各单位的内部销售总额从各单位的原材料消耗或外购劳务总额中冲销就行了。

第五节 成本报表及成本科目

(1)上节建议的利润计划表式,可以作粗略的成本计算,同时便于计算商品产值、净产值、国民收入及其初步分配,所以可以把企业的经济核算和国民经济平衡表联系起来,用作全国统一的表式似乎有它的优点。但是这种表式,不能满足成本计算的需要。

已经指出,企业为要贯彻经济核算制,必须精确计算并严格控制一切生产业务环节的成本。为此,实际应用的成本会计制度,其问题之复杂,是远远超出估算某种产品的"料、工、费"的简单概念之上的。因为:

第一,为要在一切生产业务环节中贯彻节约原则,必须首先控制各个部门(科、室、车间)的成本,因此,精确计算各个部门实际的耗费(部门成本)是必要的。但是一切部门的成本都包括料、工、费三者。例如,直接生产车间耗用直接原材料,耗用人工、水、电、气、润滑油脂,有固定资产折旧。机修车间的全部成本汇总起来不过成为"设备修理维持费"一项,管理部门的全部成本汇总起来不过成为"管理费"一项,但两者成本的内容,也同样包括料、工、费三者。可见,精密的成本会计,首先要求建立分部门的成本科目和成本报表。

第二,辅助生产的成本应该摊入主要产品成本,管理部门的成本应该同时摊入辅助生产部门和主要生产部门,所以,从部门成本到产品成本之间,有一个辗转分摊的过程。而且,这种过程,又往往是交叉重叠的。例如,机修车间修理管理部门所用的打字机,这种修理作业的成本首先应列入管理费,然后再依原次序分摊。

第三,部门成本辗转分摊为产品成本,在产品品种单一和生产流程连续式的企业比较简单,在产品品种、型号多和生产流程经过部件制作和装配程序的企业就比较复杂。要根据各企业生产流程和成本构成的特点,设计出一种不太粗略、有助于贯彻经济核算制、又不太费时费工、容易实行的成本会计制度,有不少具体问题有待于解决。

第四,一切成本,最终要归集为产品成本。这就是说,原材料经过各道工序成为不同阶段上的半成品,半成品每经过一道工序,它的成本价值就增加一部分。在连续生产的企业,假如产品直到制成出厂为止,没有自制半成品存库备用的情况,则产品成本计算和自制半成品的管理,就较为简单。而在相反的情况下,存库备用半成品的成本计算和仓库管理,会引起许多复杂的会计处理问题。

由于以上各项原因,实际应用的成本会计制度随企业规模、生产流程、计算精确程度而大有不同;而适合客观要求、又适合本企业管理水平和会计工作水平的成本会计制度,又必能大有贡献于经济核算制的贯彻。深入研究成本会计的各种问题,是会计学界当前十分迫切的问题。近年来,我国许多大中型工业企业在成本管理和成本会计制度方面有丰富的创造。在会计刊物上介绍先进会计制度的现况,叙述其发展经过,总结实施中的经验教训,既有助于改进企业会计,又有助于促进会计研究,似乎是值得注意的。

(2) 各企业的成本科目必须适合本企业经济管理的水平,但是部门经济分析又要求同类企业有统一的成本科目。考虑怎样制订统一成本科目时,似乎首先要解决以下几个问题:

第一,统一成本科目只能在同类企业范围内统一制订,这种统一科目还要不至于妨碍个别企业在实际应用中作更细密的补充。换句话说,纺织厂的成本科目应不同于机械制造厂;煤矿的成本科目应不同于化学工业;鞍钢那样的联合企业的所属单位(矿山、炼铁、炼钢、轧钢、机械制造等)应有不同的成本科目;轻工业包括企业类别很多,每一个行业就要分别制订统一成本科目。而同样是机械制造厂,汽车拖拉机制造厂不同于重型机械厂,机床厂不同于规模很小、专门制造一二种零部件(轴瓦、螺丝钉等)的机械厂。因此,为求统一成本科目仍能保留个别企业的灵活运用余地起见,同类企业的统一成本科目似乎也不宜订得过死。

第二,全部商品产品的成本科目,和主要商品产品的成本科目能不能一致起来,也值得研究。一般说来,企业的商品产品种类庞杂,全部商品产品成本不同于主要商品产品。不同企业间全部商品产品的成本对比,除主要原材料、直接工资成本的对比而外,也许会着重于各类辅助作业(修理、研究试验、工艺技术、运输、仓储)的成本比较。不同企业间主要商品产品的成本对比,着重点往往在于实物消耗量及其价额的对比,例如火力发电的煤耗、棉纱所用的原棉、炼铁的焦比等等。这种实物消耗的对比不能限于主要原材料,重要的辅助材料和水、电、气的消耗对比,往往也有很大作用。所耗实物的价额的对比,和实物消耗量本身的对比,又有不同的意义。因为主要生产资料的价格虽然有国家的统一规定,但供料地点和运输经路的不同,会使物量相同的实物消耗的成本发生巨额差异,而联合企业按内部价格或实际成本自供的原材料,又会不同于协作企业的供应价格。这样看来,全部商品产品的统一成本科目和主要商品产品的成本科目还不宜混淆,而应分别制订。

(3) 根据上述原则,作者参照1963年长春汽车厂实际应用的成本科目,试拟汽车制造工业的全部商品产品统一成本科目如下:

1. 直接原料及外购半成品
2. 燃料及其他辅助材料
3. 直接工资及附加工资
4. 设备运转成本
    设备折旧
    设备维修费
    动力、水和压缩气体
    其他费用
5. 产品检验费
6. 劳动保护费
7. 车间管理费
8. 设计及试验研究费
9. 工艺及技术费
10. 新产品试制费
11. 采购及运输费
12. 仓库费
13. 干部培养费
14. 职工福利费
15. 管理费
16. 销售费
17. 废品损失
18. 停工损失
19. 非企业责任开支
20. 加入成本的各项损失

这个成本科目可以用于对上报送的成本报表。日常记账用的成本科目要细分各部门成本,才能适合实际经济管理之用。但是无论部门成本要如何辗转分摊,最终汇总成为这样的成本科目还是不难的。当然,要制订某类企业的统一成本科目要经过多番研究,才能真正协调部门经济分析和企业管理的要求。上面试拟的成本科目的目的不过用以说明全部产品的统一成本科目,应如何不同于主要产品的成本科目,它本身不见得有实际应用的价值。我国各类企业中都有在管理上和会计上先进的企业,总结推广他们的经验,认真研究统一成本科目的制订,现在似乎并非没有基础,极希望领导机关加以倡导。

(4) 主要商品产品成本科目,据鞍钢 1963 年 1 月《会计核算制度》中的"矿石成本明细表"举例如下:

一、材料　　　　　　　　　　硝酸铵
　　火　药　　　　　　　　　雷　管
　　导火线　　　　　　　　二、动力——电力
　　钎子钢　　　　　　　　三、燃料
　　硬质合金　　　　　　　　　煤
　　坑　木　　　　　　　　　　××
　　枕　木　　　　　　　　四、生产工人工资
　　皮　带　　　　　　　　五、生产工人工资附加费
　　油　脂　　　　　　　　六、车间经费
　　衬　板　　　　　　　　七、矿管理费
　　轻　轨　　　　　　　　八、停工费用

如果全国主要产品都能分行业制订统一成本科目,那么,各部门的经济领导机关对于同部门各企业的成本分析,就既会有统一可比的基础,也极有助于找差距挖潜力。由于列举了主要实物消耗的主要商品产品成本表,在计划和统计工作中,计算某种产品增产时的连锁反应,将是极有用处的东西。各类企业的会计倘能在这方面作出贡献,其作用是决不能低估的。

(5) 现行工业企业统一会计制度不分别全部商品产品成本及主要商品产品成本科目,并且对各类工业企业规定了统一的成本科目为下列十一个:

第五章　企业会计的具体任务及其报表科目体系

原料及主要材料	车间经费
辅助材料	企业管理费
燃　　料	废品损失
动　　力	停工费用
生产工人工资	销售费
生产工人工资附加费	

这样的科目分类首先适用于加工工业而不适用于采掘工业及电力、供水等公用事业；在加工工业中似乎又以中等规模的机械制造业为其原型，因为小型机械制造厂甚至没有车间，而大型机械制造厂又远不能适用这样简单的科目规定。1961年11月17日，国务院通知试行（财政部拟订）的《国营企业会计核算规程（草案）》第三十四条规定，由财政部制订全国性的企业会计制度，由中央各主管企业部门及省、直辖市、自治区财政厅根据财政部统一规定的要求，制订本部门、本地区适用的企业会计制度。但是，迄至目前，统一的成本科目仍统一应用于小至二三十人的制造螺丝钉的工厂，大到像鞍钢这样的企业。1961年通知试行《国营企业会计核算规程（草案）》以后，这个局面所以继续未变，原因大概有下列几点：

甲、财政部制订的、1962年1月1日起施行的会计制度，实际上和1954年起延续推行的会计制度没有重大出入，全国各企业沿用这个制度已有了某种惯性。又现行会计制度实际上对会计报表及科目作了细密的规定，制度内说明可由各部自定的只有车间经费及企业管理费的子目，各部各地区在这个基础上，制订会计制度的活动余地已不很大。

乙、会计上所用的统一成本科目，就是计划工作中所用的统一成本科目。一旦成本科目由各行业分别制订，国家计划中的工业成本计划部分也会变得五花八门。

以上第一个问题是纯粹会计的问题，本章对此已经作了一些讨论，不再重复。第二个问题则还可以略加申论。

（6）国家计划中的成本计划工作，似乎也可以分为全部工业产品的成本水平计划和各种主要产品的成本计划两者。前者用于计划和统计总的工业生产的成本指标，后者用于分析对比同部门主要企业产品成本，作为前者的补充。两种指标的性质是不同的。前者是综合指标，要求一切企业所用计算科目高度统一；后者是分析对比性质，这种分析对比，和部门的经济领导机关所作成本分析要求是一致的，所用科目愈具体详明，找差距挖潜力的实际效果愈大。假如这样的看法是可以考虑的话，那么综合全部工业的成本水平，可以利用上节所举利润计算表中按 CVM 标准划分的生产费用科目，不必另行制定全国一致的成本科目。就分析对比各主要产品的成本内容而论，只要一个行业所用成本科目是一致的，那么列举详细的实物消耗和其价额的成本科目，比之含混笼统、各种产品完全一律的成本科目，应该能够起更大的作用。值得注意的倒是另外一个问题，即在行业统一的主要产品成本科目未曾统一制订以前，现行统一成本科目决不应轻易废弃。因为一个行业中的若干企业，如果所用成本科目并不一致，分析对比就根本无从谈起了。

（7）综合以上所论，企业成本科目应有四种：

甲、适合 CVM 划分的科目（见上节利润计算表）。这种成本科目可在账内另设一组自行平衡的科目，不作转辗分摊。这种成本科目既为满足国民经济平衡表编制的需要，又能满足国民经济计划中综合成本计划及统计的需要。

乙、企业内部实际应用的成本科目。在成本计算较为精确的大中型企业，必定要有部门成本科目，在此基础上计算各项作业和各种产品成本，使成本计算和经济管理两者密切结合。

丙、行业统一的全部商品产品成本科目。这种成本科目是从各企业实际应用的成本科目汇总起来的科目，从前者汇总成为后者，应该不经过繁复的挖算和分摊。这种成本科目，是为企业本身及各部门经济领导机关作经济分析之用的。

丁、列举实物消耗的数量及其价额的主要产品成本科目。主要产品成本表应根据企业成本会计中有关资料单独编成，这份表不必和全部会计体系符合到分毫不错，可以允许有些（比如说，1%～2%）误差。

以上四种成本科目中，在实际应用上以乙项为主。所以，虽然看来头绪纷繁，其实同时却能妥善解决一般、特殊和个别之间的矛盾。

第六节 资金来源及运用表

(1) 企业会计体系直接服务于日常财政管理的报表(内部表报)是旬月财务收支报告,这个报告可以完全按现金收支的分类设立科目,和总分类账的科目体系不必相符,也不能相符。按照同样的科目,也可以编制下旬、下月的财务收支计划。如果企业内部各部门有严密的和定额成本制度相联系的费用预算制度,财务收支计划中一般购买和支付的计划数字应该是高度准确的。表式列下:

旬月财务收支报告(或计划)
19 年度 月 旬

收 入		支 付	
销售收入	×××	购买原材料	×××
旧欠应收款收回	×××	工 资	×××
银行贷款	×××	其他费用开支	×××
拨入流动基金	×××	应交利润	×××
其 他	×××	应交折旧	×××
		应交税金	×××
		偿还银行贷款	×××
		交还多余流动基金	×××
		其 他	×××
合 计	×××	合 计	×××

各项专款基金收支全未列入上表,见(2)。

除上表而外,还可以编成和企业会计经营基金循环及成本利润计算的总结构完全一致的资金来源及运用表。编制的方法是,把收益成本、预算收支、信贷收支,并把和"资本"损益及专款基金收支无关的资产负债的变动汇集在一起,分别各项目的性质,列为"资金来源"及"资金运用",求得来源和运用两方的平衡。这个表的好处是:① 把因销售、购买、支付、信贷、预算交款拨款引起的社会资金的流转,和企业内部的经营基金的周转汇集在一个图式之内;② 把货币资金的循环过程和企业会计的基本结构协调起来,所以既可作为编制国民经济平衡表体系中财政平衡表的参考之用,又可作为企业内部分析财务管理成果的参考。又因为表内详列了财政交款及拨款的项目,可以直接为国家财政机关考核企业财务计划执行情况之用。有了这个报表,现行会计制度附加在经营基金平衡表内的预算交款项目就不必强加在那里,经营基金平衡表的基本结构也可以不受到扰乱了(参见本章第三节)。

资金来源及运用平衡表——业务收支
19 年 月至 月

		资金来源	资金运用
Ⅰ	收益费用及提存		
	1. 销售	×××	
	2. 不包括折旧在内的销售成本		×××
	3. 利息开支(收入)	(×××)	×××
	4. 大修理基金提存		×××
	5. 企业基金提存		×××
Ⅱ	预算交款及拨款		
	6. 已交销售税金(附注欠交额)		×××
	7. 已交利润(附注欠交额)		×××
	8. 已交固定资产折旧(附注欠交额)		×××
	9. 已交多余流动基金(附注欠交额)		×××
	10. 拨入流动基金	×××	
Ⅲ	银行信贷		
	11. 贷款增加	×××	
	12. 贷款减少		×××
Ⅳ	其他资金来源及运用		
	13. 待摊费用及低值易耗品增(减)	(×××)	×××
	14. 原材料增(减)	(×××)	×××
	15. 在产品及自制半成品(增)减	(×××)	×××
	16. 产成品增(减)	(×××)	×××
	17. 应收款增(减)	(×××)	×××
	18. 预提费用增(减)	×××	(×××)
	19. 应付款增(减)	×××	(×××)
Ⅴ	现金及银行结算户存款增(减)	(×××)	×××
	合　　计		

第五章　企业会计的具体任务及其报表科目体系

(2) 上面的资金来源及运用表仅列业务收支部分，因此还不足以反映企业的全部资金运动。要反映企业的全部资金运动，应该在业务收支部分之外，编成其他基金的资金来源及运用表（见以下表式）。此表除基本建设拨款按现行基本建设会计制度应另编报表而外，包括了企业一切特别基金、工资附加费、附属事业及固定资产变价收入在内。合业务收支及其他基金两种资金来源及运用表，包括了国家计划中综合财政计划有关的全部项目，也包括了国民经济平衡表体系中财政平衡表所要求的全部项目，所以既为计划机构、统计机构提供了所需的资料，也为财政机关提供了企业全部收支的财务报表。

(3) 合经营基金平衡表、利润计算表、成本报表和两种资金来源及运用表，我们就可以得到企业的经营基金循环、经营生产过程、成本结构、以及随经营过程以俱来的资金运动的全貌。而如果我们把盈亏拨补和"资本"损益两项，也作为利润计算表的组成部分的话，经营基金变动的原因（业务收支、盈亏拨补、"资本"损益、国家投资增减、信贷增减）都可以在利润计算表和资金来源及运用表中找到。这样组成的报表体系，各个报表的各个项目之间存在着紧密的数量依存关系，各个项目本身又各有严格的再生产理论、经济核算理论、财政学的含义，决不至于互相混淆。

资金来源及运用表——其他基金

19 年 月至 月

项　　　目	大修理基金	四项拨款	企业基金	工资附加费	附属事业	固定资产变价收入	合计
资　金　来　源							
1. 预算拨款		×××					×××
2. 利润提存			×××				×××
3. 从产品成本内开支	×××			×××	×××		×××
4. 业务收入					×××		×××
5. 资产变卖收入						×××	×××
6. 基金转拨					×××		
7. 期初结存	×××	×××	×××	×××	×××	×××	×××
合　　计	×××	×××	×××	×××	×××	×××	×××

(续表)

项　　　目	大修理基金	四项拨款	企业基金	工资附加费	附属事业	固定资产变价收入	合计
资　金　运　用							
8. 已完工程增加国家基金	×××	×××	×××				×××
9. 期初期末未完及未验收工程差额①	×××	×××	×××				×××
10. 直接报销的研究试验费及新产品试制费		×××					×××
11. 拨交附属事业			×××	×××			
12. 职工奖励金			×××				×××
13. 转付工会				×××			×××
福　利　支　出							
14. 直接付给职工			×××	×××			×××
15. 转付医院及学校				×××			×××
16. 福利事业服务人员工资				×××	×××		
17. 对外购买				×××			
18. 上交预算		×××				×××	
19. 期末结存	×××	×××				×××	×××
合　　　计	×××	×××	×××	×××	×××	×××	×××

第七节　会计科目的结构及分类

（1）已经指出，企业会计报表表式根据经济分析的要求而定，企业会计科目则是根据会计报表的要求设计出来的成为日常记录的账户体系（参见第四章第一节）。本章以前各节，又比较具体地讨论了企业会计报表如何满足国民经济平衡表、部门经济分析、国家对企业的财政管理、企业内部经济管理的要求，并指出决定企业会计科目体系的主要会计报表是经营基金平衡表和利

---

① 表内仅列未完工程差额，不列各项专款基金的直接备料。作者认为，除基本建设单位也许会有自营工程，或因缺乏有力量负责包料的包工企业，有时不得不自行备料而外，大修理工程及四项拨款工程的备料为数既少，完全可由企业的材料系统负责。直接备料，若不是打乱企业的材料组织，不过徒有其名，对于"专款专用"是并无帮助的。

润计算表。既如此，作者认为会计科目的分类，应该划分为平衡表科目和利润表科目两大类，在其下再分为资产、负债、基金、收益、成本、盈亏拨补等类，各类科目可以根据相应报表的要求作无限的细分，细分的下限是客观的需要和会计制度本身的经济合理。换句话说，除繁琐而所得不偿所失的细密的计算而外，科目及子目的设置以客观要求而定。这当然不是说用不到全国统一的或部门统一的会计科目表，统一的科目表自然是必要的，但统一科目以统一会计报表所要求的为限。凡会计报表不能作统一规定的，科目也不作统一的规定。不作统一规定的科目就是留给各经济部门或各个企业自行制订自行补充的部分，也就是要以部门要求或企业内部报表的要求为依据来制订的部分。留下这样的余地，统一会计科目就能做到通盘照顾一致性、特殊性和个别性了。

  现行会计制度的科目分类完全采取另一种标准。追溯起源，这种分类方法的根据是苏联1940年的标准账户计划。次页表列1940年苏联标准账户计划①、1954年我国《国营工业企业统一会计科目》及1962年《国营工业企业会计科目》三者的科目类别。逐项对比，可见1962年的会计科目，① 基本建设会计独立自成一类，从一般会计科目中划分出去；② 把"生产"这一类改名为"生产费用"，包括在产品、自制半成品、各项成本、待摊费用及预提费用；③ 把"销售"和"成品"两类合并成为"产成品及销售"而外，其余并无重大变化。苏联1940年的标准账户计划的理论根据是那时候流行的会计对象的定义："按其具体数量反映社会主义扩大再生产过程的诸要素"②，所以按经济核算制原则的科目基本分类（即分成经营基金循环及成本收益利润这两大类）被摒除不用。50年代的苏联会计理论已倾向于把会计对象定义为"资金运动"或"经营资金的运动"，会计科目的分类标准未随理论倾向的变化而变化，依然保持了30年代流行理论的痕迹，而我们则原套承袭下来了。

---

  ① 见《苏联会计核算参考资料》，柯洛萨波夫编、徐可南译，立信会计图书用品社1955年版。
  ② 杰姆宾斯基：《苏维埃会计核算的对象》，转引自中国人民大学财贸系财政资料室编译：《中苏会计学界关于社会主义会计核算对象问题讨论》，1962年3月油印本。

苏联财政部 1940 年制定《工业企业基本业务日常核算账户计划》所定各类会计科目		中华人民共和国财政部制定《国营工业企业统一会计科目》(1954 年 1 月 1 日起施行)所定各类会计科目		中华人民共和国财政部制定《国营工业企业会计科目》(1962 年 1 月 1 日起施行)所定各类会计科目	
类次	类名	类次	类名	类次	类名
一	固定资产	一	固定资产	一	固定资产
二	基本建设及大修理	二	提出资产	二	材料
三	原料及材料	三	材料	三	生产费用
四	工资	四	工资	四	产成品及销售
五	生产	五	生产	五	货币资金
六	制成品及已完工作	六	成品	六	结算
七	发出商品及已完工作	七	待摊费用	七	待处理财产盈亏
八	货币资金	八	货币资金	八	基金
九	结算	九	销售客户清算	九	拨款
一〇	预付费用	一〇	应收及预付款	一〇	银行借款
一一	解交款项,提成及其他提出资产	一一	内部往来	一一	财务成果
一二	企业与管理局的结算	一二	基本建设资产		
一三	基金	一三	大修理资产		
一四	准备及调整项目	一四	基金		
一五	根据政府决议商品材料物资的重估价	一五	拨款		
一六	预算拨款	一六	准备		
一七	专用拨款及特别收入	一七	银行借款		
一八	基建工程、固定资产购置及大修理拨款	一八	供应客户清算		
一九	长期借款	一九	应付及预收款		
二〇	国家银行短期借款	二〇	基本建设负债		
二一	预收收入	二一	大修理负债		
二二	内部补偿款项结算	二二	产品成本计划成果		
二三	产品成本计划执行成果	二三	税金及非生产支出		
二四	计入销售成本的费用及收入	二四	销售		
二五	销售	二五	财务成果		
二六	损益				
二七	资产负债表表外账户				

第五章　企业会计的具体任务及其报表科目体系

(2) 无论是"按其具体数量反映社会主义扩大再生产过程的诸要素"也好，或者是"资金运动"也好，两者都不承认成本利润计算是企业会计的重大任务和重大对象之一。这种分类标准把成本费用诸科目分散在"扩大再生产过程的诸要素"之中，而不把它们聚集在一起，这就是否认会计实践有必要通过费用成本科目控制各部门费用、各项产品、各个工序、各项作业的成本及其定额；就是否认会计是生产管理和成本管理的重要工具之一。这个分类标准既把收益费用成本科目分散到"扩大再生产任务的诸要素"中去，也就看不出会计的任务是要对比收益和成本，是要计算经营生产过程中的经济效果。当然，在这个科目体系之下，利润计算表还是要有的，但利润必须称为"财务成果"，利润是财务收支（"资金"的"生产"超过"资金"的"耗费"）的差额，和成本利润计算是没有关系的。

如果我们承认成本利润计算是企业经济核算的（从而也是企业会计的）重要任务，如果我们承认在贯彻经济核算制过程中，应该允许企业大量添设成本科目，那么这个分类标准就不适合当前会计实践的要求。我们承认一个企业的会计科目表，可以按照再生产过程中的诸要素作上述分类，但会计科目首先是会计实践中天天要使用的东西，分类标准应首先考虑实践的目的，无须在科目分类中体现政治经济学的理论，不能要求我们初学会计的学生和广大会计实际工作者，首先精通"再生产过程中诸要素"的理论以后，再来应用会计科目表。至于从经济理论上研究会计科目的结构，那是另外一件事，尽可以在实践应用的科目表的基础上独立进行。

(3) 现行统一会计科目的分类标准简化苏联1940年标准账户之处，出于实际的需要，但是有些简化更加增加了理论上的混乱。例如，苏联1940年标准账户计划中，待摊费用专列一类，预提费用列入"准备及调整项目"一类，按照"扩大再生产过程的诸要素"的原则看来，这是首尾一贯的。我国1962年统一会计科目则把这两项归入"生产费用"一类。其实待摊费用和预提费用，除"费用"两字的字面上一致而外，实际上完全不是费用，而是费用的调整。把费用的调整列为费用，不论按照"生产要素"理论、资金运动理论或任何其他理论都说不通，又会增加初学者观念上的混乱。1940年苏联的标准账户计划的分类诚然极为繁琐，要克服这种弊病，则要变更分类的标准。仅仅归并类别，并不足以解决这个问题。

（4）我国1954年的标准账户计划的制订，以及整个统一会计制度的制订，曾使一个符合于社会主义计划经济要求的企业会计制度，代替了服从自由商品市场和投资市场的旧资本主义的会计方法（那时候当然无所谓统一会计制度），并且使一切社会主义企业走上了初步的不完全的成本会计制度。这件事在当时起了积极的作用，应该作足够的历史评价。1958年，企业会计受到一些冲击，1961年起，在国家经济管理必须统一集中的情形下，恢复1954年以来习用的统一会计制度也是必需的，因为当时很难立即设计出适合工业中各行业的各类会计制度。但是十多年来统一会计制度推行的过程，基本上是自上而下贯彻的过程，反复地"集中起来，坚持下去"①十分不足。这在推行统一制度的初期是不可免的，在统一会计制度推行已达十年之久的今天，我们对于我国企业会计人员在实际工作中的创造，对于他们在实际工作中积累的经验和知识必须作充分的估计，仅仅自上而下的贯彻就十分不够了。集中群众的创造和智慧，集中实际会计工作中的好经验，通过广泛讨论，有步骤地、郑重地、分门别类制订各业会计制度和统一会计制度，看来十分必要，而且完全可能。这样做，我们就有可能创造出适合于我国社会主义建设和企业经营管理原则的中华人民共和国的会计和会计学来。在毛泽东思想光辉照耀下，我们应该有信心完成这一巨大任务。墨守二十多年前苏联的全部实际制度和不适合我国国情的理论，看来，既无必要，又会妨碍会计工作和会计研究水平的提高。

---

① 这里不过顺便说说，有人认为社会主义会计的特点之一，是会计报表和科目，由财政部统一规定，各科目间的对应关系也由财政部统一规定，企业会计人员的职责不过是遵照这种统一规定办事，这样，就能保证社会主义会计的高度统一性云云。作者深深觉得这种观念是有害的。因为它既抹杀了实践的多样性，抹杀了群众的创造性，又没有考虑到领导机关的工作，必须遵照毛主席的"集中起来，坚持下去"的原则，才能不断改进社会主义会计，使之逐渐完善起来。

第六章　总会计师制度和计划统计、财务会计部门的职责分工

根据《设置总会计师的几项规定（草案）》的规定，国营大中型工业交通企业的总会计师是厂长统一领导经济核算工作和财务会计工作的助手。已经指出，企业会计本身就是按照经济核算制原则确定它的报表科目结构的经济计算体系，它同时也是把经济核算制贯彻到一切生产技术业务环节中去的经济管理工具和财务管理工具。正确发挥企业会计的作用，它自然就会成为总会计师帮助厂长统一领导经济核算和财务工作的工具。但是这里有一个有争论的问题，即这种看法和企业内计划统计部门、财务会计部门间职责分工的传统原则不符。解决这个问题有两个办法：① 保持传统的职责分工，由总会计师协调两者的工作，来达到统一领导经济核算和财务会计工作的目的；② 改变现有分工制度，把现属计划统计部门的经济核算及统计工作和财务会计部门合并起来，建立直属总会计师领导的工作机构（可以称做总会计师室或其他适当的名称）。按照前一种办法，企业会计并不能成为经济核算的中心和经济情报的中心，它的任务限于经济计算和财务管理。按照后一种看法，企业会计应该贯彻它作为经济管理工具和经济情报中心的作用。作者主张后一种办法。本章即拟专门讨论这个问题。

第一节　经济核算工作的统一领导问题

企业内计划统计部门和财务会计部门职责分工的传统原则，是从苏联介绍

过来的原则。这种原则肯定企业管理的方法不外是计划管理的方法，计划管理的任务主要在于保证产品生产计划的完成。企业有它的财务计划，这是生产技术财务计划的一个组成部分，其内容是利润折旧的上交、流动基金的拨款和交款、其他预算拨款及企业基金的收支等等。财务计划的主要部分即业务收支是从产量计划和成本计划两者推导出来的。成本计划也是生产技术财务计划的组成部分，成本高低虽直接决定利润，但因为成本高低涉及消耗定额、劳动生产率指标等等不属"财务"的指标，所以它是和财务计划并行的一项独立计划，按计划管理的原则，它原来应该由计划部门负责编制[①]。计划部门主要对保证产品生产计划的完成负责，也要对整个生产技术财务计划的完成负责。计划部门赖以监督计划完成情况的工具是统计。财务会计部门要负责完成财务计划，会计就是监督财务计划完成情况的工具。又因为财务计划也是生产技术财务计划的一部分，所以财务会计部门也要对计划统计部门负责。

暂时不讨论这种分工原则是否妥当，上面说过，这要在第七章内讨论。问题在于这种分工原则在实践上不可避免要限制会计的作用，不使会计成为关于经济效果的计算体系和管理工具，可是计划和统计又无法代替会计发挥这种作用。因为统计虽然可以从各种业务技术记录中，也从会计记录中汇集作出关于产量、成本、利润、劳动生产率等一系列个别指标，但是用完整的科目体系系统地、连续地记录一切经营生产活动的是会计，而不是统计。统计不可能用一个完整的价值计算体系反映和监督生产过程，统计所能"系统连续"反映的是个别指标，尤以反映产量指标最为有效，其余如成本的变化、各项物质消耗的动态、库存材料的增减等等，统计都不得不仰赖会计供给数据，虽然像设备利用率、原材料吸收率（化学工业）、金属切削余量（机械工业）等个别指标，统计完全可以定期地搜集有关业务技术数据加以计算。这样，会计和统计原是各有特点、互

[①] 成本计划被看做财务计划以外的一项独立计划，所以原则上成本计划应该由计划部门编制。实际上成本计划离不开成本会计，于是成本计划似乎又应该由财务计划部门编制。我国各经济部门在这个问题上所采取的解决办法极不一致，同一部门或同一企业内也变来变去，迄无定论，同一系统的上级机构和下级机构间实施的办法也可以互不相同。总会计师制度建立以后，如果不彻底解决计划统计部门和财务会计部门之间的职责分工问题，仅以成本计划的编制责任这一问题而言，也很难得到妥善的解决办法。

为补充的两种方法,但因为把会计这个具有完整"模型"的工具贬低为财务计算的工具,会计和统计两者都不能综合反映经济效果。过去企业管理中很严重的一种偏向,即只顾完成生产任务(产量任务)不计经济效果的偏向,虽原因很多,从计算技术上看来,则反映为会计统计的分家,和不充分发挥会计的作用。

计划统计和会计分工上的矛盾,在贯彻经济核算制的过程中势必暴露出来。把经济核算制贯彻到一切环节中去,要求进行细致深入的经济管理工作,离不开会计这个工具。但是谈到"管理",按照传统的观念,似乎不外是计划管理。所以为贯彻经济核算制所必要的经济管理工作,似乎又应该是计划部门的任务。但已经指出,计划部门仅仅依靠统计工作是无法完成这个任务的,这就自然出现了计划工作和会计工作如何分工的问题。

许多企业对于这个问题采取一种折中的解决办法,即由计划部门和会计部门共同来领导经济核算制的贯彻。1963年鞍钢规定,经济核算由计划部门管头,会计部门管尾。长春汽车厂1963年设立总会计师以后,总会计师负责领导财务会计处和半个计划处,即计划处中负责经济核算的那一部分。第一机械工业部1963年9月的《直属工业企业成本管理办法(草案)》规定"成本计划、成本核算和成本分析",包括"以定额和预算为依据管理日常生产费用,控制开支","由总会计师负责组织,财务部门和经济计划部门负责具体管理和综合工作"。由计划部门和会计部门共同担负起贯彻经济核算制的责任来,究竟是不是妥善的解决办法呢?

作者觉得,把经济计算和经济管理拆成两橛,由计划部门和会计部门分担,恐怕不能算是妥当的解决办法。我们并不否认,一切计划指标(从全厂产量指标到班组的成本指标)应该由计划部门以厂部名义或车间领导名义颁布,但是在产量指标确定以后,所有和经济核算有关指标的拟订、记录、计算、分析,应该由一个部门一竹竿插到底地进行。不这样办,而把有关经济核算的指标的拟订和考核交给计划部门,记录和计算交给会计部门,必定造成互相推诿、两头脱节、力量抵消、劳动重复。

其实,国家规定建立企业的总会计师制度,已经在理论上和实际措施上解决了这个问题。总会计师要协助厂长统一领导企业的经济核算工作和财务会计工作,那么,打破企业会计的陈旧框框、改变企业会计为完成前述八项任务的总会计师的会计,就是必然的结论。现在企业内部的财务会计人员人数不足,一部分人水平确也不高,也有许多擅长经济管理和全面经济分析的工作人员留在计划系统之内,可惜因为分工不妥当,计划、会计两个系统的工作人员劳动重复、力量抵消,都未能充分发挥作用。把计划系统中负责日常经济管理及"统计分析"的人合并到企业会计部门,改组成为完整的总会计师的工作机构,这对企业经济核算制的贯彻、总会计师制度作用的发挥,也许都会有积极的影响。

有人认为,把有关经济核算的经济管理工作划归会计部门,会减少计划部门的工作,甚至等于取消了企业的计划工作。作者认为未必尽然。据作者所知,若干大企业的计划工作,除有关经济管理的工作而外,至少还有下列三项:

(1) 制订本企业远景计划;

(2) 组织年度计划在本企业范围内的综合平衡,包括设备能力的平衡、劳动力的平衡等等;

(3) 颁布月、季度分车间、分部门的计划指标,并公布计划指标的完成情形。

以上这三项工作,都不是会计工作所能代替的。当然,总会计师集中管理经济核算和财务会计工作以后,以上这些工作中有关经济计算部分,不直接由计划部门负责进行,看来计划工作架空了,没有实际内容了。但是,一个企业的计划,是物质生产计划和经济计划的综合,即总工程师系统的各项计算和总会计师系统的各项计算的综合。企业内的专门计划机构,从来不可能把所有计划内容的执行和计算,一概放在自己直接管理控制之下。换句话说,全企业制订计划、监督计划执行的最高机构,实际上是厂长、副厂长所组成的厂长会议,或是厂长、副厂长及各车间、各职能科室负责人组成的厂务会议。计划由基层执行,计划执行的日常指挥分别由总工程师系统和总会计师系统和其他各系统(如供销、福利等)负责。计划的综合平衡,以及计划执行结果的最终考核由全厂最高领导机关负责,全厂最高领导机关就是全厂的"计划委员会",专门的计划机构本来是这个计划委员会的办公室,不是制订计划、监督计划执行的全权机构。就这点来说,企业作为执行国家经济计划的基层,它的计划机构的工作,本来就和负责制订地区和全国经济计划,并且要负责地区和全国一切基层单位一切经济部门间的综合平衡的省、市、国家计委有所不同,没有理由拿省、市、国家计委的职权范围,生搬硬套地套到企业的计划部门身上去①。把本来分散在计划、财会两个机构的经济核算方面工作,合并起来,由总会计师负全责,并不意味着取消计划部门的工作,不过把计划部门的工作放在更适当的位置上而已。

也许有人会认为,国家规定总会计师要协助厂长统一领导企业经济核算和财务会计工作,却没有规定企业会计部门要对经济核算和财务会计部门负全责。既如此,由总会计师负责协调计划科的经济核算工作部分(半个计划科)和财务会计部门的工作,他就同样能够完成他的任务。作者对此也深表怀疑。总会计师要对各项措施的经济效果负责,他必须拥有鉴别各项措施的经济效果的数据。这些数据,不仅仅是目前企业会计所能反映的"资金、成本、利润"的数据,而要把这些"财务"数据和各种业务技术数据、技术经济指标,综合在一起,分析它们的相互联系,并作趋势的测算。为了要做这种分析测算,现行的会计计算的框框要扩大,也要深入。现在不属会计计算范围的一些内容(现在各种技术经济指标,一般列入统计表报),应该加入会计计算的范围中去,企业的经济计算才能反映完整而生动的动态。何况总会计师如果要认真对各项措施的经济效果负责,决不能限于"鉴别"这些措施的经济效果,而是要在日常的经济管理中贯彻经济核算的原则,以期求得最大的经济效果。所有这些,都要求总会计师拥有一个具有高度水平的、合并经济计算和经营管理两者在一起的工作机构,这只能是会计机构而不能是别的机构。当然,总会计师在他的工作初期,维持机构分工的现状,用协调各部门工作的办法,确实也能扭转一些重大的不合理局面。同时,为要解决一些重大的工作问题,一时也不宜对机构分工的现状作匆促的改变。但是工作愈深入,所依赖于精雕细刻的日常工作者愈多,粗线条式的分工愈不能解决问题。总会计师制度实践一个时期以后,经验也许

---

① 要把各级计划部门的职权划一化起来的企图,在实际生活中也是行不通的。有些企业,名义上把计划机构一直设到基层,在车间里也设置计划组和计划员,看起来,车间计划机构负责基层作业计划的制订和实施,而基层作业计划又是整个计划工作最基本的构成部门。实际上车间计划员的具体工作是"派工",是具体的生产管理工作,这不是计划工作的最基层,却是生产系统工作的最基层了。根据作者个人有限的接触,各类工业交通企业的企业、车间计划部门的具体工作,是千差万别的。作者觉得调查一批企业计划机构的实际工作内容,它们和财务会计部门的实际分工,是有意义的,这样的调查工作是值得做的。

会证明，总会计师只能是"总会计师的会计机构"的首脑，而不能是"统一领导"若干系统分立的经济计算和经济管理机构的领导人。

第二节　经济情报体系的统一领导问题

如果我们承认，企业的经济计算应该以会计为中心，那么，企业内部的经济情报体系应该由总会计师负责，企业的统计工作应该成为总会计师工作机构的一部分，同时由总会计师对国家统计局系统负责报送一切规定的统计报表，似乎都是自然而然的结论。这样做，可以使：① 企业内的原始记录和内部报表体系得到统一的组织和领导；② 总会计师可以会计数据为中心，并利用会计以外的一切经济数据，作系统的、周密的经济活动分析，并对一切具体措施的经济效果作正确的鉴别；③ 可以协调会计报表和统计报表的口径，一方面避免口径的不一致，一方面增进会计和统计两方面数字的准确性和精密性。近年来，我国许多企业在贯彻基层经济核算中都以会计为中心整顿了原始记录；同时，会计在经济管理中所发挥的作用愈大，统计数据集合在会计系统中的愈多，统计报表的填报所依赖于会计系统者也愈甚。所有这些，似乎都表明了，实际工作中的趋势是符合我们的论断的。

苏联介绍过来的工作体制，实质上并不考虑企业内部经济情报体系的统一组织和领导问题。不错，它在原则上确认"统计核算"是三种核算的中心，但是它并不要求以统计核算为中心来组织这个情报体系①。事实上，统计也不能成为这样的中心。因为企业内部的经济情报体系开始于日常数据积累的原始记录，这种原始记录是会计记录的原始根据，统计可以把它的工作伸展到某个指标（例如产量、工时）的基层记录上去，但是统计没有一个足以制驭包罗全部基层原始记录的科目体系，所以它无法统率整个原始记录体系。按照苏联介绍过

---

① 斯大林汽车厂代长春汽车厂拟订的组织设计，规定设"组织科"负责原始记录和内部表报，由厂长直接领导，现在长春汽车厂把这个科编制在劳动工资处内。1962年全俄国民经济委员会拟订的《总经济师示范条例》（见苏联《经济报》1963年第9期）规定这个科划归总经济师领导。

来的原则,企业的内部经济情报体系只能是会计统计双轨制,或者各种业务统计的多轨制。为要避免这种双轨制或三轨制,规定厂长统一领导情报体系也不能解决问题。因为基层记录和报表体系是一种高度技术性的工作,要求厂长直接领导这种工作,若不是误用了领导干部的力量,就一定会流于空谈。

有人认为,企业内部情报体系的统一领导固然应该解决,但要以会计为经济情报的中心则不是妥当办法,因为统计是国民经济计算体系的中心,从而认为,作为国民经济计算组成部分的企业的经济计算体系,也应以统计为中心。然而这种看法忽略了国民经济计算和经济个体计算所用方法势必不能一致的实际,不具体分析两者方法的特点而作一般的类推,所以无助于正确地解决问题。

国民经济整体的经济计算,要规定指标和模型,也要规定各个经济个体能够为这些指标和模型提供的数据,然后用统计方法来汇集这种数据,两者缺一不可。换句话说,尽管经济个体的经济计算体系已经安排妥帖,离开统计方法,也根本谈不到作什么国民经济计算。各个经济个体的经济计算体系,也要规定指标体系和模型,但经济个体要按照这个指标体系和模型来搜集数据,都非从日常业务的记录开始不可。从日常业务的记录开始来搜集数据,恰巧是会计方法之所长,而非统计方法的"本行"。所以,国民经济整体是用统计方法从个别的"记录体系"中汇集数据来进行经济计算的。在这个意义上说,会计不过是统计取材的根据。而在经济个体,它的经济计算要从根做起,即从记账做起。生产业务技术记录也是记录,可以组织在会计体系之内,但统计本身不是一个记录计算体系,它是"吃现成饭"的,它不能成为一个记录计算体系的中心。企业会计所包罗的各项业务技术数据并不完全,它也要用统计方法做补充,特别在大企业为然。但这所谓用统计方法做补充,还不过是利用统计方法从现成的业务技术记录中搜集数据,它不规定业务技术记录的内容。把业务技术记录当做记录,统一考虑它们的内容如何满足业务技术管理和经济计算两者的要求,是记账学的问题而不是统计学的问题。前面说过,近年来我国各企业整顿原始记录的工作都责成会计系统负责,而不是责成统计系统负责,理由就在于此。统计工作和统计学有它自己的大批问题有待解决,要它担负它所不擅长的工作是并不适宜的。

这样看来，统计是搜集整理已经积累起来的数据的方法，会计则是以系统、连续的日常记录为基础的计算体系，它本身就是积累数据的方法，两者适用范围各有不同。一个企业要服从国家统计局的要求提供大批统计报表，但企业之所以能够填制统计报表正是因为它有系统的会计记录和业务技术记录，所以用会计体系来保证统计报表是顺理成章的，要求统计工作直接伸到基层记录中去，就无法避免内部记录和报表体系的割裂。不区别两者适用范围的不同，从大范围（国民经济整体）经济计算着眼，要求统计一竹竿插到底来代替会计，既误用了统计方法，也误解了会计的作用。

第三节 总会计师的职责

在国营大中型企业内建立总会计师的制度所牵涉的一些问题，前面已经说得很多，这里还想补充申论三点。

第一，总会计师应该成为厂长在经济核算工作和财务会计工作方面的助手。这就是说，经济计算、经济管理和经济情报工作是全厂各班组车间、各职能部门大家动手做的工作；由现在的财务会计部门改组而成的总会计师的工作机构，除直接管理财务工作而外，就是这三种工作的中心。总会计师是这三种工作的最高领导者，他所依靠的工作机构是以会计为中心、包罗财务工作统计工作在内的机构，所以他同时是这个工作机构的首脑。

要这样做，现在计划部门主管的经济管理工作和统计工作，属于总会计师职责范围之内，所以应该移归他的工作机构。这样的调整可以使总会计师的职责范围和他的工作机构的职责范围一致起来。其中的统计工作，一方面是厂内经济情报体系的一部分，应该组织在一体化的经济情报体系之内；又因为企业还负有如期上报国家统计局系统规定按期上报的统计报表任务，为了和国家统计局系统"对口"，"总会计师室"完全可以设立统计科、组或统计员，接受统计指标和统计任务，并由整个企业会计体系来保证完成统计任务。企业会计主要应服务于企业的经营管理和国家对企业的财务监督，同样也应服务于国家统计。

对国家统计的责任,也应包括在总会计师职责范围之内。

第二,总会计师直接领导企业的财务工作,包括货币资金的出纳、管理,保证足够的货币准备金;编制包括预算交款、拨款、银行贷款在内的整个财务计划,负责财务计划的执行;保证遵守国家财政制度;等等。总会计师的财务职权,可以在全企业的经济管理工作中起杠杆作用,因为一切费用和购买都要支付货币资金,把住支付这一关,可以有助于节约,而严格遵守国家的财政制度,仍然是保证国家财政收入的重要手段。

但是,正如前面所指出过的,企业财务成果是其经济成果的财政表现,所以,他只有把主要力量放在协助厂长贯彻经济核算制、加强经济管理工作上面,才是从根底上做好了财务工作。在某种意义上,他也有对企业实行财政监察的责任,他不能同意不经济的和非法的支出,他要保证税金、利润、折旧的如期上交。但是他仍然是企业领导集体的成员之一,他应该积极促进企业的经济效果,把参谋作用和监督作用辩证地统一起来。

第三,有人认为总会计师是总经济师,或者干脆主张把他的职务名称改变为总经济师,作者认为并不妥当。总会计师的任务是依靠经济情报体系,依靠会计统计表报,作企业的经济情报和经济分析的工作。他的最终责任不是"决策",而是搜集情报,分析情报,在每一次"决策"以前,从经济方面提出意见。所以他确实是经济"参谋",但不是总经济师,因为全部企业行政方面的工作,除物质生产过程的技术方面而外,全都是经济工作。计划工作是经济工作,会计工作是经济工作,劳动工资、供应、销售、生产管理工作也是经济工作。总会计师是在这全部经济工作中,抓经济核算和财务会计工作这个特殊方面的经济工作人员,却并不是包办全厂经济工作的总负责人。建立了总会计师制度以后,如果说全厂经济工作还有一个总负责人的话,那还是厂长,而不是总会计师。企业会计是按照经济范畴设置科目而建立起来的经济计算体系。所以,会计分析实质上就是经济分析。根据这一点来说,总会计师是运用会计这个工具的经济工作人员,而不是狭义意义上的会计工作人员。称做总会计师,不仅没有贬低他的身份,反而如实地表现出了他工作的性质。

有人根据苏联目前在企业内设置总经济师的方案,主张我国的总会计师改称为总经济师,并由总经济师负责领导计划、会计、劳动工资等部门,作者认为,这和我国设置总会计师的原则精神也是违背的。我国企业内设置总会计师的目的,是统一领导并且加强经济核算工作和财务会计工作,是为了协助厂长搞好企业内部以贯彻实行经济核算制为中心的经济管理工作。这种经济管理工作不是具体业务的行政领导,是全厂生产业务的经济这个侧面的领导。领导这种经济管理工作的人,应该完全不直接经办某项行政业务工作而又参与全厂的总的领导,这才能协助厂长抓起全盘经济管理工作来。总会计师如果直接管理行政业务,他就会和其他副厂长处于相同的工作地位,势必不能特别抓紧全盘生产业务中的经济管理工作。计划部门,除了应该划归会计部门的经济管理业务而外,可以改组成为全企业远景计划和年、季、月度计划指标的经办、考核机构,它恰恰还应该是作为全厂计划委员会(厂长会议或厂务会议)主席的厂长的直接助手。所以,把总会计师改成这样的总经济师,倒真的会侵犯应该成为总经济师的厂长的职权,同时又要使原意加强经济核算工作的总会计师制度名存实亡。

总之,作者认为,我国要在企业内设置总会计师,是要设置名实相符的总会计师,其原则精神可远溯到1948年前后前东北人民政府财政经济委员会设置的总会计局。设置这种总会计师制度是企业内贯彻实行经济核算制的客观必然性,党和国家洞察了这种必然性,所以实行这种制度必会产生十分积极的结果。拿这种制度和苏联以前的制度和目前的制度相比拟都是未必妥当的。

第七章 再论社会主义会计的主体、对象和任务

——评马卡洛夫和阿发那西也夫的会计理论

怎样正确发挥社会主义会计，尤其是社会主义企业会计的作用，决定于我们怎样认识社会主义会计的主体、对象和任务。前章所讨论的企业内计划统计部门和财务会计部门间的职责分工问题，在一种意义上说不过是有关上述根本问题的理论、原则的应用。过去我国会计学界对于这些问题曾展开过热烈的讨论，讨论的结果似乎一致接受了某些苏联会计学家，尤其是在我国有过很大影响的马卡洛夫的理论。而马卡洛夫的理论的中心则是会计无主体论，会计对象资金运动论，看来这和当前党和国家对会计的要求是直接抵触的。本章即拟结合对于马卡洛夫会计理论的评论，把以前各章已经涉及的，关于社会主义会计的主体、对象、任务等问题再度作集中的讨论，借此对如何贯彻当前党和国家对会计工作的要求作进一步的探讨。

第一节 会计无主体论

（1）已经指出，社会主义会计是社会主义制度下各类主体（企业、机关事业单位、预算、信贷系统及其他）的经济计算体系，各类会计主体不同、对象不同、经济计算的目的不同，从而，各类会计的结构和内容，各依不同的对象和计算的任务目的而定。但社会主义制度下各个经济个体又是国民经济整体的组成部分，因此，小范围计算体系的会计，通过统计汇集为国民经济计算（大范围经济

计算），其中尤以和国民经济平衡表（社会扩大再生产的价值补偿的综合平衡计算体系）关系更为密切，因为两者的科目结构（"模型"）虽然并不相同，却有相同的基础。因此，社会主义会计虽然是小范围的计算体系，但在照顾特殊性和个别性的条件下，应该达到高度的统一，使小范围的经济计算既能满足个体和部门的需要，又能满足国民经济的需要。

马卡洛夫认为："国民经济核〔计〕算是一个严整的统一体系……〔这〕是由生产资料的公有制和社会主义经济的计划性所决定的。"[①]而会计则是"对国民经济统一体系的各个环节的活动进行监督和领导的最重要的工具"（第26页）。这就是说，我们所称的会计主体其实不过是国民经济统一体系的各个环节，由于社会主义经济的公有制和计划化这两个特点，会计主体这个概念在社会主义会计理论中是不存在的。

认为国民经济计算是一个严整的统一的体系，会计主体并非主体，不过是国民经济统一体系中的各个核算环节，就是认定企业、事业、机关等等是国民经济整体这架大联动机的各个零部件（杠杆、飞轮、螺丝），它们除服从整体计划作协同动作而外，没有本身任务，也不是一个独立的单位，从而它们的会计，只有国民经济整体的经济计算分支的意义，没有自身独立的意义，然而这是不符合我国实际情况的。我国社会主义企业当然是社会主义计划经济的直接组成部门（在这个意义上说，国民经济整体及企业之间的关系，还是联动机和零部件的关系），但是这是事情的一个方面；与此同时，我国社会主义企业同时又是经济核算制的企业，它在完成计划任务的同时，要对本身的经济活动负独立的责任，要计较"资本"节约和成本节约，决不能只顾完成任务，不问经济效果。企业会计就是为了这个目的而建立起来的经济计算体系，也正因为有这种计算体系，企业才能为国民经济计算提供成本、利润及其他指标。倘若企业只是国民经济整体的一个核算环节，它就应该实行"供给制"而不实行经济核算制，只要负责记清楚上面拨料拨款若干、耗料耗款若干、上交产品若干，经营基金和成本利润的计算

[①] 马卡洛夫、别洛乌索夫：《会计核算原理》（王立才译），财政出版社1957年版，第30页。以下引同书在正文内用括号注明页数，不另加注。

就全无必要。这样看来,核算环节之说,对于我国企业显然是不适合的①。

机关事业单位也一样,机关事业单位会计的科目结构和计算内容比较简单,它并不实行经济核算制而实行"供给制"(这就是说,根据工作计划和事业计划核定经费),但是这并不意味着它们所担负的经济责任的严肃性略逊于企业,不过因为按照国民经济计算的要求,它们的活动不可能作全面的经济估价而已。厉行节约,讲求经济效果,在企业和机关是没有什么不同的。所以,机关事业单位是经济主体,又是会计主体,正和企业相同。

认为企业和机关事业单位都不过是核算环节,把整个国民经济当做一个总的"核算主体",实质上是取消基层的经济核算制,取消基层的经济责任。结果,节约的方针因为没有了组织和制度的保证,就会变成空谈。社会主义经济是一个整体,可是这种整体性决不表现在减轻或者撤销基层的经济责任上面。正相反,正是因为社会主义经济是一个整体,所以只有一切基层通过严格的经济计算,发挥最大的经济效果,才能使社会主义经济的发展,达到多快好省的结果。

(2) 核算环节理论不仅违背我国的实践,也违背马克思的教导。马克思指出:"在资本主义生产方式废止以后,但社会化的生产维持下去,价值决定就仍然在这个意义上有支配作用:劳动时间的调节和社会劳动在不同各类生产间的分配,最后,和这各种事项有关的簿记,会比以前任何时候变得重要"②。

一百年以前的簿记是复式簿记,马克思本人还专门研究过复式簿记。这种复式簿记虽远较今天的会计为简单,但它的基本结构早已是综合了资本循环和成本利润计算的科目体系,所以已成为一个经济主体在它的小范围内进行经济效果计算的计算体系。而正因为"价值决定就仍然……有支配作用"的缘故,所以这种簿记就显得"比以前任何时候"更"变得重要"。把会计看做只是国民经济统一体系下的各核算环节的核算工具,就是排除经济效果概念于社会主义经济之外,而这是显然不符合马克思的教导的。

(3) 使用会计这种工具的核算环节有哪几类?马卡洛夫把它们规定为:

---

① 关于这一点,可特别参考最近人民出版社出版的《中国社会主义国营工业企业管理》一书。
② 《资本论》第 3 卷,人民出版社 1953 年版,第 1116 页。

"执行国民经济计划的各个部门——不同的企业、组织和机关"（第37页）。我国会计学界通常又简称之为"企业及机关事业单位"。这显然又以"在社会主义制度下，经济核〔计〕算的目的是监督计划的完成情况"（第18页）为前提，因为执行国民经济计划的基层单位是企业和机关，所以核算环节也只能限于这两类，其他一切单位即使也要作经济计算，可是它们不属于社会主义会计。这是不符合实际情况的。在我们看来，企业和机关事业单位虽然是社会主义会计的主要组成部分，实际上会计的应用还远远超过这个范围。

首先，会计既是一种经济个体的计算工具，那么不仅一切其经济活动直接纳入国家计划的经济个体必须利用会计这个工具，其经济活动不直接由计划规定、而构成整个社会经济活动的一切个体，都可以利用会计作为工具。一个企业附设的食堂，它的经济活动甚至并不进入企业生产技术财务计划，但它必定是一个会计主体。居民的家计经济诚然不一定利用系统的会计制度作精确的记录和计算，假如某个家庭具备这样的会计，也有利于勤俭持家，有利于统计工作的抽样调查。但是居民的经济活动显然并不直接进入国民经济计划。食堂和居民的经济活动却同样是社会主义扩大再生产的组成部分，没有理由把它们排除在社会主义会计之外。

尤其是，马卡洛夫的定义也把预算和信贷系统排除在核算环节之外了。预算会计和信贷系统会计是明明存在着的两种极为重要的会计，而且是执行社会主义经济计划的两种极重要的机构的会计。马卡洛夫故意不谈这两种会计，看来是很奇怪的事情。也许马卡洛夫是因为这两种会计是从财政信贷的侧面对各个个体的经济行为综合计算，不符合于核算环节的理论，把它们排除出去，也许是迁就定义的唯一可行的办法。可是，让事实来迁就定义，显然不是我们应该遵循的道路。

第二节 关于会计核算、统计核算、业务核算的理论

（1）马卡洛夫认为社会主义核算由"业务核算、会计核算和统计核算"三者

组成，而社会主义核算则是用以"反映整个国民经济和每个个别企业、组织和机关的计划的执行进度"（第24页）。在每一个经济主体内部既要兼用这三种核算方法，又因为每一个经济主体的统计资料来自"业务核算和会计核算以及在企业、组织和机关中独自组织的基层统计核算"（第28页），所以统计在三种核算方法中居于首要地位。"表明企业、组织和机关工作情况的各种指标必须事后进行统计方面的总括，所以……业务核算和会计核算的处理方式，要符合统计所提出的那些任务"（第29页）。

可是马卡洛夫同时又指出，统计是"研究和监督大量的和个别典型的社会现象的方法"（第27页）。照此说来，统计不能成为个别单位的日常计算的方法。马卡洛夫是这样来解决困难的，即除了大量研究和典型研究的统计之外，另外还有一种叫做"基层统计核算"的东西。有了这种东西，大量观察和典型研究的统计也就变成了日常计算的方法即统计核算，于是在国民经济整体范围内也好，在个别核算环节内也好，社会主义核算就一律都由统计核算、业务核算、会计核算三者共同构成的了。

（2）我们在第一章、第四章第一节及第六章第二节曾对会计和统计的关系作过一些分析。我们曾指出，会计是经济个体即小范围的经济计算体系，它的一切指标和数据进入国民经济计算都要以统计为中介。国民经济计算中所需各项指标及"模型"，取决于国民经济计算本身的各种目的；小范围内经济计算的指标或"模型"，取决于各个经济个体的计算对象和计算任务。在这些个体范围内，能够根据对象或任务构成一个完整计算体系的是会计。会计可以满足主体自身的计算任务，也能够在很大程度上满足国民经济计算的要求，但因为计算目的不同，因为国民经济计算又包括众多的方面，所以会计不能提供所需的全部数据，需要用统计方法根据既定指标从会计记录，也从业务技术记录中整理汇集。会计和国民经济计算之间需要用统计方法作这样的补充，凡会计数据不能满足小范围内的经济计算的要求时也需要用统计方法作同样的补充。由此看来，① 国民经济范围内经济计算的要求决定国民经济平衡表的科目结构和其他的指标体系；② 经济个体的经济计算的要求决定各类会计的科目结构和其他必要指标体系；③ 统计是两者的中介；④ 统计是服务于既定"模型"或指标体系的方法,却并不决定"模型"或指标体系本身;同时,统计既是根据既有的记录搜集整理数据,并使整理所得的数据更切合于客观实际的方法,个体范围内积累数据的日常记录,如果不属于会计范围,就一定属于业务技术记录的范围。称统计为统计核算或基层统计核算,以与业务核算和会计核算并列,不免背离统计本身的特征。

(3) 业务核算这个概念,也需要特别加以探讨。业务技术记录和业务技术计算,确实是每一个经济个体都有的。一个企业的生产技术过程,若没有力学、热学、电学、化学等的数据,以及实物量、劳动时间量的记录和计算,生产管理、技术管理和各项专门业务的管理就无法进行。这些业务技术数据要大量进入成本计算和经济计算,一部分要进入各种目的的国民经济计算,因为价值计算固然要以这类数据为基础,而再生产过程中物资替换的平衡和各种技术经济指标也要广泛利用这些数据。但是一般的业务技术计算本来具有纯粹技术计算的性质,因此,并不是所有的技术业务计算毫无例外都进入经济计算。实验室里的技术数据可以是统计物理学的数据,但不一定是经济数据。就业务技术计算本身而言,它们是技术科学和专门业务的问题,不是经济问题。不过因为社会再生产过程是人类通过各种科学技术手段利用自然材料及对自然材料进行加工诸过程的总和,所以经济计算要利用有关诸技术业务计算的数据。业务技术计算是经济计算的基础,但业务技术计算本身并不直接构成经济计算的内容,正如统计物理学应用统计方法,但决非经济科学的分支一样。

(4) 这样看来,在一个经济个体中会计和统计之间有方法上的区别,前者必定是一个科目结构,而后者则没有这样的科目结构。会计和业务技术计算之间则有内容上的区别,即前者是纯粹的经济计算体系,后者则是经济计算要多方面取材的基础,但它本身并不是经济计算。会计是制驭包罗有关业务技术计算的经济计算体系,它要以统计方法为补充,但不可能由统计取代。所以,在经济个体内会计是经济计算的唯一中心,统计是它的补充,业务技术计算则是它的基础。国民经济计算主要应用统计方法来汇集所需各指标的数据,所有各个个别的指标或组织在一个"模型"内的相关指标,都取决于国民经济计算本身的目的,统计不过是汇集这些数据的方法,它并不决定这些指标或"模型"。国民经济计算内容宽广，而且是在各个经济个体的计算体系上建立起来的综合的计算体系，它不能应用会计方法由日常记录开始来积累数据，所以会计方法不适用于国民经济计算本身。国民经济计算依靠统计汇集这类数据，有赖于各个经济个体有完整的经济记录，会计即是为国民经济计算提供数据的主要来源，其余则取决于各类业务技术记录。各个经济个体为了满足国民经济的要求可以设立专职的统计机构，但统计不能代替日常记录，因此，基层统计核算这个概念，同统计方法本身的特征是直接矛盾的。

（5）马卡洛夫所作的社会主义核算的定义，既未区别国民经济计算和个体经济计算两者的不同，又未区别会计、统计及业务技术计算三者内容和方法的不同，因而既不符合客观实际情况，含义也很不明确。但这样的定义倒是马卡洛夫规定会计对象定义所必需的，下面还要继续加以讨论。

第三节 各类社会主义会计能不能有统一的对象

（1）既然马卡洛夫认为，"会计核算是在完成国民经济计划的各个部门中反映和监督经济活动的方法"，是"对国民经济统一体系的各个环节的活动进行监督和领导的最重要的工具"（第26页），会计就不是经济个体按照自己的目的对自己的经济活动作记录、计算和管理的工具，所以会计是那种不分整体、个体的社会主义核算中的一种。从这个前提出发，马卡洛夫要为社会主义会计规定一个统一的对象。但是马卡洛夫关于会计对象的定义绝不是一个而有好多个，其中有一些对象等下面再提，这里先来指出他前后所下的两个不同的基本定义。他的第一个定义是："苏维埃会计核算的对象，是在各企业和各组织的范围内，以货币表现的方式来反映和总括的有计划的社会主义扩大再生产过程和社会主义财产。"[①]第二个定义是："苏维埃会计核算的对象就是社会主义扩大再

[①] 《会计核算原理》，中国人民大学出版社1955年版，第20页。注意，这是马卡洛夫的另一部著作，并不就是他和别洛乌索夫合著的那本《会计核算原理》。

生产过程中的经营资金的循环。"(第41～42页)

两个定义都以"货币表现"或"资金"这个特征为根据。货币表现或资金可不可以认为是会计的根本特征,指出这种根本特征是不是就是为会计下了定义,准备留到本章第六节再加讨论。现在我们先要研究一下,可不可以或者应不应该为社会主义会计规定一个统一的对象?

(2) 在马卡洛夫看来,会计既是社会主义核算中的一种,会计就不是某一个主体用来为自己作经济计算,而是另外一个第三者监督和领导这个环节的经济活动的工具。换句话说,企业的会计部门可以是国家派驻企业执行财政监察职能的机构,而不是像我国的党委统一领导下厂长负责制的企业的全部工作机构的有机组成部分。个体本身的目的既不存在,理当为一般的社会主义会计规定一个统一的对象。

可是马卡洛夫并没有能够解决这样的问题:既然社会主义会计有一个统一的对象,何以企业会计的报表科目结构不同于机关事业单位?按照马克思的再生产理论和国民收入分配的理论,企业和机关事业单位在总的社会扩大再生产过程中是不是起了完全相同的作用?马卡洛夫指出过,会计的任务有"促进经济核算制的贯彻和巩固;发掘增产的潜力;监督成本的降低;监督企业盈利的增长"(第32页)等等。可是马卡洛夫并未指出,这类会计任务如何反映在它的报表科目结构之中,也没有指出,这类会计任务和他的会计对象有什么关系。马卡洛夫既然不承认会计有主体,当然要否认各类会计各有自己的对象。可是没有特殊对象的会计,又怎么能有"任务"?马卡洛夫的一般会计对象,即"从货币表现的方式来反映和总括有计划的社会主义扩大再生产过程",或"经营资金的循环",和上述任务显然互不联系,而上述任务又和企业会计的科目报表体系没有关系。对象、任务和科目报表体系这三者互相脱节,正是他的空泛的定义的必然结果。

(3) 本书以前各章曾经分析了会计作为经济个体的经济计算体系和经济管理工具的作用,分析了会计和国民经济计算的关系。按照我国社会主义经济管理的原则和一般机关事业单位的节约原则,我们认为社会主义会计的特点表现在以下两个方面:第一,一切经济个体都有自己的经济计算的对象和任务,这种对象和任务是由国民经济整体利益来规定的。企业的经济核算制,目的是节约"资本"和节约成本,这是国民经济整体所要求于企业的,会计的对象和任务服从于这个目的。而上述对象和任务,则决定会计的结构和内容。第二,在这种情况下,个体的经济计算的指标和"模型",有的直接进入国民经济计算,有的和国民经济整体的综合平衡的要求并不直接一致,个体经济计算的结果要重新分类整理才能进入国民经济计算。但是各类社会主义会计的具体结构,可以制订得统筹兼顾统一性、特殊性和个别性,至于计算的基础(例如资产估价标准等等)则应无条件的一致。个体、部门、整体之间的有机联系和辩证统一是社会主义会计的特点,这比规定一个统一的对象好像要复杂得多,但是看来这更为符合于客观实际。社会主义经济本来是一个十分复杂的有机机构而不是一个直线的组织,上述社会主义会计的特点不过反映了社会主义经济的特点。一个简单的社会主义核算或社会主义会计的概念,加上一个不作具体分析的社会主义会计对象的定义,显然是严重脱离了实践的理论。

我国很多会计学家对于规定社会主义会计对象为资金运动已深表不满,但是往往还倾向于要为社会主义会计规定一个统一的定义。其实要为社会主义会计规定一个统一的对象,必须以社会主义会计无主体论、各类社会主义会计的对象和任务的无差别论为其前提。倘若我们对于我国社会主义企业经营管理的原则有深刻的体会,很容易理解这个原则无限高出于企业是核算环节的理论,那么我们就决不会否定各个经济个体有其独特的经济计算目的。如果如此,要为社会主义会计规定一个统一的对象,就变得不仅并无必要,而且也并不可能了。

(4) 有人认为社会主义会计的对象就是社会主义会计学的对象,社会主义会计学既是一门科学,它必定有其研究对象,所以规定社会主义会计的对象是必要的。这涉及社会主义会计学究竟是一门方法科学还是实质性科学的问题,因为倘若社会主义会计学是一门方法科学,那么社会主义会计的对象就并不是社会主义会计学的对象。作者认为社会主义会计学是一门方法科学,所以是否规定社会主义会计的统一对象,和社会主义会计学的研究对象并无关系(参见第九章)。

第四节 资金运动是社会主义会计的唯一对象吗

（1）马卡洛夫承认业务核算、统计核算、会计核算三者都要兼用货币量度、劳动量度和实物量度，认为："在会计核算中，货币量度由于它的总括性质而取得了特殊的意义。"(第 26 页)会计既然利用货币单位为统一的计算单位，所以说货币量度对于会计有特殊的意义是对的。但是马卡洛夫的会计对象的定义专取这种特殊的意义，规定会计对象只和货币量度有关。这就是说，当他规定会计对象为"以货币表现的方式来反映和总括的有计划的社会扩大再生产过程和社会主义财产"的时候，事实上否认了会计也以实物和劳动量度反映再生产过程和社会主义财产；当他规定会计对象是经营资金的运动的时候，一切社会主义财产就从会计对象中消失了。

有些会计学家争辩说，资金是商品物资的货币表现，所以当我们说到货币量或资金的时候，就概括了用货币量度表现的一切商品物资，所以说马卡洛夫把实物量度和劳动量度从会计中排除了出去，是歪曲了他的原意。可是我们千万不要忘记，在马卡洛夫理论中业务核算和会计核算是处于同等重要地位的。所以当我们规定会计对象专以货币量度为限时，一切实物量度和劳动量度就是统计核算和业务核算的对象，不再是会计的对象了。这样说，并非出于臆测，确有事实证据。譬如说，我们通常认为材料会计以记录、计算并管理材料实物的购买、领发、仓储保管为基础，同时以材料单价把这些数量折成价额进入以货币量为统一计算单位的科目体系，整个会计的科目体系制驭包罗了材料明细分户账，而材料明细分户账则是兼有实物量度和货币量度的会计账簿。采用马卡洛夫的定义以后，我们就应该把材料的实物计算部分归入业务核算范围，会计只和材料账中的金额记录有关，材料会计就应该认为是关于材料的业务核算和会计核算的办法。这种划分标准，甚至见于会计法令。既如此，会计绝不是以价值量来包罗制驭有关业务技术计算的经济计算体系，实物管理是业务核算的范围,和会计无关,所以我们再也不能要求会计来监督"账实相符"。会计不管实物只管钱,所以,充其量会计只能成为财务管理的工具,要求会计成为经济管理的工具是绝对做不到的。

(2) 这显然把会计阉割到很少能够起作用的程度。接受这种定义,就会使会计人员消极被动地关起大门来根据合法凭证记录编表,车间仓库和一切业务部门无论发生什么事情,都是业务核算的事,和会计无关,而会计就成了单纯地记账,成了道道地地的簿记①。或者会计人员虽然要积极努力地把经济核算制贯彻到一切生产技术业务环节中去,但一般人若把会计理解为管钱的和记账的,会计人员的孤军奋斗当然也不会得到什么结果。以上两种情形在我国都曾发生过,当前的任务就是要和这两种情形作积极有效的斗争。马卡洛夫的理论对于这一斗争显然不会帮什么忙,却只会帮倒忙。

赵玉珉、黄寿宸同志早在1958年就指出过这种理论的有害性,他们写道:"任何企业的经营过程,无论是产品的生产过程或者是商品的流通过程,都是社会扩大再生产过程的一部分,……在价值规律仍有一定作用的情况下,通过货币量度综合反映企业经营过程,提供为加强经营管理所必要的总括指标,这是完全必要的。但不能因此认为综合核算或价值核算是会计的最主要特点。就会计对于企业经营过程的反映来说,它的主要特点是全面连续反映企业的经营过程。利用货币量度进行综合核算只是全面地反映经营过程的一方面,另一方面就是要广泛地利用各种量度——实物量度、劳动量度和货币量度全面地反映企业的经营过程。……把会计核算只局限于价值核算的狭小范围内,〔结果要〕贬低会计在企业经营管理中应有的作用。"②

(3) 可是马卡洛夫所说的"用货币表现的方式来反映和总括的有计划的社会主义扩大再生产过程"也好,资金量也好,却并不是赵、黄两同志所说的价值核算。马卡洛夫从来不把会计体系所反映的诸经济量看做是价值量,正因为如

---

① 很有趣味的是,"会计核算"这个词若从俄文 Бухгалтерский учет 直译,正是簿记核算而不是会计。这当然不过是纯粹名词学的问题。马克思在《资本论》中再三提到了簿记具有控制生产过程并在观念上总结生产过程的作用。他所说的簿记,当然绝不是关起门来只管记账的簿记。

② 《关于社会主义会计的对象问题》,见《会计教学与研究》(中国人民大学油印本)1958年第2期。

此,会计和业务核算之间才需要作出如此尖锐的区分。倘若会计体系所反映的诸经济量是价值量,会计体系制驭包罗诸实物量就是当然之事,排斥一切实物量和劳动量于会计定义之外,只取货币量度这一个特点来规定会计对象,就并不必要了。

正因为马卡洛夫决不把会计所反映的诸经济量看做价值量,所以他的国民经济计算只有各种各样的核算指标,却没有国民经济平衡表体系的位置。我国现行会计制度的各项具体规定,考虑和商品产值、成本、利润等指标的联系多,考虑和国民经济平衡表体系的联系少,也反映了马卡洛夫理论的这一特点。马卡洛夫的国民经济平衡只有实物平衡和财政平衡两种,其中财政平衡决不牵涉价值平衡,这是一种没有价值范畴为基础的财政平衡。马克思主义经济学再生产理论中的"价值补偿",在马卡洛夫看来不适用于社会主义社会。否认经济个体计算经济效果的必要性,正是这种经济理论的必然结果。

第五节 资金运动论在实践上的含义如何

马卡洛夫理论的实践上的含义如何,应该作进一步的探讨。

(1) 按照马卡洛夫理论,企业会计的对象局限于企业财务,它所反映和监督的对象,自然只限于企业生产技术财务计划中财务部分的执行状况。整个企业的经营生产过程,自然需要某种经济计算工具加以反映和监督,但这是关于再生产过程中有关物质替换的计算,因此是业务核算和统计核算的任务。由此,企业的经济管理,归根到底是关于完成产量计划的那种管理,用来服务于这种管理的计算工具是统计,从而计划统计部门是企业的经济管理和经济计算的中心。会计是关于企业财务的会计,财务计划既然是企业生产技术财务计划的一部分,所以财务会计工作从属于计划统计工作。

但是由企业会计来反映的成本利润指标总还是综合全部经济活动所得的综合指标。按照假定,利润应解释为企业的自己的收入抵补开支的剩余,成本则是生产业务中的资金耗费,从而,企业会计并不是什么成本利润计算体系。

社会主义企业既以遵照国家计划生产某种有用物资为目的,成本利润计算是不存在于社会主义企业的,而是资本主义企业的特有现象。另一方面,企业的经营基金使用上的节约是必须要贯彻的,但是能够经过日常收支加以监督的只限于流动基金,至于固定基金部分,除责成企业按计划上交折旧和变价收入,并严格执行非按计划不得增加固定资产而外,从日常收支方面加以监督是不可能的,所以不在财务管理范围之内。于是固定基金使用上的经济合理,就处在企业本身经济计算范围之外,也处在国家监督范围之外,导致了我国经济学界长期来批评的"固定基金供给制"的现象。

(2) 企业经济核算制的内容,虽然可以解释为独立的经营基金和独立计算盈亏,但是既然企业会计仅以财务为其对象,统计核算和业务核算又远不足以进行系统的价值核算,那么就没有哪种经济计算体系可以有效地综合企业全部经营生产活动,系统地经常地致力于发现节约基金(节约"资本")、降低成本、增加利润的途径并随时付诸实施的工具。所以,企业经济核算制就归结为某种财务监督的制度。财务监督的目的还是为了节约资金支出、增加资金积累,但是这是和经济效果这个概念并没有什么直接联系的监督。也许也可以谈到某种经济效果,但这不像我们已经指出过的绝大部分可以归结为"资本"节约和成本节约的效果,而是某种更不确定的东西。所以,我们如果说经济效果这个概念不存在于上述原则之中,恐怕是离事实不远的[①]。

也许有人会认为,企业会计的任务既然是反映和监督企业财务计划的执行状况,而企业的一切收益和成本最终又必定要表现为货币资金的收支,那么企业会计必定也能对节约"资本"、节约成本作出同样有效的贡献。但这是不可能

[①] 有一种建议要在企业内设立总经济师(见 1963 年第 9 期苏联《经济报》)。总经济师的职责有一条是统一领导财务活动、业务核算和统计核算,计算新技术和新工艺的经济效果。按照这个方案,看不出经济效果这个概念和会计有什么特别密切的关系。一个企业的经营生产活动的经济效果,诚然可以从社会经济整体作多方面的衡量,但是这种衡量是国家计划工作和国民经济计算范围之内的事情,不是一个企业所能进行的。从个别企业的角度来衡量经济效果,必须确切地归结为"资本"的节约和成本的节约。已经指出,例如,在价格不变条件下的产品质量的改进,不一定表现为成本的降低和利润的增加,但这是个别的情形,而且要衡量这种情况,还必须以企业的成本利润计算为基础加上某种补充,才能得到确切的数量概念。离开会计来衡量企业经营生产过程的经济效果是不可能的。另一方面,各个企业的会计诚然无法衡量国民经济范围内的经济效果,但是离开会计所作的个别衡量而要作全部国民经济范围内的衡量,实际上也会流于空论。

的。经济成果最终当然必定表现为财务成果,但是经济成果的取得,是每一个生产技术业务环节贯彻经济核算制的结果。抓紧每一个具体环节,把经济计算和经济管理贯彻到一切角落中去,细大不捐地实行节约,才能取得显著的经济成果和财务成果。一切环节中的经济管理是十分细致深入的工作,抓紧全部细致深入的经济管理工作,加上某些必要的财务管理制度,自然会得到良好的财务成果。放弃那些细致深入的工作,只抓财务管理制度,良好的财务成果是没有保证的。可是,一旦我们规定企业会计的任务只不过是反映和监督企业财务计划的执行状况,即或我们设定了精密的成本会计制度,一切成本会计的数据只不过是企业财务的数据,为要反映和监督企业财务,仅仅取得这些数据已经十分充分了,借此来加强管理,力求不断降低成本,按照假定,已经不是企业会计的分内之事,企业会计势必不能进一步发展成为控制全部经营生产过程的经济管理工具。

第六节 资金运动理论中的资金究竟是什么东西

(1)马卡洛夫夸耀他的经营资金运动的会计对象,能够以一个本质上的特点来概括会计核算的内容。不幸,他的在运动中的资金却是一个十分不确定的东西。

马卡洛夫在《会计核算原理》一书中,对资金这个名词所作的定义和解释,前后有以下三个不同的定义:

第一,资金是"每个企业(组织、机关)""完成计划的工作","需要各种各样的资金",这些资金是"从一定的来源得到的",其中有一些"可以在其活动的全部期间内加以利用;而从另一些来源拨给它的资金,则只能暂时使用,而且应在规定的期限满期后偿还"(第39～40页)。可见,资金首先要从来源方面加以解释。从来源方面看来,资金有借入资金和拨入资金。换句话说,任何企业组织机关,为完成计划的工作,一定要得到预算拨款或银行借款。预算和银行,是资金的来源,也是资金运动的来源。

第二，资金就是企业的流动资金。马卡洛夫在该书所作工业企业"经营资金的循环"的图解（第45页），其实是下列过程的圆圈化：

$$G—W_1\cdots\cdots P\cdots\cdots W_2—G'$$

按照马卡洛夫的解释，W_1 是"进行生产所必要的各种劳动对象"（第44页），不包括劳动资料（固定资产）。P 是在产品，W_2 是产成品，G 是货币资金，G' 是增加了的货币资金。姑不问，这里 $G'-G=\Delta G$ 包括工资、利润、税金、固定资产折旧这一系列因素，和实际生活不符；马卡洛夫用以例示他的循环中的经营资金的起点和终点是货币资金，这一点，显然和集中全部注意于流动资金管理的财务监督制度是一致的，因为企业流动资金之所以可以全部处于财政机关监督之下，就因为它的循环的起点是 G，终点是 G'。

第三，马卡洛夫接着就来解释工业企业的全部经营资金的内容。这一下，他列举了劳动资料（固定资产）、劳动对象、供应和销售过程的资金等等，虽然他的经营资金循环图中，根本没有劳动资料的位置。而且为什么前后定义不一致，马卡洛夫除了说一句"供应和销售过程中的某些资金，在其经济性质上是一样的"（第45页）这么一句辞意深奥、无法理解的话而外，根本没有作其他的解释。

马卡洛夫对资金还有其他的解释，下面另作讨论。暂且拿以上三项来看，我们只有得出一个清楚的意图，即马卡洛夫要把机关的经费拨款、企业的流动基金和固定基金，一律归结为预算拨款和银行贷款。意图并不就是科学的论证。马卡洛夫要证明他的资金或经营资金，何以能够把机关的经费拨款、企业的流动基金及固定基金三者兼收并蓄，共通化为一个经济科学上的范畴，他必须作出合乎逻辑的解释，可惜他并没有作出这种解释①。

---

① 我国会计学界有些同志对马卡洛夫未作解释之处，作了下面的解释："在社会主义制度下，企业的经营资金原是国家投资，它总是通过过去某个时期的国民收入分配与再分配的渠道取得的，至于每年企业经营资金的增减变动，也都要以基建投资、流动资金拨款、折旧基金和固定资产变价收入、多余流动资金等形式通过财政来进行分配与再分配，至于企业的经营成果，绝大部分又要以税金、利润等形式通过财政预算列入国家收入，构成机关事业单位预算资金和银行信贷资金的主要来源之一。如果从这个角度来看问题，在国民经济范围内，企业的经营资金、机关事业单位的预算资金和银行信贷资金的运动就是密切联系、互相配合着的。"（《关于会计学的几个理论问题的讨论》，《经济研究》1963年第2期，第67页）（转下页）

(2) 马卡洛夫的资金,还有其他的解释。马卡洛夫说:"在各企业、组织和机关中〔的〕……经营资金的循环……会导致社会总产品的不断增长。在经营过程中,一种资金变为另一种资金,以产品的形式创造出新的资金,而创造出的产品又要由生产部门转给消费者。"又说,"进行经营过程就要付出资金和得到经营的成果……分配国民收入时,社会总产品的各个有关部分都要按特定的用途加以利用。"(第 41 页)这些话的意图也还是不难了解的。各类会计,尤其是企业会计,绝不能仅仅记录货币、资金的收支,它们的科目体系也绝不能以反映货币收支的分类为限,这里有物质财富的形态变化,有产品,有由于产品生产而获得的利润,这一切,当然都要解释成为资金。马卡洛夫上述语句,就是要完成这一解释。可是,在这里,意图仍然不能代替科学的证明。马卡洛夫的"一种资金变为另一种资金"、"以产品的形式创造出新的资金"、"经营过程……要付出资金和得到经营的成果",都还有待于解释。

如果把以上这些语句中的"资金"解释为个别企业的经营基金,他的解释勉强可以说得过去。因为,生产过程中确实会发生经营基金的形态变化("一种资金变为另一种资金");成本,是经营基金的消耗("经营过程……要付出资金");等等。但如果如此,马卡洛夫必定又要碰到另一个困难,即这些解释不适用于

(接上页)上面的解释,把企业的经营基金,归结为过去时期的国家投资,把国民收入的再分配过程归结为预算的再分配过程,于是,国民收入的再分配过程和社会总基金的积累过程两者全部归结为资金运动,资金运动则具体体现为以国家预算为中心的运动。也许因为这种说法过分夸大了预算的作用,所以马卡洛夫倒是没有敢于作出这样的解释。

其实,即使假定全部生产领域已经全是全民所有制企业(现在当然远非如此,至少我国农业生产中的积累,绝大部分是不通过预算的),即使假定,我国经济实行社会主义改造以前遗留下来的一切物质生产资料全已更新,要分析全部国民经济生活中哪一部分属于财政领域,必须以同一时期内发生的诸经济现象为分析的对象,而不能远溯既往。在同一年度内,经济生活中属于财政范围的是当年预算所再分配的国民收入;过去年代中已经积累起的社会总基金,即使有账可查、可以证明都是通过财政拨款积累起来的,我们也不能认为社会总基金的积累过程,属于资金—财政运动范围之内。因为,如果要追溯历史,我们必定要追溯到人类的洪荒时代;因为,当前已经积累起来的社会总基金,纵会在物质形态上都不过是最近三五十年制造建设起来的(这一点,对于已开垦土地至少是不适合的,因为现在我们在种植的土地,确实是远古的祖先开垦出来,经过长期加工改良,才造成现在的状况的),因为在制造建设它们时,必定利用了那时候的劳动资料,所以历史不能从制造建设这些东西的时候开始,一定要不断追溯上去。所以,上面的解释,看来是不能接受的。

机关的经费支付①。

其实,就马卡洛夫的意图而言,他只不过要把会计对象归结为用货币表现的一切东西,至于这个用货币表现的东西是不是资金,如果是资金,又怎样来解释资金,对他来说,都不过是根据出好的题目做文章,文章怎样写都可以,反正结论是老早有了的。试想,马卡洛夫已经建立了下面两个前提:① 会计无主体论;② 社会主义核算是由统计核算、业务核算、会计核算三者组成的,其中会计核算是用货币单位作为核算单位的,而我们之所以要会计核算,不过因为,社会主义

---

① 马卡洛夫努力说明机关和企业都有"经营过程",都有"经营成果"。他说,企业的"基建投资、产品的生产费用、流通费用等等",以及"学校、文化机关和医疗机关等的经费支出",都反映经营过程;企业的盈利,和机关的预算拨款的利用情况,则都反映经营成果。(第40页)

马卡洛夫在另外一个地方说,"会计核算……概括着全部的或者部分的经营资金的动态,就在于取得各种指标,利用这些指标就能判断该企业、组织和机关完成计划的进程"(见《会计核算的对象和方法》,上海财政经济出版社1958年版,第16页)。可是,一个企业的经营过程,无论是产值、产值中的 CVM,都可以价值量反映在科目体系中;而一个项目的研究机构,所完成研究计划的指标,则并不表现为它的资金的指标。

这一切违背常识的说明,目的都只有一个:证明会计对象是资金运动,而且只有资金运动。可惜这是多么牵强附会!厦门大学经济系财务会计教研组编著的《会计学原理》一书,对什么是资金作了如下的解释:"在社会主义制度下,商品生产仍然存在,价值规律仍然发生作用;……社会主义产品的再生产,不但要用实物实现,而且要用价值形式(货币)实现。……在社会主义扩大再生产过程中,可以用货币表现的方面,是一个客观存在着的方面。我们知道,只有体现社会劳动的产品(物资)才有价值,可以用货币表现。而社会主义用于扩大再生产中的产品的货币表现,则称为'资金'。资金是社会主义特有的经济范畴,它和作为剥削手段的'资本'有本质的区别。"(上海财政经济出版社1962年版,第6页)

从以上的说明,可以作出两个关于什么是资金的命题:

(1) "资金,即产品的货币表现"。"只有体现社会劳动的产品才有价值,可以用货币表现",所以,资金,即价值。

(2) 资金,"和作为剥削手段的'资本'有本质的区别",所以,资金,即去除了剥削意义,具有不同本质的"资本"。

以上两个解释意义不同,未可并存。

马卡洛夫是兼取以上两个解释的,因此他在逻辑上弄得混乱不堪。马卡洛夫有一系列前提逼迫他不得不这样做。《会计学原理》一书并未原套接受马卡洛夫的前提,其实完全用不到跟随马卡洛夫一起陷入这个逻辑上的困境。

又,专取上面第一个命题的意思来说,马卡洛夫并不承认,凡可以用货币表现的东西,是具有价值的东西,他只承认这是资金,而资金则并非价值。我们当然可以作出和马卡洛夫不同的解释。但是我们必须注意,如果我们要认为价值就是资金(商品物资的货币表现),必定要补充一个命题:凡具有价值的东西,都可以把这种东西看做是一定量的观念上的货币,否则,我们没法得出一切有价值的东西都是资金这个结论。然而,马克思主义经济学只告诉我们,货币是价值尺度,却没有告诉我们,一切有价值的东西都可以看做一定量观念上的货币。由此看来,我们可以说,凡可以用货币量度的东西必定具有价值(尤其在社会主义社会,因为社会主义社会没有虚拟资本),却不能说,凡可以用货币量度的东西必定是资金。马卡洛夫是注意到这一点的,所以他竭力避免把资金概念和价值概念两者联在一起。

社会还有商品货币关系，不得不有用货币单位核算的东西，倘使不是如此，统计监督可以解决全部问题，会计尽可以全部废除。在这种情形下面，会计除了管钱、管商品物资的货币表现（至于商品物资的非货币表现的方面，那是统计核算和业务核算的范围）而外，还能有什么其他对象？马卡洛夫在他的两个会计对象定义中，第一个是"用货币表现的方式来反映和总括的有计划的社会主义扩大再生产过程和社会主义财产"，这个定义能够满足上述前提的要求。但是，也许因为还有什么不妥当之处①，马卡洛夫又必得把这个定义改变为"社会主义扩大再生产过程中的经营资金的循环"。这样一来，会计的对象缩小了，缩小成为扩大再生产过程中的财政方面了（参见本章第五节）。这个定义更合马卡洛夫的心意。至于经营资金或资金究竟是什么东西，那不过是出了题目写文章，不管有多少逻辑上的矛盾，不管和经济实践如何格格不入，都不过是些小事情，结论已经作出，随便怎样说法都无关大局。所以，研究马卡洛夫的会计对象理论，不得不从他的几个大前提开始。本章第四节所引赵玉珉、黄寿宸同志批评资金运动理论的文章，正是直接指向马卡洛夫理论的大前提的。我们确实应该好好考虑一下，在中央的正确的方针之下，会计的对象是不是管钱、管货币表现方面？账账相符、账实相符、贯彻经济核算等等，会计人员和会计学家是不是应该一概置之不理？

（3）马卡洛夫之所以要创造出资金运动这个独特的范畴，并不是因为他确信资金就是价值，而是因为他们信奉的社会主义政治经济学理论中是没有价值范畴的，而会计作为一个价值计算的体系，用货币量反映社会再生产过程，马卡洛夫又无力加以改变。价值对于马卡洛夫是必须摒弃的，会计的这一特点是客观的现实，马卡洛夫不得不概括出这个现实特点来。马卡洛夫除了用对象定义来概括这个特点，并且把价值化为含混笼统的资金或经营资金而外，别无他途可循。但是，说社会主义会计的对象是经营资金循环，既然不过等于指明会计是一个价值计算体系，那么这样一个命题，其实丝毫也没有解决会计对象问题。

上面的判断并非没有证据，马卡洛夫自己就给我们提供了证据。马卡洛夫

---

① 许多苏联的经济学家指出，在苏联，国民经济平衡表的编制和研究，30～50年代这一段时期中，曾有长期间的中辍。国民经济平衡表恰恰是用货币表现方式来反映和总括的有计划社会主义扩大再生产过程。

写道:"现在我们来了解一下在苏维埃政权的年代中社会主义会计核算的对象在内容方面所发生的主要变化……由于社会主义经济的发展,出现了新的对象,因此会计核算开始包括一些以前没有反映过的经济活动的某些方面和某些种财产。例如,由于农业集体化和集体农庄合作社财产的增长,在会计核算中就必须反映集体农庄的经济活动、它的财产以及按劳动日表现的集体农庄庄员的劳动耗费。"(第 42~43 页)①

可见,马卡洛夫承认经济活动和财产是社会主义会计的对象。何以在经营资金的运动之外,还有经济活动和财产作为会计的对象呢?马卡洛夫满可以指出,经营资金的运动是概括了一切经营活动和财产的最本质的特点。可是一切经济活动和财产,在会计体系中可以概括得起来的共同特点只有一项,即它们都以价值量表现。经营资金所指的就是这一共同特点,可是这不过解决了计算单位问题,各类会计的科目账表体系是无法根据这样的对象来决定的。

(4)马卡洛夫苦心孤诣地规定这样一个会计对象,由此他得到了双重的好处:第一,规定会计对象为资金运动,会计实践十分侧重于作为国家财务监督的工具,就可以得到定义上的满足;第二,会计对象事实上并不限于财务活动,马卡洛夫的定义愈含混,就愈能把这一严酷的事实对付过去。资金这个范畴显然含混笼统到了极点,可是正因为它含混笼统,我们岂不是又可这样解释,即所

---

① 所以,马卡洛夫的会计对象定义不止两个,而是无限多的。让我们来列举一下(本书已列举的不在内):劳动耗费;集体农庄的经济活动,它的财产以及按劳动日表现的集体农庄庄员的劳动耗费(这是以货币表现的么?);基建投资,建筑工程量,住宅(均见第 42~43 页);等等。

也许有人会为马卡洛夫辩护说,上引那些对象,马卡洛夫在叙述"会计核算的对象在内容方面所发生的主要变化"时所列举的东西,不是指的"对象的本质"("为了说明会计核算对象的本质,首先必须确定会计核算究竟反映哪些具体的对象"——第 39 页),而资金运动则是会计核算对象的本质。

(1)如果"对象"和"对象的本质"不是一回事,如果资金运动是"对象的本质",那么,先不说对象的本质到底应该如何定义,马卡洛夫的对象倒十分接近于本书所定义的会计对象了。

(2)可是,马卡洛夫虽然说到对象的本质,他的下面的定义,却是对象的定义而不是对象的本质的定义:"苏维埃会计核算的对象就是社会主义扩大再生产过程中的经营资金的循环。"

(3)在会计无主体论,统计、会计、业务核算构成社会主义核算统一体系的大前提下,马卡洛夫的资金运动不可能是对象的本质而应该是对象。他说到对象的本质,不过临时拿来应付逻辑上的困难而已。

马卡洛夫理论中有会计的对象、对象的本质、具体对象、会计核算的内容("由此可见,会计核算的内容也不是一成不变的"——第 42 页)等等,可谓五花八门,一应俱全。这一切,证明他的理论是为了要凑合一个现成的命题而东拼西凑弄出来的东西,而不是客观考察所得的结论。

谓资金,可以包括一切经济活动和财产在内吗?

可是,用这样含混笼统的定义来解决理论和实践的脱节,为严肃的科学态度所不取。毛主席教导我们,我们的理论应该是联系实际的理论。而马卡洛夫的理论却是玩弄词句、脱离实际的理论。

(5) 前面我们已经分析过会计和国民经济计算间的关系。根据这样的分析,我们可以来考虑一下,各类社会主义会计用价值来表现的诸经济量,集合起来,反映了国民经济的哪些方面。我们可以指出,它既反映① 社会主义的扩大再生产过程的价值补偿方面;反映② 社会总基金及整个国民财富的变动及其现状;也反映③ 随再生产过程俱来的社会资金运动。国民经济平衡表体系各表和企业会计体系各表之间存在着的对应关系,即扩大再生产"模型"的平衡表——利润计算表、国民财富统计表——经营基金平衡表、财政平衡表——资金来源及运用表三者之间的对应关系,表明了社会主义会计的这个特点。其他各类会计都反映以上三者,不过不像企业会计那样完全。所以,说社会主义会计反映资金运动是可以的,但是资金运动并非社会主义会计所反映的全部内容,资金运动也不能概括社会主义会计所反映的全部内容。倘若我们追随马卡洛夫的理论,把社会主义会计所反映的全部内容一概称之为资金运动,这叫做"夸大一点,概及其余",于是资金运动这个范畴就会变成会计学杜撰出来的范畴(所谓独特的范畴),这样的会计理论就会和各门经济科学完全脱节。

马卡洛夫懂得他的定义不过为了解决他自己的会计理论上的难关,他倒无意于在整个经济科学中为这个独特的范畴争得什么地位。我国有些同志比马卡洛夫更进一步。他们宣称,综合了企业的经营(生产)基金和企业的经费资金的资金和资金运动并非虚构,"我们不仅能够而且应当经常从整个国民经济范围去观察这种运动,把各单位的会计资料逐级进行汇总以反映和监督这种运动"[①]。可惜他们永远无法把机关事业单位的资产负债表和企业的资金平衡表加在一起;国民经济计划中的综合财政平衡,又绝不会把企业现有的经营基金(不是新投资)加入到年度财政平衡中去。此外还有一种现象也值得深思,即我们大家都在鼓吹资

---

① 《关于会计学的几个理论问题的讨论》,《经济研究》1963年第2期,第67页。

金运动理论,现行企业会计制度却又恰恰缺少足以反映真正资金运动的报表。

有些同志更进一步宣称,既然社会主义会计对象是资金运动,社会主义会计学就是研究资金运动的客观规律的科学。他们既然混淆了预算资金和经营基金——社会总生产基金两者,当然很难发现这种独特的资金运动的规律。而如果他们正确解释了资金运动的含义,他们就会发现,研究社会主义资金运动规律的是研究财政、信贷、货币流转规律的财政学的任务,会计学自有自己的研究对象,不能也不必和财政学混淆起来。

第七节　经营基金是自行增殖的垫支资金吗

马卡洛夫对企业的一切经营生产过程和它的经营基金何以可以归结为资金,并未作出能够自圆其说的解释,在我国流传广泛的阿发那西也夫的《资产负债表结构原理》[①],虽然并未对企业、机关和组织作出统一的概括,却对企业资金作了完整的解释,本节准备专门对他的理论作一些考察。

(1) 阿发那西也夫的会计对象,其实并不是马卡洛夫的概括了企业、机关和组织的经营资金或资金。他的会计主体只限于企业,他的会计对象是企业的经营基金总和,即"社会的总生产基金"。他写道:"每个社会主义企业,在自己的营业中是和其他企业(供给者、需要者)联系着的。因此,国家预付给各企业的资金底周转,是互相交错,彼此规定和制约着的。并由于这种有计划的、有组织的交错,而构成了社会总生产基金底运动。"(上书,第3页)

阿发那西也夫认为,会计所核算的,是这种社会主义生产基金的循环中的"价值的动态"[②]。

[①] 人民大学研究部编译室译,人民出版社1951年版。
[②] 见马卡洛夫:《会计核算的对象和方法》,上海财政经济出版社1958年版,第15页引用阿发那西也夫语。

阿发那西也夫的这一理论,又决定了他完全不理解会计和国民经济计算的关系。个别企业的经营基金的循环,各是一个封闭的圆圈,除了用以汇集全部企业的资产负债表,得出全社会的国民财富统计表而外,我们决不能由此汇集出反映社会再生产过程的什么东西(参见第三章第三节第三小节)。

阿发那西也夫既然不想作那么宽广的概括，他的解释在企业范围内当然比马卡洛夫的定义要切实得多。然而阿发那西也夫把企业经营基金解释为预付价值，把企业的经营生产过程解释为资金的"带有积蓄的扩大再生产"，因而歪曲了社会主义企业的性质："以固定资产和流动资产的形式，投入到各种经济核算制的企业中的社会生产基金底各个部分，都是作为预付价值出现的：它们之所以具有价值，是因为在它们本身体现了社会必要劳动；它们之所以是价值，是因为由于企业完成了生产计划，而这些资金则必定是再生产的，同时是带有积蓄的扩大再生产的。"（同上书，第 3 页）

我们把企业的经营基金看做社会基金的一部分，看做社会再生产过程赖以进行的物质生产资料的总和的组成部分。阿发那西也夫把它看做国家对企业的预付价值，看做预期要增殖的"垫支资本"。这是截然不同的两种解释。阿发那西也夫把国家看做"垫支资本"的"资本家"，我们则从社会再生产过程的本质来解释企业经营基金的性质。同样，如果像阿发那西也夫那样把企业的经营生产过程看做资金的"带有积蓄的再生产"，它就像是资本家眼中的资本增殖过程，而不是社会主义扩大再生产过程的有机组成部分。企业利润，是经济核算制的企业力图实现的东西，但这是社会生产中用较小的耗费争得更多产品的财政上的表现，是社会主义积累的唯一来源，而并不是资本主义生产关系中的资本增值。阿发那西也夫这一系列主张，看来反映了：他在相当程度上没有摆脱资本主义会计理论的影响。

（2）阿发那西也夫的企业会计体系自始至终以资产负债表为中心。他说："资产负债表指出一定期间内的经营活动底财务结果（损益）和一定日期的企业的资金状况，即资产负债表说明一定时间的资金再生产底总结。"（同上书，第 19 页）一切反映经营过程的成本收益账户都不过是"核算系统化的账户"，成本计算是"资产负债表底基础"，是将"会计引导到反映""资金再生产的实在过程"的手段。（见上书，第 21、30 页）阿发那西也夫看不见利润计算表所反映的企业经营生产过程的独立意义，尤其看不见企业的经营生产过程是社会扩大再生产过程的组成部分，是会计对国民经济计算所要提供资料的主要来源之一。这一切，都显出了本世纪 30 年代以前资本主义会计学的深刻影响。

基于以上的认识,阿发那西也夫对企业经济核算制也特别强调它迫使企业负责人关心它自己的支付能力的方面。他写道:"从理论经济的观点来看,经济核算制底本质是在于经营活动底费用和成果应用同一量度来测定。""假如在某企业里,生产费用超过表现在商品价格中的社会必要费用底水平时,那么这个企业在销售自己的商品时就要忍受损失;""所有这些都是绝对正确的。但是,也应当强调:……企业在其支付能力中所显示的财务状况,是反映经济核算底成绩和破隙的最敏感的晴雨表。""企业底支付能力,是有赖于日常的货币收支底相互关系。""低劣的生产品、由于浪费的损失、资金周转底缓慢都不可避免招致财务上的困难。""这里也就说明了卢布监督经济核算制企业工作底作用。"(同上书,第7~8页)

阿发那西也夫的上述观点,有一个很大的缺点,即他没有强调不放松从小处着手、点点滴滴地改善企业经营管理、力图节约成本,是贯彻经济核算制的根本途径;却过分偏重了卢布监督和保持支付能力方面。偏重支付能力,又显出了30年代及以前的资本主义会计学中财务会计(financial accounting)部分的影响。

(3) 总起来说,阿发那西也夫的会计理论在范围、主体、对象等方面和马卡洛夫的理论在根本上是不同的。阿发那西也夫的理论并非资金运动理论,他无力划清社会主义会计学和资本主义会计学之间的界限,他的会计只是企业的会计,他全未注意会计和国民经济计算之间的关系。但是他的理论含混模糊自相矛盾之处较多。正因为如此,有些人就特别喜欢拿并非资金运动理论的阿发那西也夫的理论去解释马卡洛夫的资金运动理论。可是结果是不圆满的,不过把资金运动理论弄得更为纷乱而已。

【原稿在本节标题旁加注:〔加:仅取 $G—G'$,又和"社会总资金"之说相矛盾。〕可见,作者有就此再予申论的意图。】

第八节 社会主义会计理论必须是密切联系实践的理论

在简略地讨论关于社会主义会计的主体、对象、任务、方法等问题之后,作者深深感觉到,探讨社会主义会计理论问题,阐明社会主义会计在个体经济计算和经济管理上的作用,阐明社会主义会计和国民经济计算的关系,明确各类社会主义会计的对象、任务与报表科目之间的关系,不仅对改进会计实践,切实有效地发挥会计的作用,有极大关系,而且与改进会计教学和提高会计研究工作水平也有极大的关系。

  会计教学,重在训练会计实际工作人员。和实践紧密联系的理论,不仅可以帮助学生迅速理解并掌握会计方法,也可以帮助学生融会贯通不同的方法,使他们不仅会记账算账,而且会根据不同的对象、任务设置科目账表体系,研究各单位现行会计制度如何适合客观要求逐步提高。训练工作的任务,是要培养出经过一个时期实际工作的锻炼,能够独立胜任这类工作的会计人员来。与实践相脱节的理论,无助于这样的训练工作,反而使训练工作不免停留在仅仅教会学生如何根据现行会计制度记账算账的水平上。至于会计研究工作,它本身当然要研究会计理论,可是当流行的理论是一种脱离实践的理论的时候,理论研究不免进入空洞的概念范畴之争,怎样总结提高和推广丰富生动的会计工作实践,就会被摒除在会计研究的大门之外。

  我国对于社会主义会计理论的研究为时不久,开始的时候,以介绍苏联某些会计学者的理论为主是不免的。但是,当这种理论已经不符合当前的要求,而实践也已经超出这种理论的时候,以毛泽东思想为指导,重新作理论的探讨就是十分必要的。抛砖引玉,就是以上简短的讨论的目的。

第八章 论借贷与收付

借贷与收付问题本身,纯粹是簿记方法问题。但是这种簿记方法渊源于资本主义时期,所以在其最初形成的时期,资本主义会计学对此即作出了自己的经济解释。我们考察这个问题的目的有三:第一,要弄清楚这种方法的纯粹数学部分;第二,要从社会主义经济关系来对企业会计作出经济解释;第三,要讨论记账符号"借贷"和"收付"适用的程度问题。

第一节 复式簿记方法的数学解释

(1)复式簿记渊源于中世纪西欧商人的记账、盘点存货、计算利润的实际经验,经过巴栖奥里的著作开始成为系统化的方法。当矩阵代数还未发明,或矩阵代数知识还未普及以前,会计学家总是从企业会计的结构和内容对复式簿记方法作出各种各样的经济解释,从而这种方法的纯粹数学部分不可能和它的经济解释作明确的划分。但是复式簿记的应用范围愈来愈宽,它现在已经变成通用于企业以外广大领域中的平衡计算体系了。在从企业会计的结构和内容对它所作的经济解释已经失却了普遍妥当的性质的情况下,人们转而企图从经济方面作出超乎企业会计范围的解释。可是各类主体的经济范畴缺乏一致性,所以这种经济解释都是不成功的。用资金理论[①]来解释复式簿记体系,就是这类不成功的企图的一种。其实复式簿记方法可以作出纯粹数学的解释,而且只有从纯粹数学方面才能对它作出确切的解释。下面就是作者试图作出的这样

[①] 资金理论并非仅见于社会主义会计学文献的理论,晚近美国一部分会计学家也试图用资金理论(Fund Theory)来解释复式簿记。我国有些会计学家认为用资金理论来解释复式簿记是社会主义会计学的特征,甚至认为采用了资金理论以后,这种会计就特别显出了它的无产阶级的阶级性,实在是并无根据的。

的解释。

（2）复式簿记的一套规则，如每笔记录的有借有贷，借贷相等，如整个账户体系的发生额及余额的借贷相等，好像都离不开借贷两字。其实，如果我们把复式簿记体系，归结为会计学家所熟悉的棋盘式发生额对照表（矩阵），完全可以排除借贷两字，借贷相等在那里也是自动实现的。

全部账户体系的本期发生额，实质上就是一个矩阵的诸元素及其总和，这里既无借方，又无贷方。这个数学抽象告诉我们，会计上习用的借方贷方等等，不过是历史上遗留下来的名称，它们并不是复式簿记方法固有的、洗不清、脱不掉的什么东西。

（3）棋盘式发生额对照表（矩阵）可以最鲜明地表明复式簿记下的全部账户何以合起来构成一个自行平衡的计算体系，但是为每一个科目分户立账，以便随时计算它的余额，仍然是不可缺少的，尤其是那些反映实有物质财富、债权、债务等的科目。各个账户的分类计算，是检查账账相符、账实相符的重要手段。个别账户内的发生额和余额的关系，表现为如下公式：

$$余额_1 + 增加 = 减少 + 余额_2$$

容易了解，上述公式和矩阵内全部科目的行和列的总和相等关系截然是两回事，不可互相混淆。这一点在讨论收付记账法的时候，有十分重要的关系。

（4）有些科目体系，全部由剩有余额、必须滚结下期的科目组成；有些科目体系，全部科目由① 有余额滚结下期和② 无余额滚结下期的两类科目组成①。

任何科目体系都有继续性，所以账户借贷方余额的恒等式，既是每一期间期末的等式，又是下一期间期初的原始等式。

这个恒等式的原始根据的数学根据是矩阵。会计学家则赋予各种各样的经济解释，事实上它们也各有其经济意义，但是在每一类会计中，它们的经济意义各不相同，而且找不出共同的经济解释。例如，在企业会计中：代表各种物

---

① 国民经济平衡表，可以组成一个全由并无余额滚结下期的科目组合在一起的矩阵，但全部没有余额滚结下期的会计科目体系是没有的。

会计要"管家务"，要利用各个账户的余额监督实存物质财富、货币资金、债权、债务的管理，所以，它总有一部分科目是余额滚结下期的科目。

质形态上的经营基金,与代表经营基金的来源或所有关系方面的平衡;或在总预算会计中:代表国库库存现金,与代表预算盈余之间的平衡;如此等等。

(5) 总括以上各项,可见复式簿记经营基金是经济学的范畴,预算盈余是财政学的范畴,两者没有共同的意义。复式簿记是由① 棋盘式发生额对照表(矩阵),② 各账户的分户记录和③ 滚结科目的恒等式三者组成的,其中的矩阵是决定复式簿记方法特征的东西。

第二节 复式簿记方法应用于企业会计时的经济解释

但是复式簿记方法毕竟起源于企业,在社会主义会计中,企业也还是应用复式簿记方法的最主要的会计单位,因此,我们也还应该用以前各章所说明过的社会主义企业会计的对象、任务,来说明复式簿记应用在企业会计中时,其中几个要素的经济意义。

(1) 大多数会计学家认为,原始等式反映某种静止状态,而静止状态总是运动的出发点和归着点,所以我们先来讨论一下企业会计的原始等式($A=B$)的意义。

主张资金运动的会计学家,认为原始等式反映了资金来源和资金运用之间的关系,作者以为不然。资金来源和运用在企业会计中应该用来解释真正的资金运动,不应该用来解释经营基金的等式,所以作者认为,$A=B$在企业会计中反映了:

$$资产=基金$$

或:

$$资产=负债+基金$$

资产,是经营基金的具体形式,主要系由劳动手段和劳动对象构成,由于社会主义经济还存在着商品货币关系,所以还要加上货币资金和债权。企业的全部资产,除货币资金及债权要和其他企业及信贷系统的债务相抵消而外,余额反映在国民经济平衡表体系的国民财富统计表中。这是一种看得见摸得着的实实在在的国民财富,是任何时候社会再生产过程赖以进行的东西。而任何时候的社会主义扩大再生产过程的目的,除满足社会的需要而外,就是为了扩大劳动手段和劳动对象的积累,没有这种积累,再生产过程就不成其为扩大再生产过程了。把这种实实在在的国民财富,归结为资金的运用,就是把劳动手段和劳动对象及其积累,同由于商品货币关系所产生的货币资金流转,或通过货币收支实现国民收入再分配的预算资金混淆了起来,并且也违背了社会主义经济的客观实际。

基金,是总括各项具体的国民财富价值的等值,即社会总生产基金或社会"资本"的组成部分。在不同的社会主义所有制(全民所有制或集体所有制)企业中,它还具体反映了不同的所有制关系。

有人认为,指出社会主义企业的资产恒等于基金,就是用资本主义眼光来看待社会主义企业。作者不能同意这种看法。社会主义再生产过程要依靠现存的劳动手段或劳动对象进行,这是生动的现实,也是社会主义政治经济学的常识。社会主义企业和资本主义企业的区别,不在于社会主义企业可以赤手空拳地进行生产。相反,认为社会主义企业的经营基金是随时垫支随时收回的资金[①],是由国家预算对企业所垫支的资金,是某种会计进行带有积蓄的再生产的资金,倒是把资本家的资本增值的眼光原套搬用到社会主义会计中来。这是背离社会主义现实的解释,所以是社会主义会计学应该摒弃的解释。

(2)企业会计所反映的是经营生产过程这种运动。这种运动总表现为生产赖以进行的劳动手段和对象的消耗和补偿,以及所生产产品的形成及其价值实现。倘若我们不考虑成本收益计算的必要,可以把全部经营生产过程归结为

[①] 资本家心目中的企业不是执行一部分社会再生产职能的企业,只是增殖资本的工具。假定一个工厂,从甲资本家转移到乙资本家手中,在甲资本家可以看做他垫支的资本的收回,在乙资本家可以看做他所有的一个企业的创立,其实这个工厂的物质技术构成和职工的"班底"却根本未变,从社会经济整体来看,这个执行一部分社会再生产过程的企业并未发生任何变化。社会主义消灭了资本主义所有制,消灭了为固定资本增殖而投资的资本家的意识形态,从而能够毫不歪曲地显出事物的真相。事物的真相即是,企业拥有为再生产所必需的物质财富(资产),这部分物质财富代表了整个社会再生产基金的一部分。

认为社会主义会计应该用资金来源和资金运用的概念代替资产和基金的概念,这是再度用不正确的概念掩盖社会主义生产关系已经明白显露出来的事实。

经营基金的循环,而在经营生产过程中实现的纯收入,一方面表现为具体资产价值的增加,一方面表现为应交利润这种负债,或国家基金的增加额。但是,企业会计的任务不仅是记录经营基金的循环过程,还有一个同等重要的任务,即用成本利润计算体系反映经营生产过程本身,使经营生产过程对经营基金循环的影响,和用成本利润体系表现经营生产过程两者都能作详细的记录。要在一个自行平衡的科目体系中兼收并蓄两类性质的记录,记账方向必须遵循同一标准,即由 A=B 这个原始等式中的左右的方向,决定一切经济业务记账时的方向。所以,费用成本科目和资产科目的记账方向相同,收益利润和负债基金科目相同。而上述等式,也要略为扩大,成为:

$$\text{资产} = \text{基金} \pm \text{本期损益} \quad \cdots\cdots\cdots\cdots\cdots\cdots\cdots\cdots (1)$$

或:

$$\text{资产} + \text{本期成本} = \text{基金} + \text{本期收益} \quad \cdots\cdots\cdots\cdots\cdots\cdots (2)$$

本期利润,就其使资产的增加超过产品成本的补偿,以及这笔利润未上交前实质上扩大了企业的实有经营基金而言,可以视为基金的增加,但这并不是资本主义企业那种资本增值,而是要服从国家财政法令,待上交或待分配的纯收入。因为它具有这种双重的性质,所以可以成为一个媒介体,把经营基金循环和成本利润计算两者综合组成为一个自行平衡的计算体系。但是,成本收益账户必定定期结清,并不继续滚结。所以,期末决算后的账户体系的恒等关系,必定如式①所示,而不是式②的形态。这一点,正好反映了这样的现实情况,社会主义再生产过程这条长河,若截取其中每个瞬间的截面来看,总是依托当时的物质生产资料来进行的,所以成本、收益也不过是资产和基金的变动。从长期来看,会计所记录的是社会再生产过程本身,资产及与此相应的基金额是生产过程的积累。

(3) 有人认为以上的解释是"静态解释",而会计所反映的却是过程和运动,所以要求作"动态解释"。他们认为企业会计所记载的内容,重在经营生产过程,资产、基金不过是业务收支的积累或剩余,决定会计事项记账时应记各账户的方向,不应以资产基金账户的恒等式为根据,而应以收益费用积累间的恒等式为根据:

$$\text{本期收益} = \text{本期费用} + \text{本期积累} \quad \cdots\cdots\cdots\cdots (1)$$

可是式中的本期积累并非计算上的虚数,它有它的以实物形式存在的资产,而且是资产增加和负债增加相抵后的净数,因而必定表现为下述两个公式之一:

$$\text{本期积累} = (\text{期末资产} - \text{期末负债}) - (\text{期初资产} - \text{期初负债}) \quad \cdots\cdots (2)$$

$$\text{本期积累} = (\text{本期资产增加} + \text{本期负债减少}) - (\text{本期负债增加} + \text{本期资产减少}) \quad \cdots\cdots (3)$$

式(2)对决定每笔会计事项的记账方向是没有用处的,因为每笔会计事项所要记录的,除收益、费用而外,是当时所发生事项中各资产负债基金的变动。那么,为了要使所依据的恒等关系能够同时决定一切账户的记账方向,必须把式(3)代入式(1),得:

$$\text{本期收益} + (\text{本期负债增加} + \text{本期资产减少}) = \text{本期费用} + (\text{本期资产增加} + \text{本期负债减少}) \quad \cdots\cdots (4)$$

可是按照式(4),期初的资产负债基金账户没有地位。所以,除式(4)而外,必须有下列平行公式作补充:

$$\text{期初负债} + \text{期初基金} = \text{期初资产} \quad \cdots\cdots\cdots\cdots (5)$$

这样,我们从前门赶走的"原始等式",又从后门回到我们这里来了。

可是,式(5)还是可以解释为前期收益成本的剩余(期初基金),和这个剩余所代表的物质财富。这样,这种"动态解释"就算是首尾一贯的了。从某一方面说来,社会所拥有的物质生产资料,原是历史上生产超过消费的积累,而历史是割不断的,所以式(5)是合理的。但在现实的再生产过程中,每个瞬间的生产活动,既以当时的物质生产资料为其出发点,我们若一定要否认这个出发点,坚持"剩余"之说,任何现状就不得不追溯到洪荒时代。因为积累之来,不是前期积累下来的,而是全部历史时代积累下来的。这也就是说,要取消公式(5),就得从不可知的往昔时代起就有会计账簿,在这本账簿中收益费用账户概不结断,一路滚下来,而这是不可能的。相反,我们记录各时期的生产过程时,从这个时期的经营基金出发,又以加上了积累的经营基金现状为其归着点是合理的。我们强调成本、收益、利润是会计记录的主要对象,但还把借贷相等的复式簿记自行平衡机制,建立在资产基金的恒等关系之上,这不仅出于解释上的方便,也完全符合于经济生活的现实。

第三节 论借贷与收付

(1) 收付记账法的基础是下述公式:

$$旧管＋新收＝开除＋结存$$

这个公式,在复式簿记法中是个别账户的发生额和余额之间的关系的公式,而不是全部账户体系自行平衡的公式。按照这个公式,新收和开除两项也可以分设收支分类的科目,于是公式可以变为:

$$B_1 + \sum R_i = \sum D_i + B_2$$

式中 B_1 为旧管,$\sum R_i$ 为各个收入分类科目某一期间内发生额的总和(新收),$\sum D_i$ 为各个支出分类科目某一期间内发生额的总和(开除),B_2 为结存。容易了解,这个公式,和以矩阵(指棋盘式发生额对照表)表示的复式簿记体系是绝不相同的。

收付记账法下的日常记录,当然仍可表现为一个矩阵,但矩阵内只有:

(1) 现金科目的本期发生额;

(2) 一切收支分类科目的本期发生额。

以上两者的总和当然是互等的。但是收支分类科目不能滚结下期,结清这些科目之后:

$$\sum R_i - \sum D_i = 本期收支剩余额$$

"本期收支剩余额"同现金科目的行上的本期发生额和列上的本期发生额的差额是相等的。令"本期收支剩余额"也成为一个科目,则:

$$本期收支剩余额＝现金科目本期收支差额$$

这就是本章第一节所指出的"滚结的等式"。可是在这个滚结的等式中,现金科目的期初余额是没有地位也挤不进去的。

于是个别账户余额的公式,和矩阵的总和相等关系发生了矛盾。要解决这个问题必须使"旧管＋新收＝开除＋结存"这个公式,分解为以下三个公式:

$$旧管＝前期收支剩余额 \quad\cdots\cdots\cdots\cdots\cdots\cdots\cdots\cdots\cdots (1)$$

$$\sum R_i - \sum D_i = 本期收支剩余额 \quad\cdots\cdots\cdots\cdots\cdots (2)$$

$$结存＝前期收支剩余额＋本期收支剩余额 \cdots\cdots\cdots\cdots (3)$$

合并、简化上述三个公式中的(1)、(3)两式,得:

$$现金结存＝收支剩余额$$

于是收支分类的科目结构转化成为复式簿记的科目结构。

30年前徐永祚的改良中式簿记,企图把现金收付方向应用于资产负债表和损益计算书(其中收益是收,费用是付;资产是付,负债是收),但是他发现,现金的期末结存只能列在"付方"。其实,徐永祚如果一定要贯彻收付记账法,他原该坚持用"旧管＋新收＝开除＋结存"这个公式。在这个公式中,"开除"和"结存"本来列在相同方向,不过他要这样做,就不应该编制一张列示各项资产负债期末余额的资产负债表,而只能编成一张表示 $\sum R_i$ 和 $\sum D_i$ 的现金收支对照表。在这个表内,旧管和结存就各有自己的位置了。否则的话,现金的期末余额,只能列在一张用收付表示的(其中负债是收,资产是付)资产负债表的付方,别无他途可循。

(2) 弄清楚这一点之后,我们可以推论,即令像农业生产队的会计,以"收入、支付、分配"为其对象——在日常记账中以现金收支及产品实物收支为主,并以收抵支地计算可分配的现金及实物,但只要农业生产队年末也要把全部账目汇总起来,把期初赖以开始再生产的物质生产资料,期末的各项资产、负债、基金、公积金和当期的生产过程求得一个互相联系的综合表现,它就不能不遵从原始等式和科目矩阵的规律。因为:① 生产队的现金收付中的外购物资还是要抽出来作为积累,在资产负债表内同时增加固定资产及公积金;② 生产队生产品的生产、出售、分配的最终剩余数（或亏缺数）还是要结出一个数字，在资产负债表中同时增减资产及公积金；③ 和现金及产品实物收支无关的固定资产折旧或者固定资产报废损失，也还要在资产负债表内同时减少固定资产及公积金；④ 因此，还是可以从产品实物收支和现金收支的全套账目中，整理出一个表来，这个表包括生产收入、对外支付的生产成本、固定资产的使用成本、劳动报酬、税金等等。这个表不同于现金收支对照表，这个表和资产负债基金各科目的增减在一起，构成了一个完整的平衡计算体系。现金收支对照表，不过是这个体系中的一个科目的增减额，无法用以反映以上各项内容。所以，除非我们任令日常记录和盘存脱离关系，不求得相互联系地表明全部生产过程。也就是说，除非我们不用复式簿记，年底用盘存方法编资产负债表，资产负债表和生产、成本、分配、积累不必一定要"合龙门"，否则的话，这个结构的逻辑是违反不了的。反过来，我们为农业生产队设计它们的会计制度时，如果是一方面合乎复式簿记的原则，一方面又简单易行，那我们尽可以把上面这种基本关系简化为几条通俗易晓的规则，也可以采用当前农村熟悉的用语，但是最后结果一定要符合原则。因为复式簿记方法归根到底是一个数学模型，所以必定保有数学上的精确性。

（3）要理解复式簿记，本来可以完全离开"借贷"这一组名词。这一组名词不过反映了复式簿记的历史起源，它现在已经成为传统的名词，而和当前已经精炼化了的复式簿记方法完全无关。所以，如果认为这是外来名词，要下决心废除它，也完全没有困难。可是不是应该用"收付"代替它，则不得不考虑收付记账法的性质。

借贷起源于借主贷主，用以解释原始等式和科目矩阵是扩大解释，犹如汉语文字学中的"假借"一样，所以是不确切的。把"收付"这一组名词作扩大解释，也用假借的办法适用于一切科目，这当然是可以的。但是，"借贷"假借应用于一切科目，固然造成了许多说不通的解释；如用收付代替借贷，也有它的困难。现金收支可以用收付解释，实物收支也可以用收付解释，负债、基金、费用、成本等科目，也可以解释为收支分类的科目，但是最后要解释全部账户体系的平衡关系，还要碰到徐永祚所曾碰到的困难。其所以如此，是因为收付的观念，是个别科目的余额和发生额间关系的观念,和全部科目体系的平衡关系并不是一回事。

许多同志之所以主张废除借贷这一组符号,是因为向初学者解释起来十分困难。其实向初学者解释借贷之难,难在不习惯,只要着重说明这是共通各类账户记账方向的符号,说明这是历史上遗留下来的、失掉了原义的假借语,也许并不是太困难的事。重要的是要弄清楚复式簿记的自行平衡的机制。综合经营基金循环与成本利润计算在一个完整的账户体系之中的复式簿记自行平衡机制,在教学过程中确有一些困难。这种困难,是名词的变更所克服不了的。

会计学家凡主张废止借贷,代以收付的,所据事实,往往是农村人民公社及生产队的情况。作者认为,农村生产队的会计尽可以迁就农村的习惯,不用借贷而用收付。不仅如此,农村生产队的会计,尽可以建立一套现金账,一套财产保管账,一套工分记录账,三者互有联系,在日常记录中并不归并为一个综合的价值计算体系,同时规定几条简单的规则,使年终决分以后还可以编成完整的资产负债表,如果有条件,还可以编成统一以货币单位计算的收益、成本、分配综合计算表。这种简单易行的办法,既避免了借贷这一组难懂的符号,又避免了收付这一组符号用于整个科目矩阵中的困难。如果不是这样,而要建立一个日常核算的完整的复式簿记体系,那么采用反其收付过账的现金收付记账法,也是一个可行的办法。不过所有这些办法都不过是实践上的便宜之方,并不像有些同志那样认为是什么严重的理论争论。因为这归根到底不过是符号问题,所以并不能决定社会主义会计理论中许多实质性的问题。

第九章 论会计的阶级性和会计学科的性质

第一节 会计阶级性中的几个问题

（1）我们在讨论社会主义会计的某些问题的时候，具体分析了各类会计的主体、对象和任务。我们发现，这样来具体分析具体问题，能够弄清楚一些事情的性质。现在我们要从事对比社会主义会计和资本主义会计两者，研究会计的阶级性的时候，这种分析方法也许也是有用的。因为决定社会主义会计不同于资本主义会计的根本之点，正在于主体的不同：前者的主体是资本家，是资本主义国家机器；后者是取得了政权的无产阶级及其先锋队共产党，是无产阶级专政的国家。看来，离开主体的根本区别来探讨会计的阶级性，是很难得出完满结论的。

不同的主体要选定不同的会计对象，具有不同的计算任务和不同的计算标准（例如企业的资产估价标准和折旧率等）。社会主义企业的会计科目不同于资本主义企业的会计科目，正是两者具有不同的会计对象和任务的反映。这特别表现在反映所有制和分配关系的一些科目上面。例如，资本主义企业有反映资本家所有权和股利分配等科目，社会主义企业则只有国家基金和利润上交科目。但是，会计的阶级性的最尖锐的表现，在于它所服务的主体及其利益的不同。资本主义企业会计的任务服从资本家的谋利动机，社会主义企业会计服从计划经济和经济核算制的要求。在前者，会计是阶级剥削的手段的一种；在后者，会计是实现全社会经济目的的一种工具。

（2）作为经济计算体系的会计所用的复式簿记方法，是一种纯粹的方法。由前章第一节的分析，可知复式簿记方法可以归结为一种纯粹数学方法。资本家可以把他的一套经济范畴套到复式簿记体系里去，无产阶级也可以把自己的一套经济范畴套到复式簿记体系里去。不考虑利用这种方法作计算的经济范畴本身，复式簿记方法只有纯粹的数学意义。不能因为这种方式渊源于资本主义，就断定这种方法带有洗不干净的资本主义"臭味"。我们现在正要教育无数具有高度阶级觉悟的年轻人学会运用这一套可以为无产阶级所掌握，而且必须为无产阶级所掌握的武器来为社会主义建设服务。在分析会计阶级性的时候，却认定这种武器永远脱不掉它的资产阶级烙印，这是自相矛盾的。客观事实也证明，复式簿记方法和资产阶级的阶级性并没有必然的联系，正如中世纪的数学发展和当时资产阶级的商业算术密切相关，不能因此断定数学必然带有资产阶级的阶级性一样。

（3）作为经济计算体系的会计，是会计主体所用的一套经济范畴套到复式簿记这个框子里去所构成的计算体系。不同的主体运用不同的会计为自己服务，不同会计体系的区别在于它的科目体系所反映的经济范畴的不同。即使同样是社会主义会计，不同的具体主体所用的经济范畴不同，甚至相同的主体当计算的任务与目的有所变化时，也不一定应用同样的一套科目。社会主义企业会计和社会主义国家机关会计都是社会主义会计，然而前者的科目体系和后者的科目体系并不相同。机关附设的小规模印刷厂，可以按照机关会计的方式只计算经费支领，不作经营基金循环和成本利润计算。城市公用房屋及民用住宅一旦企业化，管理公用房屋的机关就要应用企业会计而不再沿用机关会计。甚至同样是机关会计，它可以只计算经费领发，而当进一步贯彻节约原则必须对全部财产作精确的记录的时候，机关会计就应该添设关于财产和代表财产价值的基金科目。这都是就社会主义会计范围内主体、对象、任务的不同所决定的科目体系（经济范畴）不同而言的。当会计主体发生了涉及资产阶级和夺取了政权的无产阶级这样重大变化的时候，应用在会计体系内的经济范畴当然发生了根本性的变化。这种变化，正是反映资本主义经济学和社会主义经济学的本质区别的那种变化。不仅会计体系反映了本质上相互对立的范畴体系，会计所服务的主体代表根本不同的两个阶级的利益，两种会计就反映了截然不同的两种阶级性。

（4）在作者看来，1962年会计会议以来中央关于会计工作的许多指示，是研究社会主义会计理论和解决会计阶级性问题的最根本的依据。不从中央关于会计工作的指示出发来探讨会计的阶级性问题，还会出现另一种从形式上、表面上而不是从实质上区分社会主义会计和资本主义会计两者的倾向，从而会得出理论上和实践上有害的结论。让我们来举一个例子。要在社会主义企业的一切生产技术业务环节贯彻经济核算制，用消耗定额控制各个班组、车间、部门的消耗，用定额成本来控制部门成本和产品成本，使消耗定额和成本定额成为广大职工努力要达到并赶过的奋斗目标，并在定额成本的基础上编制各部门和全企业的费用计划和财务计划，本质上和资本主义会计利用"标准成本和预算控制"驱迫工人群众"赶快"，加强对工人的剥削，当然是绝对不同的。资本主义会计中的"标准成本和预算控制"，正是列宁所说的"包含着两种成分，一种是资产阶级剥削底最巧妙的残酷手段，另一种是许多最丰富的科学成就"①。在广大职工的社会主义觉悟基础上，吸收这些科学成就，加以改造，为社会主义建设服务，完全符合无产阶级的阶级利益，也符合中央关于要在企业内贯彻经济核算制的要求。但从会计技术上说，两者颇有某些形式上相似之处。强调社会主义企业必须严格贯彻计算实际成本，认为定额成本制度在反映实际成本时的误差率较大，忽视定额成本制度与具体的经济管理工作相结合在系统地、不断地降低成本中所能产生的巨大作用②，固然已经不免故步自封；认为定额成本制度反映了资本主义会计的阶级性，更表现为不理解上引列宁的教导。这样来探讨会计的阶级性问题，固然是表现为误解阶级性的实质，同时也不见得有助于会计的进步。

（5）会计作为经济管理的工具，体现了不同主体处理人们在生产中的关系

---

① 《列宁文选》两卷集第2卷，人民出版社1954年版，第389页。
② 我国工业企业应用定额成本制度的很多，其中有些是重要的大企业，有些是经营管理水平比较先进的中型企业。商业企业在改善经营管理中，也广泛采取把营业额、成本指标、费用指标下放到基层去的办法，并且取得了巨大的成果，而这种办法显然是不完全的定额成本制度。细致地研究现在企业实行中的定额成本制度，总结它在降低成本、改善经营管理方面的效果，似乎正是我们应该努力之处。

的方法。资本家利用会计来防止"舞弊",这是为了无限制增大它对无产阶级的剥削。反对铺张浪费、贪污盗窃是社会主义会计的任务之一,其目的是为了保卫社会主义公有财产。资本家利用会计来降低成本,是为了追求最大限度的利润。社会主义会计要不断为降低成本而奋斗,其目的是节约生产中的劳动消费、多快好省地建设社会主义。资本家利用会计来控制成本是驱迫职工"赶快",社会主义会计利用会计来控制成本,是在劳动群众的社会主义自觉基础之上帮助他们挖潜力、找窍门。不同主体、不同目的,决定不同的方法。我国旧时代的会计既是资本家的工具,会计人员在工人心目中也就是比工头更高一级的"账房间先生"。解放初期,改造旧会计和旧会计人员是工业企业民主改革中的一个组成部分,就因为作为经济管理工具的会计带有鲜明的阶级烙印的缘故。

不能认为在社会主义企业中阶级斗争已经熄灭了。作为经济管理工具的会计,当然不能置身于社会主义企业内部的阶级斗争洪流之外,但是我们应该把会计在这种阶级斗争中的两个方面作严格的区别。会计工作和会计人员高高在上,不走群众路线,用旧时代的作风来处理会计工作和职工群众之间的关系,甚至会计人员自己有贪污盗窃的行为,这是会计工作和会计人员应该在阶级斗争中经过斗争受到改造的方面。深入贯彻经济核算制,帮助挖掘一切可以挖掘的增产节约的潜力,坚决和一切铺张浪费、贪污盗窃的行为斗争,严格遵守国家财经法令,这是会计作为无产阶级的武器,应该大大发挥其战斗作用的方面。不严格区分这两个方面,继续无产阶级夺取政权以前对会计工作的观念,或者轻视会计,轻视会计工作,不懂得利用会计这种有力的武器来贯彻无产阶级自己的目的,显然都是不正确的。在今后的大规模建设中,经济工作愈做愈细,当前的任务之一是要培养大批有高度阶级觉悟的年青一代的会计工作人员。区别会计作为经济管理工具的两种不同的阶级性,反对会计工作中残余的剥削阶级的思想意识,强调并发扬会计的无产阶级战斗性,显得特别重要。

第二节 会计学科的性质

经过以上的讨论,会计学科的性质也许是不难确定的。

（1）不能认为会计的对象就是会计学的对象。会计的对象是各类主体所要记录和计算的经济活动，从社会整体看来，这些经济活动的总和就是社会经济现象。以社会经济现象为对象来研究其规律性是政治经济学的任务而不是会计学的任务。各类会计各有自己的具体对象，例如企业会计要从经济核算制的角度记录并计算分析企业的经营生产过程；但是研究经济核算制企业的上下左右关系，以及怎样通过经济核算制的贯彻来取得最大的经济效果是政治经济学中的经济核算理论的任务，并不是会计学的任务。他如预算会计的对象就是财政学的对象，信贷会计的对象就是货币信贷学的对象，莫不说明同样的关系。会计是服从各类主体的目的作经济计算（包括经济分析）和经济管理的方法，会计学的任务，则是研究这种方法，使之不断系统化、完善化，以便更好满足各种主体要求的一门学科。用有些同志所用的术语来说，会计学是一门方法科学而不是一门实质性的科学。

（2）但是会计学并不仅仅是簿记学。簿记学，是说明怎样根据既定的科目账表体系，记录有关经济活动，编成定式报表的学科。至于怎样根据不同会计主体的要求，运用各类主体的一套经济范畴来制订会计制度，如何运用这一套会计制度同时达到经济计算和经济管理的目的，如何运用会计报表作经济分析以便改善经济管理，从而也改善会计制度本身，则都不属簿记学的范围。簿记学是会计学的入门和基础，但会计学的范围远较簿记学为宽广。

既然会计学的范围远较簿记学为宽广，会计学的内容就决不能限于复式簿记方法等一些纯属簿记技术的问题，而要涉及应用不同的经济范畴来制定不同会计的科目体系，运用这个科目体系作出经济分析等方面。可是，经济分析就是要在各种经济现象之间找出因果关系和数量关系。这样看来，这里出现了一个要和上面（第一小节）的命题相矛盾的问题，即会计既然要运用各类经济范畴来发现经济现象中的因果关系和数量关系，又怎么能说会计学不过是一门方法科学而不是实质性的科学呢？

但这是不矛盾的。因为第一，科目表报的制订诚然要利用经济范畴，但这一套经济范畴是会计主体规定的，会计不过运用这一套经济范畴于科目表报之中，会计学不研究这一套经济范畴本身。从学科分工上说，研究经济现象从而制订这一套经济范畴的是实质性科学的政治经济学及其各部分支。第二,经济分析固然涉及经济现象之间的因果关系和数量关系,但这种分析有其限度,即以满足主体的计算和分析要求为限,不涉及一般规律的探讨。探讨一般的经济规律,在理论上指导经济主体所应遵循的方向,又是各门实质性经济学科的任务,而不是会计学的任务。一个大企业的总会计师作经济分析的时候,运用了会计分析方法,又遵从了一般经济理论的指导,提出最合理的经济方案,他的分析工作,已经不单纯是会计工作。重要企业的会计资料是经济理论作典型研究的资料,集合了许多经济个体的会计资料所编成的统计,是供经济理论作一般研究的资料。但是从学科分工上说,会计学所要归纳总结并加以系统化的,不是这类资料的实质内容,而是综合分析它们的方法。会计学在说明这些方法的时候,当然不能离开实质性的内容而只谈方法,因为离开内容也就无法谈方法。所以,要在会计学和各门经济学科之间划出一个截然的界线是不可能的。但是会计学谈内容只为了说明方法和总结方法,而不是为了探讨内容的规律性。我们现在的会计书籍,结合内容来谈方法似乎做得很不够,其结果,会计学似乎只剩下一个簿记学的内容。但是会计学虽然要谈内容,却和各门实质性经济学科的谈内容有很大的区别。混淆两者,不免混淆学科的分工,当然是并不妥当的。

也许有人会认为,会计学只研究方法而不研究实质,这是取糟粕而弃精华,会计学因此不免要低人一等。但是,会计学是一门方法科学并无损于会计学的声价。杨坚白同志在论统计学是一门方法科学时作了以下论述,看来完全适用于会计学:"各个学科的职能和地位,是客观存在的,不能够人为地予以升降。……学科的划分不过是社会分工在学术上的反映,……而不是人们任意划定的。……方法论的研究,归根到底还是为了服务于实质性问题的研究。因为正确地解决了方法论上的问题,则方法就变为认识的武器,使我们对于实质性问题的认识和研究前进一步。所以,作为一门科学,无论是从方法论的研究上为社会服务,还是从实质性问题的研究上为社会服务,是同样重要的。某一科学,并不因为研究方法论而贬低了它的声价。"[①]

[①]《社会经济统计学理论中的几个问题》,《经济研究》1962年第12期,第46~47页。

（3）会计学也要研究会计作为经济管理工具的有效的方法。在这一方面，会计学和企业组织与管理，工艺学（工业企业会计）以至机关事务管理（机关会计）、财务行政制度（预算会计）等都发生了密切的关系，而这又是会计学不限于簿记学、做好会计工作必须密切配合管理工作的一个证据。如果我们认为关于工业管理机关管理的学科可以称做管理科学的话，那么会计也是管理科学的一个组成部分。但是管理科学也是关于管理方法的科学，而不是实质性的学科，所以会计学还是离不开方法科学的范围。

（4）确定会计学是一门方法科学，也许极有助于会计教学和会计研究的正确发展。因为会计学既是一门方法科学，它就应该广泛搜集有价值的会计方法上的创造，不断加以介绍、推广和总结，由此也可以不断丰富会计教材的内容，以便更有效地培养年青一代的会计工作人员。长期来看，这是提高我国会计水平的根本办法。当前的问题，似乎不在于方法科学这种范围局限了会计教学和会计研究的内容，倒是我们在有意无意间把会计学局限为会计核算学即簿记学，着重在教会学生按照现行统一会计制度记账编表，没有着重教导学生如何运用会计做好经济管理工作，如何根据不同情况对统一会计制度作无妨于全国一致性的必要的补充，使学生对如何运用会计来贯彻经济核算制、管好财务、分析经济活动，获得统一的理解。而所谓会计理论，则又是严重脱离了实践的理论，无助于统一理解和活学活用。实事求是地认清会计是一门方法科学，建立一门作为方法科学的会计学科，似乎还值得我们大家努力。

出版说明

　　收集、整理出版《顾准会计文集》是立信出版人多年的心愿,20年前,我们计划出版顾准会计文集,终因故搁浅。今年是顾准先生诞辰95周年,为了纪念这位杰出的思想家、经济学家、会计学家,我们花了近2年的时间投入这项工作,现终于付梓,深感欣慰。

　　顾准1927年7月进入潘序伦会计师事务所当练习生,成为事务所成立之初的6个成员之一,可谓立信元老,那年他只有12岁。他16岁开始从事会计教学工作,18岁第一次撰写的《银行会计》就被多所大学作为教材。顾准一直被潘序伦先生所倚重,撰写了多部会计学教材,并对一些会计问题进行研究和探索,对中国现代会计有独到的见解和建树。顾准虽然"志不在此",只把会计作为职业掩护和生活来源,而将主要的精力投入革命,但顾准的政治生涯和学术生涯始终与会计如影随形,相伴而行,他后来从事的经济管理工作和对经济学的研究无不折射与会计的联系。相信文集的出版会有助于对顾准先生全面的评价与研究。

　　本文集收录了顾准先生20世纪30年代在《立信会计季刊》、《会计杂志》等期刊上发表的会计论文12篇,20世纪60年代撰写的会计学专著2篇——《会计基础》和《社会主义会计的几个理论问题》。文集基本涵盖了顾准先生除了会计学教材以外公开发表的主要会计学术著作和论文。需要说明的是,顾准先生与潘序伦先生合著的文章如《常用会计名词之改革及其说明》、《政府会计之组织及其种类》并未收录在内;同时,尽管我们尽了最大努力,囿于资料来源,个别论文终未寻获,如《"借"与"贷"》一文,留下些许遗憾。

　　考虑到文集的文献价值和历史研究价值,在文集的加工过程中,我们除了对排印错误做出纠正,以及格式上做些调整外,尽量保持著作的原貌。文集中

20世纪30年代和70年代撰写的会计论文，使用很多的习语及出版标准与现在有所不同，主要有：(1) 组词方面。有些词语的组合与现在不同，如"智识"（知识）、"声价"（声誉）、"掉换"（调换）、"借（贷）入"［借（贷）记］、"表报"（报表）等词；(2) 数字和计量单位的用法。如："一〇二"（102）等数字、"公里"（千米）、"公斤"（千克）、"公尺"（米）等计量单位；(3) "de"字的用法。"的"、"地"、"得"、"底"没有做严格区分；等等。以上这些在整理出版的时候均未按照现在的词语和出版规范进行调整，而是遵从原著。这是读者在阅读时需要注意的，我们认为，这不会影响对文章的理解。

《顾准会计文集》的出版得到了葛家澍教授、郭道扬教授的关心、支持和帮助，葛老还欣然提笔为文集作序。本文集的出版还得到了上海立信会计学院以及立信会计研究院、立信会计学术委员会的指导，得到国家图书馆、上海图书馆、上海立信会计学院图书馆的帮助。在此，向所有关心、支持、帮助和参与本文集出版的单位和个人表示衷心的感谢。

立信会计出版社
2010年12月

立信实验实训教材系列

上海市会计学教育高地重点建设项目

成本会计实训

主编 沈亚香 顾玉芳